時代を彩る商事判例

神田秀樹　監修
岩田合同法律事務所　編著

商事法務

推薦の辞

　本書は、公益社団法人商事法務研究会の創立60周年を記念し、企業法務の分野における草分けである岩田合同法律事務所が、会社法判例をはじめとする過去60年の商事判例の歴史を、網羅的・多面的に検証しようとする壮大な試みである。私は、現在、株式会社日本取引所グループの取締役会議長を務めているが、同社は、本書の監修者である神田秀樹教授もその策定に大きく寄与され、本年6月1日から適用が開始された、コーポレートガバナンス・コードの発信者である。我が国のコーポレート・ガバナンスの「元年」という声が聞かれるまさにその年に、過去60年の商事判例の歴史を振り返り、そこから新たに日本企業の未来のガバナンスの在り方を見出そうとする本書が刊行されることは、まことに意義深い。

　私は、1972年に当時の大蔵省（現在の財務省）に入省し、2008年に財務事務次官を最後に退官するまで、財政金融政策の運営を任務とする行政官の立場にあった。そこでの仕事の大宗は、物事をマクロの視点から捉えた上で、国家・国民のためにより良い政策とは何かを企画・立案することであった。

　その後、私は縁あって、2014年7月からおよそ1年間、岩田合同法律事務所の特別顧問となり、所属する弁護士諸兄姉の働きぶりを間近に観察する機会を得た。そこで私が改めて得心したことは、弁護士の業務は、基本的に、個別具体的に生じている事件あるいは相談事の解決である、という点であった。上記のように、これまで主としてマクロの政策形成に従事してきた私にとって、それとはある意味で対極に立つ仕事であることに新鮮な関心を抱いたのである。

　本書は、個別事件において原告・被告それぞれの訴訟代理人として登場する弁護士同士の真剣勝負と、これを真ん中に立って裁いていく裁判所という、法曹実務家の相互作用の結晶として生み出された、60年間にわたる商事判例を検討対象とした書物である。本書を紐解けばお分かり

推薦の辞

のように、60年間の商事判例が、年代別、テーマ別、さらには研究者によ
る座談会に至るまで、多面的に分析されている。私のように裁判実務
を専門としてきたわけではない者から見ても、読み物として興味深いも
のとなっているのみならず、我が国における企業経営の法的側面を俯瞰
する書籍として、後世に残る、意義深いものであると信ずる。本書を、
企業法務に携わる職業人、弁護士・裁判官等の法曹実務家、少し進んだ
勉強を志す法学部・法科大学院の学生や司法修習生ばかりでなく、広く
企業経営者、一般読書人にもお薦めする所以である。

2015年9月

　　　　　　　　　　　　　　　　　株式会社日本取引所グループ
　　　　　　　　　　　　　　　　　　取締役会議長　津田　廣喜

監修のことば

　本書は、公益社団法人商事法務研究会の創立60周年を記念して、岩田合同法律事務所が「旬刊商事法務」誌に長年にわたって掲載してきた「新商事判例便覧」を取りまとめて各時代における諸判例の流れや特徴を明らかにしたものであり、歴史的にも記念すべき書物となっている。2015年9月末時点で、新商事判例便覧は、676回に及び、判例の数は、3,172件に及ぶ。

　私は商事法務研究会とほぼ同じ年齢であり、商事法務研究会とほぼ同時代を生きてきたことになるが、学生時代以来長年にわたって旬刊商事法務誌の諸論稿から多くのご教示を得、また多くの刺激を得て今日に至っている。そして、新商事判例便覧には毎回必ず目を通し、岩田合同法律事務所の弁護士の方々によって執筆された短いながらも鋭くかつ有益な「参照事項」に大いに勉強させていただいてきている。

　本書を読むと、本書に取り上げられた個々の判例は、まさに各時代の社会と経済を反映し、そのなかでの紛争解決の営みであることがわかる。

　本書では、取り上げた諸判例について、年代別（第1部）とテーマ別（第2部）とに整理して解説がされ、また、座談会（第3部）において多面的な視点から分析がされており、本書は、60年間の商事判例の歴史を立体的に展望する貴重な書物となっているだけでなく、読み物としてもきわめて興味深いものとなっているように思われる。

　本書を取りまとめることをなしとげた岩田合同法律事務所の弁護士の方々に敬意を表するとともに、本書を、法曹実務家の方々はもちろん、企業法務の実務に携わる方々、そして法科大学院や法学部の学生の方々など、商事判例に関心をもつ皆さんに広くお薦めしたい。

　2015年9月

東京大学教授　神田　秀樹

はしがき

　本年2015年は、公益社団法人商事法務研究会の創立60年と旬刊商事法務創刊60年にあたる。同時に、会社法の大きな改正が行われ、また、コーポレートガバナンス・コードが施行されたことで、企業のガバナンスの進むべき針路が示された年でもある。

　そのような記念すべき年に、商事判例から企業法務の歴史を振り返る本書の執筆機会を頂くことができた。筆者らの法律事務所は、商事法務研究会の発起人であり設立時の監事も務めた山根篤弁護士がかつて所属し、また、旬刊商事法務の初期から連載が続く「新商事判例便覧」の執筆を担わせていただいている。本書により、これまでのご縁とご恩に幾許かでも報いることができていれば幸甚の極みである。

　本書は、過去60年の商事判例を、年代別（第1部）及びテーマ別（第2部）から捉え、当時の社会経済情勢を交えて振り返り、今日への影響を実務家の見地から分析しつつ、さらに、各世代で今日の理論面を牽引されている商法学者の方々から学問的な視座も頂くことで（第3部）、これからの企業法務に携わっていく実務家が、将来にどのような展望と海図を描くべきなのかということにまで意識を置いて編集したものである。

　時代の変遷に伴い進展する企業の在り様とその活動は、ゆく川の流れと同様、日々絶え間なく速やかに進み、しかも、以前とは同じではない。
　その中で生じた企業をめぐる様々な紛争と商事判例の歴史を振り返ってみると、また同様であった。時代の変遷とともに、かつての源流は大河となり、その河流は増泡しながらやがて大海へと至り、そして、様々な判断が複雑な波を描き、時には予測困難な氾濫も起きる。その潮流を端的に捉えるのは容易ではなかった。
　しかしながら、「故きを温ねて新しきを知れば、以て師となるべし」である。

はしがき

　過去の商事判例を時代の変遷とともに振り返ることで、それらが様々な輝きにより各時代を彩っていたこと、他方でその時代を映す鏡でもあったことを再認識し分析することの意義は大きい。その過程で、現代の実務家である我々が、日々直面している問題の解決策の手がかりを、経験ではなく歴史から学び取ることも十分にできよう。
　そして、このような活動を通じて、現代の企業法務をめぐる激流の中においても企業にとって正しい航路を示すことができなければ、企業法務の実務に携わっていく法曹としての資格はないであろう。

　本書の刊行に際しては、お忙しいなか監修をお引き受けいただいた東京大学大学院法学政治学研究科教授の神田秀樹先生にまず御礼を申し上げたい。現代の商事法学の岬に立ち理論・実務の両面を照らし続ける先生の導きにより、本書は何とか刊行まで辿り着くことができた。
　また、株式会社商事法務書籍出版部の小山秀之氏、川戸路子氏、庄司祐樹氏、及び公益社団法人商事法務研究会旬刊商事法務編集部の井上友樹氏に、本書の企画段階から刊行までの間、絶え間ないご尽力をいただいたことにも感謝申し上げたい。しばしば迷走し浸水もした執筆航路から無事帰港できたのも、四氏に、羅針盤として、お力添えいただいた賜物である。
　さらに、準備段階で、裁判例の整理・分析に参加していただいた小西貴雄氏、堀田昂慈氏、鈴木智弘氏（いずれも現在は司法修習生）にも謝意を表する。この三氏のように、これから法曹として出船し、将来の我が国の法曹界を航海していく方々にとっても、本書が有意義なものとなることを願う。

2015年9月

執筆者を代表して
本村　　健
吉原　朋成
佐藤　修二

凡　例

1．法令等の略記

略　　称	正式名称
商法特例法	株式会社の監査等に関する商法の特例に関する法律（昭和49年4月2日法律第22号）
CGコード	株式会社東京証券取引所「コーポレートガバナンス・コード～会社の持続的成長と中長期的な企業価値の向上のために～」（平成27年6月1日）
SSコード	日本版スチュワードシップ・コードに関する有識者検討会「「責任ある機関投資家」の諸原則《日本版スチュワードシップ・コード》～投資と対話を通じて企業の持続的成長を促すために～」（平成26年2月26日）

2．定期刊行物の略語

金　判	金融・商事判例
金　法	金融法務事情
ジュリ	ジュリスト
商　事	旬刊商事法務
判　時	判例時報
判　タ	判例タイムズ
法　教	法学教室
民　商	民商法雑誌

3．判例集略語

民　集	最高裁判所民事判例集
刑　集	最高裁判所刑事判例集
集　民	最高裁判所裁判集民事
集　刑	最高裁判所裁判集刑事
高民集	高等裁判所民事判例集
東高時報	東京高等裁判所判決時報
下民集	下級裁判所民事裁判例集
下刑集	下級裁判所刑事裁判例集
訟　月	訟務月報
判　時	判例時報
判　タ	判例タイムズ
金　判	金融・商事判例
金　法	金融法務事情
資料版商事	資料版商事法務
労　判	労働判例

目　　次

推薦の辞　i
監修のことば　iii
はしがき　v
凡　　例　vii

序　章 ─────────────────────────1
第1節　本書の構成 ……………………………………………………1
第2節　新商事判例便覧にみる年代別・テーマ別の商事判例の
　　　　　傾向 ………………………………………………………2
第3節　本書第2部における分類 …………………………………7

第1部　年代別にみる商事判例

第1章　1955年～1970年代 ─────────────────12
第1節　はじめに──時代背景を踏まえて …………………………12
第2節　特徴的な判例・裁判例 ………………………………………13
　1　会社の法人格や会社設立時の出資履行に関する判例　13
　2　経営機構の機能不全が問われた判例（取締役会・代表取
　　締役をめぐる判例）　16
　3　株主総会をめぐる判例　22
　4　代表訴訟の先駆けとなった判例　27
　5　株式の発行に関する判例　29
　6　補遺──手形・小切手法分野についての判例　30
第3節　まとめに代えて ………………………………………………31

第2章　1980年代～1990年代 ────────────────32
第1節　はじめに ………………………………………………………32
第2節　時代背景の特色 ………………………………………………32

ix

目　次

　　　1　総会屋との闘いと総会実務の進化　32
　　　2　会社支配権争奪事例の登場　34
　　　3　動き出した代表訴訟　34
　　　4　金融・資本市場の暗部の露呈　35
　第3節　特徴的な判例・裁判例……………………………………………36
　　　1　総会屋との闘いと総会実務の進化　36
　　　2　会社支配権争奪事例の登場　40
　　　3　動き出した代表訴訟　45
　　　4　金融・資本市場の暗部の露呈　48
　第4節　まとめに代えて…………………………………………………50

第3章　2000年以降─────────────────────51
　第1節　はじめに…………………………………………………………51
　第2節　時代背景の特色…………………………………………………51
　第3節　特徴的な判例・裁判例…………………………………………53
　　　1　総会の活性化・株主の権利行使にかかわる司法判断の深
　　　　　化　53
　　　2　役員の責任をめぐる司法判断の深化　57
　　　3　株主の企業価値追求の活発化　68
　　　4　資本市場の一層の透明化　75
　　　5　補遺──時代を彩ったその他の裁判例　78
　第4節　まとめに代えて…………………………………………………78

第2部　テーマ別にみる商事判例

第1章　商法総則・商行為──────────────────82
　第1節　商法総則…………………………………………………………82
　　　1　はじめに　82
　　　2　商人性（商法4条）　83
　　　3　名板貸責任（商法14条、会社法9条）　84

4　営業譲渡における商号続用責任（商法17条1項、会社法22条1項）　86
第2節　商　行　為 ··89
　　1　はじめに　89
　　2　商事売買における買主の検査・通知義務（商法526条）　89
　　3　運送営業における運送人の損害賠償責任（商法577条～581条）　90
　　4　倉庫営業における倉荷証券（商法627条）　95
第3節　おわりに ··97

第2章　会社の法人としての性質―――――――98
第1節　はじめに ··98
第2節　会社の設立 ··98
　　1　財産引受け　99
　　2　仮装払込み　100
　　3　設立無効　101
　　4　会社不存在　102
第3節　会社の権利能力と商行為性 ··103
　　1　権利能力　103
　　2　商行為性　104
第4節　法人格の否認 ··106
第5節　会社の解散・清算 ··107
　　1　解散の訴え　108
　　2　清算会社の権利能力・清算人の権限　109
　　3　清算結了と法人格の消滅　110
第6節　匿名組合 ··110
第7節　ま と め ··112

第3章　株　　式―――――――――――――113
第1節　はじめに ··113
第2節　株式の法的性質（社員権論） ···113
　　1　本件の事案・判示内容　113

2　本判決の意義　114
　第3節　株式の共有……………………………………………………115
　　1　権利行使者が選定されていない場合の権利行使の可否および権利行使者の決定方法　115
　　2　権利行使者が選定されていない場合に会社が議決権行使を認めることの可否　116
　第4節　株主平等の原則………………………………………………117
　　1　本件の事案・判示内容　117
　　2　本判決の意義　118
　第5節　共益権（株主名簿閲覧請求権、検査役選任請求権、代表訴訟における原告適格）119
　　1　株主名簿閲覧請求権　119
　　2　検査役選任請求権　121
　　3　代表訴訟における原告適格　122
　第6節　株式の譲渡……………………………………………………124
　　1　自由譲渡性　124
　　2　株式譲渡の対抗要件　125
　　3　株式譲渡の制限　126
　第7節　株式の評価……………………………………………………129
　　1　本件の事案・判示内容　129
　　2　本判決の意義　130
　第8節　株主への利益供与……………………………………………131
　　1　本件の事案・判示内容　131
　　2　本裁判例の意義　132
　第9節　おわりに………………………………………………………132

第4章　株主総会——————————————————134
　第1節　はじめに………………………………………………………134
　第2節　手続的利益の確保……………………………………………134
　　1　招集手続関係　134
　　2　招集通知等の書面の瑕疵　137

目　次

第 3 節　所持品検査・持ち込み制限等／議決権行使の態様……………139
　1　株主総会の受付――所持品検査等　139
　2　議決権行使の態様――代理人による行使　140

第 4 節　議長の議事整理権／議事運営方法…………………………………141
　1　議長の議事整理権　141
　2　審議および採決の方式等　142
　3　議事の運営方法等　143
　4　動議の処理　145
　5　退場命令（不規則挙動への対応）　146

第 5 節　株主の質問と説明義務………………………………………………147
　1　説明義務の範囲・程度　147
　2　説明義務の発生要件　148
　3　議案に関する説明義務違反の有無　149
　4　粉飾決算と説明義務――計算書類に関連する瑕疵と総会決議の効力　151

第 6 節　株主提案権と委任状争奪戦…………………………………………152
　1　株主提案権　152
　2　委任状勧誘（委任状争奪戦）　156

第 7 節　株主総会をめぐる訴え・仮処分等の争訟手続……………………156
　1　訴えの利益　156
　2　決議取消事由の追加／決議無効確認の訴え　159
　3　株主総会と仮処分　160

第 8 節　利益供与と総会屋――株主総会と刑事事件………………………160
第 9 節　おわりに……………………………………………………………161

第 5 章　取締役の責任 ────────────────────── 162

第 1 節　はじめに……………………………………………………………162
第 2 節　取締役の第三者に対する責任………………………………………163
　1　業務の執行に関する責任　163
　2　他の取締役の監視に関する責任　164
　3　就退任にかかわる責任　167

4　損害論、時効期間　167
　第3節　経営判断の原則⋯⋯⋯⋯⋯⋯⋯⋯⋯⋯⋯⋯⋯⋯⋯⋯⋯⋯⋯⋯⋯⋯169
　　　1　野村證券事件（第1審、控訴審）　170
　　　2　拓銀不正融資株主代表訴訟　171
　　　3　拓銀元役員特別背任事件　171
　　　4　アパマンショップHD事件　172
　第4節　リスク管理体制（内部統制システム）構築義務⋯⋯⋯⋯⋯⋯⋯173
　　　1　大和銀行事件　173
　　　2　日本システム技術事件　174
　　　3　福岡魚市場事件（控訴審）　174
　第5節　MBO実施時の注意義務⋯⋯⋯⋯⋯⋯⋯⋯⋯⋯⋯⋯⋯⋯⋯⋯⋯175
　　　1　レックス・ホールディングス会計処理責任追及事件　175
　　　2　レックス・ホールディングス損害賠償請求事件　176
　　　3　シャルレMBO事件　177
　第6節　通常の経済活動以外における義務違反⋯⋯⋯⋯⋯⋯⋯⋯⋯⋯⋯178
　　　1　企業の政治献金をめぐる判断　178
　　　2　ハザマ代表訴訟　180
　　　3　野村證券事件（上告審）　181
　　　4　蛇の目ミシン事件　181
　第7節　責任の範囲、責任追及手続⋯⋯⋯⋯⋯⋯⋯⋯⋯⋯⋯⋯⋯⋯⋯⋯182
　　　1　日本航空電子工業事件　182
　　　2　レンゴー代表訴訟　183
　　　3　ビックカメラ課徴金代表訴訟　183
　　　4　拓銀ミヤシタ事件　184
　　　5　代表訴訟の対象となる取締役の責任の範囲　185
　　　6　福岡魚市場事件（上告審）　185
　第8節　おわりに⋯⋯⋯⋯⋯⋯⋯⋯⋯⋯⋯⋯⋯⋯⋯⋯⋯⋯⋯⋯⋯⋯⋯⋯186

第6章　取締役・取締役会　　187
　第1節　はじめに⋯⋯⋯⋯⋯⋯⋯⋯⋯⋯⋯⋯⋯⋯⋯⋯⋯⋯⋯⋯⋯⋯⋯⋯187
　第2節　利益相反取引⋯⋯⋯⋯⋯⋯⋯⋯⋯⋯⋯⋯⋯⋯⋯⋯⋯⋯⋯⋯⋯⋯188

1　債務引受けと相対的無効　188
　　　　　2　取締役に対する手形振出し行為　190
　　　　　3　第三者を介しての関連会社への融資およびその後の債権
　　　　　　放棄　190
　　　　　4　取締役会の承認を要しない場合（全株主の同意）　191
　　第3節　競業避止義務………………………………………………………192
　　　　　1　進出準備中の地域での取締役の経営と競業避止義務　192
　　　　　2　経済上の利益の帰属、事実上の主宰者による利益相反、
　　　　　　競業　193
　　　　　3　競業避止義務違反の損害額の推定　194
　　第4節　取締役会の運営方法………………………………………………194
　　　　　1　取締役に対する招集通知を欠いた場合の取締役会決議の
　　　　　　効力　195
　　　　　2　代表取締役解任決議と特別利害関係　195
　　第5節　取締役の報酬………………………………………………………196
　　　　　1　報酬の支給決議　197
　　　　　2　報酬の減額等　198
　　　　　3　使用人兼務取締役　201
　　　　　4　退職慰労金　202
　　第6節　むすびに代えて……………………………………………………206

第7章　監査役・会計監査人─────────────────208
　　第1節　はじめに……………………………………………………………208
　　第2節　監査役の責任………………………………………………………208
　　第3節　会計監査人の責任…………………………………………………215
　　第4節　横滑り監査役・兼職禁止…………………………………………218
　　第5節　監査役選解任議案への同意権……………………………………221
　　第6節　展　　望……………………………………………………………222

第8章　会計・社債────────────────────224
　　第1節　会計制度と法──いわゆるトライアングル体制の問題
　　　　　も含めて……………………………………………………………224

目 次

第2節 「公正な会計慣行」とは……………………………………225
 1 長銀事件　225
 2 三洋電機事件　227
 3 ビックカメラ事件　228
第3節 会計帳簿閲覧請求権………………………………………232
 1 請求の理由の記載方法等　232
 2 競業の主観的意図の要否　232
第4節 社　　債………………………………………………………233
 1 金融債と相殺　233
 2 マイカル社債集団訴訟事件　234
第5節 展　　望………………………………………………………235

第9章　組織再編・M&A ―――――――237

第1節 はじめに………………………………………………………237
第2節 役員の責任……………………………………………………237
 1 レンゴー株主代表訴訟事件　237
 2 日本興業銀行株主代表訴訟事件　238
 3 レックス・ホールディングス損害賠償請求事件　239
 4 シャルレMBO事件　240
第3節 合併比率・スクイーズ・アウト関連………………………241
 1 三井物産・物産不動産事件　241
 2 インターネットナンバー事件　243
第4節 表明保証・協議禁止条項等…………………………………244
 1 株式譲渡契約における表明保証条項が問題となった事例　244
 2 株式譲渡における売主の説明義務等が問題となった事例　245
 3 株式譲渡における「契約準備段階の過失」が問われた事例　246
 4 企業買収の基本合意書における協議禁止条項の効力　247
第5節 会社分割における労働者・債権者保護……………………249
 1 日本IBM事件（労働者 vs 会社）　249
 2 会社分割無効の訴えと原告適格（債権者 vs 会社）　250

目　次

　　　3　濫用的な会社分割における債権者保護（債権者 vs 会社）　251
　第6節　小括（今後の展望） ………………………………………………………254
第10章　会社支配権の争奪───────────────────255
　第1節　はじめに ……………………………………………………………………255
　第2節　主要目的ルールの形成過程 ………………………………………………256
　　　1　主要目的ルールの意義等　256
　　　2　恵美寿織物事件　258
　　　3　忠実屋・いなげや事件　259
　第3節　主要目的ルールの運用過程 ………………………………………………261
　　　1　主要目的ルールの厳格化　261
　　　2　ベルシステム24事件　262
　　　3　ダイソー事件　264
　　　4　ダイヤ通商事件　266
　第4節　敵対的買収防衛策として発行された新株予約権の不公
　　　　　正発行 ……………………………………………………………………266
　　　1　敵対的買収防衛策としての新株予約権の意義　266
　　　2　ニッポン放送事件　267
　　　3　ブルドックソース事件　268
　第5節　おわりに ……………………………………………………………………270
第11章　企業価値争奪をめぐるもの──────────────272
　第1節　はじめに ……………………………………………………………………272
　第2節　申立適格 ……………………………………………………………………273
　　　1　失念株主による申立ての可否　273
　　　2　基準日後に株式を取得した株主による申立ての可否　273
　　　3　ノジマ株式買取価格決定申立事件　274
　第3節　個別株主通知 ………………………………………………………………274
　　　1　メディアエクスチェンジ株式取得価格決定申立事件　274
　　　2　ＡＣデコール株式買取価格決定申立事件　275
　第4節　ＭＢＯ
　　　1　レックス・ホールディングス株式取得価格決定申立事件　276

xvii

目　次

　　2　レックス・ホールディングス株式取得価格決定申立事件
　　　後の裁判例　278
　第5節　組織再編等………………………………………………281
　　1　「公正な価格」の意義　282
　　2　算定基準時　282
　　3　算定の枠組み　283
　　4　算定の方法　284
　第6節　非上場株式の価格の算定…………………………………285
　　1　問題となる場面　285
　　2　算定方法　285
　　3　非流動性ディスカウント　286
　第7節　おわりに……………………………………………………287

第12章　金融商品取引法──────────────289
　第1節　はじめに……………………………………………………289
　第2節　開示規制……………………………………………………290
　　1　企業内容等の開示（ディスクロージャー）　290
　　2　公開買付け（ＴＯＢ）・大量保有報告　293
　第3節　金融商品取引業者等………………………………………295
　　1　適合性原則　295
　　2　損失補塡の禁止　296
　　3　犯則事件　297
　　4　無登録業者　297
　第4節　金融商品取引所……………………………………………298
　第5節　有価証券の取引等に関する規制…………………………298
　　1　不正取引の禁止、インサイダー取引規制　299
　　2　Short Swing Rule　302
　　3　相場操縦規制　302
　　4　風説の流布、偽計、暴行または脅迫の禁止　303
　第6節　おわりに……………………………………………………305

第13章　手形・小切手────────────────306

第1節　はじめに……………………………………………………306
　　第2節　判例・裁判例の紹介………………………………………307
　　　1　手形行為　307
　　　2　手形の譲渡　309
　　　3　白地手形　313
　　　4　手形の支払い　314
　　　5　手形と原因関係　317
　　　6　手形訴訟——私製手形に係る手形金請求の手形訴訟の違法性　319
　　第3節　まとめ………………………………………………………320

第14章　海商・保険──────────────────────321
　　第1節　海　　商……………………………………………………321
　　　1　はじめに　321
　　　2　船主の堪航能力担保義務の性質　321
　　　3　船舶の衝突に関する定期傭船者の責任　322
　　　4　商法704条2項と民法上の先取特権　323
　　　5　船主の共同海損分担金保証債務履行請求権と相殺の可否　324
　　第2節　保　　険……………………………………………………326
　　　1　はじめに　326
　　　2　約款の解釈に係る裁判例　326
　　　3　保険事故の主張立証責任の帰属をめぐる裁判例　329
　　　4　保険者の主張立証責任の対象をめぐる裁判例　331
　　　5　代位に係る裁判例　334
　　　6　解除に係る裁判例　336

第15章　民事訴訟法関連・その他────────────────338
　　第1節　はじめに……………………………………………………338
　　第2節　民事訴訟法分野……………………………………………339
　　　1　代表訴訟における訴訟参加　339
　　　2　株主代表訴訟における担保提供命令の申立てに関する裁判例　340

目　次

　　第3節　担保・執行法分野……………………………………………342
　　　　1　集合債権譲渡担保の効力　343
　　　　2　商事留置権　344
　　　　3　預金差押えの対象となる口座の特定の程度　346
　　第4節　倒産法関連……………………………………………………348
　　　　1　破産管財人・再生債務者・更生管財人の第三者性　348
　　　　2　倒産解除特約の有効性　350
　　　　3　手形の商事留置権者の民事再生手続における権利に関する裁判例　351

第3部　座談会・時代を彩った商事判例を振り返る

第1章　はじめに──────────────────────354
第2章　年代ごとに商事判例を振り返って──────────356
　　第1節　第1部の概要……………………………………………………356
　　第2節　1955年～1970年代の特色………………………………………357
　　第3節　1980年代～1990年代の特色……………………………………366
　　第4節　2000年以降の特色………………………………………………372
　　第5節　実務家からの視点………………………………………………378
第3章　テーマ別に商事判例を振り返って──────────382
　　第1節　テーマの選択……………………………………………………382
　　第2節　株主総会（第2部第4章）……………………………………382
　　第3節　取締役の責任（第2部第5章）………………………………396
　　第4節　M＆A・組織再編（第2部第9章～11章）…………………407
　　　　1　表明保証・M＆A契約　407
　　　　2　支配権争奪に関する商事判例　413
　　第5節　会計・金商法関係（第2部第8章・第12章）………………417
　　第6節　海商・保険関係（第2部第14章）……………………………422
　　第7節　その他注目される裁判例等……………………………………426
第4章　おわりに──────────────────────428

終　章　変遷する時代を映す鏡たる商事判例の回顧・展望──435
　第1節　紛争の大別……………………………………………………………435
　第2節　時代の変遷とともに…………………………………………………436
　第3節　さいごに………………………………………………………………438

判例索引　439
監修者・執筆者紹介　463

序　章

第1節　本書の構成

　本書は、旬刊商事法務創刊以降の各時代を彩った商事判例について、当時の社会経済の背景事象や企業法務のトピックを織り交ぜながら、各分野の発展・変遷の歴史を回顧しつつ、今日の企業法務実務における意義・影響も分析し、さらに、未来の企業法務の展望、さらには航海図となりうる提言を示すことを指向し、以下のような構成とした。

　まず**第1部**では、創刊以降の60年を、1955年から1970年代、1980年代から1990年代、そして2000年以降に分け、各年代を彩った商事判例の分析を行いつつ、その変遷と発展の歴史に改めて光を当てることを目指した。

　続いて**第2部**では、会社法を中心としつつも広く商事法全般にわたって15のテーマを設定し、テーマごとに主要な商事判例を取り上げることを通じて、**第1部**でみた時間軸という観点に対してテーマ別での整理を試みた。

　そして、**第3部**では、**第1部**および**第2部**が実務家の目からみたものであることから、さらに学問的視座も提供すべく、学者の先生方をお招きした座談会を通じてさまざまな意見もいただくことで、商事判例の回顧・分析・展望について、多面的な視点を読者に示すことができればと考えている。

第2節　新商事判例便覧にみる年代別・テーマ別の商事判例の傾向

　本書は、上記のように、時代を彩った商事判例を取り上げることを通じて、今後の判例の展望等も示すことも狙いとして執筆されたものである。本書のベースとなったのは、旬刊商事法務草創期から連載されている『新商事判例便覧』における商事判例の紹介および分析の蓄積である。

　『新商事判例便覧』は、その時代時代においてさまざまな意義を持った商事判例の紹介を継続してきた。取り上げたものも、2015年7月末までの掲載分で3,164件にも及ぶ。それらを振り返ると、今日ではすでに過去の判断となったもの、あるいは今日においても先例としての価値を有するもの、その後の法改正につながったものなどさまざま存在する。いずれの判断も、示された当時においては理論的な検討を招来し、あるいは同種実務に影響を与えるなどして一定の意義を有していたものであり、またそこで前提となった法的紛争は当時の社会経済や世相を反映して生まれたものも多い。

　『新商事判例便覧』で取り上げた商事判例を年代別に集計したものが次頁の円グラフとなる（図表1）。

　なお、4頁以下に示す円グラフにおいては、旬刊商事法務の年間索引を参考に13のテーマ、すなわち、①商法総則・商行為、②会社法（一般）、③株式・新株予約権、④株主・株主総会、⑤取締役・取締役会・執行役、⑥監査役・監査役会、⑦企業会計・開示、⑧組織再編行為（合併等）、⑨MBO・M&A・買収防衛策、⑩金商法（インサイダー取引規制ほか）、⑪振替法、⑫手形・小切手、⑬海商・保険・民事訴訟法関連分野・その他、に分けて分類している（図表2）。

　（この分類と本書**第2部**の構成との違いは、次節で説明する）

　各年代の分類別掲載数をみると、1955年から1970年代では、①商法総則・商行為（分類1）、②会社法（一般）（分類2）、⑫手形・小切手が多くみられる。1980年代から1990年代では、②会社法（一般）、④株主・株主総会、⑤取締役・取締役会・執行役にシフトし、続いて、2000年以降の

〔図表1〕 商事判例の年代別分類と集計

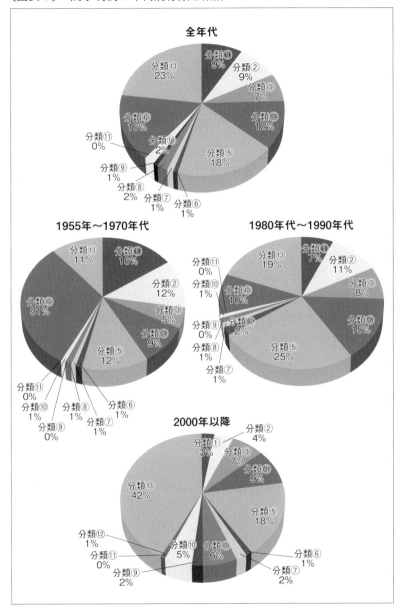

〔図表2〕 商事判例のテーマ別分類と集計

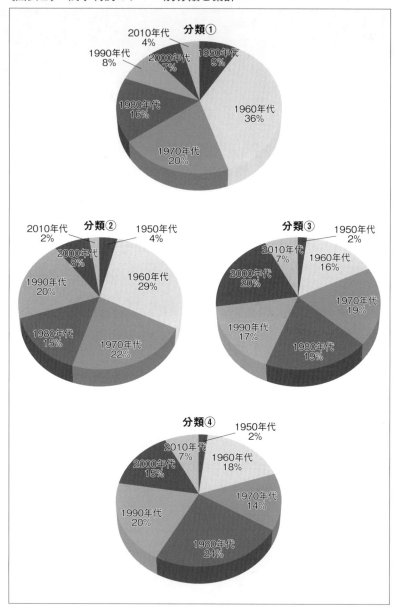

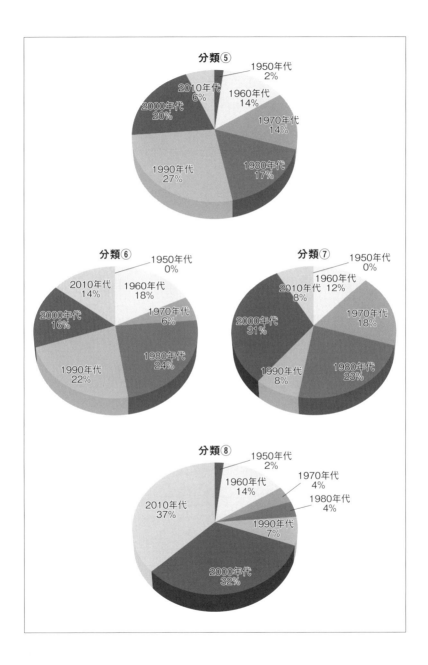

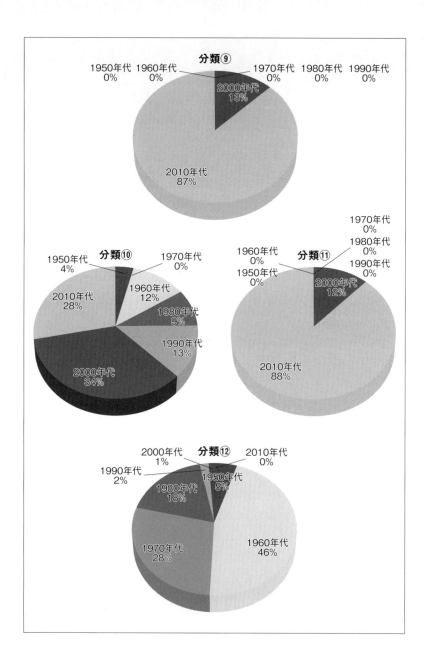

序　章

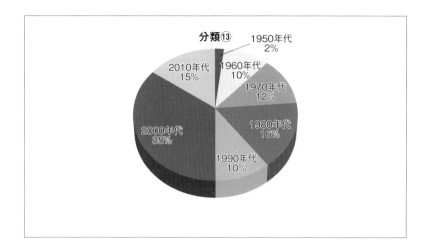

年代では、④株主・株主総会、⑤取締役・取締役会・執行役、の割合が高くなっているという傾向がみてとれる。

　また、年代の進展に伴う手形・小切手関係の減少が明らかであるほか、2000年以降では、上記に指摘したほかにも、⑧組織再編行為（合併等）、⑨MBO・M&A・買収防衛策、⑩金商法（インサイダー取引規制ほか）が増えていることもわかる。会社関係の多くを占める②〜⑤の分野でも、各年代による掲載裁判例の内容が変化している。

　さらに、テーマ別に各年代における商事判例の数を集計したものを円グラフで示すと、前掲図表２のようになる。

　⑤取締役・取締役会・執行役が、代表訴訟の増加を背景として、1990年代以降に増加傾向となり、また、⑧組織再編行為（合併等）、⑨MBO・M&A・買収防衛策、⑩金商法（インサイダー取引規制ほか）は、会社法・証券法の大改正時代を迎えた2000年以降の増加が著しい。

第３節　本書第２部における分類

　上記のような旬刊商事法務の年間索引で用いられていた13テーマの分

類に対して、本書**第2部**においては、この分類をベースとしつつ一部修正した15テーマを設定している。

　これは、図表2の円グラフからもわかるとおり、13テーマにおける⑤取締役・取締役会・執行役のテーマについては、膨大な商事判例があるため、これをより精緻に分析する見地から、取締役の責任という観点のものと、取締役・取締役会の運営等の観点のものとに分類することとした。

　同様に、13テーマの中で、⑧組織再編行為（合併等）、⑨MBO・M&A・買収防衛策、⑩金商法（インサイダー取引規制ほか）、⑪振替法の4テーマについては、次のように構成し直した。すなわち、⑧と⑨については、その親和性から、「組織再編・M&A」として一括しつつ、さらにそのうちで、会社をめぐる利害対立の視点（この点は本書の「**終章**」でも紹介する）から、「支配権争奪をめぐるもの」と、「企業価値争奪をめぐるもの（買収防衛策、MBO、振替法等）」を括り出す形で整理分類した。そして、⑪の振替法については、その事例の数の観点から他のテーマに組み入れた。

　その他、各テーマの分量的なバランス等にも配慮しつつ修正を加えた結果、**第2部**については、以下の15テーマに再構成している。

　① 商法総則・商行為
　② 会社の法人としての性質
　③ 株　　式
　④ 株主総会
　⑤ 取締役の責任
　⑥ 取締役・取締役会
　⑦ 監査役・会計監査人
　⑧ 会計・社債
　⑨ 組織再編・M&A
　⑩ 支配権争奪をめぐるもの
　⑪ 企業価値争奪をめぐるもの
　⑫ 金融商品取引法

⑬　手形・小切手
⑭　海商・保険
⑮　民事訴訟法関連分野・その他

第1部 年代別にみる商事判例

第1章 | 1955年～1970年代

第1節　はじめに──時代背景を踏まえて

　第1章は、旬刊商事法務が創刊された1955年～1970年代終わりの間の商事裁判例を振り返りたい。この期間のわが国政治経済の歩みを概観するに、戦後混乱期を脱し、保守合同（55年）、56年7月に発表された経済白書（副題：日本経済の成長と近代化）の結語に記された「もはや戦後ではない」時期を経て、池田勇人内閣の所得倍増計画の閣議決定（60年）等の事象に象徴されるように50年代半ばから始まる「高度成長期」に至り、その後のニクソンショック（71年）、田中角栄内閣による日本列島改造論と日中国交回復（72年）および2度にわたるオイルショック（73年および78年）を経て「安定成長への調整期」に至った時期と評価できよう[1]。
　かような時代における商事裁判例としては、わが国経済が成長していく中で、その中心的役割を果たした株式会社に関し、一方で、中小の閉鎖的株式会社における機関の機能不全によって生じた事例に関する判例・裁判例が、他方で、財閥解体後に金融機関を中心とした株式持合い、メインバンク制、企業グループの形成という相互依存的な企業関係に象徴される「日本型経営」が発展成熟していく中で、大規模株式会社における株主総会の形骸化等によって生じた事例に関する判例・裁判例など

---

(1)　エズラ＝ヴォーゲル『ジャパン・アズ・ナンバーワン』が出版されたのは、1979年である。

が挙げられる。

　具体的には、①会社の法人格や会社設立時の出資履行といった株式会社制度の根幹にかかわる事例、②経営機構の機能不全、株主総会の形骸化を背景に、実質的に社長によって選ばれた取締役や監査役がその任務を果たさないために生じた役員の責任が問われた事例、また、粉飾決算の果ての倒産事例やその一因となった監査制度の問題点がクローズアップされる契機となった事例、③株主総会の運営実務の基礎を確立した事例、④代表訴訟を通じた役員の責任追及という、現代にもつながる議論の出発点となった事例を見出すことができる。さらには、⑤大規模株式会社の資金調達方法が借入金主体から資本市場を通じた調達へシフトしていく過程における事例も見出すことができる。

　これらの順に沿って、特徴的な判例・裁判例を紹介することとするが、それらの判例・裁判例で示された基本規範は、いわばプリミティブなコーポレート・ガバナンス論を示す判断ともいえ、現在のプラクティスの基礎を形作っているといえよう。

　なお、以下の論述では、特に明示しない限り、旧商法とは平成17年改正前商法のことをいう。

第2節　特徴的な判例・裁判例

1　会社の法人格や会社設立時の出資履行に関する判例

1　法人格の否認──最判昭和44年2月27日民集23巻2号511頁

　本件は、電気店店舗の賃貸借契約をめぐり、賃借人が株式会社であるのか、同社を経営する代表取締役個人なのかが争われた事案である。

　最高裁は、法人格は社会的に存在する団体を権利主体に値すると認めるときに付与されるもので、法人格がまったくの形骸にすぎない場合、または法人格が法律回避のために濫用される場合には、法人格を否認すべきことが要請されると判示した[2]。法人格の形骸化または法人格の濫用を要件とした上で、旧商法504条によらずに、ただちに法人格が否認さ

れる場合があり得ることを認めたものであり[3]、判例による法創造の典型例といえる。

　法人格否認の法理は、もともと法人成りした個人企業など小規模閉鎖会社の債権者を保護する機能を有しているとされたが、その後、平成2年商法改正により株式会社について最低資本金制度が新設されたため、実体を伴わない会社設立、ひいては同法理の適用場面も減少するともいわれていた。しかし、会社法により最低資本金制度が廃止されたため、同法理の適用が改めて問題となる場面が増えていくのではないかと推測される。ことに昨今、いわゆる濫用的会社分割の場面において同法理の適用が問題となるなど[4]、依然実務において一定の有用性を有していると評価できよう[5]。

(2) 最判昭和53年9月14日集民125号57頁は、法人格否認の法理が適用される場合であっても、訴訟手続・執行手続においては、X会社に対する判決の既判力および執行力の範囲を（法人格が否認されるべき）Y会社にまで拡張することは許されないと判示した。他方、最判平成17年7月15日民集59巻6号1742頁は、第三者異議の訴えについて法人格否認の法理の適用が排除されることはなく、法人格が執行債務者に対する強制執行回避のために濫用されている場合には、執行債務者と別個の法人格であることを主張して強制執行の不許を求めることはできないと判示した。
(3) 「濫用」事例の判例等として、最判昭和48年10月26日民集27巻9号1240頁、東京高判昭和49年7月29日判時755号103頁、前掲最判昭和53年9月14日、前掲最判平成17年7月15日がある。また、「形骸化」事例の判例等として、前掲最判昭和44年2月27日、最判昭和47年3月9日集民105号269頁、東京高判昭和53年3月3日判時890号112頁、東京高判平成14年1月30日判時1797号27頁がある。なお、法人格の濫用と形骸化のいずれも肯定できるとした裁判例として、東京高判平成24年6月4日判タ1386号212頁がある。
(4) 福岡地判平成22年1月14日金判1364号42頁は、法人格否認の法理の適用を肯定したが、その控訴審・福岡高判平成23年10月27日金判1384号49頁は、これを否定した。
(5) 江頭憲治郎ほか編『会社法判例百選〔第2版〕』（有斐閣、2011）106頁［森本滋］。ただ、最判昭和49年9月26日民集28巻6号1306頁が、法人格否認の法理の適用は慎重にされるべきであると判示した点に注意を要する。また、近時、新たな立法や他の法規定・柔軟な法解釈により、この種の事案の妥当な解決を図るべきとする見解もみられる。近藤光男『最新株式会社法〔第7版〕』（中央経済社、2014）10頁参照。

2 見せ金による株式払込み——最判昭和38年12月6日民集17巻12号1633頁

本件は、発起人が払込取扱銀行から借り入れた資金の全額を一括して払い込み、会社設立後当該払込金を引き出して返済したという事案である。最高裁は、株式払込みとして会社資金を確保する意図なく、借入金で一時的に払込みの外形を整え、株式会社設立後ただちに払込金を払い出して借入先に返済する場合には払込みとしての効力を有しないと判示した。

見せ金については、預合い（会社法965条）[6]と異なり会社法上明確な禁止規定がなく、また、旧商法では規定されていた取締役の引受担保責任が会社法で廃止されたという経緯があった。平成26年改正会社法は、仮装払込みによる募集株式の発行等に関与した引受人や取締役等の責任について、株主の利益の保護を図る観点から新たな規定を設けた（同法213条の2、213条の3）。見せ金の効力については、無効説と有効説の対立があるが、新規定と本判決の射程について改めて議論がなされることであろう。

そのほか、本稿では取り上げなかったが、会社の設立や出資の払込みをめぐる最高裁判例[7]が昭和20年代から昭和30年代～40年代に集中していることからは、戦後復興期から立ち上がったわが国の経済分野において、最高裁判例が法規範の確立に大きく寄与した現実を読み取ることができよう。

---

(6) 預合いについては、この時代の刑事事件として、最決昭和35年6月21日刑集14巻8号981頁がある。また、最決昭和40年6月24日刑集19巻4号469頁ほかは、見せ金による払込仮装行為に関し、公正証書原本不実記載・行使罪の成立を肯定する。
(7) たとえば、開業準備行為は発起人の権限に含まれず（最判昭和33年10月24日民集12巻14号3228頁）、また、定款に記載のない財産引受けは無効（最判昭和28年12月3日民集7巻12号1299頁）といった厳格な解釈が示されている。

2 経営機構の機能不全が問われた判例（取締役会・代表取締役をめぐる判例）

(1) 取締役会

③ 取締役会決議の効力──最判昭和44年12月2日民集23巻12号2396頁

本件は、6名の取締役中2名に対する取締役会招集通知がなく、それらの取締役が欠席し残り4名の取締役の出席により決議された取締役会決議の効力が争われた事案である。

最高裁は、一部の取締役に対する招集通知が欠ける場合には取締役会決議は無効であるが、その取締役が出席しても決議の結果に影響がないと認めるべき特段の事情があるときには決議は有効と解すべきであると判示した。

本判例は、中小企業協同組合法に基づく協同組合の理事会の招集手続の瑕疵と理事会決議の効力に関する同旨の判例（最判昭和39年8月28日民集18巻7号1366頁）を踏襲した判例であり、実務上は招集通知が欠けた一部取締役が出席しても決議の結果に影響がないと認めるべき特段の事情が何かが問題となる。株式会社のガバナンスにおいて取締役会が果たす役割の重大性からすれば、特段の事情は狭く解されるべきであろう。

(2) 代表取締役の権限濫用・表見代表取締役

④ 代表取締役の権限濫用の行為と民法93条──最判昭和38年9月5日民集17巻8号909頁

本件は、代表取締役が私利を図るためになした代表行為（株式会社所有の不動産売買）の効力が争われた事案である。最高裁は、相手方が代表取締役の真意を知り、または、知り得べきものであったときは、民法93条ただし書の規定を類推して、当該法律行為はその効力を生じないとした。

⑤ 表見代表取締役をめぐる判例──最判昭和35年10月14日民集14巻12号2499頁

本件は、金員借入れに関して代表取締役の承認のもとに会社の使用人が常務取締役の名称を使用した場合について、旧商法262条（会社法354

条）の規定の類推適用の可否が問題となった事案である。

　最高裁は、類推適用を認め、会社は善意の第三者に対してその責を負うと判示した。旧商法262条は「専務取締役、常務取締役」を列挙していたが、会社法354条はこれを削除した。会社法のもとでも、同様の名称を取締役や使用人に付与した場合に、本条の適用ないし類推適用が認められるか、本判決の射程範囲については依然議論となろう[8]。

(3)　取締役の義務——善管注意義務・忠実義務・監視義務

　後述の16八幡製鉄政治献金事件の最高裁大法廷判決は、昭和25年商法改正で導入された忠実義務の規定（旧商法254条ノ3、会社法355条）につき、旧商法254条3項（会社法330条）、民法644条に定める善管注意義務を敷衍し、かつ一層明確にしたにとどまり、通常の委任関係に伴う善管注意義務とは別個の高度な義務を規定したものではないと判示した。この忠実義務に関し、最判昭和44年3月28日民集23巻3号645頁は、代表取締役の解任に関する取締役会決議について、当該代表取締役は特別利害関係人（昭和56年改正前商法260条ノ2第2項、239条5項）に当たると判示している。代表取締役が会社経営に大きな権限を有すること等から、解任の当否に関する議決権行使について当該代表取締役の忠実義務違反を予防すること等を根拠としつつ、その上で忠実義務は善管注意義務とは別個の高度な義務ではないとする判断は興味深い。

　他方、この時代の裁判例において、取締役の善管注意義務に関連し、いわゆる経営判断原則の考え方、さらには取締役の内部統制システム・リスク管理体制を定める義務といったものを認めたと考えられるものを見出すのは困難と思われる[9]。かような状況下で、監視義務については次の判例が重要であろう。

---

(8)　そのほか、この時代には、表見代表取締役に関していくつかの重要な判決が下されている。たとえば、旧商法262条に基づき会社が責任を負うためには、第三者は善意であれば足りるとした最判昭和41年11月10日民集20巻9号1771頁、代表権の欠缺を知らないことにつき第三者に重過失がある場合には会社は責任を免れるとした最判昭和52年10月14日民集31巻6号825頁、同条は訴訟手続には適用がないとした最判昭和45年12月15日民集24巻13号2072頁等が挙げられる。

6 取締役の監視義務──最判昭和48年5月22日民集27巻5号655頁

　本件は、代表取締役が融通手形を濫発した結果、会社が倒産して各手形金の支払いを受けることができなくなり損害をこうむったとして、当該手形所持人が、当該代表取締役に対する監視義務違反等を主張して、取締役らに対し、旧商法266条ノ3（会社法429条）等に基づき損害賠償を請求した事案である。

　最高裁は、取締役会を構成する取締役は、会社に対し、取締役会に上程された事柄についてだけ監視するにとどまらず、代表取締役の業務執行一般を監視し、必要があれば、取締役会を自ら招集し、あるいは招集することを求め、取締役会を通じて業務執行が適正に行われるようにする職務を有する旨判示した[10]。

(4) 利益相反取引および取締役の報酬

　前述のとおり、判例は善管注意義務と忠実義務を区別しないが、取締役が自己（または第三者）の利益を図って会社の利益を害するおそれがあることから、法は、特別の規定を設けている。このうち利益相反取引および報酬について重要な判例が示された。

7 債務引受け（日本ビクター事件）──最大判昭和43年12月25日民集22巻13号3511頁

　本件は、被上告会社の代表取締役が、上告会社に対する自己の債務につき被上告会社を代表して債務引受けをなしたところ、上告会社が被上告会社に対し、この債務の支払いを求めた事案である。

　最高裁は、昭和56年改正前商法265条（会社法356条、365条）の取引中には、取締役と会社との間に直接成立すべき利益相反行為のみならず、取締役の債務をその取締役が会社を代表して債権者に対して債務引受け

---

(9) 取締役は、取締役会の構成員として、また代表取締役（または業務担当取締役）としてリスク管理体制を構築すべき義務を負い、かかる体制を構築すべき義務を履行しているか否かを監視する義務がある旨が裁判例上明確に現れるのは、大阪地判平成12年9月20日判時1721号3頁、最判平成21年7月9日集民231号241頁を待つこととなる。
(10) 名目的取締役の監視義務につき、最判昭和55年3月18日判時971号101頁参照。

をするような取締役個人に利益となり会社に不利益を及ぼす行為も包含されると解すべきである（最判昭和39年3月24日集民72号619頁はその限度で判例変更）、同条に違反した取引は無効であり、会社は、取締役会の承認の欠缺と相手方の悪意を主張立証して、無効を主張し得ると判示し、上告会社の請求を認容した。

本判決の後、取締役の債務の連帯保証に関する最判昭和45年3月12日集民98号365頁、同一人物が代表取締役を務める他社の債務の連帯保証に関する最判昭和45年4月23日民集24巻4号364頁と同旨の判例が続いた。そして、これらを受けて昭和56年商法改正により、同条に「会社ガ取締役ノ債務ヲ保証シ其ノ他取締役以外ノ者トノ間ニ於テ会社ト取締役トノ利益相反スル取引ヲ為ストキ亦同ジ」との間接取引を含む旨明示する規定が追加され、会社法356条1項3号に引き継がれている。

昭和56年改正前商法265条違反の行為は一種の無権代理行為として無効であるが、間接取引の場合には取引安全の見地から会社が無効主張するには相手方の悪意を主張立証しなければならないとの点も前記昭和45年の両最判に引き継がれている。なお、最判昭和48年12月11日民集27巻11号1529頁は、直接取引につき、取締役からの無効主張は許されないとする。

8 退職慰労金の報酬該当性と決議方法（名古屋鉄道事件）——最判昭和39年12月11日民集18巻10号2143頁

本件は、株主総会における退任役員に対する慰労金贈呈の「金額、時期及び方法等を取締役会に一任する」旨の決議につき、株主が決議の無効確認を求めた事案である。

最高裁は、退職慰労金が在職中の職務執行の対価として支給される場合には、当該退職慰労金は昭和56年改正前商法280条、269条（会社法387条）の報酬に含まれ、定款に額の定めがない限り株主総会決議で定めるべきで、無条件に取締役会の決定に一任することは許されないが、株式会社役員に対する退職慰労金支給に関する「金額、支給期日、支払方法を取締役会に一任する」との株主総会決議をした場合でも、決議が当該会社において慣例となっている一定の支給基準によって支給すべき趣旨

であるときは、同条の趣旨に反して無効ということはできないと判示した。本判決の後に、同旨の最高裁判決が続いており[11]、判例の立場は確立している。

ところで、旧商法269条（会社法361条）が取締役報酬を株主総会決議で定めることを要求したのは、取締役の報酬額の決定を取締役自身に委ねた場合に懸念される「お手盛り」を防止するためであるから、株主総会が取締役報酬の決定を取締役会へ無条件に一任することは許されないものの、取締役全員の報酬総額（または最高限度額）を定め、その具体的配分を取締役会の決定に委ねるのは、適法とされる（最判昭和60年3月26日集民144号247頁）。また、最判昭和31年10月5日集民23号409頁は、取締役の報酬の個別金額の決定を代表取締役へ再委任することを認めている。

(5) 役員等の損害賠償責任

9 取締役の第三者に対する責任の法意――最大判昭和44年11月26日民集23巻11号2150頁

本件は、名目的代表取締役がもう1人の代表取締役に会社業務の一切を任せきりにしていたところ、任された代表取締役が振り出した約束手形が不渡りになって手形金額の損害をこうむった者が、名目的代表取締役の責任を追及した事案である。

最高裁は、旧商法266条ノ3は、取締役が悪意または重大な過失により職務上の義務に違反して第三者に損害をこうむらせた場合に、任務懈怠行為と第三者の損害とに相当因果関係がある限り、当該取締役が直接に第三者に対し損害賠償責任を負うことを規定したとし、第三者は取締役の任務懈怠についての悪意または重大な過失を主張立証すれば損害賠償を求めることができ、代表取締役が他の代表取締役等に会社業務一切を任せきり、その不正行為等を看過する場合には、悪意または重大な過失

---

(11) 最判昭和44年10月28日集民97号95頁、最判昭和48年11月26日判時722号94頁、最判昭和58年2月22日集民138号201頁。昭和58年判決は、株主総会から一定の範囲内で一任された取締役会が金額、時期、方法の具体的決定を代表取締役に一任する決議をすることが旧商法269条および株主総会決議の趣旨に反するものではないとの点についても判示している。

により自らの任務を怠ったものであると判断して、新たに就任した取締役の責任を肯定した[12]。

本判決の後に、同旨の判例（最判昭和45年3月26日集民98号487頁）のほか、次のような判例が蓄積された。すなわち、昭和56年改正前商法266条ノ3第1項の責任は取締役の責任を加重するために法が特に認めたもので、不法行為責任ではなく、その賠償請求権の消滅時効期間は民法167条1項により10年であり（最判昭和49年12月17日民集28巻10号2059頁）、第三者の過失による過失相殺ができ（最判昭和59年10月4日集民143号9頁）、履行の請求を受けた時に遅滞に陥り、遅延損害金の利率は民法所定の年5分にとどまる（最判平成元年9月21日集民157号635頁）。

[10] 山陽特殊製鋼事件――神戸地姫路支決昭和41年4月11日下民集17巻3・4号222頁

本件は、昭和40年3月に会社更生手続開始決定を受けた山陽特殊製鋼において、昭和37年上半期から昭和39年上半期まで、各期いずれも配当すべき利益がなかったのに、粉飾された貸借対照表、損益計算書等に基づいて違法な配当等が行われたとして、その取締役および監査役の賠償責任が査定された事案である。

本決定では、取締役には違法配当に関して違法配当議案を株主総会に提出またはそれを審議した取締役会で賛成したことおよび役員賞与の支給に関して欠損中に支給したこと等に基づく賠償責任が、監査役には違法配当に関して計算書類の調査義務を尽くさなかったことによる賠償責任がそれぞれ査定された。なお、本件に係る特別背任被告事件判決は神戸地判昭和53年12月26日商事829号25頁である[13]。

昭和40年代には粉飾決算等による大型倒産が発生したが、昭和49年商

---

(12) 最高裁は、本判決の前に、旧商法266条ノ3について、協同組合理事が漫然と約束手形を振り出した事案（最判昭和34年7月24日民集13巻8号1156頁。旧商法266条ノ3と同旨の中小企業等協同組合法38条の2に関するもの）、株式会社の副社長が会社の受託金を経常費に流用費消した事案（最判昭和38年10月4日民集17巻9号1170頁）、株式会社の代表取締役が約束手形を振り出した事案（最判昭和41年4月15日民集20巻4号660頁）について、いずれも理事または取締役の責任を認めた。

法改正により監査役の権限が会計監査のみならず取締役の業務監査にも拡大される契機になった点に、本決定の意義がある（同年商法改正と同時に、大会社に会計監査人の監査を義務づけるいわゆる監査特例法も制定された）[14]。

3　株主総会をめぐる判例

(1)　株式の法的性質

11　**株式の法的性質（社員権論）**──最大判昭和45年7月15日民集24巻7号804頁

　本件は、有限会社の持分につき、共益権に属する会社解散請求権等が相続の対象となるか否かが争われた事案である。最高裁大法廷の多数意見は、有限会社の持分について、株式会社における株式と同様、自益権と共益権を含む概念として社員権を認め、共益権である会社解散請求権、社員総会決議取消請求権等について相続性を肯定し、相続人は被相続人の会社法上の訴訟を承継することを明確にした。

　株主の権利は、自益権と共益権とに区分して考えられるが、区分の意味合いに関連し、株式の法的性質論をめぐる大論争、すなわち、本判決および多数説がとる株式社員権説、共益権は株主が機関たる資格において有する権限にすぎないとする社員権否定説、それを推し進め、株式は自益権のうち剰余金配当請求権のような金銭債権自体であり、共益権は国家における参政権のような一身専属的な人格権であると説く株式債権説等の間の論争があった。大規模公開会社における一般株主の実態からは、株式債権説の主張には傾聴すべき点もあるとされ、会社法下においてい

---

(13) 粉飾決算による会社倒産に関する同旨の決定として、サンウェーブ工業に関する東京地決昭和41年12月23日商事401号13頁があり、同事件に係る特別背任被告事件判決は東京地判昭和49年6月29日金判507号42頁がある。
(14) なお、昭和49年商法改正の後も、昭和50年10月に会社更生手続開始決定を受けた興人、昭和53年5月に自ら粉飾決算を続けてきたことを公表した不二サッシ工業など、上場会社の大規模粉飾決算が相次いで明らかになり、監査役の地位と権限の大幅強化を内容とする昭和56年商法改正につながっていく。

ても、企業統治の観点からこの論争を再検証する意義が認められよう。

(2) 株主総会の運営等

12 議決権行使の代理人資格の制限──最判昭和43年11月1日民集22巻12号2402頁

本件は、議決権を行使する代理人を株主に限る旨の定款の定めがある清算中の株式会社の臨時株主総会でなされた決議について、非株主が株主の代理人として議決権を行使したことを理由に、決議の取消しが請求された事案である。

最高裁は、当該定款の規定が平成2年改正前商法239条3項（会社法310条1項）に違反するとの上告理由に対して、同条項は、議決権行使の代理人資格を制限すべき合理的な理由がある場合に定款で相当程度の制限を加えることを禁止したものではなく、代理人を株主に限るとの制限は、非株主による株主総会の攪乱を防止し、会社の利益を保護する趣旨による合理的理由による相当程度の制限といえると判示して、上告を棄却した[15]。議決権行使の代理人資格を株主に限るとする定款における相対的記載事項に関する判例として、現在にも通じる規範となっている。定款で代理人資格を株主に制限している場合でも、本判決前に、病気入院中である老齢の株主について非株主の親族による議決権代理行使を認めた例（大阪高判昭和41年8月8日下刑集17巻7・8号647頁）、本判決後に、地方公共団体または株式会社が株主である場合にその職員またはその従業員による議決権代理行使を認めた例（最判昭和51年12月24日民集30巻11号1076頁）がある[16]。さらに非株主である弁護士を代理人とすることの可否については裁判例が分かれ[17]、依然として同論点に関する個別事案

---

(15) 本判決は、実体法上の取引行為ではない民事訴訟において当事者である会社を代表する権限を有する者を定めるに当たっては、旧商法12条の適用はないとも判示した。

(16) 東京地判昭和61年3月31日判時1186号135頁では、株主である株式会社の従業員の入場を認めなかったことが違法とされた。

(17) 肯定例として神戸地尼崎支判平成12年3月28日判タ1028号288頁、否定例として東京地判昭和57年1月26日判時1052号123頁、宮崎地判平成14年4月25日金判1159号43頁、東京高判平成22年11月24日資料版商事322号180頁がある。

での司法判断は続いている。

13 議決権行使と総会屋に対する贈収賄の成否（東洋電機カラーテレビ事件）──最決昭和44年10月16日刑集23巻10号1359頁

　本件は、定時株主総会において、会社副社長らから総会屋に対し、一般株主が会社役員の責任を追及して発言することを封じ、会社役員のため有利な発言をするよう依頼して現金を供与したことが、旧商法494条（会社法968条）1項1号・2項の株主総会における株主の発言等に関して不正の請託を受けてなされた財産上の利益の収受、供与に当たるとして、総会屋と副社長ら取締役が起訴された事案である。

　最高裁(18)は、株式会社の利益を擁護し、それが侵害されないためには、株主総会において株主による討議が公正に行われ、決議が公正に成立すべきことが要請され、会社役員等が経営上の不正や失策の追及を免れるため、株主総会における公正な発言または公正な議決権の行使を妨げることを株主に依頼することは旧商法494条の「不正ノ請託」に該当すると判示した。

　この時代には、企業が不正行為等の追及を避けるため総会屋を利用して株主総会を運営するなどして、総会屋は企業上層部と癒着するようになっていた。本件の定時株主総会が開催された昭和36、7年当時には、総会屋が訪れない上場会社はほとんどなかったといわれていたが、本判決は、株主総会運営健全化のための昭和56年商法改正による利益供与禁止規定などの導入につながる先駆けとなった。

---

(18) 1審（東京地判昭和40年8月27日下刑集7巻8号1712頁）は、旧商法494条1項1号・2項の規定はいわゆる総会荒しを処罰すべく設けられたもので、会社の議案を無事可決に導くための協力等を依頼する場合までを処罰しようとするものではないとして無罪判決を下した。これに対し、2審（東京高判昭和42年10月17日高刑集20巻5号643頁）はこれを破棄し、与党・野党総会屋の区別なく、株主権を濫用する発言、議決権の行使や他の株主の発言、議決権の行使の妨害などが処罰対象になるとした。

(3) 株主総会決議取消請求の裁量棄却

14 裁量棄却（日本サーモ・エレメント事件）——最判昭和46年3月18日民集25巻2号183頁

本件は、会社解散、監査役等の選任の決議がされた臨時株主総会について、取締役会の招集決議がない、会日までの法定期間を置かずに招集通知が発せられたなどの理由で、株主が同決議の取消しを求めた事案である。

最高裁[19]は、株主総会招集の手続またはその決議の方法に性質、程度等からみて重大な瑕疵がある場合には、その瑕疵が決議の結果に影響を及ぼさないと認められるときでも、裁判所は決議取消請求を認容すべきであり、裁量棄却することは許されないと判示した上で、本件では、株主総会招集が取締役会の有効な決議に基づかず、招集通知が全株主に対して法定期間に2日足りない会日より12日前になされたものであるから、当該株主総会招集の手続には、決議の取消請求を裁量棄却することの許されない重大な瑕疵があると判断して、臨時株主総会決議を取り消した。

裁判所による裁量棄却は、昭和13年商法改正でその規定が置かれたが、昭和25年商法改正により明文の規定が削除された。しかし、本判決をはじめ、判例[20]・学説の多くが合理的範囲で裁判所の裁量棄却を認めたため、昭和56年商法改正は、判例で確立しつつあった要件のもとに裁量棄却の規定を復活させた。

なお、旧商法251条（会社法831条2項）に関する最高裁判例としては、最判平成5年9月9日集民169号577頁および最判平成7年3月9日集民

---

(19) 1審（秋田地判昭和42年10月9日民集25巻2号190頁）は請求を棄却し、2審（仙台高秋田支判昭和43年10月21日民集25巻2号201頁）も、各株主が被上告会社が解散必至の状態にあったことを知っていたこと、途中退席者を除き上告人1名を含めた出席者の全員一致で本件株主総会決議がされたこと、本件株主総会招集を決定した取締役会に欠席した5名の取締役のうち3名は株主総会招集に異存がなく、本件株主総会決議の効力を争う株主は上告人2名にすぎないこと等を指摘して、本件招集手続の瑕疵は株主総会決議の結果に影響を及ぼさないことが明らかな場合に当たるとして、取消請求を棄却した。

174号769頁があるが、いずれも招集地の違反、通知すべき事項の招集通知への不記載という議事成立手続の瑕疵につき、裁量棄却を認めた原審判決を破棄した。このように、近時の最高裁も、瑕疵が軽微として裁量棄却することに慎重といえ、本判決は、依然としてその先例としての価値を失っていないと評されよう。

(4) **株主総会決議の瑕疵**

この時代には、株主総会決議の瑕疵にかかわる多くの重要な判例が示されている。たとえば、訴えの利益に関し、最判昭和45年4月2日民集24巻4号223頁は、役員選任の株主総会決議取消しの訴えの係属中に、かかる選任決議に基づいて選任された役員がすべて任期満了により退任し、その後の株主総会決議によって役員が新たに選任された場合には、特別の事情がない限り、決議取消しの訴えは訴えの利益を欠くと判示した。また、決議取消事由に関し、最判昭和42年9月28日民集21巻7号1970頁は、招集通知漏れが他の株主にあり、自己には通知がある場合でも、株主は他の株主に生じた決議取消事由を主張できると判示した。さらに、提訴期間に関し、最判昭和51年12月24日民集30巻11号1076頁は、株主総会決議取消しの訴え提起後、旧商法248条1項（会社法831条1項）所定の提訴期間経過後に新たな取消事由を追加主張することは許されないと判示した。これらは、株主による監督是正権にかかわる重要な規範である。

---

(20) 昭和56年商法改正までの間に裁量棄却を認めた最高裁判例としては、定款に反する代理人の議決権行使、招集通知の欠缺の違法があっても決議の結果に影響を及ぼさない場合についての最判昭和37年8月30日集民62号329頁や、招集通知期間が6日不足しても、株主に事前に株主総会の議題を伝え、株主も総会が自己の住居と同一建物内で開催されることを熟知しながら意識的に欠席し、かつ、持株7割強の他の株主全員が出席して全会一致で決議をした場合には有効と判示した最判昭和55年6月16日集民130号15頁等があり、他方、裁量棄却を認めなかった最高裁判例としては、あらかじめ株主総会決議事項の通知をしない瑕疵が軽微でないとした最判昭和31年11月15日民集10巻11号1423頁、招集通知期間の著しい不足、一部決議事項について招集通知の記載欠缺の瑕疵が軽微でないとする最判昭和44年12月18日集民97号799頁等がある。

(5) **組織再編行為等**

⑮　重要財産の譲渡と特別決議──最大判昭和40年9月22日民集19巻6号1600頁

　本件は、会社の目的事業を遂行するための唯一の施設である製材工場の土地建物の売買が、旧商法245条1項1号（会社法467条1項1号・2号）の営業の全部または重要な一部の譲渡に該当するかが争われた事案である。

　最高裁は、旧商法245条1項1号の営業の譲渡とは、旧商法24条（現15条）以下の営業の譲渡と同一意義であって、一定の営業の目的のため組織化され、有機的一体として機能する財産の全部または重要な一部を譲渡し、譲渡会社がその財産によって営んでいた営業的活動の全部または重要な一部を譲受人に受け継がせ、譲渡会社がその譲渡の限度に応じ法律上当然に競業避止業務を負う結果を伴うものをいい、財産の譲渡は該当しないと判示した。

　本判決では、旧商法245条1項1号の営業の譲渡の意義について、多数意見と会社の重要財産の譲渡も含まれるとする少数意見との対立が残っていたが、本判決後は、最大判昭和41年2月23日民集20巻2号302頁、最判昭和46年4月9日集民102号439頁およびその他下級審判決も含め、本判決の結論に統一されており、先例として重要な意義を有する判例といえる。

　なお、最判昭和61年9月11日判タ624号127頁は、譲受人の無効主張は信義則上排斥されたが、譲渡会社、譲渡会社の株主・債権者等の会社の利害関係人のほか、譲受人も旧商法245条1項1号の営業の譲渡が特別決議を欠いて無効と主張できると判示した。

4　代表訴訟の先駆けとなった判例

⑯　八幡製鉄政治献金事件──最大判昭和45年6月24日民集24巻6号625頁

　本件は、八幡製鉄が政党に政治献金として行った寄付について、株主が代表取締役に対して寄付額の損害賠償を求めた代表訴訟である。本件

の争点は、会社の政治献金は、(i)公序良俗に反するか、(ii)会社の権利能力の範囲に含まれるか、(iii)権利能力の範囲内の行為であったとしても、会社の目的の範囲外の行為として取締役の忠実義務に違反するかである。最高裁[21]は、(i)につき公序良俗に反しないと判示し、(ii)につき政治献金をする権利能力の存在を肯定した。さらに、(iii)についても、会社の定款所定の目的の範囲内の行為であり、忠実義務については委任関係に伴う善管注意義務とは別個の高度な義務を規定したものと解することはできず（前記2(3)参照）、取締役が会社を代表して政治資金の寄付をするには、会社の規模、経営実績その他社会的経済的地位および寄付の相手方など諸般の事情を考慮して、合理的な範囲内において金額等を決すべきであり、その範囲を越え、不相応な寄付をすることは取締役の忠実義務に違反するが、本件寄付が合理的な範囲を越えたものとすることはできないと判示し、株主の上告を棄却した。

　本件は、昭和25年商法改正による制度導入後はじめての本格的な株主代表訴訟とされ、上場会社による政治献金の可否が争われ、かつ1審が代表取締役の責任を認めたこともあって、大きな注目を集めた。その後も、最高裁は、本判決が示した「合理的範囲基準」を維持し、会社の政治献金に関する同種事案について取締役の責任を否定する判決を下しており[22]、本判決は依然として先例としての価値を失っていないと評価で

---

[21] 1審（東京地判昭和38年4月5日下民集14巻4号657頁）は株主の請求を認めたが、2審（東京高判昭和41年1月31日高民集19巻1号7頁）は、政治献金として寄付する行為は当然に会社の目的の範囲に属するとして、1審判決を取り消し、株主の請求を棄却した。

[22] 生命保険相互会社について最決平成15年2月27日（住友生命事件・日本生命事件。判例集未登載）があり、建設会社について最決平成18年11月14日資料版商事274号192頁（熊谷組政治献金事件）がある。なお、日本生命事件・住友生命事件の1審は、政治献金に経営判断原則を適用して代表取締役の責任を否定したが（大阪地判平成13年7月18日金判1145号36頁、大阪地判平成13年7月18日判夕1120号119頁参照）、政治献金には経営判断原則の適用を否定するのが通説とされる。また、熊谷組政治献金事件の1審（福井地判平成15年2月12日判時1814号151頁）は、会社の経営状況と寄付の必要性等の検討、判断に裁量の逸脱があったとして代表取締役の責任を認めていた。

きる。

5 株式の発行に関する判例

17 著しく不公正な払込金額（横河電機事件）──最判昭和50年4月8日民集29巻4号350頁

　本件は、横河電機が証券会社に対して買取引受契約に基づいて新株式150万株を1株320円の引受価格で発行したところ（昭和35年8月の取締役会で公募する旨を決議し、翌年1月9日の取締役会で証券会社2社に買取引受けさせる旨を決議した。なお、意見具申前日の終値は365円、前1週間の終値平均は359円17銭であった）、著しく不公正な発行価額による株式引受けであるとして、旧商法280条ノ11（会社法212条1項1号）に基づき株主が会社（発行会社）を代位して証券会社に対してその差額の支払いを求めた株主代表訴訟である。

　冒頭に記載した時代背景に加え、昭和30年商法改正で原則として株主が新株引受権を有しないことになり、昭和41年商法改正で株主総会の特別決議の要求が特に有利な発行価額による第三者割当新株発行に限られたことなどから、資金調達や事業提携などの目的による第三者割当増資が増えていた[23]。そのような状況の中、最高裁は、上場会社が第三者に対して新株時価発行をする場合には新株主に旧株主と同様の資本的寄与を求めるべきで、発行価額は旧株の時価と等しくなければならないが、新株を消化し資本調達の目的を達成する見地からは、原則として発行価額を時価より多少引き下げる必要があるとした上で、公正な発行価額は、発行価額決定前の会社の株価、株価の騰落習性、売買出来高の実績、会社の資産・収益状態、配当状況、発行済株式数、新たに発行される株式数、株式市況の動向、予測される新株の消化可能性等の諸事情を総合

---

(23) なお、昭和41年商法改正により、特に有利な発行価額でない限り取締役会が大量の新株を第三者割当てにより発行できるとされたことにつき、根本的な検討が必要と指摘されていたところであるが、平成26年改正会社法により、公開会社の支配株主の異動を伴う募集株式の発行等に関する見直し等（会社法206条の2）がされた点は、制度の問題ではあるが、今日へとつながる萌芽を看取できよう。

し、旧株主の利益と会社の有利な資本調達実現の利益の調和の中に求められるべきであると判示し、株主の上告を棄却した。

現在の時価発行公募増資においては、流通市場価格から一定のディスカウントが行われるところ、実務的には日本証券業協会の「第三者割当増資の取扱いに関する指針」に準じて払込金額は、10％を超えないように決定されており、本判決はその点で現在の実務へ影響を与えたといえよう。

6　補遺──手形・小切手法分野についての判例

この時代を彩る企業法務分野の裁判例として、手形・小切手法分野のそれを欠かすことはできない。これまで紹介した代表取締役による放漫経営の事例、さらには権限濫用、無権代表行為等の事例の多くは、手形行為にかかわるものでもあった。平成18年までは東京地裁に手形部が置かれ、手形・小切手訴訟を集中的に処理してきたことからもうかがわれるように、手形小切手の法理に関する裁判例は膨大な蓄積があり、手形・小切手判例の存在は特にこの時代を画する特色といってよい。

最高裁大法廷判決だけでも、手形の呈示を伴わない催告と時効の中断に関する最大判昭和38年1月30日民集17巻1号99頁、受取人白地手形による訴え提起と時効中断に関する最大判昭和41年11月2日民集20巻9号1674頁、呈示期間経過後の支払呈示の場所に関する最大判昭和42年11月8日民集21巻9号2300頁、手形金の請求と権利の濫用に関する最大判昭和43年12月25日民集22巻13号3548頁、裏書の連続のある手形による請求と権利推定の主張に関する最大判昭和45年6月24日民集24巻6号712号、振出日白地手形と時効中断に関する最大判昭和45年11月11日民集24巻12号1876頁（前掲昭和41年判決と同旨）、取締役・会社間の約束手形の振出しに関する最大判昭和46年10月13日民集25巻7号900頁などが挙げられる（**第2部第13章**参照）。現代社会における手形の利用は、平成20年に法施行された電子記録債権制度（いわゆる「でんさいネット」による決済システム等）の利用もあいまって減少傾向にあるが、他方、でんさいネットにおいては取引安全を確保するため、権利内容・帰属の可視化、善意取得・

人的抗弁の切断等が手当てされており、手形法理を探求する意義は依然として失われていない。

第3節　まとめに代えて

　以上、1955年～1970年代終わりの約25年間における主として会社法分野に関する最高裁判例を中心とした商事裁判例を紹介した。
　米国流の取締役会制度を導入し、株主総会・監査役の権限を限定するなど会社法制を根本的に変容させた昭和25年商法改正が想定した「株式会社」は、いわゆる大規模公開会社であったが、実際には株式会社の多数は中小規模閉鎖会社が占めていた。それゆえ、この時代の商事裁判例には、中小規模の会社における内紛や主導権争いが背景事情となっているものがみられるものの、そのような中でも取引安全と会社利益の調整にかかわる重要な規範が確立された。
　その後昭和40年代に入ると、最高裁は、会社法制の根本問題である株式の法的性質論、法人格否認の法理、（取締役の忠実義務の位置づけも含めた）会社による政治献金の可否等の理論的にも重要な判決のほか、株主総会の運営をめぐる判決も下すなど、現代的なコーポレート・ガバナンスに通ずる基本的かつ重要な判断を示してきたことも、この時代を特徴づけるものといえよう。
　最後に、CGコード制定の動きに象徴されるように、モニタリング・システムを念頭に置いた企業統治の浸透、平成26年改正会社法における監査等委員会設置会社という新たな機関設計の選択により、将来的には、たとえば善管注意義務と忠実義務の違いなどの根本原理に関する裁判所の判断がどのように変わるのか、実務家としては、その理論面の深化とともに期待したい。

第2章 1980年代〜1990年代

第1節　はじめに

　筆者らは、本稿執筆に当たり、1980年代〜1990年代における会社法・証券法をめぐる裁判例を振り返ってみて、この時代の裁判例は、①総会屋との闘いと総会実務の進化、②会社支配権争奪事例の登場、③動き出した代表訴訟、④金融・資本市場の暗部の露呈、という四つの時代状況との関連でとらえることができるのではないかと考えた。

　もとより一つの見方にすぎないが、以下では試みに、この四本柱に沿って時代背景の特色を概観し（**第2節**）、次に、これを踏まえて、上場会社に関する特徴的な判例・裁判例を取り上げることとしたい（**第3節**）。

第2節　時代背景の特色

1　総会屋との闘いと総会実務の進化

　わが国の株主総会（以下「総会」という）は、かつて、総会屋が支配していた。会社は、総会屋の支援の下、短時間で総会を終結させるのが理想とされ、総会が15分以上ともなれば総務部長の首が飛ぶとさえいわれた[1]。総会が一般株主に対する説明の場であるなどという意識は、まったくといってよいほどなかったといえよう。そうした意識の下、総会屋

とは文脈が異なるものの、後掲の18事件のように、強引な総会運営によって決議が取り消される事例も出現した。

　しかし、昭和56年の商法改正によって、総会屋排除のために利益供与禁止規定（旧商法294条ノ2、497条）が導入され、他方で、総会活性化のために説明義務が明定されるに及び（旧商法237条ノ3）、上場会社の総会のあり方は、総会屋を排除し、一般株主を重視する方向へと大きく舵をとらざるを得なくなった[2]。

　利益供与禁止規定の導入により糧道を絶たれた総会屋は、1983年および1984年の総会において、猛烈な反撃に出た。13時間以上を要した1984年のソニーのロングラン総会がその典型例であるが、同総会では、総会屋が事前に嫌がらせ的な大量の質問を記載した質問状を送付し、ソニー側がこれに正面から対応したために、前記のような異常な長時間を要する総会となったものである[3]。このような痛みを伴う出来事もあったが、総会実務も進化し、総会屋対策として実務で工夫された質問状に対する一括回答方式が最高裁において是認され（後掲の19事件）、また、原発反対グループによる各電力会社の決議取消訴訟等を通じ、議事運営のあり方が裁判例上明らかとされるなど、新しい総会実務が形成されていった。

　しかしながら、その後も企業と総会屋との癒着は断ち切れたとはいい難く、有名なのは1997年に発生した総会屋への利益供与事件（いわゆる「海の家事件」）である。多くの有名企業を巻き込んだこの事件が明るみに出ることによって、総会屋の問題がわが国の経済社会の病巣として再認識され、総会屋をはじめとする反社会的勢力との絶縁について取締役会で決議し、社長名で当時関係のあった反社会的勢力と目される者に絶縁

(1)　総会屋が支配した往年の総会の実態については、竹内昭夫「株主の権利行使に関する利益供与」商事928号（1982）17頁以下、竹内昭夫〔弥永真生補訂〕『株式会社法講義』（有斐閣、2001）360頁以下、奥島孝康『会社法の基礎──事件に学ぶ会社法入門』（日本評論社、1994）77頁以下等参照。
(2)　昭和56年商法改正の意義を簡潔に論じたものとして、鈴木竹雄「改正商法の施行に当たって」商事953号（1982）6頁を参照。
(3)　ソニーのロングラン総会については、奥島・前掲注(1)77頁〜78頁。

状を送付するなどの大ナタ措置をとる企業までが現れた[4]。こうしたことが、開かれた総会、経営の透明化といった、次の時代を導くこととなったといえる[5]。

2 会社支配権争奪事例の登場

　伝統的にわが国では、年功序列・終身雇用の日本的経営の下で、企業は個人がその一生を託する「一家」であった。そのような意識の中で、会社をモノのように売り買いするなどということは考えられなかったことも理由の一つと思われるが、今日隆盛するＭ＆Ａのような取引は、日本的な「対等合併」（実際の合併比率が対等であるとは限らない）のケースなどを除けば、昭和の時代には、あまり例をみることがなかった。

　しかしながら、ちょうど平成へと元号が改まったころから、爛熟するバブル経済による「金余り」状況を背景に、会社支配権争奪事例の萌芽といえる現象がみられるようになった。秀和による忠実屋・いなげやの買収の試みはその一例であるが、さらに、経済の国際化もあって、グリーン・メーラーとして著名なティー・ブーン・ピケンズ氏が小糸製作所の買収を試みる事件や、ソフトバンクが「メディア王」ルパート・マードック氏と組んで、朝日新聞社からテレビ朝日の買収を図る事件なども起こった。

3 動き出した代表訴訟

　かつてのわが国では、株主代表訴訟（以下「代表訴訟」という）は、16事件などの事例もあったが、全体としての提訴件数は今日と比ぶべくもないほど少数にすぎず、代表訴訟は、「濫用も活用もされていない」と評されていた[6]。

---

[4] 反社会的勢力と目される者として約700先に絶縁状を送付した企業もある。
[5] その過程では、旧第一勧業銀行の利益供与事件において、当時の経営トップが自殺するという痛ましい事件も発生した。旧第一勧業銀行は、いわゆる与党総会屋としての協力への謝礼目的で、1994年から1996年にかけ、52回にわたって総会屋に計約117億円の利益を供与したとして、当時の役員らが有罪判決を受けた（東京地判平成10年10月19日判時1663号150頁）。

ところが、1991年に発覚した大手証券各社の大口顧客に対する損失補てん事件をはじめとして[7]、バブル経済の崩壊を背景に企業の不祥事が続出し、折から、平成5年商法改正で代表訴訟の提訴手数料が一律8,200円と明確化されたことを契機に（旧商法267条4項）[8]、堰を切ったように提訴件数は激増し、認容事例も出始めて、代表訴訟が企業経営において、にわかに緊張感を持って受け止められるようになった。他方では、代表訴訟が企業経営を萎縮させることに裁判所も配慮した結果と思われるが、後掲の26事件を嚆矢として、企業経営上の判断の専門性を重視し、取締役の裁量の余地を広く認める「経営判断の原則」の法理が形成されつつあった。このような状況を踏まえて、企業法務の実務においては、重要な経営判断を行うに当たり、取締役の善管注意義務違反の有無について、法律事務所に意見書が求められることも多くなった。

4　金融・資本市場の暗部の露呈

資本市場法制の分野では、1987年にタテホ化学工業の財テク失敗をめぐる一金融機関の有価証券売却事件が発覚したことを契機に、翌1988年、わが国でも証券取引法（当時）改正によりインサイダー取引規制が導入された[9]。その後、1992年には、3で述べた損失補塡事件も背景に、証券取引等監視委員会が設置され、同委員会の積極的活動もあってインサイダー取引の摘発が進み、1999年には2件の最高裁判例が形成されるまでになった。また、証券取引等監視委員会は、インサイダー取引や前記3で述べた損失補塡事件のほか、相場操縦、風説の流布など多くの事

---

(6) 田中英夫＝竹内昭夫『法の実現における私人の役割』（東京大学出版会、1987）45頁。
(7) 1991年に発覚した証券会社の損失補塡事件については、たとえば、河本一郎＝大武泰南『金融商品取引法読本〔第2版〕』（有斐閣、2011）478頁〜479頁を参照。
(8) 代表訴訟に関する平成5年改正については、竹内昭夫「株主代表訴訟の活用と濫用防止」商事1329号（1993）34頁を参照。
(9) インサイダー取引規制導入の意義および経緯については、竹内昭夫「インサイダー取引規制の強化〔上〕〔下〕」商事1142号（1988）2頁、1144号（同）4頁、河本＝大武・前掲注(7)457頁を参照。

案を摘発するようになり、1997年には東京地検特捜部が四大証券（当時）の総会屋に対する利益供与事件を摘発したことなどともあいまって、旧来の資本市場の慣行は、改革を迫られることになった。

さらに、裁判例として登場するのは2000年以降となるものの、時代状況として、銀行を中心とする金融システムの機能不全が露わとなったのも、この時代である。1995年には、大和銀行ニューヨーク支店事件が発生して同行が米国業務からの撤退を余儀なくされ、1996年には住専問題が国会において大きく取り上げられ、1997年には山一證券および北海道拓殖銀行の経営が破綻、さらに1998年には日本長期信用銀行および日本債券信用銀行が国有化されるなど、この時代は、当時の大蔵省による護送船団方式の限界が明らかとなり、わが国の金融システムの機能不全が大きく問題となった時期であった。こうしたこの時代の出来事が、次の時代に、内部統制システム構築義務が問題とされた大和銀行事件判決や、銀行の役員責任にかかわる裁判例へとつながっていくことになる。

第3節　特徴的な判例・裁判例

1　総会屋との闘いと総会実務の進化

⑱　チッソ事件――最判昭和58年6月7日民集37巻5号517頁

本件は、チッソの総会決議取消請求事件に係る最高裁判決である。

事案は、水俣病問題をチッソに問ういわゆる一株運動株主らが、1970年の同社定時総会における計算書類等の承認決議につき、手続に瑕疵があるとして取消しを求めたものである。この総会では、市民団体の公開質問状により2,000人規模で総会出席申入れがあったにもかかわらず、チッソは事前に予約した定員約1,100人の会場に代替する場を確保できず、総会当日は約300人の株主が入場できなかった。総会そのものも終始喧騒状態で、原告らの修正動議は取り上げられず、議長は、4分前後で議事が賛成多数で承認されたとして閉会を宣言した[(10)]。

第一審（大阪地判昭和49年3月2日民集37巻5号575頁）は、人数にして

20％前後の者が議決権を行使できず、修正動議も無視して決議が行われた手続の瑕疵は重大であるとして、決議を取り消した。これに対してチッソが控訴し、その後に翌期の計算書類が総会で承認されたこと等により訴えの利益が失われた旨主張したが、控訴審（大阪高判昭和54年9月27日民集37巻5号597頁）はこれを認めず控訴を棄却したため、チッソが上告した。

　最高裁は、前記控訴審でのチッソの主張につき、総会における計算書類等の承認決議が取り消されたときは、当該計算書類等は未確定となるから、それを前提とする翌期以降の計算書類等の内容も不確定なものになり、会社は、改めて取り消された期の計算書類承認決議を行わなければならないことになるから、翌期の計算書類が承認されたことにより訴えの利益が失われることはない旨判示した。

　本件の総会運営は、約300人の株主が入場できないまま総会を決行し、修正動議を取り上げないままわずか数分で閉会するなど、今日からみれば無理なものであったという感が否めない。この時期の総会は、総会屋主導の下、「シャンシャン総会」として行われており、株主に対する説明の場であるという意識がなかったことも、影響していたと思われる。本件は、社会的には、公害運動が燃え盛った時期を象徴する事件であるとともに、法実務の観点からは、決議取消しの訴えに関する今なお重要な最高裁判例の一つである。

⑲　東京建物事件——最判昭和61年9月25日金法1140号23頁

　本件は、東京建物の株主である原告が、1985年の同社定時総会において、株主からあらかじめ提出されていた質問状に対して、取締役が一括回答をしたが、かかる説明は旧商法237条ノ3所定の説明義務の履行とはいえないとして、決議の取消しを求めた事案の最高裁判決である。

　第1審（東京地判昭和60年9月24日判時1187号126頁）は、一括回答により説明したことは、説明義務違反に該当するものではないとして請求を棄却し、原告が控訴した。原審（東京高判昭和61年2月19日判時1207号120

---

(10) 本件の事実関係は、奥島・前掲注(1)246頁以下に詳しい。

頁)は、総会における説明の方法について、法は特に規定を設けておらず、株主が会議の目的事項を合理的に判断するのに客観的に必要な範囲の説明であれば足りるのであり、一括説明がただちに違法となるものではないとして、控訴を棄却した。そして最高裁は、かかる原審の判断を是認した。

　本件で問題とされた、質問状に対する一括回答方式は、昭和56年改正により明定された説明義務の規定（旧商法237条ノ3）をいわば濫用し、大量の質問を記載した質問状を事前送付する挙に出た総会屋の攻勢への対応として、実務において編み出されたものである。最高裁がかかる実務の工夫を是認したことは、当時において大きな意義を有しており、現在もなお、重要な判例である。

[20]　九州電力事件――福岡地判平成3年5月14日判時1392号126頁

　本件は、九州電力の1984年定時総会における決議の取消しを求めた事案である。本件では多数の事項が争点となっているが、総会実務において特に意義を有すると思われる議長の議事整理に関連する論点を取り上げる[11]。

　この総会では、事前質問状につき一括回答がなされた上、株主からの質疑応答が開始された。しばらく経過して後、株主から質疑打切り動議が提出され、議長が会場に諮ったところ、可決された。原告らは、質疑の打切りは質問権の不当な制限であること、原告ら提出の質疑続行の動議等の取扱いが不公正であったことを挙げ、決議の取消しを求めた。

　本判決は、質疑の打切りについては、議長は、旧商法237条ノ4所定の議事整理権に基づき、株主の質問時間や質問数を制限することができ、相当な時間をかけて報告事項の理解のために必要な質疑応答がされたと判断したときは、質疑を打ち切ることができるとした。また、動議の取扱いについては、議長は、総会の目的事項につき公正かつ円滑な審議が行われるように議事運営に関する一般的な権限と職責とを有しており、

---

(11) 野村修也＝松井秀樹編『実務に効く　コーポレート・ガバナンス判例精選』（有斐閣、2013）34頁［仁科秀隆＝山田和彦］の視点を参照した。

前記議事整理権に基づき総会のいかなる段階で株主の発言を許し、また、発言を禁止するかを決定する権限を有しているとした上で、議長は、法令、定款および会議体の本則に従い、自らの裁量により、前記決定をすることができ、その裁量が議長としての善良なる管理者の注意義務の範囲内にとどまる限りは、議事運営が不公正なものとなることはないとした。

本判決は、上訴されずに確定している[12]。

本判決は、原発反対運動グループの株主による、一連の電力会社の決議取消訴訟の嚆矢となったものであり[13]、その後、東京電力事件（東京地判平成4年12月24日判時1452号127頁）、中部電力事件（名古屋地判平成5年9月30日資料版商事116号188頁）等でも、類似の争点につき、本判決の影響を受けたと思われる判断がなされている[14]。その意味で、総会議事運営に関する裁判例およびそれを踏まえた総会実務形成に、大きな影響を与えた判決であったといえよう。

[21] 四国電力事件──最判平成8年11月12日判時1598号152頁

本件は、[20]事件と同様、原発反対派株主による総会決議取消訴訟であるとともに、いわゆる社員株主を前方に着席させる総会実務に関する最高裁判例である。

事案は、四国電力の株主である上告人が、会場近くに前泊して早朝から入場の順番を待ち、開門とともに会場建物内に入ったにもかかわらず、会場ではすでに約70人のいわゆる社員株主が議場前方の席を占め、上告人らは希望する席を確保できなかったというものである。上告人は、このような一般株主と社員株主との差別的な取扱いは株主平等の原則に反し、これにより宿泊料相当の財産的損害および精神的損害をこうむったとしてその賠償を求めた。

最高裁は、社員株主を前方に着席させる措置をとったことは適切なも

---

(12) 野村＝松井・前掲注(11)35頁［仁科＝山田］。
(13) 落合誠一「判批」ジュリ1085号（1996）105頁。
(14) これらの判決については、野村＝松井・前掲注(11)36頁～38頁［仁科＝山田］を参照されたい。

のではなかったと指摘しつつも、上告人は、会場の中央部付近に着席した上、現に議長からの指名を受けて動議を提出しているのであって、具体的に株主の権利の行使を妨げられたということはできず、被上告会社の措置によって上告人の法的利益が侵害されたということはできない旨判示し、結論として請求を斥けた。

本件は、昭和56年商法改正以後の総会屋との闘いの中で発達した総会実務の行き過ぎに警鐘を鳴らした判例であったといえよう。社員株主を前方に着席させる措置をとることは、今日の総会実務においてもまれではないと思われるが、それが行き過ぎて一般株主の権利を制限することのないよう、総会実務において参照されるべき判例の一つである。

2 会社支配権争奪事例の登場

22 忠実屋・いなげや事件――東京地決平成元年7月25日判時1317号28頁

本件は、秀和による忠実屋およびいなげやの株式買占めに際し、忠実屋およびいなげやが互いに第三者割当増資を行うことにより対抗を図ったのに対して、秀和が新株発行禁止の仮処分を申し立てた事案である。

秀和は、1987年から1989年にかけて、いずれも東証1部上場企業である忠実屋の株式を33.34％、いなげやの株式を21.44％取得した。その間、秀和は、忠実屋、いなげやおよびライフストアの三社合併を提案したが、忠実屋およびいなげやはこれを拒否していた。忠実屋およびいなげやは、秀和に対抗するため、1989年7月、業務提携および資本提携につき合意し、新株発行の決議を行った。新株発行は、忠実屋およびいなげやが相互に第三者割当増資を行い、相手会社株式の19.5％を持ち合うこととなるものであり、割当価格は忠実屋株式の市場価格5,050円に対して1,120円、いなげや株式の市場価格4,150円に対して1,580円と、いずれも市場価格を相当程度下回るものであった。秀和は、市場価格を大幅に下回る割当価格による新株発行は有利発行に該当し、総会決議を経ていない本件の新株発行は無効であること、新株発行は、現経営陣の支配権維持の目的で行われるものであり、不公正発行に該当すると主張した。

東京地裁は、秀和の主張を認め、新株発行を差し止めた。すなわち、上場会社の場合には、株式発行は原則として市場価格によるべきであり、投機による高騰があったとしても基本的にこの点は変わらないとして、本件の新株発行は有利発行に該当するから、特別決議を経ていない新株発行は違法であるとし、また、会社支配権につき争いがある場合に、特定の株主の持株比率を低下させ現経営者の支配権を維持することを主要な目的としてされたものであるときは(いわゆる「主要目的ルール」[15])、その新株発行は不公正発行であり、本件はこれに該当するものとした。

本件は、上訴されずに確定している[16]。

本件は、バブル期における金余りの状況を背景に、豊かな資金力を有していた不動産会社によるスーパーマーケットの株式買占め事件であった。この時期、わが国においては、今日のようにM＆A取引は盛んではなく、本件もまた健全なM＆A取引というよりは、会社による高値買取りを狙った投機的な行動であったというのが実情といえよう。なお、この裁判例でも採用された、第三者割当増資に関する「主要目的ルール」は、現在でも判例法として維持されている[17][18]。

---

[15] 主要目的ルールは、昭和40年代後半に形成された判例法理である。かつては、会社に現に資金需要がある限り、たとえ支配権に変動を来し得るような第三者割当増資であっても、不公正発行とはされなかったが(新潟地判昭和42年2月23日判時493号53頁)、大阪地堺支判昭和48年11月29日判時731号85頁、東京地決昭和63年12月2日判時1302号146頁等の裁判例を通じ、主要目的ルールが確立されていった。主要目的ルール形成の背景には、17事件の箇所でも述べているとおり、昭和41年商法改正で株主総会の特別決議の要求が特に有利な発行価額による第三者割当新株発行に限られたこともあって、資金調達や事業提携の目的による第三者割当増資が増えていたという事情もあったものと推察される。

[16] 久保大作「判批」野村修也＝中東正文編『M＆A判例の分析と展開（別冊金判）』(経済法令研究会、2007) 28頁。

[17] その後、M＆Aが活発化して以後の時期の裁判例として、東京高決平成16年8月4日金法1733号92頁、東京地決平成20年6月23日金法1296号10頁などがあり、支配権維持目的と資金調達・事業戦略目的とのいずれが優越するかを厳格に判断するという意味において、主要目的ルールの厳格な運用が志向されているものとみられる。

23 ピケンズ・小糸事件――東京地決平成元年6月22日判時1315号3頁

　本件は、小糸製作所（以下「小糸」という）の株主であったブーンカンパニーが、帳簿閲覧請求権を行使して小糸の法人税確定申告書控等の閲覧請求をしたのに対し、小糸がこれを拒否したため、ブーンカンパニーが閲覧・謄写の仮処分命令の申立てを行った事案である。

　本決定は、旧商法293条ノ6は閲覧、謄写の対象を「会計の帳簿及び書類」と規定しており、ここにいう「会計の帳簿」とは、一定時期における営業上の財産およびその価額、ならびに取引その他営業上の財産に影響を及ぼすべき事項を記載する帳簿、すなわち、総勘定元帳、日記帳、仕訳帳、補助簿等を意味し、「会計の書類」とは、かかる会計の帳簿を作成する材料となった書類その他会計の帳簿を実質的に補充する書類を意味するものと解するのが相当であるとした。その上で、小糸の会計処理のあり方によれば、法人税確定申告書が「会計の帳簿」作成の材料となる余地はなく、むしろ、法人税確定申告書は、損益計算書および会計の帳簿を材料として作成される書類であるとして、ブーンカンパニーによる帳簿閲覧請求を否定した。

　本件は、上訴されずに確定している[19]。

　本件は、米国で著名なグリーン・メーラー（株式買占め屋）であったティー・ブーン・ピケンズ氏と小糸との攻防の中で生じたものである。事件は、ピケンズ氏が代表者である投資会社、ブーンカンパニーが1989年3月、小糸の発行済株式総数の20.2％の名義書換を請求したことに始まり、1991年4月にピケンズ氏が小糸からの撤退宣言を行うまでの2年余り、ブーンカンパニーは、取締役選任要求、本件の帳簿閲覧請求仮処分申立て、中間配当増配要求、公正取引委員会に対する独占禁止法違反

---

(18) そのほか、仕手筋から狙われて自己株取得という形で対抗せざるを得なくなった企業における事件で、かつ、本文において次の3で論じる代表訴訟で取締役の責任が問われた事件として、三井鉱山事件（最判平成5年9月9日民集47巻7号4814頁。完全子会社による親会社株式の取得が問われたケース）や片倉工業事件（東京高判平成6年8月29日金判954号14頁）も注目される。三井鉱山事件は、昭和56年商法改正により旧商法211条ノ2が新設される前の事件ではあった。
(19) LEX/DB27804591書誌情報。

の告発、米上院司法委員会公聴会での証言、株主提案権行使、総会検査役選任申請等、株主権を最大限に活用して、小糸側に揺さぶりをかけた。ところが、1990年の証券取引法上の大量保有報告規制(いわゆる5％ルール)の施行によって、ブーンカンパニー所有の小糸株式は、麻布建物グループに質入れされていることが判明し、ブーンカンパニーは麻布建物グループのダミーにすぎないことが強く疑われた結果、前記の撤退宣言となった[20]。

本件の裁判例は、前記のような事件の一コマが、裁判の場に登場したものであるとともに、帳簿閲覧請求権の対象たる「会計の帳簿」の意義につき判示したものとして、現在でも先例的意義を有している。

24　ソフトバンク・テレビ朝日事件──大阪地判平成11年5月26日資料版商事185号235頁

本件は、ソフトバンクらが旺文社からテレビ朝日の株式を取得し、これを受けて朝日新聞社がさらにソフトバンクらから同株式を買い取ったことで話題となった事件につき、朝日新聞社の株主が、前記株式の買取りは法令違反および善管注意義務違反であるとして提起した代表訴訟である。

ソフトバンクらは、1996年、旺文社が子会社を通じて実質保有していたテレビ朝日の株式を約417億円で実質取得した。この事態を受け、従前テレビ朝日の実質的な筆頭株主であった朝日新聞社は、ソフトバンクらとの間で、テレビ朝日の経営のあり方等について株主間協定を締結すべく交渉を行った。しかしながら、双方の考え方の相違から交渉は妥結せず、紆余曲折を経て最終的に、朝日新聞社が、ソフトバンクらの取得したテレビ朝日の株式を、取得価額と同額の約417億円で買い取ることとなった。提訴株主は、株式の取得により朝日新聞社の持株比率が50％を超え、電波法のいわゆる「マスメディア集中排除原則」に違反することから法令違反であり、また、そもそも本件株式は取得の必要がなく、買

---

(20) ピケンズ・小糸事件全体の経緯については、奥島・前掲注(1)199頁～200頁、神谷光弘「ピケンズ──小糸事件における法的諸問題の検討〔上〕〔下〕」商事1258号(1991)32頁、1259号(同)36頁を参照。

取価格も高額であるなどのことから、善管注意義務違反であると主張した。

本判決は、「マスメディア集中排除原則」は、免許取得当時に要求されるものであって免許取得後も継続して要求されるものではないこと等を理由として電波法違反を認めず、善管注意義務違反についても、いわゆる経営判断の原則（後掲26事件を参照されたい）に基づき取締役に広範な裁量が認められるとした上で、本件におけるような非公開株式の買取りに当たっては、種々の評価方法を前提としても、最終的には交渉によって価格が決まらざるを得ず、価格交渉については取締役に相当程度の裁量が認められるとして、善管注意義務違反を否定した。また、取締役会における検討が不十分であるとの原告の主張については、取締役会における決定は2回の審議により行われたものではあるが、社内のプロジェクトチームにおける情報収集や分析、専務会、臨時常務会等における審議と承認等を経た上での判断であり、案件の緊急性も考慮すれば、取締役会における審議内容が不十分であるとはいえないとして、原告の主張を排斥した。

本判決は、控訴審の大阪高判平成12年9月28日資料版商事199号330頁によってその判示内容が大筋で是認され、その後最決平成14年5月31日判例集未登載によって上告が棄却されている[21]。

本件は、メディア事業において世界的に著名なルパート・マードック氏がソフトバンクと組んで、わが国のキー局の一角を買収しようとしたものであり、当時、世間の大きな注目を集めた。また、裁判例としては、M&A取引の買主における経営判断が問題とされた事例として今なお重要な先例であり、とりわけ、非公開株式の売買価格について取締役に広範な裁量が認められることを判示した点は、M&A実務の実態に即した判断として、貴重なものである。また、取締役会における審議が十分であるか否かの判断について、取締役会に最終的に上程されるまでの社内

---

(21) 上告審決定については、2002年6月1日付日本経済新聞朝刊34面による。なお、本件については、控訴審判決の解説である西村総合法律事務所編『M&A法大全』（商事法務、2001）549頁以下［手塚裕之］に詳しい。

での検討過程を考慮するという判断枠組みは、後の裁判例において現れたいわゆる「信頼の原則」[22]の法理の先駆けであったとも評されよう。

3 動き出した代表訴訟

25 日興證券事件──東京高判平成5年3月30日判時1460号138頁

本件は、1991年に発覚した日興證券の違法な損失補填によって、同社取締役らが会社に470億円の損害を与えたとして、その賠償を求めた代表訴訟の控訴審判決である。

本件では、本案前に、提訴株主の納付手数料の額が問題となった。提訴株主は、非財産的請求または算定不能という理解の下に、訴額95万円に対応する8,200円の印紙を貼付したところ、原審(東京地判平成4年8月11日判時1460号141頁)は、請求額を基準とするものとして、差額の2億3,500万円余を納付すべしとの補正命令を行ったが、提訴株主がこれに従わなかったため、却下判決を下した。

これに対し、本判決は、代表訴訟の監督的機能を強調し、勝訴によって得られる利益は、会社に損害賠償がなされることによって全株主が受ける利益であり、これは会社が直接受ける利益とは同一ではあり得ず、その価額を具体的に算定することは困難であるから、非財産的請求に準じて訴額は95万円であるものとし、印紙額は8,200円で不足はないとした。本判決は、かねてより故竹内昭夫東京大学名誉教授によって有力に主張されていた見解[23]と同一の立場に立つものといえる。本判決に対しては上告がなされたが、最判平成6年3月10日資料版商事121号149頁により上告が棄却され、本判決が確定している。

本判決が最高裁において確定するのに先んじて、平成5年改正商法に

---

(22) 信頼の原則とは、大規模組織においては、最終的な意思決定権者である取締役は、下部組織における情報収集や分析、検討を基礎として自らの判断を行うことが許されるとする考え方であり、東京地判平成14年4月25日判時1793号140頁(長銀初島事件)、東京地判平成16年12月16日判時1888号3頁(ヤクルト本社事件)などの裁判例でかかる考え方が採用されている。
(23) 竹内昭夫「取締役の責任と代表訴訟」法教99号(1988)6頁以下。

おいて、代表訴訟の提訴手数料は、一律8,200円[24]であることが立法によって明確化された（旧商法267条4項、民事訴訟費用等に関する法律4条2項）。本件原審の東京地裁判決が巨額の手数料納付を命じたことが、改正の実現に決定的な影響を及ぼしたといわれている[25]。平成5年商法改正後、代表訴訟は激増し、今日に至っているのは周知のとおりである。

26　野村證券事件——東京地判平成5年9月16日判時1469号25頁

本件は、25事件と同様に、野村證券が東京放送に対して約3億6,000万円の損失補てんを行い、会社に損害を与えたとして、そのうち1億円の賠償を求めた代表訴訟である。

本判決は、企業経営の総合性、裁量性からして、裁判所の審査について、取締役の経営判断の前提となった事実の認識について不注意な誤りがなかったかどうか、また、その事実に基づく意思決定の過程が通常の企業人として著しく不合理なものでなかったかどうかという観点から審査を行うべきであるとした。

本件は、控訴、上告ともに棄却され、原告敗訴で確定している（最判平成12年7月7日民集54巻6号1767頁）。

本判決は、現在では取締役の責任に関する判例法として定着している「経営判断の原則」の黎明期の裁判例として、企業法務において重要な役

---

[24] 平成15年の民事訴訟費用等に関する法律の改正により、現在は13,000円である。
[25] 故前田庸学習院大学名誉教授は、当時商法改正を議論していた法制審議会商法部会での様子を、次のように述懐している。「株主代表訴訟における申立手数料を8,200円にするということになったという件ですが、あれももちろん竹内先生〔筆者ら注：故竹内昭夫東京大学名誉教授（当時）、法制審議会商法部会会社法小委員長〕がかねてから主張しておられたことですが、しかしそれも初めの段階では、必ず立法化するというところまでは、法制審議会商法部会としてはいっていなかった。……ところが、平成4年8月11日に日興證券事件で、請求金額が4百数十億円でしたか、したがって申立手数料は、2億いくらになるという東京地裁判決が出て……、それで竹内先生も、これではどうしても立法しなければならないという主張をされた。私はいまだに記憶しているのですが、それに対して鈴木竹雄先生〔筆者ら注：故鈴木竹雄東京大学名誉教授（当時）、法制審議会商法部会長〕が、真っ先に賛成されて、それで立法が実現したということであります」（岩原紳作ほか「座談会・竹内昭夫先生の人間と学問」ジュリ1118号（1997）20頁〔前田庸発言〕）。

割を果たしてきたものである。経営判断の原則については、その後下級審裁判例が積み重ねられ、現在では、最高裁（最判平成22年7月15日集民234号225頁。アパマンショップHD事件）によって、大筋で是認されている。

27 **日本サンライズ事件**──東京地判平成5年9月21日判時1480号154頁

本件は、バブル崩壊期における代表訴訟の認容事例の一つである。

日本サンライズは、従前、ビルの賃貸業が唯一の事業であったが、ある時期、有価証券の売買を目的に加える定款変更を行い、投資顧問会社との投資一任契約を締結して、投資を行った。しかし、当初は利益が上がったものの、最終的には巨額の損失をこうむった。そこで、株主が取締役らの善管注意義務違反を追及したのが本件の訴訟である。

本判決は、日本サンライズにおいて、新規事業である有価証券投資を行う危険を犯す必要はなかったとして、代表取締役に善管注意義務違反を認めたほか、他の取締役2名についても、代表取締役の行為を強く止めなかったことに監視義務違反による善管注意義務違反を認めた。

本件は控訴され、控訴審で和解が成立している[26]。

本件は、代表訴訟において請求が認容された一事例として当時相応のインパクトを持って受け止められたものであり[27]、現在でも、経営判断の限界を知る上で参考になる事例である[28]。

---

(26) 中山龍太郎「判批」ジュリ1092号（1996）125頁。
(27) 当時における本件のインパクトにつき、中山・前掲注(26)125頁のほか、「〈スクランブル〉株式投資の失敗と取締役の責任」商事1335号（1993）51頁を参照。
(28) 本文で取り上げたもののほか、この時期の代表訴訟に関する裁判例としては、過失相殺および損益相殺（東京地判平成2年9月28日判時1386号141頁）、割合的因果関係（東京地判平成8年6月20日判時1572号27頁）といった法理を用いて賠償額を減額する事例もみられた。当時は、平成13年商法改正による責任制限規定の導入前の時期であり、代表訴訟における賠償額が巨額化しがちであることに裁判所も配慮したものであろう。また、担保提供における「悪意」の意義をめぐる東京高決平成7年2月20日判タ895号252頁も、実務に重要な影響を及ぼした。

4　金融・資本市場の暗部の露呈

[28]　日本商事事件──最判平成11年2月16日刑集53巻2号1頁

　本件は、インサイダー取引規制の対象となる「重要事実」の意義を定める証券取引法（当時）166条2項のうち、4号のいわゆるバスケット条項に関する最高裁判例である。

　事案は、日本商事が開発した新薬について、死亡例を含む重篤な副作用症例が発生したところ、当該情報の公表前に、日本商事の会社関係者から情報を受領した医師が、同社株式を売却したとして、インサイダー取引規制違反の刑事責任を問われたものである。

　最高裁は、本件副作用症例は、証券取引法166条2項2号イの「災害又は業務に起因する損害」に該当し得る面を有する事実であることは否定し難いとしつつ、本件の新薬は、製薬業者としての評価の低かった日本商事にとって実質上はじめて開発した新薬であり、同社の株価の高値維持にも寄与していたものであったところ、その発売直後に重篤な副作用症例が発生したというものであること等から、日本商事の製薬業者としての信用を低下させ、同社の事業全般、ひいては投資家の投資判断に影響を及ぼすという面があり、この面は、同号イの損害の発生として包摂、評価され得ない性質の事実であるとして、4号のバスケット条項への該当性を問題にすることができるものと判示した。

　本判決は、M＆A取引等において検討対象となることの多いバスケット条項に関する最高裁判例として、実務上重要なものである。

[29]　日本織物加工事件──最判平成11年6月10日刑集53巻5号415頁

　本件は、M＆Aに係る第三者割当増資において、割当先の監査役兼顧問弁護士がインサイダー取引を行ったとして刑事責任を問われた事案である。

　本件では、日本織物加工がユニマットに第三者割当増資を行うことによるM＆A取引に関して、日本織物加工の社長が、交渉の過程における対話の中で、対話の相手方に対してかかる第三者割当増資実行の意向を表明した後に被告人が日本織物加工株式を売却したことがインサイダー

取引規制違反に問われた。ここで、日本織物加工の社長が業務執行を決定する「機関」に該当するか、また、社長が交渉の場において外部の人間に対して第三者割当増資実行の意向を表明したことが、「決定」に当たるかが問題となった。

最高裁は、「業務執行を決定する機関」の意義について、旧商法所定の決定権限のある機関には限定されず、実質的に会社の意思決定と同視されるような意思決定を行うことのできる機関であれば足りるとし、社長の機関性を肯定した。また、「決定」については、株式発行を行うことの「決定」とは、株式の発行それ自体や株式の発行に向けた作業等を会社の業務として行うことを決定することも含まれるとし、株式の発行の実現を意図すれば足りると判断した。

本判決は、弁護士によるインサイダー取引事例として摘発当時注目を集めたものであるとともに、「機関」、「決定」の意義について明らかにしたものとして、実務上重要な意義を有する判例である。

30 テーエスデー事件――東京地判平成8年3月22日判時1566号143頁

本件は、ソフトウェア開発会社であるテーエスデーが、自社の発行する転換社債の繰上償還期日が迫っていたものの資金繰りの目途が立たなかったため、転換社債の株式への転換を促進するために、同社の代表取締役社長が、同社のエイズワクチン事業に関し、タイで臨床治験中である旨などの諸事実を公表したが、その発表は事実と異なるものであったとして、証券取引法（当時）158条の「風説の流布」に問われたものである。

裁判所は、前記公表内容は、将来実現するかもしれないことを、すでに実現したとして公表したものであり、明らかな虚偽であって、「風説の流布」に該当するものとした。

本件は、上訴されずに確定している[29]。

本件は、証券取引等監視委員会が、その発足後はじめて風説の流布の

---

(29) 神田秀樹ほか編著『金商法実務ケースブックⅠ　判例編』（商事法務、2008）297頁。

罪で告発を行った事案である(30)。証券取引等監視委員会は、このころ以後、前記28、29のインサイダー取引事案、代表訴訟の箇所で触れた証券会社の損失補塡事案を含め、多くの事案を摘発するようになり(31)、一般にルール作りは熱心だがエンフォースメントには熱心でないわが国の行政機関の中にあって、「エンフォースメント」に熱心な行政当局の一つと評されている(32)。

第4節　まとめに代えて

　以上みてきたように、1980年代～1990年代の20年間に、総会が総会屋の手から取り戻され、バブル経済の爛熟や経済の国際化を背景に会社支配権争奪事例が登場し、代表訴訟が絵に描いた餅を脱して現実に活用されて企業経営に影響を及ぼし、護送船団方式の下で旧態依然の状況にあった金融・資本市場の暗部に対して、検察当局に加え、証券取引等監視委員会も踏み込むこととなった。

　こうして今の時点から振り返ってみると、この時代は、その後現在に至るまでの間における、わが国の社会・経済構造の大変動を受けた企業法務の実務の進展、すなわち、総会の一層の活性化、M&Aや高度な金融取引の隆盛、そうした実務の発展に押されての連年の法改正、代表訴訟にとどまらない会社法・証券法分野での訴訟の増加と判例法の形成、といった事象の萌芽がみられた時期であったように感じられる。

---

(30) 神田ほか・前掲注(29)295頁。
(31) 河本＝大武・前掲注(7)497頁～501頁。
(32) 神田ほか・前掲注(29)はしがきⅱ頁。

第3章 2000年以降

第1節 はじめに

　2000年以降の商事判例と社会的・経済的な時代背景を振り返った場合、①投資ファンドの隆盛等株主の投資姿勢の変化に伴う総会の活性化と株主の権利行使にかかわる司法判断の深化、②巨額損失事件・不祥事件の増加等に伴う代表訴訟の増加と役員の責任をめぐる司法判断の深化、③多様化するM&Aと支配権争奪の場面を通じての株主の企業価値追求の活発化、④金融商品取引法の施行等を通じての資本市場の一層の透明化といった特徴をとらえることができる。その多くは、各判断の当時において、その背景にある紛争や先例性から社会的な注目を集め、少なからず企業法務実務への影響を与えたものであり、その影響は今日にも及んでいるものも多く、さらには後の法改正等に影響を与えたと評価されるものもある。

　以下では、この時代における社会的・経済的背景の特色をまず振り返り（**第2節**）、次に特徴的な判例・裁判例を取り上げていく（**第3節**）。

第2節 時代背景の特色

　2000年以降の特色としては、従来続いてきたパラダイムの変化がさまざまな場面で生じ、また現在もその変化が続いている点が挙げられる。2000年には、金融庁が発足する中、1990年代末から始まっていた金融

機関の破綻が銀行から生損保に広がり、金融機関の再編が本格化し、今日のメガバンク誕生の萌芽がみられた。国内の投資ファンドによる上場会社に対する初の本格的な敵対的ＴＯＢが起きる一方で、ＩＴバブルが崩壊し、関連銘柄の暴落やＩＴ不況を招いた時代でもある。ほかにも、東京都による金融機関に対する外形標準課税の導入や、海外での巨額損失取引をめぐる銀行役員の損害賠償責任が問われるなど、従来はみられなかったさまざまな事象が生じた中で、この年代の幕が開けた。

会社法制は、旧商法下で2000年以降も頻繁に改正され、会社分割の導入、金庫株解禁、新株予約権の創設、役員の責任軽減、代表訴訟の提訴手数料の減額、旧委員会設置会社の導入等さまざまな変更を経て、2006年に現在の会社法が施行されるに至った。

資本市場にかかわる法制では、同じ2006年に、旧証券取引法が金融商品取引法へと衣替えし、公開買付時の開示、大量保有報告制度や財務報告に係る内部統制の強化に係る制度の整備、開示書類の虚偽記載やインサイダー取引の罰則強化が図られ、各市場をめぐる法整備も進んだ。一方で、この年には、若き経営者が頻繁にメディアに登場し大型敵対的買収を展開するなどして注目を集めた上場会社において、粉飾決算による旧証券取引法違反の結果、同社株式の株価が暴落し多くの一般投資家が被害をこうむった事件や、国内の投資ファンド代表がインサイダー取引により逮捕されるという事件も発生し、株式市場に対する社会的信頼が揺らぐ場面もみられた。これら両事件の関係者は、前年の2005年には、ラジオ局をめぐる敵対的買収事件にもかかわり世間の耳目を集めた。

敵対的買収では、2007年に、外資系投資ファンドによる食品会社の株式公開買付けとポイズン・ピルによる買収防衛策の有効性が争われた事件が著名であるが、それに先立つ2000年代前半からも、企業の支配権をめぐる法的紛争は増えていた。この種の紛争や、さらに企業価値の争奪をめぐる紛争が、上場会社レベルにおいてもしばしば発生し、それがより大規模化し、かつ新たな法的問題の解決が必要となった点にも時代的な特徴が認められる。外資系投資ファンドについては、2008年前半までは、多くの投資ファンドが、もの言う株主やアクティビストと称され、

企業価値の向上などを標榜し活発に上場会社に対する株主提案等を行っていたが、同年9月のリーマン・ショック後は沈静化し、変わって、総会においては一般株主の発言・質問の機会が増え、企業側の意識すべき総会のポイントも変容していった。

　このほかにも、食品産地の表示偽装やリコール隠し、粉飾決算などをめぐり、関係役員の責任が問われ、また、これに伴い企業の法令遵守意識の向上が一層唱えられ、第三者委員会による調査の標準化など、コンプライアンスをめぐる事象も注目されるようになった時代でもある。コーポレート・ガバナンスに対する評価も近年では一層厳格化する傾向にあり、企業内容等の開示に関する内閣府令における高額役員報酬の開示の義務化や有価証券上場規程における独立役員選任の努力義務化に加え、2015年5月に施行された改正会社法においては、社外役員の社外性認定の厳格化、監査等委員会設置会社制度の創設による監督機能の強化、いわゆる多重代表訴訟制度の導入などによる企業グループ内のガバナンスの実質化が図られ、さらに、東京証券取引所において同年6月から適用されているCGコードのようなソフトローを用いた規律の流れもあり[1]、今後もこうした傾向は継続していくとみられる。

第3節　特徴的な判例・裁判例

1　総会の活性化・株主の権利行使にかかわる司法判断の深化

[31]　東京スタイル事件——東京地判平成16年5月13日金判1198号18頁
　本件は、「もの言う株主」として知られた村上ファンドの中核会社が、東京スタイルの株式12％余りを取得した上、自己株式取得等を要求していた総会に関して、役員選任等の4議案において役員の説明義務が尽く

---

(1) 神田秀樹ほか「新春座談会・コーポレートガバナンス・コードを活かす企業の成長戦略〔上〕〔中〕〔下〕」商事2055号8頁（2015）、2056号（同）4頁、2057号（同）54頁を参照。

されなかった、また議長の議事運営が著しく不公正であったとして、総会決議取消しを請求した事案である。

本判決は、説明義務の範囲と程度は、株主が総会の目的事項の合理的な理解と判断のために客観的に必要な事項（実質的関連事項）に限定され、平均的な株主が議決権行使の前提として合理的な理解と判断を行い得るか否かは、決議事項の内容、質問と決議事項の関連性、質問までの説明内容、質問に対する説明内容や、質問株主の知識・判断材料等をも総合的に考慮して、審議全体の経過に照らし検討されるとした上で、本件における説明義務違反を否定した。また、審議打切りに係る議長の議事運営については、不公正で適切さを欠く点は認めつつも、原告には十分な知識があり、すでに必要な説明も一定程度なされていたことなどから、決議取消しを認めるほどの著しく不公正な点はないとして請求を棄却した。

当時は国内外の投資ファンドが活発に活動していた時期であり、その中で、総会における取締役の説明義務の範囲や議長の議事整理権の限界が示された点で、特に同種の株主が存在する発行会社の総会運営実務に影響を与えたものであった[2]。

32　蛇の目ミシン事件──最判平成18年4月10日民集60巻4号1273頁

本件は、蛇の目ミシン工業において、仕手筋として知られ同社株式を大量に取得していたKの影響力が同社内で強まることを恐れ、またすでにKから暴力団筋に移転したとされる同社株式を買い戻す必要があると考えた同社取締役が、Kに恐喝、脅迫されるがままに、融資、債務の肩

---

(2) さらに、HOYA平成22年総会事件（控訴審）（東京高判平成23年9月27日資料版商事333号39頁）は、総会でなされた質問について、取締役等は、決議事項の内容、株主の質問事項と当該決議事項との関連性の程度、質問がされるまでに行われた説明（事前質問状が提出された場合における一括回答等）の内容および質問事項に対する説明の内容に加えて、質問株主が保有する資料等も総合的に考慮して、平均的な株主が議決権行使の前提として合理的な理解および判断を行い得る程度の説明をする義務を負う旨判示し、説明義務の範囲および程度について、本件を一歩進める形で、考慮要素を具体的に示す判断をなし、現在の実務の指針となっているといえる。

代わりおよび担保提供を行い、同人に数百億円相当の資金提供をした事案において、同社の株主が、取締役に対して損害賠償請求を求めた代表訴訟である。善管注意義務違反に関する旧商法266条1項5号の責任の有無に加え、株主の権利行使に関する利益供与禁止に係る同項2号の責任の有無についても問題となった（そのため、本稿では、株主の権利行使に係る場面の一例として、この箇所で紹介する）。

原判決（東京高判平成15年3月27日判タ1133号271頁）は、いずれの責任も認めず株主の請求を棄却したが[3]、本判決はこれを破棄し、まず善管注意義務違反について、Kの言動に対して警察に届け出るなどの適切な対応が期待できない状況にあったとはいえないと認定し、Kに資金提供を行った取締役の過失は否定できないとして、その責任を認める旨判示した。次に、本判決は、株主の権利行使に関する利益供与禁止規定違反の責任について、会社からみて好ましくないと判断される株主による議決権行使等の株主の権利行使を回避する目的で、当該株主から株式を譲り受けるための対価を何人かに供与する行為は、旧商法294条ノ2第1項が規定する「株主ノ権利ノ行使ニ関シ」利益を供与する行為であると判断し、暴力団筋の株主の権利行使を回避する目的で買戻資金を提供した行為は同項で禁止されたものと認定して、本件の取締役は同法266条1項2号の責任を負う旨判示した。

本判決は、反社会的勢力に対する会社の対応に関して、許容する余地を是認した原判決を明確に否定した点で、最高裁がコンプライアンスのあり方を示した例として参考になろう[4]。また、総会屋の跳梁跋扈を一掃すべく実施された昭和56年の旧商法改正において、総会屋への利益供与根絶の目的で導入された[5]同法294条ノ2の趣旨は、企業経営の健全

---

(3) 原判決は、外形的な善管注意義務違反は認めつつも、Kの行為を放置すれば会社が崩壊すると考え利益供与した取締役の判断もやむを得ないものであり、過失があったとはいえないとし、また、融資等も暴力団筋に譲渡された株式をKの下に取り戻すために利益供与したものであり、旧商法294条ノ2の「株主ノ権利ノ行使ニ関シ」なされた財産上の利益供与ではないとした。
(4) 太田晃詳「判解」『最高裁判所判例解説民事篇平成18年度（上）』（法曹会、2009）494頁。

性確保と会社財産の浪費防止にあるとされているが[6]、本判決は、その実現のために、具体的要件に関する判断がはじめて示された点で重要な意義を有するものである[7]。本件は旧商法下の事案であるが、同旨規定である会社法120条1項の「株主の権利の行使」に係る「財産上の利益の供与」について、本件のような特殊な場面ではなく、議決権行使に密接にかかわる場面で問題となったのが次に紹介する裁判例である。

33　モリテックス事件──東京地判平成19年12月6日判タ1258号69頁

　本件は、モリテックスの株主が、役員選任の株主提案と委任状勧誘を行う中、採決の際、会社提案については原告に提出された委任状による議決権数を出席議決権数に含めなかったのは法令に違反する決議であること、また、同社が招集通知中で会社提案への賛成を求め、議決権行使者へのＱｕｏカードの提供を表明したのは違法な利益供与の申出による議決権行使勧誘であることを理由に、総会決議取消しが請求された事案である。

　本判決は、株主が使用した委任状の記載内容、両提案の候補者数と定款の上限の関係や、原告たる株主と会社間の経営権争奪状況等から、原告に委任状を提出した株主は会社提案に反対する趣旨であったとして、仮に算入していれば選任が否決された会社提案の役員に関しては選任決議の取消しを認めた。また、これに限らず、全決議に関して、被告会社

---

(5) 江頭憲治郎『株式会社法〔第6版〕』（有斐閣、2015）349頁およびそこに引用されている久保利英明「利益供与禁止規定の意味」商事1454号（1997）2頁を参照。
(6) 神田秀樹『会社法〔第17版〕』（弘文堂、2015）73頁。
(7) 企業のコンプライアンス意識が浸透した今日では、このような事件が起きることなどまずないと一笑に付する読者諸氏も多いかもしれない。しかし、現実には企業活動のさまざまな場面で、依然として反社排除が課題となっており、また、実際にその排除に努めながらも苦しみ、結果的に当該企業の管理体制が問題とされる例もあとを絶たない。その意味で、反社排除の徹底した実現は、まだまだ道半ばともいえる。それゆえに、定款による反社排除策の構築を目指す動きもあるなど（定款暴排研究会「定款暴排──株主からの反社会的勢力の排除に向けた検討──」商事2075号（2015）100頁）、一層の反社排除の徹底が標榜されているところである。本稿では、あくまでも本件を他山の石とし、反社排除の徹底が改めて認識されるべく、本判決を紹介しておく。

は会社法120条１項に反する利益供与を行ったとして決議の取消しを免れないとも判示された。

投資ファンド等による株式の買占めや経営権争奪が活発化していた当時、委任状争奪戦の場面において議決権の算入方法や委任状の記載内容などにかかわる判断が示された点で、株主提案やそれに伴う委任状勧誘への対応時の実務に参考となった事案である[8]。

２　役員の責任をめぐる司法判断の深化

役員の会社に対する責任が訴訟で頻繁に問われるようになったのは、**第２章**でも紹介したとおり、ようやく平成に入ってからのことである。平成５年の旧商法改正による制度変更も大きいが、この種の訴訟が激増した背景としては、コーポレート・ガバナンスに関する議論が盛んになり、また旧来型の株式持合い解消も進む中で、経営の過程・結果と企業価値に関して、会社の所有者で最大のステークホルダーたる株主の厳しい目が向けられるようになったことが挙げられよう。この結果、この時代には、経営判断の原則の適用が最高裁において明示され、また、リスク管理体制（内部統制システム）構築義務が裁判例を通じて示され、後に立法化にも至り、さらには子会社の監督義務が問われた事例も現れるなど、取締役の善管注意義務が問題となる事例は一層多様化し厚みが増すとともに、年を重ねるごとに取締役および監査役の責任が厳格に評価される傾向がみられる。

（1）　経営判断の原則

34　野村證券事件（上告審）――最判平成12年７月７日民集54巻６号1767頁

本件は、野村證券が顧客に対して行った損失補塡行為により同社が損失補てん額と同額の損害をこうむったとして、同社株主が、その決定に関与した同社取締役に対して損害賠償を求めた代表訴訟である。

---

(8)　本件を実務的観点から詳細に分析したものとして、中村直人「モリテックス事件判決と実務の対応」商事1823号（2008）21頁。

本件の第1審（東京地判平成5年9月16日判時1469号25頁）は26事件で紹介しているが、そこでは、当該損失補てん行為が独占禁止法19条違反であることを前提にしつつも、会社に損害がないと判断した。また、第2審（東京高判平成7年9月26日判時1549号11頁）は、同様の前提に立ちつつも独占禁止法は旧商法266条1項5号の「法令」に含まれないと判断した。これに対して本判決は、独占禁止法も旧商法266条1項5号の「法令」に含まれると判示した上で、同号違反には故意または過失を要するところ、本件の取締役には、損失補塡の時点で、独占禁止法違反の認識を欠いたことに過失はないと判断し、株主の請求を棄却した。

本判決は、法令・定款違反行為を責任事由としていた旧商法266条1項5号の「法令」の解釈に関して非限定説をとることを示した初の最高裁判断であり、それ以後の善管注意義務が問題となる実務上の場面で、関連法令の検討に慎重を期す必要を認識させた点で実務に影響を与えたものである。会社法における同旨規定では表現が任務懈怠に改められているものの（同法423条1項）、法令・定款違反行為は任務懈怠となるので責任の内容に差異はないとされている[9]。なお、26事件で紹介した本件の第1審では、明示はないものの経営判断の原則にのっとった判断手法が採用されていたが、最高裁判断である本判決では、その点に関する判示はなく、取締役の責任の範囲に関する判断が示されたにとどまった。河合伸一裁判官の補足意見中には、経営判断の原則に言及すると読める記述もあるが、最高裁の判断において同原則が明示されるのは、本判決から9年余を経た次に紹介する刑事判決を待つこととなる。

35 拓銀元役員特別背任事件——最決平成21年11月9日刑集63巻9号1117頁

本件は、平成9年に経営破綻した北海道拓殖銀行（以下「拓銀」という）が、バブル崩壊後に実質倒産状態にあった企業グループに行った追加融資に関して、当時の各代表取締役頭取の融資実行の意思決定について、旧商法上の特別背任罪の責任が問われた事案である。

---

(9) 江頭憲治郎ほか編『会社法判例百選〔第2版〕』（有斐閣、2011）106頁［畠田公明］。

本決定は、特別背任罪の成否において、銀行の取締役の注意義務に関して、一般の株式会社の取締役と同様に善管注意義務を基本としつつも経営判断の原則が適用されることを判示した上で、融資業務に際して要求される銀行の取締役の善管注意義務の程度は、一般の株式会社の取締役の場合に比べて高い水準のものであり、経営判断の原則が適用される余地も限定的なものになるとして、客観性を持った再建計画もなく、赤字補てん資金を実質無担保で追加融資した頭取らに取締役としての任務違背を認めたものである。

　本決定は、特別背任罪に関する場面ながら、最高裁がはじめて取締役の善管注意義務違反の検討に当たり経営判断の原則が適用されることを示したものである。経営判断の原則は、以前から下級審裁判例で是認され、善管注意義務の検討を行う実務上の場面でも判断基準として一般的に用いられていたが、本決定はその検討に当たり加わるべき重要な判断となった。また、本決定は、融資業務に関してではあるが、銀行の取締役の善管注意義務が一般の株式会社の取締役よりも高度であることも合わせて示した。本決定に近接して示された最決平成21年11月27日集民232号353頁（四国銀行代表訴訟事件）もあり、金融機関の特に融資に関する善管注意義務の検討を要する実務では、これらの判断内容を踏まえた慎重な検討がなされるようになった。拓銀の融資に関して役員の善管注意義務違反が問題となった最高裁の判断としてはほかにも3件存在し、いずれも平成20年1月28日に判決が出されている[10]。本決定と合わせてこれらの各判決も横断的に分析することで、融資業務における金融機関の取締役の負う善管注意義務の具体的内容・限界例が明らかになった点で実務に与えた影響は大きい。本決定は刑事責任が問われた場面に関する司法判断であるが、代表訴訟事件においても最高裁がはじめて経営判断の原則の適用を示すに至ったのが、8カ月余り後に出された次に紹介する判決である。

---

(10) 栄木不動産事件（民集62巻1号128頁）、ミヤシタ事件（集民227号43頁）、カブトデコム事件（集民227号105頁）。

36 アパマンショップHD事件――最判平成22年7月15日集民234号225頁

　本件は、アパマンショップホールディングス（以下「A社」という）が子会社株式を同社株主から買い取った際の価格が不当に高額であったためにA社が損害をこうむったとして、A社の株主が、A社取締役に対して買取価格の決定について善管注意義務違反を理由とする損害賠償を求めた代表訴訟である[11]。

　本判決は、まず、取締役の決定の過程、内容に著しく不合理な点がない限り、取締役としての善管注意義務に違反しないと判示した上で、本件でも円滑な買取りの必要性・有益性および非上場株式の評価額には幅があることなどから、買取価格の決定に著しく不合理な点はなく、また、経営会議による検討や弁護士意見の聴取などの履践手続から、決定に至る過程も何ら不合理ではないとして、A社取締役の善管注意義務違反は認められないと判断して、株主の請求を棄却した。

　本判決は、民事事件においてはじめて最高裁が経営判断の原則による取締役の善管注意義務違反の有無を明確に判断したものである。本判決が用いた枠組みにおいて、経営判断の前提となる事実の認識に関する言及がないため、個別の事件で経営判断の過程や内容を裁判所がどう判断していくかは今後の事例の蓄積を要するが、長年この種の実務において一般に用いられていた原則を前提として最高裁の判断枠組みが示された点で実務的意義は大きく[12]、また、グループ再編やM&Aの場面で問題

---

[11] 本件の事実認定に関して、高裁判決段階で詳細な分析をしたものとして、清水真＝阿南剛「アパマンショップ株主代表訴訟事件東京高裁判決の検討」商事1901号（2010）47頁。
[12] 本件で最高裁に鑑定意見書を提出した落合誠一東京大学名誉教授は、本判決を高く評価している（落合誠一「アパマンショップ株主代表訴訟最高裁判決の意義」商事1913号（2010）4頁および同『会社法要説』（有斐閣、2010）108頁）。また、加藤貴仁東京大学准教授は、本判決につき、「利益相反関係や法令違反行為がない事件では、経営者の経営判断を尊重するという態度を少なくとも最高裁は示唆したのではないか」としている（北村雅史ほか「座談会・親子会社の運営と会社法〔上〕」商事1920号（2011）8頁）。

となる株式価格の検討に際して留意すべき点が明らかになった点でも実務に与えた影響は大きい。

(2) リスク管理体制（内部統制システム）構築義務

37　大和銀行事件——大阪地判平成12年9月20日判時1721号3頁

本件は、大和銀行のニューヨーク支店で発生した従業員の不正取引による巨額損失事件をめぐり、株主が、当該不正取引を防止できなかった役員の善管注意義務違反等を理由とした損害賠償請求の代表訴訟を提起した事案である。

本判決は、会社経営を行うに当たってリスク管理体制（内部統制システム）を整備することが必要であり、その大綱は重要な業務執行として取締役会で決定することを要し、業務執行を担当する代表取締役らは具体的に決定する職務を負うとし、取締役は、善管注意義務の一環としてリスク管理体制構築義務および代表取締役らの義務の履行を監督する義務も負う旨判示した。その上で、当該支店の担当取締役らおよび当該支店に往査した監査役の任務懈怠を認め、そのうち損害が認定できる取締役に対する約5億7,000万ドルの損害賠償請求を認容した。

本件はリスク管理体制（内部統制システム）構築義務について、はじめて明示的に認めた裁判例である。本判決の判断は、後の会社法制にも影響を与えたと評価でき、まず平成14年の旧商法改正で制定された委員会等設置会社の取締役に関してかかる義務が明文化され、平成17年の会社法制定時には、大会社（同法348条4項、362条5項）および旧委員会設置会社（同法416条1項1号・2項）の取締役の義務として定められた。本判決以降に役員の善管注意義務が問題となる実務で、リスク管理体制構築の観点から検討する機会が多くなったことは、読者諸氏の記憶にも少なからずあろう。そして、司法判断においては、次に紹介する判決において最高裁での判断がはじめて示されるに至る。

他方で、本判決は、大企業の取締役とはいえ一個人の負う損害賠償責任としての妥当性に関する議論も招来した。その結果、議員立法による平成13年の旧商法改正では、故意または重過失ではない場合の役員の責任軽減規定が盛り込まれ、現在の会社法にも同旨規定が存在する（同法

425条〜427条)⁽¹³⁾。

38 **日本システム技術事件——最判平成21年7月9日集民231号241頁**
　本件は、日本システム技術の従業員が行った架空売上げの計上により同社の有価証券報告書に不実記載がなされ、その公表後に株価が下落したため、公表前に株式を取得していた株主が、同社の代表取締役には従業員の不正行為を防止するリスク管理体制構築義務に違反した過失があるとして、同社に対して損害賠償請求を行った事案である。
　第1審判決（東京地判平成19年11月26日判時1998号141頁）および原判決（東京高判平成20年6月19日金判1321号42頁）はいずれも代表取締役の義務違反を認めて、会社法350条に基づく会社の損害賠償責任を一部認容したが、本判決は、リスク管理体制構築義務が同条の定める代表取締役の「職務」に含まれることを前提に、一定の管理体制が存在した点、架空売上げが巧妙に行われていた点、監査法人も適正意見を表明していた点などから、代表取締役の当該義務違反を否定して、原判決を破棄し請求を棄却した。
　37事件以降、取締役の善管注意義務の内容としてリスク管理体制構築義務違反の存否が問題となった下級審裁判例はいくつかあったが⁽¹⁴⁾、本判決は、会社法350条の代表取締役の職務の過失を認定する場面としてではあるが、かかる義務違反についてはじめて最高裁が判断したもので

---

(13) なお、本判決後の上級審の帰趨が注目されたが、平成13年12月、控訴審で、被告49名が大和銀行に対して約2億5,000万円を支払う旨の和解が成立した。この背景には、平成11年の旧商法改正で新設された株式交換・株式移転制度と、それらを活用した金融機関の再編・持株会社の設立が本格化していた当時、大和銀行も持株会社の下での完全子会社化が予定されており、これに伴う株式移転により原告も大和銀行自体の株主ではなくなるため、代表訴訟の原告適格喪失による訴え却下のおそれが懸念され、これを回避した事情があるとされている。親会社株主による子会社の役員責任追及の限界に関しては、当時から企業グループ内のガバナンスの問題として指摘されていたが、平成26年会社法改正で創設された多重代表訴訟制度による今後の変化が注目されるところである。
(14) ヤクルト本社事件（東京地判平成16年12月16日判時1888号3頁）、ダスキン事件（大阪高判平成18年6月9日判時1979号115頁）、雪印食品事件（東京地判平成17年2月10日判時1887号135頁）。

ある。本件は、具体的なリスク管理体制構築の場面でいかなる要素が考慮されるかを最高裁が明らかにした点で、リスク管理体制構築を検討する際の実務の参考となっている。また、平成26年の金融商品取引法改正により、有価証券報告書等の虚偽記載における提出会社の損害賠償責任が無過失責任から過失責任へと変更されているが(同法21条の2第2項)、この改正は本判決とも合致するものであるといえよう[15]。

(3) 子会社の監視監督義務

39　福岡魚市場事件──最判平成26年1月30日集民246号69頁(原審：福岡高判平成24年4月13日金判1399号24頁)

　本件は、「グルグル回し取引」と称する取引の結果不良在庫を抱えて経営が行き詰まっていた子会社に対する親会社の不正融資等により、親会社が損失をこうむったとして、親会社の株主が、同社の取締役らに対して、善管注意義務違反を理由とする損害賠償を求めた代表訴訟である。

　最高裁判断である本判決では、責任の有無についての上告が受理されず、遅延損害金の利率および履行遅滞時期について判断されたにとどまるため、役員の責任に関しては、福岡高裁の原判決の判断を紹介する。原判決は、取締役らの責任を認めた第一審判決同様に、取締役が、子会社に対する監視義務を怠り、子会社から提供された資料のみを検討しただけで詳細な調査や検討を行うことなく、安易に極度額の定めのない連帯保証契約を締結し、また、子会社の不良在庫問題に関する調査報告書の信用性について、具体的な調査方法を確認するなどといった検証を何らすることなく、その調査結果を前提として子会社に対して行った高額の貸付けについて、取締役としての善管注意義務違反を認める一方、子会社の再建を図る目的で、親会社が、子会社に対する債権を放棄し、また、子会社に対する他の貸付金の減額・猶予となる新規貸付けを行ったことについては、善管注意義務違反を認めなかった。

　本件は、原審および第1審において親会社役員の子会社に対する監視

---

[15] 武井一浩「金商法上の流通市場不実開示責任における会社の「過失」の解釈」商事2045号(2014)48頁。

監督責任が肯定された事例として注目を集めた[16]。グループ会社をめぐる親会社役員の監視監督責任については、これ以前からも、たとえば米国における孫会社の課徴金納付に関連する親会社役員の責任が問われた野村證券孫会社事件（東京地判平成13年1月25日判時1760号144頁）などが存在したところである。本判決以降の法制の動きとしては、グループ企業による経営の進展と普及から、親会社およびその株主にとって、子会社経営の効率性と適法性が重要になっていることを踏まえて[17]、平成26年会社法改正により、従来は会社法施行規則で規定されていた企業集団に関する内部統制システムの整備に関する事項が、会社法に格上げされる形で規定されるに至ったことが挙げられる。また、同改正により導入される多重代表訴訟制度により、今後は、親会社の株主が直接的に子会社の役員の責任を追及する判断事例の蓄積が進むであろう。

(4) ＭＢＯ実施時における役員の注意義務

40 レックス・ホールディングス損害賠償請求事件――東京高判平成25年4月17日判時2190号96頁

本件は、レックス・ホールディングスを存続会社とするＭＢＯ目的の吸収合併において、これにより所有株式を低廉な価格で手放すことを余儀なくされたため適正価格との差額に係る損害をこうむったと主張して、株主が、同社および同社役員に対して損害賠償を求めた事案である。なお、このＭＢＯをめぐっては、会社法172条1項に基づき株式の価格決定の申立てもなされており、それに関する判断は46事件で紹介する。

本判決は、原判決同様に株主の請求をいずれも棄却した。本判決では、ＭＢＯ実施に際して取締役らが負うべき善管注意義務として、公正な企業価値の移転を図らなければならない義務（公正価値移転義務）や、民法

---

(16) 手塚裕之ほか「福岡魚市場株主代表訴訟事件控訴審判決の解説」商事1970号（2012）15頁。
(17) 坂本三郎編著『一問一答　平成26年改正会社法〔第2版〕』（商事法務、2015）235頁。また、前田雅弘ほか「座談会・「会社法制の見直しに関する要綱」の考え方と今後の実務対応」商事1978号（2012）32頁における前田雅弘京都大学教授の発言も同様の趣旨に立つものと解される。

645条、旧証券取引法27条の10、金融商品取引法27条の10の各規定の趣旨に照らし、(MBOの場合に当然に生じる特別な義務とまではいえないものの) 情報開示を行う場合等に適正な情報開示を行うべき義務(適正情報開示義務)を認めた[18]。他方で、会社の売却価格を最大限に高めるべき義務(価値最大化義務)の存在については、米国デラウェア州の判例法上認められる「レブロン義務」を根拠とした株主側の主張を退けている。その上で、本判決は、本件のMBOに係る賛同意見表明の際、株価操作の疑いを払拭する情報を開示しなかった事実をとらえ取締役の適正情報開示義務違反を認めつつも、本件においてかかる情報が開示されていたとしても、実施されたMBOにおける価格を超える対価が取得できたとは認められないとして、損害の発生を否定し、結論としては株主の請求を棄却している[19]。

本稿の年代では、旧商法の頻繁な改正と会社法の制定により、組織再編事例が急速に多様化し、MBOもその一手法として多く用いられるようになった。しかし、MBOでは、本来は株主の利益実現の観点から企業価値の向上を図るべき立場にある取締役が、株主から株式を買い付ける側に回るという利益相反的状況に陥り、売り渡す株主側との情報の非対称性が問題視されていた[20]。本判決は、かかる問題点を有するMBOについて、取締役が果たすべき善管注意義務の内容を具体化し、各義務の内容を事案に即して認定している点で、同種実務を進める際の判断指標として重要な意義を有している。

[18) 一般論としてこのような注意義務を認めたものとして、東京地判平成23年7月7日金判1373号56頁等の裁判例がある。
[19) 公正価値移転義務・適正情報開示義務の判断過程に関して詳細に検討したものとして、大塚和成=西岡祐介「レックス・ホールディングス損害賠償請求事件高裁判決の検討」金法1992号(2014)14頁。
[20) 経済産業省企業価値研究会(座長・神田秀樹東京大学大学院法学政治学研究科教授)「企業価値の向上及び公正な手続確保のための経営者による企業買収(MBO)に関する報告書」(平成19年8月2日、MBO報告書)、経済産業省「企業価値の向上及び公正な手続確保のための経営者による企業買収(MBO)に関する指針」(平成19年9月4日、MBO指針)。

(5) その他（代表訴訟の手続と役員の責任の範囲をめぐる論点）

41 代表訴訟補助参加事件――最決平成13年1月30日民集55巻1号30頁

本件は、非上場会社における代表訴訟において、会社が取締役側に補助参加できるか否かが問題となった事案である。

第1審決定および原決定（名古屋高決平成12年4月4日判タ1054号271頁）は会社の補助参加を認めなかったが、本決定はこれを破棄して会社の補助参加を認めた。本決定は、民事訴訟法42条の補助参加の要件たる法律上の利害関係について判示した上で、取締役の個人的な権限逸脱行為ではなく取締役会の意思決定の違法を原因とする損害賠償請求が認められれば、その意思決定を前提とした会社の地位等に影響を及ぼすおそれがあり、会社には取締役敗訴を防ぐ法律上の利害関係があると判断している。

従来の下級審では、肯定説（東京高決平成9年9月2日判時1633号140頁）、否定説（名古屋高決平成8年7月11日判時1588号145頁）と分かれていたが、本決定ではじめて最高裁が肯定説に立つことが明示された。なお、従来からかかる補助参加を認めるべきとの経済界の要請は存在し、本決定と同年の議員立法による旧商法改正では、会社も補助参加が可能であることを前提とした条項が設けられ[21]、現在の会社法もこれを受け継いでいる（同法849条1項・2項）。

42 代表訴訟の対象となる取締役の責任の範囲（大阪観光事件）――最判平成21年3月10日民集63巻3号361頁

本件は、会社が買い受けた土地に関して同社取締役への所有権移転登記がなされていると主張して、同社株主が、同社への真正な登記名義の回復を原因とする所有権移転登記手続を求めて代表訴訟を提起した事案である。

原判決（大阪高判平成19年2月8日金判1315号50頁）は、代表訴訟の対象となる旧商法267条1項の「取締役ノ責任」には、商法が取締役の地位に

---

[21] 当時の法改正経過にも触れつつ本判決の検討を行ったものとして、神作裕之「株主代表訴訟補助参加申立事件最高裁決定の検討」商事1592号（2001）4頁。

基づいて取締役に負わせている厳格な責任を指すという立場（限定債務説）に立ち、本件の訴えは対象とはならないとして訴えを却下したのに対し、本判決は、同条項の責任には、取締役の地位に基づく責任のほか、取締役の会社に対する取引債務についての責任も含まれるという立場（取引債務包含説）が相当である旨判示し、原判決の一部を破棄差し戻した。

本件の争点をめぐっては、前記2説に加えて、取締役が会社に対して負担する一切の債務が含まれるとする全債務説があり、裁判例も区々に分かれていた[22]。本判決はこの点に関して最高裁が判断を示したものであり、取引債務包含説に立ち、現行の会社法847条の規定も旧商法とおおむね同様であることから本判決の解釈が当てはまるものと解されており[23]、代表訴訟の対象となる取締役の責任の範囲を示したものとして実務上の意義は大きい。

以上のほか、役員等の会社に対する損害賠償責任（会社法423条）については、遅延損害金[24]や消滅時効[25]をめぐっていくつかの重要な判例が出ていることや、公正な会計慣行と取締役等の責任が問われた事例の存在も付記しておきたい[26]。

---

(22) 全債務説または取引債務包含説に立つものとして、大阪地判昭和38年8月20日判タ159号135頁、大阪高判昭和54年10月30日判タ401号153頁、大阪地判平成11年9月22日判時1719号142頁、限定債務説に立つものとして、東京地判昭和31年10月19日判時95号21頁、東京地判平成10年12月7日判時1701号161頁、東京地判平成20年1月17日判タ1269号260頁がある。
(23) 髙橋譲「判解」『最高裁判所判例解説民事篇平成21年度（上）』（法曹会、2012）196頁。
(24) 39事件の最高裁判決は、旧商法266条1項5号に基づき取締役が会社に対して支払う損害賠償金に付すべき遅延損害金の利率は、民法所定の年5分である旨、また、取締役の会社に対する損害賠償債務は履行の請求を受けた時に遅滞に陥る旨判示した。
(25) 前掲注(10)ミヤシタ事件は、旧商法下の事案ではあるが、同法266条1項5号に基づく会社の取締役に対する損害賠償請求権の消滅時効期間は民法167条1項により10年であると判示した。

3 株主の企業価値追求の活発化

(1) 会社支配争奪に関する判断の深化

43 ライブドア・ニッポン放送事件——東京高決平成17年3月23日判時1899号56頁

　本件は、ニッポン放送（以下「N社」という）の経営権獲得を目的としてフジテレビ（以下「F社」という）が株式の公開買付けを開始した際、N社株式の約5％を保有していたライブドア（以下「L社」という）が、子会社を通じた東京証券取引所の立会外取引等によりN社株式の約30％を保有するに至ったところ、N社取締役会が、発行済株式総数の1.44倍の取得が可能な新株予約権をF社に割り当てる旨決議したため、L社が当該新株予約権の発行が旧商法280条ノ39第4項の準用する280条ノ10（会社法247条2項）所定の「著シク不公正ナル発行」に該当するとして、その差止めを求める仮処分を申請した事案である。

　本決定も、原決定および異議決定同様、仮処分を認可した。本決定は、まず、敵対的買収を図る特定の株主の持株比率を低下させ現経営陣の支配権を維持することを主要な目的としてなされた新株予約権の発行は、原則として不公正発行に該当するとして、新株発行の場面で用いられてきた主要目的ルールの適用がある旨判示した。本決定は、これにとどまらず、株主全体の利益保護の観点から例外的に経営支配権の維持を主要な目的とする発行が不公正発行に該当しない場合として、敵対的買収者が(i)グリーン・メーラーである場合、(ii)会社財産の焦土化目的を有する場合、(iii)ＬＢＯ等の買収資産流用目的を有する場合、(iv)高額資産の売却等による短期利益取得目的を有する場合を示した[27]。

　本決定は、有事の新株予約権発行における不公正に関する判断基準を

---

[26] 旧長銀粉飾決算事件（最判平成20年7月18日刑集62巻7号2101頁）。旧大蔵省の銀行局が発した銀行向け通達による会計処理が問題となったものであるが、旧商法32条2項の「公正ナル会計慣行」についての最高裁のはじめての判断であり、現行の会社法431条の解釈に当たっても適用され、また、広く他業種の会計実務にも影響を与えるものとして、その意義は大きい。

精緻化したものであり、その当時、国内外の投資ファンド等から敵対的買収にさらされつつあった企業の買収防衛実務に影響を与えた。また、当時のＬ社代表がマスメディアに連日登場し、自社の正当性を頻繁に発信し世間の耳目を集めた結果、一般社会においても敵対的買収とその防衛策が注目を浴びることとなった。なお、かかる買収防衛に関しては、本決定後間もなく、次に紹介する平時の防衛策をめぐる法的判断も生まれ、また経済産業省と法務省による指針の策定も進められていくことになる。

44 ニレコ事件――東京高決平成17年6月15日判タ1186号254頁

本件は、ニレコが行おうとした平時導入・有事発動型の敵対的買収防衛策としての新株予約権の発行（ポイズン・ピル、ライツ・プラン）について、同社株主である投資ファンドが、旧商法280条ノ39第4項の準用する280条ノ10（会社法247条2項）所定の「著シク不公正ナル発行」に該当するとして、その差止めを求める仮処分を申請した事案である。

本決定も、原決定および異議決定同様、仮処分を認可した。本決定は、濫用的敵対買収に対する防衛策として新株予約権の活用を認めつつも、本件の発行では既存の経営権維持も重要な目的となっているとし、取締役は本件の発行に当たり株主に対しいわれのない不利益を与えないようにするという責務を負うとした上で、新株予約権行使時の既存株主の持分希釈化・株価下落の危険があることから、既存株主は株価が長期低迷する可能性と長期にわたりキャピタルゲイン獲得の機会を失う危険を負担することになるところ、その不利益は不測の損害であり、他方で株価低迷による損失てん補の手段がないことから、かかる損害は敵対的買収者以外の既存株主が受忍しなければならないものではなく、本件の発行は著しく不公正なものであると判断した。

本件は、投資ファンド等による投資と敵対的買収が活発化しつつあっ

---

(27) 本件と、新株の不公正発行をめぐる従来の裁判例・主要目的ルール（主要目的ルールについては、第2章・前掲注(15)およびこれに対応する本文を参照されたい）との関係について論ずるものとして、藤田友敬「ニッポン放送新株予約権発行差止事件の検討〔上〕〔下〕」商事1745号（2005）4頁、1746号（同）4頁がある。

た当時、その防衛策として策定されたポイズン・ピルの初期の導入例であったが、その司法判断は前記のとおりに終わった。本決定が、買収防衛策の導入を検討していた各社の実務に影響し、より慎重な検討を促したことは記憶に新しい。また、本決定直前の平成17年5月27日には、平時導入型の買収防衛策に関して、経済産業省と法務省による指針[28]がまとめられ、許容される条件が示されもした[29]。この後平成20年9月のリーマン・ショックに至るまでの間は、投資ファンド・アクティビストによる活発な投資活動と、それに対する企業側の防衛策・ＩＲ対応が急速に発展し、双方の実務担当者と法曹がさまざまに知恵を絞った時期であった。その最たる例の一つが、次の最高裁決定であろう。

45　ブルドックソース事件──最決平成19年8月7日民集61巻5号2215頁

本件は、ブルドックソース（以下「Ｂ社」という）の株式の10％超をすでに保有していた外資系投資ファンドのスティール・パートナーズ（以下「Ｓ社」という）がＢ社の全株式の公開買付けを開始したところ、Ｂ社がこれに反対し、その対応策として新株予約権の無償割当てを総会に付議することを決定したことから（後に可決）、Ｓ社が、会社法247条1号所定の法令違反、または同条2号所定の「著しく不公正な方法」によるものであるとして本割当ての差止めを求める仮処分を申請した事案である。

本決定は、第1審決定および原決定同様、本割当てが前記いずれの事

---

[28] 経済産業省＝法務省「企業価値・株主共同の利益の確保又は向上のための買収防衛策に関する指針」（2005年5月27日）。
[29] 前掲注(28)の指針を踏まえつつ、有事・平時の各防衛策に関する分析を行ったものとして、松本真輔「敵対的買収をめぐるルールに関する実務上の課題」商事1756号（2006）41頁、三笘裕＝玉井裕子「6月総会会社における企業買収防衛策の導入とそのあり方」商事1737号（2005）30頁がある。また、その後の買収防衛策の実務の展開については、旬刊商事法務において、住友信託銀行証券代行部（現：三井住友信託銀行証券代行コンサルティング部）の方々による分析が継続されている（最近のものとして、茂木美樹＝谷野耕司「敵対的買収防衛策の導入状況」商事2012号（2013）49頁）。

由にも該当しないとしてS社の許可抗告を棄却した。本決定では、本割当てに賛成したほとんどの既存株主がS社による支配権取得が株主共同の利益を害すると判断したといえること、総会の手続に適正を欠く点はなく重大な瑕疵はないこと、本割当てが衡平の理念に反し相当性を欠くものではないことから、S社が濫用的買収者か否かにかかわらず、株主平等原則や法令違反はなく、さらに、本割当てが緊急事態の対処措置であり、S社には本割当てにより見合った対価が支払われること、本割当てが取締役等の支配権維持目的とまではいえないことから不公正発行にも該当しないと判示した。

　本件当時すでにS社はサッポロホールディングスへの敵対的TOBの提案等で知られていたが、本件は、6月の総会集中期にS社代表が来日し会見を開くなど連日メディアを賑わせたもので、当時の国内外投資ファンドの隆盛を表す象徴的事件であり、またその帰趨が実務関係者だけでなく社会的経済的にも注目されたものであった。本割当ては、短期間に防衛策が必要となる中、総会で圧倒的多数の賛成を得て、またS社にも公開買付価格に基づく対価が支払われるという特殊な事例ではあったが、かかる買収防衛策についてはじめて最高裁が判断したものであり、一時期を彩った同種防衛策の策定検討を進めるに当たり相応に意識されるべきものであった[30][31]。

(2) 組織再編時に顕在化する株式価値をめぐる判断の急増

　平成17年制定の会社法による関連実務の変革は、組織再編に関する司法判断の急増という新たな世界をわれわれ実務家に提供している。ここでは、MBOにまつわる紛争および公正な価格をめぐる紛争について紹介する。

---

(30) なお、本件については、B社の代理人を務めた弁護士自らが、一連の経緯を詳細に述べたものとして、岩倉正和＝佐々木秀「ブルドックソースによる敵対的買収に対する対抗措置〔上〕」商事1816号（2007）4頁以降7回にわたる連載がある。

(31) また、本件に関する評釈は多いが、法的論点について第一審決定や原決定と最高裁決定とを比較し、さらに敵対的買収をめぐる政策論議も考慮して論じたものとして、田中亘「ブルドックソース事件の法的検討〔上〕〔下〕」商事1809号（2007）4頁、1810号（同）15頁がある。

46 レックス・ホールディングス株式取得価格決定申立事件——東京高決平成20年9月12日金判1301号28頁、最決平成21年5月29日金判1326号35頁

本件は、レックス・ホールディングスを存続会社とするMBO目的の吸収合併において、消滅会社の株主が、同社総会において同社による全部取得条項付株式の取得に反対し、会社法172条1項に基づき、同株式の取得価格決定を申し立てた事案である。

東京高決平成20年9月12日は、裁判所が決定する取得価格とは当該株式の取得日における公正な価格であるとした上で、その決定に当たっては取得日の株式の客観的価値に加えて、強制的取得により失われる今後の株価上昇への期待を評価した価額も考慮し、かつ、その決定については裁判所の合理的な裁量に委ねられると判示した。その上で、直近6カ月間の市場価格の終値の平均値を株式の客観的価値とした上で、株価上昇への期待の評価額は客観的価値に20％を加算した額であると判断した。なお、本決定の結論は、最決平成21年5月29日においても維持された。

本件はMBOにおける株式の取得価格の公正さが裁判上はじめて問題となった事案である。MBOでは、当該企業の経営者が企業を買収するため、経営者が利益相反的立場になり株主に支払われるべき対価が低く抑えられるとの懸念が、本件と同じMBOに関する40事件の注(20)でも挙げた企業価値研究会のMBO報告書でも指摘されていた。そのような中で本決定が示され、後の同種場面における取得価格の決定の内容や過程を検討する上で実務の参考となった(32)。経営者が組織再編を用いて合理的企業経営の実現を目指す一方、再編の影響を受ける中心的ステークホルダーである株主の保護をいかに図るかが、対象となる企業価値の適正な評価という形態で顕在化した一例といえる。そして、同様の問題は

---

(32) 本件の評釈として、加藤貴仁「レックス・ホールディングス事件最高裁決定の検討〔上〕〔中〕〔下〕」商事1875号（2009）4頁、1876号（同）4頁、1877号（同）24頁、十市崇「レックス・ホールディングス事件最高裁決定とMBO実務への影響（上）（下）」金判1325号（2009）8頁、1326号（同）2頁等参照。

他の組織再編スキームにおいても増加し、後掲48事件として紹介する判例が生まれていく。なお、全部取得条項付種類株式の取得決議に伴う反対株主の価格決定申立ては少数株主権の行使になるため、平成21年のいわゆる株券電子化以降は、会社に対する個別株主通知も必要となったことから、この点との関連で最高裁の判断が示されたのが次の事件である。

47　個別株主通知と少数株主権等の行使（メディアエクスチェンジ株式取得価格決定申立事件）──最決平成22年12月7日民集64巻8号2003頁

本件は、株券電子化がされた会社の発行に係る社債、株式等の振替に関する法律（以下「社債等振替法」という）128条1項所定の振替株式を有する株主が、会社法172条1項1号に基づき、同社による全部取得条項付種類株式の取得の価格決定を申し立てたところ、申立人が株主であることを同社が争ったため、社債等振替法154条3項所定の個別株主通知の要否が問題となった事案である。

原審（東京高決平成22年2月18日金判1360号23頁）ではこれが不要と判断されたのに対し、本決定では、各株主で個別の権利行使が予定される会社法172条1項の価格決定申立権が社債等振替法154条1項の「少数株主権等」に該当すること、個別株主通知と総株主通知の各通知事項には差異があることから、会社にとって総株主通知と別に個別株主通知を受ける必要があること、また、会社にとっては価格決定申立事件の審理終結までに個別株主通知を受ければ足りるため、個別株主通知を要すると解しても株主に著しい負担を課すとはいえないことを理由として、個別株主通知を要すると判示した。

本件は、価格決定申立権と個別株主通知を要する「少数株主権等」の解釈と、個別株主通知をなすべき時期について、同じ発行会社をめぐり申立人を異にする複数の同種事件間で高裁段階の判断が分かれており注目を集め[33]、現行制度上の問題として指摘する向きもあった[34]。本決定

---

(33) 各事件の帰趨に関しては、仁科秀隆「メディアエクスチェンジ株式価格決定申立事件最高裁決定の検討」商事1929号（2011）5頁において詳細に紹介されている。
(34) 経済産業省「今後の企業法制の在り方について」（2010年6月23日）19頁注21。

の結論は前記のとおりであるところ、本件は、そもそも個別株主通知がされておらず、本来は通知時期に関する判断は必要のない事案であったともいえるが、それにもかかわらず「その審理終結までの間に」と決定中で明示されたのは、事実上、解釈の統一を図ろうとしたものとも解されている[35]。本決定により、同種実務また価格決定申立権以外の場面における個別株主通知の時期を考慮すべき実務の指標が示されているといえよう[36]。

48 楽天／TBS株式買取価格決定申立事件――最決平成23年4月19日民集65巻3号1311頁

本件は、東京放送ホールディングス(以下「TBS」という)が、自社を吸収分割会社、同社の完全子会社を吸収分割承継会社とする吸収分割を実施した際、これに反対したTBSの株主である楽天が、会社法785条1項に基づき所有株式の「公正な価格」での買取りをTBSに請求したものの協議が調わなかったことから、同法786条2項に基づき株式の買取価格の決定を求めた事案である。

本決定は、当該組織再編等によりシナジーその他の企業価値の増加が生じない場合の反対株主の買取請求における「公正な価格」とは、買取請求がされた日における、当該組織再編等を承認する総会決議がなければその株式が有したであろう価格(ナカリセバ価格)であると判示した上で、本件では、吸収分割により企業価値が増加も毀損もせず、分割会社の株式の価値に変動をもたらさない場合であるから、ナカリセバ価格の算定に当たり市場株価を算定資料とすることは裁判所の合理的な裁量の範囲内であるとして、買取請求がされた日の市場株価の終値を「公正な価格」であると判断した。

本決定は、「公正な価格」の意義、算定基準日、算定方法について、下級審裁判例や学説が分かれていたところ、シナジー等企業価値の増加が

---

[35] 田中秀幸「判解」『最高裁判所判例解説民事篇22年度(下)』(法曹会、2014)770頁注32。
[36] なお、仁科・前掲注(33)12頁以下では、本決定の実務に与える影響について詳細に検討されている。

生じない場合における判断枠組みを最高裁としてはじめて示したものであり、組織再編を用いたM＆Aやグループ再編を計画する際に反対株主の買取請求のリスク・影響を予測する上で、実務上重要な意義を有したものである。なお、企業価値の増加が生じる場合における「公正な価格」の算定に関しては、他に株式移転に伴う反対株主の株式買取請求が問題となったコーエーテクモ株式買取価格決定申立事件（最決平成24年 2 月29日民集66巻 3 号1784頁）がある[37][38]。

以上のほか、前記で紹介した企業価値とはやや異なるが、重要なステークホルダーである従業員に関して、会社分割時における労働契約の承継が問題となった事案として、日本アイ・ビー・エム会社分割事件（最判平成22年 7 月12日民集64巻 5 号1333頁）が挙げられる[39]。

4　資本市場の一層の透明化

49　村上ファンド事件——最決平成23年 6 月 6 日刑集65巻 4 号385頁

本件は、31事件の原告でもあり「もの言う株主」として知られた村上ファンドの代表者である被告人らが、前掲43事件に関連して、ライブド

---

[37] 同決定では、本決定を引用しつつ、（本決定とは異なり）企業価値の増加が生じる場合の「公正な価格」とは、株式移転比率が公正であれば株式買取請求がなされた日において株式が有していると認められる価格であり、その算定に当たり参照すべき市場株価として買取請求日の株価やこれに近接する一定期間の平均値を用いることも合理的な裁量の範囲内であると判断している。

[38] 株式買取請求権制度に関する理論的検討として、藤田友敬「新会社法における株式買取請求権制度」黒沼悦郎＝藤田友敬編『（江頭憲治郎先生還暦記念）企業法の理論（上）』（商事法務、2007）261頁以下、神田秀樹「株式買取請求権制度の構造」商事1879号（2009） 4 頁、弥永真生「反対株主の株式買取請求と全部取得条項付種類株式の取得価格決定〔上〕〔下〕」商事1921号（2011） 4 頁、1922号（同）40頁等を参照。

[39] 会社分割手続において、旧商法附則のいわゆる 5 条協議違反があったとして、労働契約の承継は無効であると争われた事案であり、最高裁は、承継される事業に主として従事する労働者については、分割計画書に労働契約の承継が記載されていれば当然に当該労働契約の承継の効果が生じるとした上で、 5 条協議の違反があった場合には、分割無効の訴えによらず個別労働契約の承継の効力を争うことができると判示した。

ア（L社）から、ニッポン放送（N社）株式の大量買集めの実施に関する事実の伝達を受けた後、同社株式を買い付けた行為が旧証券取引法167条3項に違反したインサイダー取引に該当するとして起訴された事案である。

本件では、旧証券取引法167条2項の「公開買付け等を行うことについての決定」とはどの程度の実現可能性を必要とするものかが争点となった。本決定では、「決定」の意義に関する先例として、㉙事件を踏襲しつつ、公開買付け等の実現を意図して公開買付け等またはそれに向けた作業等を会社の業務として行う旨の決定がされれば足り、公開買付け等の実現可能性があることが具体的に認められることは要しないとした上で、被告人らがL社にN社株式の大量買集めを働きかけていた点、その直後からL社側が買集めのための資金調達検討を始めた点、その検討を踏まえてL社が買集めを決定した点、被告人らがL社代表者らからN社株式買集めについて「資金のめどが立ったので、具体的に進めさせていただきたい」と聞いた点等を認定し、本件では「決定」があったと認め、その後にN社株式の買付けを行った被告人らの同条3項違反を認定した。

本決定は、旧証券取引法167条2項（金融商品取引法の条項も同様）の「決定」の解釈について、㉙事件の同法166条2項1号に関する判断を踏襲しつつ、実現可能性の位置づけを明らかにしたものである。本決定に対しては、インサイダー取引の処罰範囲を不当に拡張しており、正当な証券取引まで広範囲に阻害するおそれがあり、実務的にも弊害が大きいとの批判もあるが[40]、最高裁の判断が明らかにされたことで、同種の問題が生じ得る場面における判断の先例となっている。

---

(40) 黒沼悦郎「インサイダー取引における「決定にかかる重要事実」の意義」商事1609号（2001）27頁、同「村上ファンド事件最高裁決定の検討」商事1945号（2011）11頁。

50　ライブドア機関投資家事件——最判平成24年３月13日民集66巻５号1957頁

　本件は、旧ライブドア（Ｌ社）の株式を市場で取得した信託銀行や生命保険会社の原告らが、Ｌ社提出の有価証券報告書に約３億円の経常赤字を約50億円の経常黒字と偽った虚偽記載があったことにより損害をこうむったとして、金融商品取引法21条の２に基づき、Ｌ社に対して損害賠償請求を行った事案である。

　本件の争点は多岐にわたるが、主たる争点は原告らの損害額に関するものである。本判決では、まず金融商品取引法21条の２第２項の「虚偽記載等の事実の公表」の「公表」の主体および対象について、検察官が、同条３項の「当該提出者の業務若しくは財産に関し法令に基づく権限を有する者」に該当するとし、また「虚偽記載等に係る記載すべき重要な事項」とは、虚偽記載等のある有価証券報告書等の提出者等を発行者とする有価証券に対する取引所市場の評価の誤りを明らかにするに足りる基本的事実であるとした。次に、同条５項によって減額すべき「虚偽記載等によって生ずべき当該有価証券の値下り」については、取得時に支払った金額と取得時点に虚偽記載がなかった場合の想定市場価額との差額相当分の値下がりに限られず、有価証券報告書等の虚偽記載と相当因果関係にある値下がりすべてをいうとした。その上で、請求可能額の算定については、複数回にわたってそれぞれ異なる価額で取得しこれを複数回にわたってそれぞれ異なる価額で処分した場合には、個々の取引ごとの取得と処分との対応関係の特定ならびに取得価額および処分価額の具体的な主張、立証がないときは、裁判所は、当該有価証券の取得価額の総額と処分価格の総額との差額をもって同条１項にいう「第19条第１項の規定の例により算出した額」とした上で、当該差額と同条２項によって推定される損害額の総額とを比較し、その小さいほうの金額をもって、同条に基づき請求可能な額とできると判断した。

　本判決は、金融商品取引法21条の２第２項の損害額の推定規定を適用したはじめての最高裁判例であり、また被告となったＬ社が、前掲43事件などで広く認知され、その結果多数の一般および機関投資家が同社株

式に投資していた時代の後処理的位置づけを持つものとしても著名であり、投資家救済の場面で利用されることが増えている同条項に係る多くの論点に言及しており、同種訴訟の対応実務に影響を与えている。

5 補遺――時代を彩ったその他の裁判例

以上紹介した裁判例以外にも、やや関係分野を異にするが、2000年以降の時代を彩り今日の企業法務の実務に影響を与えたものとして、たとえば、民法上の詐害行為取消権に基づく新設分割の取消しの可否が争点となり2014（平成26）年の会社法改正にも影響を与えた最判平成24年10月12日民集66巻10号3311頁や、シンジケートローンのアレンジャーの信義則上の情報提供義務違反が争点となりその後の同種取引の実務にも影響を与えた最判平成24年11月27日集民242号1頁、さらには、東京都が金融機関に対して課した外形標準課税の適法性が争点となり後の地方税改正にも影響を与えた東京高判平成15年1月30日判タ1124号103頁（後に最高裁で和解）なども挙げられるが、紙幅の関係上割愛する。

第4節 まとめに代えて

以上のように2000年以降の代表的な商事判例を振り返ると、15年余りの期間にすぎないにもかかわらず、さまざまな分野で、数多くの新たな判断が生まれ、従来の判断の深化も進んだ。この要因としては、ステークホルダー間の利害対立の顕在化とコーポレート・ガバナンスの要請の高まりを受け、会社法制・証券法制の改正が頻繁に行われ、それによるM＆A等の事業再編スキームの選択肢が柔軟化し他方で複雑化し、さらにこれと連関しながら資本市場の透明化が進展していったという状況の変化が挙げられる。このような状況を背景として、会社およびその企業価値をめぐり、さまざまな場面で利害が相克するステークホルダー間の紛争が司法の解決に託された結果、多彩な裁判例が次々と誕生したのであろう。

この短期間に先例性が高い数多くの判断が密集したのは、従来の社会

的・経済的情勢の大きく変容した時期であったためであるが、本書を刊行した2015（平成27）年も、5月の改正会社法施行、6月のCGコード制定と、企業のガバナンスが大きな変化を遂げる記念碑的な年となっている。これらの新たな制度の下で、ステークホルダー間での利害の調整はより多色化し、それゆえ企業のガバナンスが一層先鋭的に問題となることも増えるであろう。企業法務に携わる者として、これからも、その時代を彩っていく商事判例からますます目を離すことはできない。

第2部 テーマ別にみる商事判例

第1章 商法総則・商行為

第1節　商法総則

1　はじめに

　商法は、その適用範囲を規定するに当たり、「商行為」（絶対的商行為・商法501条、営業的商行為・同法502条）から「商人」（同法4条1項）を導くとともに、商行為とは関係なく定まる擬制商人（同条2項）を認め、さらに、商人からも商行為（附属的商行為・同法503条）を導くという構造をとる。商法総則の分野からは、はじめに商法の適用対象を規定する「商人」をめぐる問題として、協同組合の商人性に関する判例を取り上げた後、実務上争われることの多い名板貸責任（同法14条、会社法9条）、事業譲渡における商号続用責任（商法17条1項、会社法22条1項）に関する判例を取り上げる。

　協同組合の商人性については、協同組合などの協同組織が会社と同様の事業を営んでいる場合であっても、協同組織が営利の目的を有しないことから、その商人性を否定する判例の態度が確立されていることがわかる。その一方で、外観法理または禁反言に基づく名板貸責任、商号続用責任については、商取引の発展や社会の要請を背景に、条文の定める事案を超えて類推適用されてきたことをみて取ることができる。

2 商人性（商法4条）

1 信用協同組合の商人性——最判昭和48年10月5日集民110号165頁

(1) 事案と判旨

本件は、信用協同組合と商人である組合員との間の金銭消費貸借について、商事消滅時効（商法522条）が適用されるかが争われ、その前提として信用協同組合の商人性が問われた事案である。

最高裁は、信用協同組合は、商法上の商人に当たらないと判示した。

(2) コメント

商法上の商人というには、商法4条の「業とする」の解釈として、営利の目的をもって、同種の行為を反復継続して行うことが必要とされる。この営利の目的とは、事業活動によって金銭的利益を得てそれを構成員に分配することを目的とすることを意味するが、中小企業等協同組合法に基づき設立される信用協同組合は、その事業活動を通じて組合員の事業の助成を図ることを目的としており（中小企業等協同組合法5条2項）、金銭的利益を組合員に分配することを目的とするものではない。そのため、信用協同組合には営利の目的がないとしてその商人性を否定するのが従前からの通説であった。本判決は、理由を付していないが、通説と同じ結論をとる。協同組合に関して、農業協同組合連合会、漁業協同組合が民法173条1号の卸売商人、小売商人に当たらないとする判例（最判昭和37年7月6日民集16巻7号1469頁、最判昭和42年3月10日民集21巻2号295頁）はあったが、本判決は、協同組合の商人性の問題を直接取り上げた最初の最高裁判決である。

(3) 関連判例

最判昭和63年10月18日民集42巻8号575頁は、信用金庫法に基づく協同組織金融機関である信用金庫についても、その業務は営利を目的とするものではないとして同様に商人性を否定した。また、大阪高判昭和45年7月29日判時621号80頁は、労働金庫法に基づく労働金庫の商人性を否定している。

その後、「金融制度及び証券取引制度の改革のための関係法律の整備

等に関する法律」（平成4年法律第87号）等により信用協同組合を含む協同組織金融機関の業務が拡大されたが、最判平成18年6月23日判時1943号146頁は、なお組合員の事業・家計の助成を図ることを目的とする協同組織であるとの性格に基本的な変更はなく、営利を目的とするものではないとして、信用協同組合が商法上の商人に当たらないことを改めて確認した。

信用金庫、信用協同組合といった協同組織金融機関は、今日、その業務の拡大のみならず、リレーションシップバンキングの担い手として金融システムの中で重要な役割を果たしているが、判例は、一貫してその商人性を否定している。

(4) **民法改正法案**

商人性の有無に関する紛争は、前掲最判昭和63年10月18日では商法521条の商事留置権の適用をめぐる争いであったが、前掲①最判昭和48年10月5日では商法522条の商事消滅時効、前掲最判平成18年6月23日や前掲大阪高判昭和45年7月29日では商法514条の商事法定利率の適用をめぐる争いである。本年3月31日に国会に提出された「民法の一部を改正する法律案」（以下「民法改正法案」という）には、消滅時効期間を商法522条と同じ5年間とすること（現民法167条1項関係）や職業別の短期消滅時効を廃止すること（現民法170条～174条関係）、変動制の民事法定利率を採用すること（現民法404条関係）などが盛り込まれており、同時に国会に提出された「民法の一部を改正する法律の施行に伴う関係法律の整備等に関する法律案」（以下「民法改正整備法案」という）で、商法514条、522条の削除が提案されている。それらが削除されれば、将来的に同様の紛争は少なくなるのではないかと思われる。

3 名板貸責任（商法14条、会社法9条）

② テナント店の取引──最判平成7年11月30日民集49巻9号2972頁

(1) **事案と判旨**

本件は、スーパーマーケットに出店してペットショップを経営するテナント店が顧客に対して負担した債務について、平成17年改正前の商法

23条（現商法14条および会社法9条、以下「旧商法23条」という）の類推適用により、スーパーマーケットを経営する被上告人が名板貸人としての責任を負うかが争われた事案である。

最高裁は、一般の買物客がペットショップの営業主体は被上告人であると誤認するのもやむを得ない外観が存在し、被上告人は、スーパーマーケットの外部に被上告人の商標を表示し、テナント店との間で出店および店舗使用に関する契約を締結するなど、当該外観を作出し、または作出に関与していたのであるから、旧商法23条の類推適用により、買物客とテナント店との取引に関して名板貸人の責任と同様の責任を負うと判示した。

(2) **関連判例**

商法14条の名板貸人の責任は、名義貸与者が営業主であるとの外観を信頼した第三者を保護し取引の安全を期することを趣旨とする規定である（最判昭和52年12月23日民集31巻7号1570頁）。

判例は、条文上「自己の商号を使用」に限られている外観の存在について、名板貸人の商号と類似の商号が使用された場合や名板貸人の商号に「部」等の文言が付加された場合にも名板貸人の責任を肯定し（最判昭和34年6月11日民集13巻6号692頁、最判昭和35年10月21日民集14巻12号2661頁）、「許諾」（外観作出の帰責事由）についても、黙示の許諾を認める（最判昭和33年2月21日民集12巻2号282頁）。ただし、他人が自己の商号を使用して営業していることを知りながら放置していたというだけでは足りず、第三者による営業主体の誤認可能性との関係でそれが社会通念上許されない態様のときに黙示の許諾と評価される（最判昭和42年2月9日判時483号60頁、最判昭和43年6月13日民集22巻6号1171頁）[1]。

(3) **コメント**

本件は、テナント店の商号が書かれた看板や館内表示が存在し、テナント店が自己の商号が表示されたレシートを発行し、包装紙もスーパー

---

(1) 下級審の裁判例として、東京地判昭和62年4月30日判タ655号224頁、東京地判平成7年4月28日判時1559号135頁、前橋地判平成14年3月15日裁判所ウェブサイト掲載。

マーケットとは異なっていたという事案であり、黙示の許諾も問題とし得ない[(2)]。本判決は、商号の使用を明示または黙示に許諾した場合に限らず、自己が営業主であると誤認させる外観を作出またはその作出に関与した場合には、旧商法23条を類推適用することが許されることを示した。これにより、同条の外観の存在や帰責事由という要件に関する法的評価の問題は、営業の形態そのものをめぐる評価の問題へとさらに進展したものといえよう。

4　営業譲渡における商号続用責任（商法17条1項、会社法22条1項）

3　ゴルフクラブ名の続用──最判平成16年2月20日民集58巻2号367頁

(1)　事案と判旨

本件は、預託金会員制のゴルフ場を経営する会社が営業譲渡を行い、譲受会社がゴルフクラブの名称を続用してゴルフ場の経営を継続する場合に、譲渡会社の預託金返還債務について、譲受会社が平成17年改正前の商法26条（現商法17条、会社法22条、以下「旧商法26条」という）の類推適用により弁済責任を負うかが争われた事案である。

最高裁は、預託金会員制のゴルフクラブの名称がゴルフ場の営業主体を表示するものとして用いられている場合において、ゴルフ場の営業が譲渡され、譲渡人が用いていたゴルフクラブの名称を譲受人が継続して使用しているときには、譲受人が譲受後遅滞なく会員によるゴルフ場施設の優先的利用を拒否したなどの特段の事情がない限り、会員が同一営業主体による営業継続や譲受人による債務引受けを信じることは無理からぬというべきで、譲受人は、旧商法26条1項の類推適用により、会員が譲渡人に交付した預託金の返還義務を負うと判示した。

(2)　関連判例

最判平成20年6月10日集民228号195頁は、ゴルフ場の事業が譲渡され

[(2)] テナント店がデパートの商号を使用し、デパートがそれを黙示に許諾していた先例としては、東京地判昭和27年3月10日下民集3巻3号335頁がある。

た場合だけでなく、会社分割に伴いゴルフ場の事業が他の会社または設立会社に承継されたときにも、ゴルフクラブの名称が続用される場合に、会社法22条1項の類推適用を認めている。

(3) コメント

商法17条1項は、営業の譲受人が譲渡人の「商号」を続用する場合に関する規定であるが、この商号続用の要件について、後掲最判昭和47年3月2日民集26巻2号183頁は、商号に「株式会社」等の会社の種類を付加した場合に商号の同一性を失わないとし、最判昭和38年3月1日民集17巻2号280頁は、「新」の付加文字を承継遮断的字句と判断する。また、下級審裁判例はかねてより、商号ではなく屋号が続用された場合にも、譲受人の使用する屋号が譲渡人の商号の重要な構成部分を内容としていることを要件として、旧商法26条の適用ないし類推適用を認めてきた[3]。これらに対し、本判決は、商号と関連性のない屋号（ゴルフクラブの名称）が続用された場合[4]にも、旧商法26条の類推適用を認めるものである。

もっとも、本判決は、あくまでゴルフクラブの名称が営業主体を表示するものとして用いられている場合における判断であり、本判決の射程については慎重に検討しなければならないであろう。

4 **現物出資**──最判昭和47年3月2日民集26巻2号183頁

(1) 事案と判旨

本件は、営業の現物出資を受けて設立された会社が、出資者の商号を続用する場合に、出資者が営業上負担した債務について、設立された会社が旧商法26条の類推適用により弁済責任を負うかが争われた事案である。

最高裁は、営業を譲渡の目的とする場合と現物出資の目的とする場合

---

[3] 東京高判平成元年11月29日東高時報40巻9〜12号124頁、東京地判平成12年9月29日金判1131号57頁など。
[4] 本件は、譲渡人の商号が「株式会社ギャラック」、譲受人の商号が「株式会社ギャラクシー淡路」で、続用されたゴルフクラブの名称が「淡路五色リゾートカントリー倶楽部」であった。

とでは、その法律的性質を異にするとはいえ、法律行為による営業の移転である点においては同じ範疇に属し、債権者からみた場合、出資者の商号が現物出資によって設立された会社によって続用されているときは、出資の目的たる営業に含まれる出資者の債務も当該会社が引き受けたものと信頼するのが通常の事態であるから、旧商法26条は営業が現物出資の目的となった場合にも類推適用されると判示した。

なお、商号の同一性については、現物出資を受けた会社の商号が出資者の商号に会社の種類を付加したにとどまる場合には、商号の同一性を失わないとする。

(2) **コメント**

従前の下級審裁判例では、債務を免れるために個人企業の経営者が会社を設立し、または従前の会社をいったん解散させて新会社を設立し、その実体が同一である場合に、営業の譲渡がなされたものと認定した上で、旧商法26条1項を適用するものがあった[5]。本件もそのような事例であるが、最高裁は、営業の現物出資とした上で、旧商法26条の類推適用を認めることを示した。

(3) **関連判例**

その後、平成に入ってからは、営業の賃貸借（東京高判平成13年10月1日判時1772号139頁、東京地判平成16年4月14日判時1867号133頁）、経営委任（大阪高判平成14年6月13日判タ1143号283頁、東京地判平成16年1月15日金法1729号76頁）の場合にも旧商法26条の類推適用を認める下級審裁判例がある。また、会社分割についても、前掲最判平成20年6月10日を踏襲して会社法22条1項の類推適用を認める下級審裁判例がある（東京地判平成22年7月9日判時2086号144頁、東京地判平成22年11月29日判タ1350号212頁）。

新会社、別会社を用いた債務逃れは古くて新しい問題であり、営業譲渡以外の形式に対して旧商法26条を類推適用する途を開いた本判決の意

---

(5) 東京地判昭和34年8月5日下民集10巻8号1634頁、東京地判昭和34年9月16日下民集10巻9号1944頁。

義は、今日もなお大きいものといえよう。

第2節　商行為

1　はじめに

　商行為の分野からは、実務上関心が高いであろう商行為の損害賠償をめぐる問題として、商事売買における買主の検査・通知義務（商法526条）、運送人の損害賠償責任（同法577条以下）、倉庫営業における倉荷証券（同法627条）の免責約款に関する判例を取り上げる。

　なお、本年3月11日、法制審議会商法（運送・海商関係）部会は、「商法（運送・海商関係）等の改正に関する中間試案」（以下「中間試案」という）を取りまとめた。現在の商法では、陸上運送（湖川・港湾における運送を含む）については569条以下の規定が、海上運送については737条以下の規定および国際海上物品運送法が適用され、航空運送については規定がない。中間試案では、これら陸上運送・海上運送・航空運送に共通する総則的規律を物品運送、旅客運送のそれぞれに設けることが検討されており、その物品運送に関する総則的規律として、運送人の損害賠償責任や不法行為責任との関係などが取り上げられている。この中間試案についても簡単に触れる。

2　商事売買における買主の検査・通知義務（商法526条）

5　不特定物売買──最判昭和35年12月2日民集14巻13号2893頁
　(1)　**事案と判旨**
　本判決は、商法526条の規定は、不特定物の売買の場合にも適用があると判示した。
　(2)　**コメント**
　商法526条は、商取引における迅速性の要請に応え、売主の保護を図るため、民法の瑕疵担保責任（民法563条〜566条、570条）の特則として、商人間の売買における買主の検査・通知義務を規定する。大判昭和2年4

月15日民集 6 巻249頁は、不特定物の売買にも買主の受領後は民法の担保責任の規定を適用することを認めた上で、その担保責任を追及するのに同条の要件を満たすことを要求しており、学説上も、不特定物の売買に同条の適用を認めることにほとんど異論がなかった。本判決は、最高裁としてもこの立場をとることを確認したものである。

(3) **関連判例**

その後、不特定物の売買にも商法526条の適用があることを前提として、不完全履行の場合に、完全履行請求権を保全するためにもやはり同条の検査・通知義務を尽くす必要があるとする判例（最判昭和47年 1 月25日集民105号19頁）や、同条は商人間の売買における買主の損害賠償請求権等を行使するための前提要件を規定したにとどまり、同条の検査・通知義務を履行した場合に買主が行使し得る権利の内容およびその消長は民法の一般原則（民法570条、566条 3 項）によるとする判例（最判平成 4 年10月20日民集46巻 7 号1129頁）などが蓄積されていったが、本判決は、これら判例の起点となったと評価できよう。

(4) **民法改正法案**

民法改正法案では、売買の瑕疵担保に関する規定を特定物・不特定物を問わない債務不履行の一態様と位置づけている（改正後の民法562条〜566条）。本判決が商法526条は特定物・不特定物を問わず適用されるとしていることからすれば、民法改正法案の下でも、同条の民法の特則としての位置は変わらないと思われるが、民法改正整備法案で民法改正にあわせた商法526条の文言の改正が提案されている。

3　運送営業における運送人の損害賠償責任（商法577条〜581条）

6　商法580条 1 項による損害賠償額——最判昭和53年 4 月20日民集32巻 3 号670頁

(1) **事案と判旨**

本件は、運送人が運送品を誤って荷受人以外の者に配送し、その者から返還を受けることができなかったため、運送人の運送債務は履行不能となったものとして、荷送人が運送人に対し損害賠償を請求したとこ

ろ、運送品を誤って配送した先がたまたま運送品の真の所有者であったため、荷送人に損害が生じていなかったという事案である。

最高裁は、商法580条1項の趣旨は、運送品の全部滅失により荷送人または荷受人に損害が生じた場合、これによる運送人の損害賠償責任を一定限度にとどめて大量の物品の運送に当たる運送人を保護し、あわせて賠償すべき損害の範囲を画一化してこれに関する紛争を防止するところにあるとした上で、当該趣旨からして、荷送人または荷受人にまったく損害が生じない場合には、運送人は損害賠償責任を負わないと判示した。

(2) **コメント**

運送品の滅失・毀損の場合に運送人が責任を負う損害賠償額について、商法580条は、民法416条の特則として、損害の範囲から得べかりし利益を排除し、運送品そのものの客観的価値に限定している。この商法580条の適用関係について、本判決は、傍論ながら、実際に生じた損害が同条1項所定の価格を下回る場合でも、原則として運送人は同条項所定の損害賠償責任を負うことを明らかにし、また、運送人の悪意・重過失により運送品が滅失・毀損した場合には、運送人は一切の損害を賠償しなければならない（同法581条）が、その場合にも、運送人の損害賠償責任が同法580条1項所定の価格より軽減されることはないことを明らかにした。

本件は、運送品を誤って配送した者がたまたま運送品の真の所有者であったという珍しい事案に関するものであるが、実際に生じた損害と商法580条の適用関係を明確に示しており、実務上有用な判例である。

(3) **商法改正中間試案**

国際海上運送については国際海上物品運送法13条に、国際航空運送についてはモントリオール条約22条に、運送人の責任の限度額に関する規定があり、運送人は、これより低い責任限度額を定めることはできないとされている（国際海上物品運送法15条1項、モントリオール条約26条）。そのため、法制審議会商法（運送・海商関係）部会では、商法にも運送人の責任限度額に関する規定を新設してはどうかとの指摘もあったとのこと

であるが[6]、中間試案では当該規定の新設は見送られている。

7 不法行為責任との競合——最判昭和38年11月5日民集17巻11号1510頁

(1) **事案と判旨**

本件は、運送取扱人ないし運送人の責任について、債務不履行に基づく損害賠償請求権が引渡しより1年を経過しているため時効消滅している（商法589条、566条）場合に、不法行為責任を追及することができるか、換言すれば、運送取扱人ないし運送人に対する債務不履行責任に基づく損害賠償請求権と不法行為に基づく損害賠償請求権との競合が認められるかが問われた事案である。

最高裁は、両請求権の競合を認める旨判示した。

(2) **コメント**

運送人の損害賠償責任については、商法577条に民法の一般原則（民法415条）と同様の責任を定める注意規定が置かれているほか、商法578条の高価品の明告義務、同法580条の損害賠償額の制限、同法588条の特別消滅事由、同法589条、566条の短期消滅時効といった特別規定が置かれている。これらの運送人の損害賠償責任を減免する商法上の特別規定を空洞化することになるとの理由で、運送人の債務不履行責任と不法行為責任との競合を否定する見解があるが、本判決は両請求権の競合を認めた。

なお、最判昭和44年10月17日集民97号35頁は、本判決が不法行為責任の成立を契約本来の目的範囲を著しく逸脱する場合に限定したものではないことを明らかにするとともに、荷送人との間で運送契約を締結した者（契約運送人）が実際の運送を下請運送人に委託し、その下請運送人（実行運送人）による運送中に運送品の滅失等が生じた場合について、荷送人による実行運送人に対する不法行為責任の追及が可能であることも示した。そのため、法制審議会商法（運送・海商関係）部会では、実行運

---

(6) 法務省民事局参事官室『商法（運送・海商関係）等の改正に関する中間試案の補足説明』（平成27年3月11日）9頁。

送人の責任に関する規定を新設することも検討されたものの、中間試案では見送られている。

次に、請求権の競合を認め、債務不履行責任とは別に不法行為責任を追及し得るとしても、商法上の特別規定が不法行為責任にも適用ないし類推適用されるかが問題となるが、本判決の引用する大審院判例（大判大正15年2月23日民集5巻104頁）は、高価品の明告義務に関する商法578条は運送人の不法行為責任には適用されないとする[7]。また、前掲最判昭和44年10月17日も、同法589条、566条と同旨の国際海上物品運送法14条1項に関するものではあるが、同条の規定は、商法上の規定と同様に運送人の債務不履行責任に関するものであって、運送人に対する不法行為に基づく損害賠償請求には適用されない旨を確認した[8]。

(3) 関連判例

もっとも、最判平成10年4月30日集民188号385頁は、宅配便の運送約款に責任制限額を定める条項がある場合においては、責任限度額の定めは、運送人の荷送人に対する債務不履行責任についてだけでなく、不法行為責任についても適用されると解することが当事者の合理的意思に合致するとし、荷受人も、宅配便によって荷物が運送されることを容認していたなどの事情が存するときは、信義則上、責任限度額を超えて運送人に対して損害賠償を求めることは許されないとの判断を示している。

画期的な判例であるが、本判例は、約款の責任制限条項が不法行為に基づく損害賠償請求にも適用される理由として、宅配便の運送約款における責任制限条項の合理性（低額な運賃で大量の小口荷物を配送することを目的とする宅配便を運営していく上で、故意または重過失がない限り、賠償額をあらかじめ定めた責任限度額に限定することが合理的なものであること）

---

[7] ただし、その後の下級審裁判例では、運送人の不法行為責任に商法上の特別規定の適用を認めるものもある（商法578条に関する東京地判平成2年3月28日判時1353号119頁など）。
[8] なお、国際海上物品運送法については、ヘーグ・ヴィスビー・ルールを反映した平成5年の改正により、国際海上物品運送法20条の2が新設され、運送人の債務不履行責任を減免する同法の諸規定が不法行為責任にも準用される旨の立法的解決がなされている。

と当事者の合理的な意思を挙げているため、本判例の射程については検討を要する。

なお、場屋営業者の責任に関しては、明告のない高価品の滅失・毀損について責任限度額を定める宿泊約款上の規定がホテルの不法行為責任にも適用されることを前提に、ホテル側に故意または重過失がある場合には同規定が適用されない旨判示した判例（最判平成15年2月28日集民209号143頁）がある。

(4) 商法改正中間試案

以上のような約款の条項に関する判例の立場に対し、中間試案では、運送人の債務不履行責任を減免する商法上の特別規定が運送人の不法行為責任にも及ぶ旨の規定を新設することが提案されている（中間試案の第2の9、乙案）。これにより、自ら運送契約を締結した荷送人との関係では、運送人の不法行為責任にも商法上の特別規定が準用されることになるが、同提案では、荷受人との関係では、かかる準用は「当該運送契約による運送を容認した者に限る」とされている。

これは、前掲最判平成10年4月30日の判示を踏まえたものであるが、同判決は、運送約款の定めが運送人の荷受人に対する不法行為責任にも及ぶか否かが問われた事案に関する判例であり、商法の規定が及ぶ範囲に関する中間試案の上記提案とは場面が異なる。

同規定を新設するとしても、運送人の契約責任を減免する旨の荷送人・運送人間の合意の効力が運送人の荷送人または荷受人に対する不法行為責任に及ぶかについては、当該合意の内容の合理性や当事者の合理的意思解釈に即して判断されることになると説明されている[9]。

---

(9) 法務省民事局参事官室・前掲注(6)18頁。

4 倉庫営業における倉荷証券（商法627条）

8 倉荷証券上の免責約款——最判昭和44年4月15日民集23巻4号755頁

(1) 事案と判旨

本件は、実際に寄託された物品と倉荷証券に記載された受寄物の内容とが異なっていた場合に、倉荷証券を裏書により取得した所持人が倉庫営業者に対し、受寄物返還義務の不履行による損害賠償を請求し、倉庫営業者からは、当該倉荷証券の裏面に記載された「受寄物の内容を検査することが不適当なものについては、その種類、品質および数量を記載しても当会社はその責に任じない」との免責約款（不知約款）による免責が主張された事案である。

最高裁は、不知約款の有効性を認めた上で、倉庫営業者は、「該証券に表示された荷造りの方法、受寄物の種類からみて、その内容を検査することが容易でなく、または荷造りを解いて内容を検査することによりその品質または価格に影響を及ぼすことが、一般取引の通念に照らして、明らかな場合にかぎり」不知約款を援用して免責され得ることを判示した。

(2) コメント

商法627条2項、602条は、倉荷証券の記載を信頼して証券を取得した所持人を保護するため、倉荷証券に文言証券性を認めており、実際の寄託契約と倉荷証券の記載とが異なる場合に、倉庫営業者は、寄託契約上の事実を証券の所持人に対抗できない。一方で、倉荷証券は、手形のような無因証券ではなく、寄託契約の存在を前提として、それに基づく寄託物返還請求権を表章する要因証券であることから、この文言証券性と要因証券性の関係、特に空券や品違いの場合にも倉庫営業者が倉荷証券の記載に従った返還義務を免れないかについて議論が分かれている。この点、判例（大判昭和11年2月12日民集15巻357頁）は、質入証券について、倉庫営業者は、包装品のため内容の点検ができず、外装の表示を信じて証券を発行した場合でも、証券の記載に従った責任を免れないとする。

しかし、大量の受寄物を処理し、迅速に倉荷証券を発行することが求められる倉庫営業者が受寄物の内容を正確に検査することは容易でなく、特に荷造りされた受寄物について検査することは困難な場合も多いため、かねてより倉荷証券上には免責条項が記載され、あるいは物品の種類、品質等の欄に不知文言が記載されてきた。現在も、標準倉庫寄託約款41条[10]に「当会社は、受寄物の内容を検査しないときには、その内容と証券に記載した種類、品質又は数量との不一致については、責任を負わない。この場合においては、受寄物の内容を検査しない旨又はその記載が寄託者の申込による旨を証券面に表示する」と規定されている[11]。かかる不知約款を無制限に有効とすれば倉荷証券の文言証券性が損なわれることになるが、船荷証券に関する国際海上物品運送法15条1項、9条と異なり、倉荷証券に関して免責特約を禁止する規定が商法上置かれていないため、不知約款の有効性が問題となる。本判決は、不知約款の有効性を認めた上で、ただし、その効力を無制限に認めるのではなく、要件として、受寄物の内容の検査が容易でなく、または不適当なことが一般の取引通念に照らして明らかな場合で、かつ、そのことが倉荷証券に表示された荷造りの方法、受寄物の種類からみて明らかな場合に限ることを示した。かかる要件は、本判決が、実務上の要請に応えつつも、倉荷証券の文言証券性ないし流通保護の要請から要求したものといえる。

(3) 商法改正中間試案

中間試案では、倉庫営業については、運送営業と関連する面も少なくないものの運送営業とは相当に異なる実態にあるとして[12]、新たな提案は盛り込まれていない。ただし、倉荷証券に関する規定のうち、ほとん

---

(10) 倉庫業者は、倉庫寄託約款を定め、その実施前に、国土交通大臣に届け出なければならない（倉庫業法8条1項）。
(11) 本判決の要件とは異なり「受寄物の内容を検査しないときは」とされている点について、江頭憲治郎『商取引法〔第7版〕』（弘文堂、2013）379頁は、「判例文言に照らせば、物理的に受寄物の検査が困難でなかった場合でも、寄託者の承諾がないから受寄物の内容を検査しなかった……というだけで、約款の不知文言の効果が認められ倉庫営業者が免責されるか否かには疑問がありうる」としている。

ど利用実態のない預証券および質入証券に関する規定を削除して、倉荷証券に関する規定に一本化することなどを引き続き検討するとされている。

第3節　おわりに

　商行為分野の規定については、明治32年の商法制定以来、実質的な見直しがほとんどなされておらず、現代の取引実態に適合しないとの指摘もある。そのため、前述のとおり、特に陸上運送と海上運送に関する規定について改正が検討されているところであるが、商事取引法では私的自治が広く妥当するため、従来、当事者間の契約や約款が果たしてきた役割も大きい。**第2節**で取り上げた約款の解釈や商法規定との関係を示す判例は、商法改正によっても、あるいは民法改正により定型約款に関する規定（改正法案による改正がなされた場合の民法548条の2～548条の4）が新設されても、その意義を失わないであろうし、また、本章で取り上げた判例・裁判例を振り返ることは、今般の民法・商法の改正に関する議論の上でも有意義であると思われる。

---

(12) 倉庫営業では、物品の移動を伴わないために滅失等の事故の発生可能性が低いこと、長期にわたる保管が少なくないために継続的契約として当事者間の信頼関係が重視される側面があること、標準倉庫寄託約款（甲）では倉庫営業者はその故意または重大な過失により損害が発生した場合に限り責任を負うという責任原則が採られていることが指摘されている（法務省民事局参事官室・前掲注(6) 77頁）。

第2章　会社の法人としての性質

第1節　はじめに

　会社は、構成員と別個・独立の権利・義務の主体を作るための法制度であり、これは会社制度を利用する構成員の利益に適うものであるが、他方で、会社を取り巻く債権者との利害調整も重要な課題である。そのような観点から、会社の設立および消滅には厳格な手続が設けられており、それらの手続に違反した場合には、有効な設立や消滅が認められないことがある。また、有効に設立された場合においても、目的によって会社の権利能力は制限され、その営利性に鑑みて会社の行為は商行為と推定される。さらに、具体的な事案において、会社の法人格が濫用され、または形骸化していると判断された場合には、当該事案限りにおいて会社の法人格が否認されることもある。
　本章では、以上のようなさまざまな局面において株式会社の構成員である株主と、会社を取り巻く債権者らとの利害調整が重ねられてきた裁判例の軌跡を主に概観する。

第2節　会社の設立

　法定の設立手続に反して株式会社が設立された場合、当該株式会社の設立手続には瑕疵があることになり、また、その瑕疵の程度によっては、当該設立が無効とされ、さらに、会社の存在自体が認められないことが

ある。

本節においては、こうした株式会社の設立手続が論点となった裁判例を概観する。

1　財産引受け

[1]　最判昭和42年9月26日民集21巻7号1870頁

　株式会社を設立する場合、いわゆる開業準備行為に当たる財産引受けについては、定款に記載または記録しなければ、その効力を生じない（会社法28条2号）。そして、判例によれば、財産引受けとは、「発起人が設立中の会社のために、会社の成立を条件として特定の財産提供者（発起人でも差支えない。）から一定の財産を譲り受ける契約を指称するものであつて、それは、設立中の会社の名において締結されるものであり、会社の成立を条件として契約上の権利義務が直接会社に帰属することを内容とする契約」（最判昭和42年9月26日民集21巻7号1870頁）であり、「単純な債務引受のごときは、右法条の明文上もまたその立法の趣旨からも、同条にいう財産引受に該当しない」ものの、「積極消極両財産を含む営業財産を一括して譲り受けるときは、消極財産が積極財産に対してある程度の対価的意義を持ちうるから、発起人において会社の成立を条件としてかかる営業財産を一括して譲り受ける旨の契約をした場合は、これをもつて同条にいう財産引受に該当する」とされる（最判昭和38年12月24日民集17巻12号1744頁）。

　そして、無効とされる趣旨については、「会社設立自体に必要な行為のほかは、発起人において開業準備行為といえどもこれをなしえず、ただ原始定款に記載されその他厳重な法定要件を充たした財産引受のみが例外的に許される」（前掲最判昭和38年12月24日）点にあると考えられ、財産引受契約の価額が適正か否かは効力に影響しない（最判昭和36年9月15日民集15巻8号2154頁）。さらに、「無効の主張は、無効の当然の結果として当該財産引受契約の何れの当事者も主張ができる」し、「単に会社側だけで無効な財産引受契約を承認する特別決議をしても、……瑕疵が治癒され無効な財産引受契約が有効となるものとは認めることができない」

（最判昭和28年12月3日民集7巻12号1299頁）。

　なお、旧商法下においては、創立総会によって財産引受けのような変態設立事項に関する定めを新たに追加しまたは拡張することは許されないと解されていたが（最判昭和41年12月23日民集20巻10号2227頁）、会社法下においては、変態設立事項を追加する旨の定款変更も可能と解されている[1]。会社法制定時には、最低資本金規制が撤廃されるなど会社の設立に関する規制が緩和される方向で制度設計がなされたが、創立総会の権限拡大もその一例といえよう。

2　仮装払込み

[2]　最判昭和38年12月6日民集17巻12号1633頁

　発起人が払込取扱金融機関の役職員と通謀して出資に係る金銭の払込みを仮装する行為を、一般に「預合い」といい、発起人が払込取扱金融機関以外から出資に係る金銭の払込みに充てる金銭を借り入れ、会社の成立後取締役に就任した同人が直ちにそれを引き出し、自己の借入金弁済に充てることを「見せ金」と呼ぶ。資本充実の観点から、預合いはもちろんのこと、見せ金についても有効な株式払込みがなされたとはいえず（最判昭和38年12月6日民集17巻12号1633頁）、後述する会社の設立無効原因となる。

　また、払込金保管証明を交付した金融機関は、当該証明書の記載が事実と異なることまたは払い込まれた金銭の返還に関する制限があることをもって成立後の株式会社に対抗することができない（会社法64条2項）。そして、同条の前身である旧商法189条2項の解釈として、かかる払込取扱金融機関の責任は、裁判所の許可なく払込取扱金融機関を変更した場合であっても同様であり（最判昭和41年12月1日民集20巻10号2036頁）、さらに「払込取扱銀行等は、その証明した払込金額を、会社成立の時まで保管してこれを会社に引渡すべきものであつて、従つて、会社成立前に

---

[1]　相澤哲＝葉玉匡美＝郡谷大輔編著『論点解説　新・会社法』（商事法務、2006）19頁。

おいて発起人又は取締役に払込金を返還しても、その後成立した会社に対し払込金返還をもつて対抗できない」（最判昭和37年3月2日民集16巻3号423頁）とされる。

こうした仮装払込みは、現代においてもなお新たな問題を提起しており、近時の会社法改正においては、仮装払込みが行われた場合の法律関係を明確化するために、仮装払込みを行った募集株式の引受人等は、払込期日または払込期間の経過後も、払込みが無効とされ新株引受権が失権したとしても払込義務を負い続けるものとされた（会社法213条の2第1項1号等）。かかる引受人等の払込義務は、理論的には、払込取扱金融機関の保管証明責任と競合し得ることになろう。

3　設立無効

[3]　最判昭和32年6月7日集民26号839頁

会社の設立無効（会社法828条1項1号）に関し、その具体的な無効原因については法律上の規定がなく、一般的には、会社の設立が公序良俗もしくは法の強行規定または株式会社の本質に反する場合などと解されている[(2)]。また、会社の設立無効判決は、当該会社、その株主および第三者の間に生じた権利義務に影響を及ぼさない（同法839条）。

かかる設立無効判決の効果に関するリーディングケースとしては、会社法839条の前身となる旧商法428条3項、136条3項および110条に関するものとして、継続的賃貸借関係に係る最判昭和32年6月7日集民26号839頁がある。

同判決においては、原賃貸人から所有建物を賃借していた会社が原賃貸人の承諾を得て転借人にこれを転貸していたところ、上記会社に対する設立無効の判決が確定したため、原賃貸人が、転借人に対して、当該転貸借は効力を失ったとして建物の明渡しを求めたという事案において、「会社の設立無効の判決が確定したときは解散の場合に準じて清算

---

(2)　奥島孝康＝落合誠一＝浜田道代編『新基本コンメンタール会社法3』（日本評論社、2009）361頁［小林量］。

をなすことを要し、会社は清算の目的の範囲内においてなお存続するものとみなされるのであつて当然に人格を消滅するものではない」ことを確認した上で、継続的な法律関係にあったとしても、「将来に向つて本件賃貸借および転貸借関係が当然に失効するものではない」と判示した。

4 会社不存在

4 東京高判昭和36年11月29日下民集12巻11号2848頁

　設立無効は、会社の実体的形成手続と設立登記を備えながらも、何らかの瑕疵（無効原因）がある場合を想定した制度であるが、たとえば、設立登記があったとしても、実体形成手続をまったく欠くような場合には会社は不存在となる。

　このような会社の設立無効と不存在の峻別は難しいものの、以下に、肯定された事例と否定された事例を一つずつ紹介する。

　まず、会社の不存在が肯定された東京高判昭和36年11月29日下民集12巻11号2848頁は、「定款が法定数に達する発起人の有効な署名を具備しない不適法のものであること、会社の株金払込の大部分を欠如すること、創立総会の招集なく、会社の運営に当るべき機関が選出されなかったこと、会社設立登記が法定の資格なきものによりなされ、無効であること、会社設立登記後、会社名義による営業は酒井信次郎〔筆者注：第三者である個人〕が主宰し、登記簿上の取締役は一切これに関与しないこと等」を認定した上で、当該会社は、「世上往々にして見受けられるような社会的経済的取引主体として事実上活動しながら、設立手続に法律的瑕疵ある類のものと異り、法律上会社として成立せず、社会的経済的に見ても何等会社としての実体を具備するものでなくて、ただ会社の虚名を纏つた酒井信次郎個人の営業が存するにすぎない」として、会社の不存在を肯定した。

　他方で、横浜地判昭和33年4月26日判タ80号89頁においては、株式の引受申込みや、創立総会開催の事実もなく、見せ金による払込みであったことを認めつつも、「設立手続の一部がなされている以上、その他の手続はその実体が存在しないとしても、形式上必要な手続が履践されたも

のとして設立登記も完了している以上、被告会社の設立手続は外形上も株式会社としての実体を全然認めることができない程度に手続を全く欠いているものとみることは相当でない」とし、「設立無効の問題となるかどうかは別として、少くとも株式会社の不存在の場合に当るものと解するのは相当ではない」と判断した。

両事例を比較すると、定款が一応とはいえ作成されたといえるか、および、見せ金であっても（言い換えれば、無効であっても）払込みがなされたといえるかが、判断の分かれ目になったと考えられる。

次に、会社不存在の効果に関し、東京地判昭和27年10月1日下民集3巻10号1355頁は、不存在とされた会社について「もとより実体法上の存在として法人格を認められないが、……法人でない社団としての存在を認めることの妨げとならない」とした上で、「代表者の定めある社団として民事訴訟法第四十六条の規定によつて訴訟手続上当事者能力を有する」と判断している。

不存在とされた会社の実体によるところではあるが、団体としての実体を備えている場合には、権利能力なき社団と評価されることは参考になると思われる。

第3節　会社の権利能力と商行為性

設立によって誕生した会社は、法人となり（会社法3条）、目的の範囲内において権利を有し、義務を負う（民法33条2項および34条）。また、その事業としてする行為およびその事業のためにする行為は、商行為とされる（会社法5条）。

本節においては、こうした会社の権利能力と商行為性について判示した商事判例を紹介する。

1　権利能力

5　最大判昭和45年6月24日民集24巻6号625頁

会社の権利能力を規定する民法34条は平成18年の改正によって定めら

れたものであるところ、同条が存在しない時期においても、判例および通説上、会社の権利能力は、目的によって制限されると解されてきた。

このような会社の権利能力に関するリーディングケースが、いわゆる八幡製鉄政治献金事件（最大判昭和45年6月24日民集24巻6号625頁）である。

同判決においては、「鉄鋼の製造および販売ならびにこれに附帯する事業」を目的として定める八幡製鉄所において、同社の代表取締役であった被上告人が、同社を代表して、自由民主党に政治資金を寄附したことにつき、かかる寄附が同社の目的の範囲内かどうかが主張な争点の一つとなった。

この点に関し、同判決は、「目的の範囲内の行為とは、定款に明示された目的自体に限局されるものではなく、その目的を遂行するうえに直接または間接に必要な行為であれば、すべてこれに包含されるものと解するのを相当」とし、必要な行為か否かは、「当該行為が目的遂行上現実に必要であつたかどうかをもつてこれを決すべきではなく、行為の客観的な性質に即し、抽象的に判断されなければならない」と述べた上で、「会社による政治資金の寄附は、客観的、抽象的に観察して、会社の社会的役割を果たすためになされたものと認められるかぎりにおいては、会社の定款所定の目的の範囲内の行為であるとするに妨げない」と判示した。

同判決は、会社の権利能力を広く解釈する上記判断を行ったほか、憲法上、会社が政治的行為を行う自由を有することや、いわゆる取締役の忠実義務は、委任における善管注意義務とは別個の法的な義務を規定したものと解することができないことなどを判示しており、数ある商事判例の中でも有数の影響力を持った判例の一つといえよう。

2　商行為性

[6]　最判平成20年2月22日民集62巻2号576頁

会社において、その事業としてする行為およびその事業のためにする行為は、商行為とされる（会社法5条）。そのため、理論的には、会社の

行為が、「事業として」または「事業のため」に行ったものといえない場合は、当該行為は商行為ではなく、商事法定利率（商法514条）や商事消滅時効（同法522条）の適用を受けないこともあり得ることになる。

このような会社行為の商行為性が問題となった事案として、会社である被上告人が行った貸付け（以下、本項において「本件貸付け」という）が、当該会社の代表取締役の上告人に対する情宜に基づいて行われたものであるために「事業として」または「事業のため」に行ったものとはいえないとして、商事消滅時効（商法522条）の成否が争われた最判平成20年2月22日民集62巻2号576頁がある。

同判決においては、「会社の行為は商行為と推定され、これを争う者において当該行為が当該会社の事業のためにするものでないこと、すなわち当該会社の事業と無関係であることの主張立証責任を負うと解するのが相当である」と判示し、その理由として、「会社がその事業としてする行為及びその事業のためにする行為は、商行為とされているので（会社法5条）、会社は、自己の名をもって商行為をすることを業とする者として、商法上の商人に該当し（商法4条1項）、その行為は、その事業のためにするものと推定される」ことを指摘した。

結果、本件貸付けは被上告人の商行為と推定されるため、本件貸付けが乙川の上告人に対する情宜に基づいてされたものとみる余地があるとしても、それだけでは、本件貸付けが被上告人の事業と無関係であることの立証がされたということはできないから、本件貸付けに係る債権は、商行為によって生じた債権に当たり、商法522条による商事消滅時効に服すると判断した。

この点に関し、学説上は、会社の行為はすべて会社法5条の「その事業としてする行為及びその事業のためにする行為」に当たり、商行為性が常に肯定されるとする見解が多数説とされていたが、本判決は、会社の行為が商行為と推定されると解釈することにより取引の安定を図りつつ、個別事案における妥当性の確保の余地も残したものと考えられる。

第4節　法人格の否認

7　最判昭和44年2月27日民集23巻2号511頁

　会社は個人から独立した法人格を有しているが、個人と会社の利益が一体化している場合、ときによって両者の法人格の形式的独立性を貫くことが正義・公平に反すると認められることがある。このような場合において、特定の事案について会社の法人格の独立性を否定し、会社とその背後にいる個人とを同一視して事案の衡平な処理をはかる法理を、法人格否認の法理という。会社の法人格を認めないという点においては、**第2節3および4**にて述べた会社の設立無効や不存在と共通するが、あくまで「特定の事案について」の処理であることに特徴がある。

　同法理を承認し、その要件・効果を示したリーディングケースとして、最判昭和44年2月27日民集23巻2号511頁を以下に紹介する。

　同判決は、被上告人が、上告会社に対して、その代表取締役である個人Aとの間で成立させた裁判上の和解に基づき、上告会社に賃貸していた店舗の明渡しを求めた事案である。

　同判決は、まず同法理の要件として「法人格が全くの形骸にすぎない場合、またはそれが法律の適用を回避するために濫用されるが如き場合においては、法人格を認めることは、法人格なるものの本来の目的に照らして許すべからざるものというべき」と判示し、いわゆる形骸化事例と濫用事例の類型を挙げた。

　そして、同法理の効果として、「会社名義でなされた取引であつても、……背後者たる個人の行為であると認めて、その責任を追求することを得、そして、また、個人名義でなされた行為であつても、……直ちにその行為を会社の行為であると認め得る」と判示した。

　その上で、同判決は、本件における法人格否認の法理の適用を認め、被上告人とAとの間で成立した裁判上の和解は、A個人名義でなされたにせよ、その行為は上告会社の行為と解し得ると判断した。

　同判決で判示された法人格否認の法理の要件および効果は、その後の

裁判実務の基準として確立しており、さらに、最判昭和48年10月26日民集27巻9号1240頁においては、旧会社の債務の免脱を目的として設立された新会社を会社制度の濫用と評価した上で、旧会社と法人格を異にすることを前提とした新会社による自白の撤回が信義則に反し許されない旨を判示し、実体的な権利関係のみならず、訴訟手続においても法人格否認の法理が適用され得ることを承認するに至った。

他方で、法人格否認の法理はいかなる場面においても常に適用が認められるとまでは解されておらず、たとえば、権利関係の公権的な確定およびその迅速確実な実現をはかるために、手続の明確性、安定性を重んずる訴訟手続ないし強制執行手続においては、その手続の性格上ある会社に対する判決の既判力および執行力の範囲を他の会社にまで拡張することは許されないとされている（最判昭和53年9月14日集民125号57頁）。

以上のとおり、法人格否認の法理は法人格の濫用や形骸化が認められる事案において取引の相手方を保護するために生み出されたものである。現代では、個人による法人格の濫用よりも、むしろ、会社分割のような組織行為を通じて、ある会社が他の会社の法人格を濫用するケースが目立つようになっている。詐害的会社分割については一定の立法的解決が得られているものの、法人格否認の法理を通じて裁判所が示した法人格の濫用や形骸化に対する問題意識は、そうした現代型の濫用や形骸化との関係でも、いまなお示唆するところが多いといえよう。

第5節　会社の解散・清算

株式会社は、法定事由によって解散し（会社法471条）、解散した株式会社は清算をしなければならない（同法475条）。その後、清算株式会社は、清算事務が終了したときは、遅滞なく決算報告を作成し、当該決算報告につき株主総会の承認を受けた上で（同法507条）、清算結了の登記を行う（同法929条）。

本節においては、こうした会社の最終局面について重要な判断を下した裁判例を概観する。

1　解散の訴え

⑧　東京地判平成元年7月18日判時1349号148頁

　株式会社は、「業務の執行において著しく困難な状況に至り、当該株式会社に回復することができない損害が生じ、又は生ずるおそれがあるとき」または「株式会社の財産の管理又は処分が著しく失当で、当該株式会社の存立を危うくするとき」のいずれかであって、「やむを得ない事由があるとき」に解散請求が認められる（会社法833条）。

　この解散請求の要件は、旧商法の時代から実質的な変更がなく、リーディングケースとしては、東京地判平成元年7月18日判時1349号148頁がある。同判決は、会社の株式を2分の1ずつ持ち合っている2つのグループ（A家およびB家）間の対立が激しく会社の共同経営が非常に困難になったというケースにおいて、A家の株主から当該株式会社に対して解散請求がなされたという事案であった。

　同判決は、「原告らA家側のB家側に対する不信は極めて強度なものと認められるので、今後、両者が共同して被告を経営することは到底期待することはできず、A家側が三万株、B家側が三万株と、両家が被告の株式を五割ずつ保有している状況の下においては、株主総会における取締役の選任により被告の業務執行の決定機関である取締役会を新たに構成することはできないというべきである……。そうすると、……補助参加人〔筆者注：B家に属する代表取締役〕がA家側を排除し、自己の経営する株式会社ウイニングのために恣意的に被告の経営をし、支払不能の状況に陥らせている状況からすれば、被告は、業務の執行上、著しい難局に逢着しており、また、被告に回復することができない損害が生ずるおそれがあることは明らかといわなければならない」と判示し、解散請求を認容した。

　解散請求事件においては、経営難や形骸化など会社を存続させる利益が少なく、特に持分割合が50対50のケースで請求認容の判断が下されやすいと考えられており、たとえば、大阪地判昭和35年1月22日下民集11巻1号85頁、大阪地判昭和57年5月12日判タ470号195頁においても、そ

のようなケースにおいて、解散請求の認容判決が下されている。他方で、東京地判昭和63年5月19日金判823号33頁においては、総合商社が外国企業と合弁で設立した株式会社に関し、「会社が営利法人として存在することをほとんど不可能にする程度の事実」までは存在しないとして、解散請求を認めなかった。

解散請求事件は、社員の人的関係がより密接である持分会社においてもしばしば争われており、たとえば、合名会社については、最判昭和61年3月13日民集40巻2号229頁において、会社の業務が一応困難なく行われているとしても、その執行が、多数派社員によって不公正かつ利己的に行われ、少数派社員が恒常的な不利益をこうむっている場合には、かかる状態を打開する公正かつ相当な手段のない限り、解散請求の要件である「やむを得ない事由」があるものと判断された。

2　清算会社の権利能力・清算人の権限

⑨　最判昭和42年12月15日民集25巻7号962頁

株式会社は、解散した場合は清算をしなければならず（会社法475条）、清算の目的の範囲内において、清算が結了するまではなお存続するものとみなされる（同法476条）。

ここで問題となるのは、「清算の目的の範囲内において……存続するものとみなされる」の意義であるが、この点に関するリーディングケースとして、会社法476条に相当する商法116条について判断した最判昭和42年12月15日民集25巻7号962頁がある。

同判決は、解散後、清算中であった会社の清算人が、会社の営業存続中の残債権を被上告人に譲渡し、また、上告人に対し貸付けなどを行っていたという事案において、清算中の会社は、「清算の目的の範囲内においてのみ、権利能力を有するにとどま」ることを確認し、したがって、「解散による清算中の会社が、解散前と同様に、当然に貸付等を継続してすることができると解することはできず、右貸付等が清算事務の遂行に必要であつて会社の清算の目的の範囲内に属する理由を明らかにすることを要する」と判示した。

また、清算人の業務執行権限に関し、「株式会社の清算手続が清算人ひとりでこれをすることができるとしても、その清算人は、特段の事情のないかぎり清算会社と取引することは許されず、これに違反してされた取引は無効と解するのが相当である」とも判示している。

3　清算結了と法人格の消滅

10　最判昭和59年2月24日刑集38巻4号1287頁

　会社法476条は、「清算が結了するまではなお存続するものとみなす」と規定している。この点に関しては、「清算の結了により株式会社の法人格が消滅したといえるためには、……所定の清算事務が終了したというだけでは足りず、清算人が決算報告書を作成してこれを株主総会に提出しその承認を得ることを要し……、右手続が完了しない限り、清算の結了によつて株式会社の法人格が消滅したということはできない」と解されている（最判昭和59年2月24日刑集38巻4号1287頁）。

　そのため、「清算結了の登記が終つていても、株式譲渡の可能性のある株式につき名義書替未了であれば、未だ結了を要する現務が存在するものというべく、現務終了したとはいえない」（最判昭和36年12月14日民集15巻11号2813頁）とされており、また、「会社に債務超過の疑あるときは、清算人は裁判所に対して特別清算開始の申立をなす義務を負うものであるから、普通清算の方法による清算事務を遂行することによつて、右申立の義務を免れることができない」（東京高決昭和35年6月27日判タ106号38頁）とされる。

第6節　匿名組合

11　最判昭和37年10月2日集民62号657頁

　匿名組合は、当事者の一方が相手方の営業のために出資をし、その営業から生ずる利益を分配することを約することを内容とする契約である（商法535条）。法形式的には、商行為の一つとして規定されているが、実体としては事業形態の一つと考えられるため、便宜上、本章において取

り扱う。

　匿名組合は事業形態の一つとしての実体を有しつつも、会社と異なり、匿名組合自体には課税されないため、しばしば投資スキームにおいて税負担の軽減を目的として用いられることが多い。そのため、匿名組合を利用する当事者にとっても、最も関心が強いのは、税務上、匿名組合契約と認められるか否かである。

　この点に関するリーディングケースとして、源泉徴収所得税賦課処分取消請求事件である最判昭和37年10月2日集民62号657頁がある。

　同事案において、上告人は、旧所得税法1条2項3号の「匿名組合契約等」に該当するか否かは、出資、利益の分配、十人以上の出資者という3要件を備えているかどうかのみにより決せられるべき旨を主張したのに対し、本判決は、当該3要件のほかに、「出資者が隠れた事業者として事業に参加しその利益の配当を受ける意思を有することを必要とする」と述べた上で、営業者たる会社が、「いわゆる出資者からその事業資金を組識的（ママ）に借り入れる意思しかもつておらず、一方いわゆる出資者も、殆んど高率のいわゆる配当に専ら着目し、銀行に預けておくよりは有利であると考えて申込をし、その事業内容には関心を持たず、その事業に参加する意思もなかつた」という本事案においては、当該契約は匿名組合契約等に当たらないと判示した。

　匿名組合員は、営業者の業務を執行することはできないため（商法536条2項）、事業への参加は自ずから限界があると思われるが、それでもなお匿名組合員において「隠れた事業者として事業に参加しその利益の配当を受ける意思」を必要と判断した点は注目に値する。

　また、同判決は、本件において問題となった契約を、実質的に金銭消費貸借ないし金銭消費寄託契約であると評価し、そのような観点から匿名組合契約等には該当しないと判断したとも考えられる。現代におけるアセットファイナンスやソーシャルファイナンスといった投資スキームの検討においても、配当や元本償還の一部または全部を固定する匿名組合が金銭消費貸借ないし金銭消費寄託に類似することはしばしば指摘されるところであり、同判決は古くて新しい判例であるとも評価できよ

う。

第7節　ま と め

　本章においては、会社の設立および解散・清算、ならびに、権利能力および法人格否認の法理といった「法人としての会社」の限界等に重点を置いて裁判例を概観した。こうした裁判例で取り扱われる局面においては、いずれも会社の構成員である株主と債権者の利害対立が先鋭化しており、今後も重要な裁判例の集積が見込まれる。

第3章 株　式

第1節　はじめに

　本章では、会社制度の根幹たる株式にまつわる判例・裁判例等について、①株式の法的性質（社員権論）、②株式の共有、③株主平等の原則、④共益権、⑤株式の譲渡、⑥株式の評価、および⑦株主への利益供与というテーマごとにその歴史を振り返るとともに、今後の展望にも若干触れることとする。

　なお、株式の発行差止めに関しては、本章では取り扱わず、**第10章**で取り扱うこととする。

第2節　株式の法的性質（社員権論）

1　最大判昭和45年7月15日民集24巻7号804頁

1　本件の事案・判示内容

　本件は、旧有限会社法に基づいて設立された有限会社の社員が、会社解散請求の訴えおよび社員総会決議取消しまたは同決議無効確認の訴えを提起していたところ、第一審係属中に当該社員が死亡し、相続人が相続により持分すべてを取得したというものであり、訴訟における被相続人の地位の承継が認められるかが争いとなった事案である。

　最高裁は、「有限会社における社員の持分は、株式会社における株式と

同様、社員が社員たる資格において会社に対して有する法律上の地位（いわゆる社員権）を意味し、社員は、かかる社員たる地位に基づいて、……いわゆる自益権と……いわゆる共益権とを有するのである」とし、「これらの権利は……いずれも直接間接社員自身の経済的利益のために与えられ、その利益のために行使しうべきもの」であって、「共益権をもつて社員の一身専属的な権利であるとし、譲渡または相続の対象となりえないと解するいわれはない」と判示した。その上で、相続等の包括承継の場合には訴訟承継を認める一方で、譲渡による特定承継の場合は訴訟承継を否定する旨の判断を示した。

2　本判決の意義

株式の法的性質をめぐっては戦前から活発な議論が交わされてきた。株式は株式会社における社員の地位と解する株主社員権説に対して、田中耕太郎博士の『機関ノ観念』（『商法学特殊問題（上）』（春秋社、1955）所収、248頁〜250頁）、松田二郎博士の株式債権論『株式會社の基礎理論──株式關係を中心として──』（岩波書店、1942）178頁以下などを中心とした社員権否認論も展開されてきた。

そのような中で、本判決は、有限会社の持分について、自益権と共益権を含む概念として社員権を認めた点、および、共益権について相続性を肯定し、相続人に訴訟承継を認めることを明確にした点に意義がある（本判決には、株式債権論に立つ松田二郎博士の反対意見が付されている）。本判決は有限会社の持分の法的性質に関する判断を述べたものであるが、「有限会社における社員の持分は、株式会社における株式と同様」という箇所にも示されているとおり、本判決の判示内容は株式会社における株式の共益権にも妥当する。

本判決によって社員権の存否をめぐる議論は決着をみることとなり、以後は、株式を株式会社における社員たる地位（「社員権」）と解し、その内容を自益権と共益権に二分する考え方が通説・判例となった。

第3節　株式の共有

株式の共有が生じる場面としては、2人以上による株式の相続、2人以上による株式の共同引受け、組合による株式所有などがある。ここでは、株式の準共有（民法264条参照）の場合における権利行使主体に関する判例を取り上げる。

1　権利行使者が選定されていない場合の権利行使の可否および権利行使者の決定方法

2　最判平成9年1月28日判時1599号139頁

(1)　本件の事案・判示内容

本件は、有限会社において持分権者の相続開始により持分が準共有状態となり、権利行使者の指定（旧有限会社法22条が準用する旧商法203条2項）および通知を欠いている状態で相続人の一部が社員総会決議の不存在の確認などを求めて訴訟を提起したという事案である。

最高裁は、最判平成2年12月4日民集44巻9号1165頁を引用しつつ、(i)「有限会社の持分を相続により準共有するに至った共同相続人が、準共有社員としての地位に基づいて社員総会の決議不存在確認の訴えを提起するには……社員の権利を行使すべき者……としての指定を受け、その旨を会社に通知することを要するのであり、この権利行使者の指定及び通知を欠くときは、特段の事情がない限り……原告適格を有しないものというべきである」、(ii)「持分の準共有者間において権利行使者を定めるに当たっては、持分の価格に従いその過半数をもってこれを決することができるものと解するのが相当である」と判示した。

(2)　本判決の意義

権利行使者を定めない場合について、本判決は、判旨(i)において、権利行使者を定めない場合には株主としての権利を行使できないと判示した。前掲最判平成2年12月4日および最判平成3年2月19日判時1389号140頁の立場を踏襲したものであるが、これらの判決はいずれも上記原

則を示しながらも「特段の事情」を肯定し、例外的に株主としての権利行使を認めたのに対し、本判決は、同原則を適用しつつ、特段の事情を認定せずに結論を導いたはじめての最高裁判決として意義がある（上記平成２年最判および平成３年最判は相続開始後に開催された株主総会における決議が問題とされたのに対し、本件では、相続開始前に開催された社員総会の決議が問題とされたという差異がある）。

また、準共有関係にある株式（持分）に係る権利行使の方法につき、全員一致説と持分価格多数決説の対立があったが、本判決は判旨(ⅱ)において持分価格多数決説に従うことを明らかにした点にも意義がある。その後、株式会社における事例に関する最判平成11年12月14日判時1699号156頁も本判決の立場を踏襲することを明言しており、この問題についての最高裁の立場は確立したものといえる。

2　権利行使者が選定されていない場合に会社が議決権行使を認めることの可否

③　最判平成27年２月19日民集69巻１号25頁

(1) 本件の事案・判示内容

本件は、準共有株式（ただし、特例有限会社のもの）のうち、臨時株主総会における取締役選任、代表取締役選任、定款変更および本店の移転に関する議案につき、会社法106条本文の権利行使者の指定および会社に対する通知のないまま、持分の半数を有する株主が議決権を行使し、これを会社が認めたことについての適法性が争われた事案である。

最高裁は、「共有に属する株式について会社法106条本文の規定に基づく指定及び通知を欠いたまま当該株式についての権利が行使された場合において、当該権利の行使が民法の共有に関する規定に従ったものでないときは、株式会社が同条ただし書の同意をしても、当該権利の行使は、適法となるものではない」と判示した上で、「共有に属する株式についての議決権の行使は、当該議決権の行使をもって直ちに株式を処分し、又は株式の内容を変更することになるなど特段の事情のない限り、株式の管理に関する行為として、民法252条本文により、各共有者の持分の価格

に従い、その過半数で決せられるものと解するのが相当である」と判示し、株主総会決議を取り消した原審の判断を是認した。

(2) 本判決の意義

会社法106条ただし書は、権利行使者を定めることを同条本文が要求するのは権利行使者による共有株式の権利行使の一本化による会社の事務処理上の便宜のためであり、会社側からかかる便宜を放棄することは差し支えないという趣旨の規定である。一方、旧商法には会社法106条ただし書に相当する規定がなく、上記平成11年最判では、権利行使者の指定および会社に対する通知を欠くときに株式会社が権利行使に同意できるのは、共有者全員の意見が一致している場合に限るという結論が示されていたため、同平成11年最判の判旨と会社法106条ただし書との関係をどのように理解するのかについて議論があった。

そのような中で本判決は、「特段の事情」による留保はしつつも、株式会社から権利行使を認めることができる場合は、必ずしも共有者の意見が一致している場合に限られないとの判断を示し、会社法106条ただし書の解釈について最高裁としてのはじめての判断を示すとともに、民法の共有に関する規定に従った権利の行使でない場合は、当該権利行使は違法であり、その違法は会社法106条ただし書でも治癒されないとの判断を示したことに意義がある。

本判決では共有に属する株式の議決権の行使の決定方法につき「特段の事情」の留保がなされており、その具体的内容については、中小企業等における支配権にかかわる紛争等での裁判例の集積が待たれるところである。

第4節　株主平等の原則

④　最判昭和45年11月24日民集24巻12号1963頁

1　本件の事案・判示内容

本件は、株式会社が昭和38年9月決算期における配当をゼロとせざ

を得なくなり、株主総会において無配当議案を通過させるべく、各大株主の同意を取り付けていたところ、不満の意を示した大株主が損失の填補等を求めたため、毎月8万円の金銭の支払いに加えて毎年の中元および歳末時に各5万円の金銭の支払いを行うことを約する贈与契約が株式会社と当該大株主との間で締結されたというものであり、かかる贈与契約の締結が株主平等の原則に反し無効ではないかという点が問題となった事案である。

最高裁は、かかる贈与契約は「〔無配による〕上告人〔筆者注：大株主〕の投資上の損失を塡補する意味を有するものである旨、そして、……株主中上告人のみを特別に有利に待遇し、利益を与えるものであるから、株主平等の原則に違反し、商法293条本文〔筆者注：会社法454条3項に相当する〕の規定の趣旨に徴して無効」と判示した。

2 本判決の意義

株式の権利の一つとしての自益権の代表例が剰余金配当請求権（会社法105条1項1号）であるが、剰余金の配当に当たっては、株主平等の原則（同法109条1項）および分配可能額の制限（同法461条1項8号）に関する規定の適用を受ける（なお、非公開会社においては、定款の定めによる自由な配当設計が認められており（同法109条2項）、出資者を出資額に応じて平等に扱うべきとする厳格な平等原則は当てはまらない）。本判決は、旧商法下でのものであるが、これらの原則および規制の趣旨に反するような贈与契約は無効であるとの判断を示し、株式会社を特徴づける株主平等の原則につき最高裁がその立場を明確にした点に意義がある。

株主平等の原則に関しては、CGコードにおいても、「上場会社は、株主の実質的な平等性を確保すべきである」、「少数株主や外国人株主については……実質的な平等性の確保に課題や懸念が生じやすい面があることから、十分に配慮を行うべきである」（いずれも基本原則1）との記載がある点を付記しておく。

第3章　株　　式

第5節　共益権（株主名簿閲覧請求権、検査役選任請求権、代表訴訟における原告適格）

1　株主名簿閲覧請求権

5　原弘産対日本ハウズイング事件——東京高決平成20年6月12日金法1836号45頁

(1) 本件の事案・判示内容

本件は、競業関係にある株式会社から、同社が行った株主提案に賛同するように求める委任状を勧誘する目的で株主名簿の閲覧謄写請求を受けた株式会社が、会社法（ただし平成26年改正以前のもの）125条3項3号に基づき当該請求を拒絶することの当否が問われた事案である。

東京高裁は、「〔会社法125条〕3項は、株主からされた株主名簿の閲覧又は謄写の請求が、不当な意図・目的によるものであるなど、その権利を濫用するものと認められる場合に限定して、株式会社がその請求を拒絶することができることとし、その拒絶事由を類型ごとに明確にすることを目的とする規定であり、もとより、株主の権利の確保又は行使を保障すると共に、株主による株主名簿閲覧謄写請求権の行使を通じて株式会社の機関を監視し株式会社の利益を保護することを目的とする株主名簿閲覧謄写請求制度の前記の目的を否定しあるいは制限する趣旨のものではないと解するのが相当である。……同項3号は、請求者が当該株式会社の業務と実質的に競争関係にある事業を営み、又はこれに従事するものであるときには、株主（請求者）がその権利の確保又は行使に関する調査の目的で請求を行ったことを証明しない限り……株式会社は同条2項の請求を拒むことができることとしたものであり、株式会社が当該請求を拒むことができる場合に該当することを証明すべき責任を……転換することを定める旨の規定であると解するのが相当である」と判示し、本件では抗告人（株主名簿閲覧請求者）がその権利の確保または行使に関する調査の目的で請求を行ったことを疎明したとして、原決定を取り消して申立てを認容した。

(2) 本裁判例の意義

　株主名簿閲覧請求については、旧商法時代から当該請求を株式会社が拒める場合についての解釈をめぐる議論が活発に交わされており（なお、旧商法では明文の拒否事由は定められていなかった）、たとえば、最判平成2年4月17日判時1380号136頁では、会社と競業関係にある株主からの会計帳簿または株主名簿閲覧請求の事案ではないが、「株主名簿の閲覧又は謄写の請求が、不当な意図・目的によるものであるなど、その権利を濫用するものと認められる場合には、会社は株主の請求を拒絶することができる」との判断が示されていた。

　かかる議論や判例の趣旨を踏まえ、会社法が制定されるに当たり、会計帳簿の閲覧・謄写請求の拒絶事由として規定されている事由と同様の事由が株主名簿の閲覧・謄写請求の拒絶事由として規定されることとなったが（会社法125条3項）、平成26年会社法改正前の同項3号の規定（「請求者が当該株式会社の業務と実質的に競争関係にある事業を営み、又はこれに従事するものであるとき」）については、会社経営等に関する情報がまったく含まれていない株主名簿は会計帳簿と本質的に異なること等を理由に、制定当時からその合理性に疑問が呈されていた。

　その一方で、会社法施行後、本決定前に、会社と競業関係にある株主からの会計帳簿または株主名簿閲覧請求の可否をめぐって争われた事案はいくつか存在するものの、裁判所はいずれも条文の文言を重視し、会社と競業関係にあるという客観的事実だけを根拠に株主の閲覧請求を否定してきた。

　そのような中で、本決定は、株主名簿閲覧請求制度の趣旨・目的に照らして会社法125条3項3号の意義について検討を加え、競業関係にある株主からの請求を裁判所としてはじめて認めた点に意義がある。その後、東京地決平成22年7月20日金判1348号14頁でも、同項3号に該当するためには、「単に請求者が株式会社の業務と形式的に競争関係にある事業を営むなどしているというだけでは足りず、例えば、株式会社が得意先を株主としているため、競業者に株主名簿を閲覧謄写されると、顧客情報を知られて競業に利用されるおそれがある場合のように、株主名

簿に記載されている情報が競業者に知られることによって不利益を被るような性質、態様で営まれている事業について、請求者が当該株式会社と競業関係にある場合に限られると解するのが相当である」との判断が示されている。

このような経緯を踏まえ、株主としての正当な権利行使がなされている場合にまで、請求者が競業者であることの一事をもって一律に閲覧等の請求を拒絶することができるとすると、株主名簿の閲覧等の請求権を認める意義が損なわれるとの考慮のもと[1]、平成26年会社法改正においては、会社法125条3項3号の規定が削除されることとなり、併せて新株予約権原簿の閲覧・謄写請求についても同様の規定の削除がなされることとなった。

株主名簿の閲覧謄写請求権は、株主が少数株主権の行使の為に必要な持株要件を充足するために他の株主を募る場合や株主総会の議案について委任状の勧誘を行う場合などにおいて行使されることが多いとされており[2]、共益権の行使の実効性を確保する上で重要な役割を果たすものである。また、同権利は、上場会社においては、機関投資家が投資先企業と建設的な対話を行うことを目的として意見を同じくする他の株主を募る際等に利用されることが想定されるところであり、SSコードやCGコードにおいて求められている株主との建設的な対話(SSコード4およびCGコード第5章)を実現する一つの手段としても機能し得ると思われる。

2　検査役選任請求権

6　最判平成18年9月28日民集60巻7号2634頁
(1)　本件の事案・判示内容
本件は、株式会社の総株主の議決権の100分の3以上を有していた株

---
(1) 坂本三郎編『一問一答　平成26年改正会社法〔第2版〕』(商事法務、2015) 364頁参照。
(2) 江頭憲治郎＝中村直人編『論点体系会社法1総則、株式会社I』(第一法規、2012) 392頁〔三浦亮太〕。

主が、当該株式会社の業務の執行に関し不正の行為等があることを疑うべき事由があるとして、旧商法294条1項に基づき裁判所に検査役選任の請求をしたところ、請求前に発行済みであった当該株式会社の新株引受権付社債の社債権者が、請求後に新株引受権を行使したことに伴い、請求をした株主が議決権の100分の3未満しか有しなくなったため、その請求の適否が争われた、という事案である。

最高裁は、「株式会社の株主が……検査役選任の申請をした時点で……総株主の議決権の100分の3以上を有していたとしても、その後、当該会社が新株を発行したことにより、当該株主が当該会社の総株主の議決権の100分の3未満しか有しないものとなった場合には……特段の事情のない限り、上記申請は、申請人の適格を欠くものとして不適法であり却下を免れない」と判示した。

(2) **本判決の意義**

本判決は、持株要件は申立人としての適格要件であるため、裁判確定時まで満たされていることを要するという考え方に従ったものと思われ、上記5原弘産対日本ハウズイング事件の東京高裁の判断とは異なり、条文の文言を重視し、検査役選任請求権の有無を判断したものといえる。

3　代表訴訟における原告適格

7　東京高判平成15年7月24日判時1858号154頁

(1) **本件の事案・判示内容**

本件は、株主代表訴訟の係属中に株式交換が実施され、株主が完全親会社の株主となり、訴訟の対象であった株式会社（株式交換後の完全子会社で、被告が代表取締役であった会社）の株主の地位を喪失した、というものであり、当該株主が訴訟の原告適格も喪失するのかどうかが争点となった事案である。

東京高裁は、「〔旧商法267条〕は、6か月前から引き続き株式を有する株主に対して、その株式を発行している会社の取締役に対してのみ株主代表訴訟を提起することを認めるものであって、株式交換により完全子

会社となった会社の株主が、当該会社の株主の地位を喪失し、完全親会社の株主となった場合であっても、当該株主に完全子会社の取締役に対する株主代表訴訟の提起を認めるものではないと解するのが相当である」と判示するとともに、この理は、株主代表訴訟の係属中に株式交換が行われた場合も同様であるとの判断を示した。

(2) **本裁判例の意義**

本裁判例は、上記6最判平成18年9月28日と同様、条文の文言を重視し、株主代表訴訟の原告適格を判断したものといえる。

共益権の行使をめぐる判例・裁判例を検討すると、5原弘産対日本ハウズイング事件や前掲東京地決平成22年7月20日のように、法律について立証責任の転換を図ったものであると解釈したり、限定解釈を行ったりして結論の妥当性の確保を図る場合と、6最判平成18年9月28日や本裁判例のように、文理解釈を行った上で「特段の事情」の適用によって結論の妥当性の確保が図る場合が見受けられる。株主代表訴訟の提起前（係属前）に株式移転が行われ、完全親会社の株主となった後に、完全子会社の役員や、元完全子会社の役員で現在完全親会社の役員である者の責任を株主代表訴訟で追及することの是非が問われた東京地判平成19年9月27日判時1992号134頁や東京地判平成20年3月27日判時2005号80頁（いずれも消極）も後者の部類に属するといってよいであろう。

いずれの場合であっても、判例・裁判例の集積が法改正の原動力となることはままみられるのであって、上記1で取り上げた法改正のほかにも、会社法制定および平成26年会社法改正時において、組織再編における株主代表訴訟の原告適格を拡大する手当てがなされたことは記憶に新しいところである（会社法847条の2、851条等）。

今後は平成26年の会社法改正により新設された多重代表訴訟（会社法847条の3）の原告適格が問題となる場面（たとえば、訴訟提起後に最終完全親会社等でなくなった場合が考えられる）が発生することが予想されるところであり、共益権をめぐる立法・司法双方における議論からしばらくは目が離せない状況が続きそうである。

第6節　株式の譲渡

1　自由譲渡性

(1)　商法時代
⑧　最大判昭和47年11月8日民集26巻9号1489頁

ア　本件の事案・判示内容

　本件は、有限会社より株式会社に組織変更した会社が、株式会社となってからも約4年間株券を発行しないでいたところ、その間に株式の譲渡がなされたが、その後に開催された株主総会においては、当該譲渡がなされていないことを前提とした議決権の計算がなされたため、当該株式の譲受人が、当該株主総会決議の取消し等を求めたという事案である。

　最高裁は、「株券の発行を不当に遅滞し、信義則に照らしても株式譲渡の効力を否定するを相当としない状況に立ちいたつた場合においては、株主は、意思表示のみによつて有効に株式を譲渡でき、会社は、もはや、株券発行前であることを理由としてその効力を否定することができず、譲受人を株主として遇しなければならない」と判示した。

イ　本判決の意義

　かつて株式は株券に表章され、株券と一体のものであるとされていた。そのため、株式の譲渡には株券の交付が求められ（旧商法205条1項）、株券発行前の株式の譲渡は会社に対してその効力を有しないとされていたが（同法204条2項）、株券が発行されない限りいつまで経っても株式の譲渡は行えないという事態が発生した場合、株主は投下資本の回収を図ることができない。そこで、株式の自由譲渡性を確保するため、株券が発行されない場合の株主の救済に関し、本判決は、従前の最判昭和33年10月24日民集12巻14号3194頁を変更して、上記の判断を示した。株式の自由譲渡性の必要性を全面に押し出した判例であり、まさに時代を彩った判例の一つであるといえよう。

(2) 会社法時代——最大判昭和47年11月8日の意義の変化

その後の技術の進歩等により、自由譲渡性を促すための株券が、かえって自由譲渡性を阻害するとの認識が広がり、会社法においては従来の原則と例外が逆転した。すなわち、株式会社では株券を発行しないことが原則となり、定款で株券を発行する旨を定めたときに限り、株券を発行できるものとされた（会社法214条）。

さらに、平成21年1月にはいわゆる株券電子化がなされ、上場会社においては、株券を発行する旨の定款の定めを廃止する定款変更決議をしたものとみなされるとともに（平成16年法第88号改正附則6条1項）、「社債、株式等の振替に関する法律」に基づいて振替制度のもとで株式の譲渡が行われることとなった。

このような法改正等によって、本判決が適用される場面は縮小したが、上場会社で振替制度を利用しない（できない）会社や株券の発行を選択している非上場会社における株式の譲渡の場面においては、依然として、同判決の趣旨が妥当することになろう。

2 株式譲渡の対抗要件

[9] 最判昭和30年10月20日民集9巻11号1657頁

(1) 本件の事案・判示内容

本件は、すでに株式を第三者に譲渡して名義書換が完了している株主（A）に対し、株主総会の招集通知が発せられ、Aが株主総会に出席して議決権を行使したことにつき、Aとは別の株主が、その違法を指摘して当該株主総会決議の取消しを求めたという事案である。なお、Aは、上記株式の譲渡の後、原告とは別の株主から、別途株式の譲渡を受けたものの、当該譲渡についての名義書換は未了であった。

最高裁は、「〔旧商法206条1項〕によれば、……株式の移転は、取得者の氏名及び住所を株主名簿に記載しなければ会社には対抗できないが、会社からは右移転のあつたことを主張することは妨げない法意と解するを相当とする」と判示した上で、上記Aについても、株式の譲渡を受けたことを会社に対抗し得ないというにとどまり、会社側においては、株

主名簿の書換が何らかの都合で遅れていても、上記譲渡を認めてAを株主として取り扱うことを妨げるものではないと判示した。

(2) **本判決の意義**

本判決は、名義書換の済んでいない株式取得者を、会社のほうから進んで株主として認め、株主として処遇することが適法であるか否かという問題につき、積極に解した点に意義がある。

また、会社が不当に名義書換を拒絶した場合や過失により名義書換を怠った場合についても、重要な判断が示されている。最判昭和41年7月28日民集20巻6号1251頁では、正当の事由なく株式の名義書換請求を拒絶した場合、会社は、株式譲受人を株主として取り扱うことを要し、この理は会社が過失により株式譲受人から名義書換請求があったのにかかわらず、その書換をしなかったときにおいても同様であるとの判断が示された。また、その翌年の最判昭和42年9月28日民集21巻7号1970頁においては、名義書換不当拒絶に起因する招集通知の不備の瑕疵につき、株主は、自己に対する株主総会招集手続に瑕疵がなくとも、他の株主に対する招集手続に瑕疵のある場合には、株主総会決議取消しの訴えを提起し得るとの判断が示されている。

3 株式譲渡の制限

(1) **定款による株式譲渡制限**

10 最判昭和48年6月15日民集27巻6号700頁

株式の自由譲渡性が制限される例として、定款による譲渡制限が挙げられる（会社法107条1項1号）。その趣旨は「もつぱら会社にとって好ましくない者が株主となることを防止することにある」とされており（最判昭和48年6月15日民集27巻6号700頁）、その趣旨に沿って、譲渡制限に反して承認を得ずになされた株式の譲渡は、会社に対する関係では効力は生じないが、譲渡当事者間においては有効である（同最判）、この論理は譲渡が競売手続によってされた場合にも同様に当てはまる（最判昭和63年3月15日判時1273号124頁）。また、いわゆる一人会社の株主がその有する株式を他に譲渡した場合について、定款所定の承認がなくとも、そ

の譲渡は、会社に対する関係においても有効であるとの判断が示されている（最判平成5年3月30日民集47巻4号3439頁）。

(2) 従業員持株会制度における譲渡制限

11 日経新聞株式譲渡ルール事件──最判平成21年2月17日判時2038号144頁

ア 本件の事案・判示内容

本件の事案は以下のとおりである。

日本経済新聞社は、定款により株式の譲渡には取締役会の承認を要する旨を定めるとともに、いわゆる日刊新聞法に基づき、株式の譲受人を同社の事業関係者に限る旨を規定し、また、株式の保有資格者を原則として現役の役員・従業員に限り、その保有資格を失った際などには現役の役員・従業員に当該株式を引き継がせることを内容とする社員株主制度が採用されていた。さらに、当該社員株主制度の運用を円滑にするために持株会が設立されており、同持株会内では、当該持株会と役員・従業員との間で、株式の譲渡価格を額面額の100円とし、株主が保有資格を失ったときなどは、持株会が額面額で当該株主保有に係る株式を買い戻す旨のルール（以下「本件株式譲渡ルール」という）が成立していた。このような状況下で、当該ルールに従わない株式譲渡により株式を取得した者が株主であることの確認を求める一方で、持株会は自らが当該株式についての株主であると争い、両事件が併合されて本件株式譲渡ルールの有効性が争われた。

最高裁は、本件株式譲渡ルールは、①譲渡制限を受ける株式を持株会を通じて円滑に現役の従業員等に承継させるためのものであって、その内容に合理性が認められないとはいえないこと、②本件の株式には市場性がなく、譲渡価格および取得価格の双方が額面額に固定されているため、損失をこうむることはない反面、将来の譲渡益を期待し得る状況にもなかったこと、③譲渡人は、本件株式譲渡ルールの内容を認識した上で、自由意思により株式を買い受けたこと、④当該株式会社が多額の利益を計上しながら、配当を一切行うことなく、会社内部に留保していたという事情もないことを挙げ、本件株式譲渡ルールに従う旨の合意は、

会社法107条および127条に反するものではなく、公序良俗にも反しないので有効であると判示した。

イ　本判決の意義

本判決以前に、すでに最判平成7年4月25日集民175号91頁において、閉鎖的な会社における会社と従業員株主との間でなされた株式譲渡制限契約を有効とする判断は示されていたところである。本判決は、株式会社が当事者となっていない、持株会と従業員との間の合意で形成された本件株式譲渡制限ルールについての有効性が最高裁によってはじめて示されたという点、および、会社法下で従業員持株制度における譲渡制限ルールの問題について判示したという点に意義が認められる。

上記最判平成7年4月25日では、当事者となった会社が非公開会社であることや、従業員持株制度の趣旨・目的、譲渡人らが当該制度の趣旨内容を了解した上で、株式を額面額で取得したことなどに鑑みて、退職した際は株式を額面額で取締役会の指定する者に譲渡するという合意は旧商法204条1項に違反するものではなく、公序良俗にも反せず有効であるとの判断が示されていた。本判決は、持株会と従業員等との間で交わされた本件株式譲渡ルールの有効性が争われたものであるが、当該ルールの趣旨・目的の合理性、従業員等が一方的に利益をこうむるおそれの有無、本件株式譲渡ルールに従う旨の合意がなされるまでの経緯などの諸要素を考慮して有効性を判断しているという点では、基本的には上記最判平成7年4月25日と判断枠組みを同じくするといえる。

一方で、本判決は、会社法107条および127条という組織法上の規定が、本来であれば契約自由の原則が妥当する本件譲渡制限ルールに従う旨の合意の有効性にも影響を与え得ることを示唆したものと読める点も注目されるところである。

第3章　株　　式

第7節　株式の評価

12　アートネイチャー株主代表訴訟事件──最判平成27年2月19日民集69巻1号51頁

1　本件の事案・判示内容

　本件は、非上場会社が、いわゆる第三者割当てを行うに当たり、その払込金額（旧商法における発行価額）について、配当還元法を用いて1株1,500円としたことに対し、従来からの株主が、かかる金額は「特ニ有利ナル発行価額」（旧商法280条ノ2第2項、会社法における「特に有利な金額」に相当する）に当たる（以下、かかる価額での新株発行を「有利発行」という）のに同項後段の説明を取締役が行わなかったのは任務懈怠に当たるとして損害賠償請求等を行ったという事案である。なお、当該非上場会社は取締役側に補助参加している。

　原審（東京高判平成25年1月30日民集69巻1号127頁）は、DCF法を用いて算定した価値（1株7,897円）に基づき、上記払込金額は「特ニ有利ナル発行価額」に当たるとして被上告人（原告）の請求を一部認めたが、最高裁は、以下のように判示して、第一審判決を取り消し、被上告人の請求を棄却した。

　「非上場会社の株価の算定については、簿価純資産法、時価純資産法、配当還元法、収益還元法、DCF法、類似会社比準法など様々な評価手法が存在しているのであって、どのような場面にどの評価手法を用いるべきかについて明確な判断基準が確立されているというわけでは」なく、「取締役会が、新株発行当時、客観的資料に基づく一応合理的な算定方法によって発行価額を決定していたにもかかわらず、裁判所が、事後的に、他の評価手法を用いたり……して『特ニ有利ナル発行価額』に当たるか否かを判断するのは、取締役らの予測可能性を害することともなり、相当ではない」ので、「非上場会社が株主以外の者に新株を発行するに際し、客観的資料に基づく一応合理的な算定方法によって発行価額が決定

されていたといえる場合には、その発行価額は、特段の事情のない限り、『特ニ有利ナル発行価額』には当たらない」

2　本判決の意義

　本判決は、非上場会社での新株発行価額が「特ニ有利ナル発行価額」に当たるか否かについて、最高裁としてはじめて判断手法を示した点に意義がある。

　この点、上場会社の株価の算定については、すでに最判昭和50年4月8日民集29巻4号350頁において、新株発行価額が価額決定直前の市場株価より低額であっても、①客観的資料に基づいていること、②一応合理的な算定方法によって発行価額が決定されていること、③発行価額が直前の市場価格に近接していること、④特段の事情もないことから、「著シク不公正ナル発行価額」に当たらないとの判断が示されていた。この最判昭和50年4月8日は、公正な価格は一つであることを前提とした判断手法を採らず、客観的な資料に基づいて一応合理的な算定方法が採用されていれば、決定された発行価額は「著シク不公正ナル発行価額」には当たらないとする判断手法を採ったものである。本判決も同様の判断枠組みを採用しているものと思料されるが、とりわけ非上場会社では、株式の市場価格がないため、裁判所が後から会社とは別の評価手法を用いて公正な価格を事後的に判断することは、当該会社の取締役の予測可能性をより害することにもなりかねない。本判決はかかる要素も考慮して、上記判断を示したものと思料されるところであり、会社法下でもこの判断は基本的に妥当すると考えられ、実務に与える影響は大きいといえる。

　なお、非上場会社の株価算定方法については、本判決に引き続き、吸収合併に反対した株主の株式買取請求がなされた場合の会社法786条2項に基づく価格の決定の申立てがなされたという事案において、収益還元法を用いて株式の買取価格を決定する場合に、市場性がないことを理由とする減価（いわゆる非流動性ディスカウント）を行うことは許されないとの判断が示されている（最決平成27年3月26日判時2256号88頁）。譲渡

制限株式の価格算定の場面では、非流動性ディスカウントを行う裁判例が多かったと思われるところであり、同判決の射程も含め今後の実務への影響が注目される。

第8節　株主への利益供与

13　福井地判昭和60年3月29日判タ559号275頁

1　本件の事案・判示内容

　利益供与禁止規定は、昭和40年代に総会屋によって会社経営が阻害された事例が多発したことを踏まえ、昭和56年商法改正においてはじめて設けられたものであり、会社法においても引き続き120条で規定されている（違反した場合には刑事罰の対象ともなる。会社法970条等参照）。この効果もあり、総会屋が問題となるという事態はほとんどみられなくなったのは歴史が示すとおりである。

　もっとも、利益供与禁止規定の適用範囲は、法文上は、総会屋に対する場合に限られるものではない。ここでは、持株会の奨励金の利益供与該当性が争われた福井地判昭和60年3月29日を取り上げる。

　本件は、大株主である自社の持株会の会員に対し、奨励金を無償で供与し、当該供与を継続している行為が、利益供与に当たるとして、当該株式会社の株主が株主代表訴訟を提起して代表取締役に対して損害賠償を求めるとともに、その供与の中止を求めたという事案である。

　福井地裁は、奨励金の供与は、「特定の株主である持株会の会員らに対して無償で供与されたものであるから……株主の権利の行使に関して供与されたものと推定される」が、「従業員に対する福利厚生の一環等の目的をもつてしたものと認めるのが相当であるから……株主の権利の行使に関してなしたものとの前記推定は覆るものというべきである」と判示して、株主の請求をすべて棄却した。

2 本裁判例の意義

　本裁判例は、従業員持株会における奨励金については、無償の供与であってもその金額・議決権行使の方法等から判断して「株主の権利の行使」に関するものとは認められないとしたものであり、持株会の趣旨に鑑みた判断が示された先駆的な裁判例としての意義がある。

　利益供与に関する近時の裁判例としては、モリテックス事件——東京地判平成19年12月6日判タ1258号69頁がある。株主総会に関連して会社提案と株主提案が対立し、いわゆるプロキシーファイトとなった状況のもとで、株主総会における有効な議決権行使を条件として、株主1名につきQuoカード1枚（500円分）を会社が交付した事案において、このようなQuoカードの交付は、会社提案に賛成する議決権行使の獲得を目的としたものであり違法ではないかが問題となった。

　東京地裁は、「株主の権利の行使に関して行われる財産上の利益の供与は，原則としてすべて禁止されるのであるが……当該利益が、株主の権利行使に影響を及ぼすおそれのない正当な目的に基づき供与される場合であって、かつ、個々の株主に供与される額が社会通念上許容される範囲のものであり、株主全体に供与される総額も会社の財産的基礎に影響を及ぼすものでないときには、例外的に違法性を有しないものとして許容される場合があると解すべきである」と述べた上で、同裁判例は、株主へのQuoカードの贈呈は、会社提案へ賛成する議決権行使の獲得をも目的としたものであると推認されるとして、利益供与に該当するとの判断を示した。

第9節　おわりに

　以上では、株式について、基本的なテーマごとに時代を彩った判例・裁判例を俯瞰してきた。

　株式は、株式会社の出資者である社員すなわち株主の地位を細分化して割合的地位の形にしたものであり[3]、株式会社制度の根幹であるが、

日本における株式会社は、特に昭和30年代から平成初期（バブル期前後）までは、株式持合い等を背景とした、経営者主体の経営が行われ、株主による経営の監視・ガバナンスは、必ずしも効果を発揮しなかった。

昨今は、コーポレート・ガバナンスの強化の動き等から、SSコードやCGコード（CGコードの「株主」は機関投資家に限られない）などが策定されている。「株主は会社の所有者である」という当たり前のことが今改めて問い直されているのである。CGコード第1章において、まず株主権の実質的な確保が求められているのもその表れといえよう。

今後は、株主と会社との間で建設的な対話等がなされていく場面も増えると思われ、株主の権利（主として共益権）の行使方法も新たな形へと進化していくことが期待される。

---

(3) 神田秀樹『会社法〔第17版〕』（弘文堂、2015）65頁。

第4章 株主総会

第1節 はじめに

　本章では、58件の判例を紹介することにより、株主総会に関連する判例法理の到達点の整理を試みたい。

　まずは、手続的利益の確保の観点から紹介し（**第2節**）、次いで、議事運営にかかわる実務ルールの形成過程（**第3節**および**第4節**）をみつつ、株主の質問権と説明義務（**第5節**）、株主提案権と委任状争奪（**第6節**）といった関心の高いテーマを概観し、訴えの利益をはじめとする訴訟法上の諸問題など株主総会に関連する会社訴訟についても取り上げる（**第7節**）。最後に、株主との対話が重視される時代にこそ再確認すべき利益供与等の問題について考察し（**第8節**）、今後の展望を若干付言する。

第2節　手続的利益の確保

1　招集手続関係

(1) 招集手続の瑕疵

　株主総会の招集手続に関する判例の傾向としては、招集手続に瑕疵がある場合には株主総会決議の取消しを認め、厳格な解釈を展開していると評価できる。

1　国際交通事件——最判昭和42年9月28日民集21巻7号1970頁

本件は、会社が正当な理由がないのに株主名簿の名義書換に応じず（昭和41年商法改正前に要した裏書）、新株主に招集通知を発しなかった事案である。

最高裁は、株主総会の招集手続は違法であるとした上で、「株主は自己に対する株主総会招集手続に瑕疵がなくとも、他の株主に対する招集手続に瑕疵のある場合には、決議取消の訴を提起し得る」旨を明らかにした。

2　明星自動車事件——最判平成9年9月9日判時1618号138頁

新株の有利発行が決議された株主総会に関し、特定の株主に対する株主総会の招集通知の欠如が認められた事例において、最高裁は、株主に招集通知を行うのは、会社の最高の意思決定機関である株主総会における公正な意思形成を保障する目的であるとして、特定の株主に対する通知の欠如は、すべての株主に対する関係において取締役の職務上の義務違反を構成する旨判示し 1 の立場を確認している。

判例が手続的な瑕疵について厳格な解釈を採ることは、裁量棄却を認めなかった事案からもみて取れる。昭和56年商法改正は、3 日本サーモ・エレメント事件——最判昭和46年3月18日民集25巻2号183頁（**第1部**14）の判例で確立しつつあった要件のもとに裁量棄却の規定を復活させたが（旧商法251条、会社法831条2項）、次の判例のように、瑕疵が軽微であることを理由として裁量棄却することに最高裁は慎重といえる。

4　東京ダイヤ工業事件——最判平成5年9月9日集民169号577頁

本件は、福島県南会津郡某町を本店の所在地とする株式会社が、定款に特別の定めがないにもかかわらず、株主総会を東京都新宿区に招集したという手続の違法が問われた事案である。株主総会における決議が発行済株式の約64パーセントの株式を有する出席株主全員の賛成によって成立したものであり、過去10年以上にわたって東京都内を招集地として株主総会が開催され、そのことについて株主から異議が出たことがなかったという事情のもとで、決議取消しと裁量棄却の適否が問題となった。

最高裁は、本件招集手続には法令違反があるもののその違反は重大なものではなく、決議に影響を及ぼさないから裁量棄却されるべきであるとした原審を破棄し、定款に特別の定めがないのに本店所在地またはこれに隣接する地に株主総会を招集しなかったという招集手続の違法は、重大でないとも、決議に影響を及ぼさなかったともいえず、裁量棄却することはできないと判示した。

　また、近時の裁判例としては、種類株主総会の招集手続の前提となる基準日設定公告を欠いた⑤アムスク事件第1審──東京地判平成26年4月17日金判1444号44頁もある。本件は、全部取得条項付種類株式制度を利用したスクイズアウト議案が付議された種類株主総会における議決権の行使について、被告会社が基準日を設定する旨の公告をしなかった事案で、当該公告を行わなかったことが種類株主総会の決議取消事由となるか、また、仮に決議取消事由となるとして裁量棄却をすべきかが争われた事件である。

　本判決は、基準日設定公告制度の趣旨、ならびに、会社法124条3項ただし書が、定款に基準日および基準日株主が行使することができる権利の内容について定めがあるときは同項本文の2週間前までの公告を要しないと規定していることからすると、当該定款の定めは基準日の2週間前までに存在することが必要であると解し、種類株主総会における議決権の基準日を定める定款規定はかかる時点までに存在していなかった以上、会社法124条3項ただし書の適用はないから、種類株主総会の議決権行使に係る基準日設定公告をしなかった点には招集手続の法令違反があると判断した。また、議決権行使の機会を奪った違反は重大ではないとはいえないとして、裁量棄却も認めなかった。

(2)　厳格性の緩和

　一方で、最高裁は次のように、適法な招集手続を欠いたとしても、一人会社や全員出席総会の場合には株主の利益が実質的に確保されているとして、手続の厳格性を緩和していると評価できる。

⑥　猪名川砿油事件──最判昭和46年6月24日民集25巻4号596頁

　いわゆる一人会社においてはその1人の株主が出席すれば、招集の手

続がなくても、株主総会は成立すると判示した。

7 東洋交通事件──最判昭和60年12月20日民集39巻8号1869頁
　一人会社における上記判例を引用しつつ、代理出席を含む全員出席総会の決議を有効とした。

　なお、これらの判例法理を前提に、会社法300条は招集手続の省略を規定する。招集手続の省略は事前の同意で足り、書面投票・電子投票を定めた会社には適用されず、招集の決定は省略できない等の点で全員出席総会とは相違があるため、現行会社法下でも全員出席総会を認める意義は残っている。

2　招集通知等の書面の瑕疵

　狭義の招集通知に加えて、書面投票制度採用会社は株主総会参考書類および議決権行使書面を、また委任状勧誘を実施する会社は議決権の代理行使の勧誘に関する参考書類および委任状用紙を、それぞれ作成するところ、（意図的な場合も含め）これらの書面における記載漏れ等の瑕疵が問題となるケースがあり、記載漏れの事項の性質に応じて決議取消事由の有無が判断されている。

8 明星自動車バス事業譲渡事件──最判平成7年3月9日集民174号769頁
　本件は、招集通知に議案たる営業譲渡の要領の記載がない事案であったところ、最高裁は、招集通知にその記載が求められる趣旨は、株主にあらかじめ議案の賛否の判断をするに足る内容を知らせることにより、議案に反対の株主が会社に対し株式買取りを請求できるようにするためであるから、記載を欠いたことに招集手続の違法があり、また、当該違法は重大でないとはいえないから、裁量棄却することもできないとした。

　その一方、記載漏れが招集通知の違法性を基礎づけるものと判断されなかった判例としては、次のケースがある。

⑨ 役員選任数の記載（大トー事件）──最判平成10年11月26日金判1066号18頁

本件は、定款により累積投票の請求を排除していなかった会社において、招集通知上の議案に取締役改選の件とのみ記載され、選任取締役の人数を記載していなかったところ、実際には、従前の取締役6名のうち5名のみが取締役候補として選任決議に付された、という事案である。

最高裁は、定款により累積投票の請求を排除していない株式会社において、上記の招集通知の記載があれば、特段の事情のない限り、株主総会において従前の取締役と同数の取締役を選任する旨の記載があると解することができるとして、招集通知上は6名の取締役を選任する旨の記載になるところ、当該事案では、株主から累積投票の請求がなく、招集通知に記載された人数と実際に付議された人数の不一致が株主に格別の不利益を及ぼすものではないとして、招集通知が不適法であるとはいえないと判示した。

さらに、議決権行使書面の記載に関する裁判例としては次の事例がある。

⑩ 住友銀行事件──大阪地判平成13年2月28日金判1114号21頁

本件は、旧商法特例法に基づく参考書類規則上、議決権行使書面に棄権の欄を設けるか否かは会社の裁量に委ねられていたところ、被告会社がこれに従って棄権の欄を設けなかった点に招集手続の違法があるとして争われた事案で、裁判所は、議決権行使書面に「保留・棄権」欄を設けなくても適法であると判示したが、この点は、会社法施行規則下でも同様に解される（本判決は、議決権行使書面に、賛成・反対・棄権のいずれの表示もない場合の取扱いを記載する場合に、取締役提案議案は賛成、株主提案議案は反対と、提案主体によって異に取り扱うことも適法とした点においても重要な意義を有する）。

第3節　所持品検査・持ち込み制限等／議決権行使の態様

1　株主総会の受付──所持品検査等

　総会場への入場受付の際に会社が株主の所持品検査を行い、総会場の秩序が乱されるおそれのある物品について持込制限等を行うことは、議長の秩序維持権（株主総会開会前においては代表取締役の権限）に属する行為として可能であると一般に解されており、11東北電力事件──仙台地判平成5年3月24日資料版商事109号64頁は、出席株主の協力を求める形で手荷物検査・一時預かりを行うのも会社の裁量であると示している。

　一方、会社が仮処分により強制的に持込制限を断行した事例がある。
12　沖電気事件──東京地決平成20年6月25日判時2024号45頁
　本件は、株主が、従前より議長の制止を無視して持ち込んだマイク等で不規則発言を行ったり、自作の歌のCDを再生する等して株主総会を混乱させ、度々議長による退場命令を受けていたことに加えて、混乱状況をビデオカメラ等に撮影し、ホームページ上に掲載し、発言や退場に要した時間の長さを誇るかの記載も存在していた事情のもと、直近で開催される株主総会において「ビデオカメラ、カメラ、マイク及びスピーカーを持ち込んではならない」旨の仮処分決定が維持されたものである。

　本決定は、理由中の判断において、一部の株主によるビデオカメラ等での撮影行為は、他の株主の議決権やその前提となる質疑討論を行う機会を侵害するものであり、かつ、株式会社にとって、株主総会の場でそのような株主の権利等を侵害する行為がなされること自体が、信用棄損その他の著しい損害に当たるとして、所持品検査および持込制限によって回避される会社および株主の不利益を具体的に述べており、実務上参考となる。

　持込制限からさらに一歩進んで、株主の総会出席自体を禁止する仮処分決定が下された事例もある。

13 東京三菱銀行事件――京都地決平成12年6月28日金判1106号57頁
　本決定は、会社は株主総会を円滑に運営し終了させる権限を有し、開会前に円滑な運営等に必要な措置を講じることができるとし、かかる権限を被保全権利として認めた上で、債務者株主の活動履歴を中心とする具体的事情に基づき、会場内での円滑な進行を妨げる行為を個別具体的に禁止するだけでは足りず、出席自体を禁止する必要性が高いと判断して、保全の必要性も認め、原決定を維持した。また、14 中国銀行事件――岡山地決平成20年6月10日金判1296号60頁は、被保全権利について13 と同様の理解に立った上で、所持品検査の実施を許容し、債務者株主が武器または人に危害を加えるおそれのある物を所持しないことを証明しない限り総会に出席してはならないとの仮処分決定がなされた事例である。いずれも個別具体的な事情のもとで仮処分決定が下され、または維持されたものであり、保全執行の条件として、各債務者につき担保金が100万円と示されていることも併せ、実務上参考になる事例である。

2　議決権行使の態様――代理人による行使

15 議決権行使の代理人資格の制限――最判昭和43年11月1日民集22巻12号2402頁（第1部 12）
　株主総会の議決権行使の代理人資格を株主に限定する定款の規定については有効と解されているが、判例においては、かかる定款規定を形式的に適用することはせずに、16 のように具体的妥当性を図っている（制限的有効説といえよう）。

16 直江津海運事件――最判昭和51年12月24日民集30巻11号1076頁
　法人株主の従業員には代理人資格を制限する定款規定が及ばないと判示した。
　他方、弁護士等の専門家については、確立した裁判例がない状態にあり、反対の見解を示す裁判例も存在するものの（17 神戸地尼崎支判平成12年3月28日判タ1028号288頁）、18 宮崎交通事件――宮崎地判平成14年4月25日金判1159号43頁および19 大盛工業事件――東京高判平成22年11月24日資料版商事322号180頁では、非株主である弁護士の株主代理人として

の議決権行使はこれを認めず、定款規定を厳格に運営する実務対応を許容した。実務上代理人資格を制限する定款の例外として弁護士等による株主代理人としての議決権行使を認める取扱いをしている会社が少なからずあるとされる[1]。おそらく、株主間に対立がみられる等の特段の事情がない限りは、他株主から決議取消訴訟が提起される事実上の可能性は高くないという判断のもと、むしろ、代理人による出席を認めることにより、当該委任株主からの提訴を防ぐという法務戦略の観点による運用であると思われる。このような実態に加えて、株主による議決権行使の機会の保証を徹底する観点や、株主による経営監督機能を重視する傾向、さらには、弁護士である非株主代理人の入場についての判例もない状況からすれば、再度、定款制限が及ばない（あるいは無効）とする裁判例が現れる可能性も否めない。

仮に弁護士の出席を認めることとした場合には、株主総会の受付において当該代理人が総会をかく乱するおそれの有無について、個別具体的に検討するという困難な処理を行う必要が生じ、受付事務を混乱させ、株主総会運営を阻害するおそれがあることに鑑みると（⑲事件参照）、各社のリスクで入場させることは別として、議決権行使の代理人資格を株主に限定する定款規定に基づいて弁護士の議決権代理行使を拒むことが許容されるとの結論は、今後の裁判例においても維持されることが期待される。

第4節　議長の議事整理権／議事運営方法

1　議長の議事整理権

株主総会の議長は、適法かつ公正な審議により、合理的な時間内に効率的に議事を進めるよう総会を運営する職責を有する。そのため、議長

---

[1] 商事法務研究会編「株主総会白書2014年版」商事2051号（2014）（以下「白書」という）90頁、図表78等。

には、議事整理権および秩序維持権が与えられており、議事進行方法が議長の広汎な裁量に委ねられている。

議長の権限は、株主総会の運営上さまざまな場面で行使されるところ、各場面における裁判例が積み重ねられた結果、実務上の裁量権行使の範囲が画定されてきた。

2 審議および採決の方式等

(1) 一括上程方式

審議および採決の方式については、個別議案ごとに上程し、審議採決を繰り返す方式（個別上程方式または個別審議方式）、または、報告事項の報告後に議案を一括上程し、報告事項の質疑応答も含め全議案の審議をまとめて行い、全議案の採決を連続して行う方式（一括上程方式または一括審議方式）のいずれかが採用されている。近年では、一括上程方式を採用する上場企業が増えているとされ、白書によれば、「とうとう回答会社全体で一括審議方式が過半数となった」とされる[2]。

一括審議方式を採る実務を支える裁判例としては、次のものがある。

[20] 中部電力事件——名古屋地判平成5年9月30日資料版商事116号188頁

一括上程方式の適法性を認め、不公正な審議方法ということはできないとした。

また、一括上程方式の採用に当たり、議場に諮る必要があるのか、という点が実務上しばしば問題となるところ、本裁判例は、「一般に議長は審議の目的事項や質疑内容等を（予測）考慮して、その裁量により、合理的と思われる審議方法を採用することができる」として、採用が議長の裁量に係るものであることを確認している。

---

(2) 白書105頁。

(2) 採決方法

21　つうけん平成7年総会事件──札幌地判平成8年3月26日資料版商事146号44頁、札幌高判平成9年1月28日資料版商事155号109頁

　本判決は、採決の方法に関し、ある議案については発声により、別の議案については挙手により表決したことについて、すべての議案について同一の表決方法をとるべき法律上の義務はないから、議長が議案によって採決方法を変えても違法ではないとした。

3　議事の運営方法等

　電力会社を舞台とする数多くの決議取消訴訟において、議事運営方法に関連する株主総会のルールが確認されてきた。代表的なものを紹介する。

(1) 質問への対応

22　九州電力事件──福岡地判平成3年5月14日判時1392号126頁（**第1部**20）

　本事案では、株主総会冒頭になされた株主からの質問に対し、議長が報告事項の報告終了後に受ける旨を述べた上で、冒頭手続中に提出された動議を取り上げず質疑応答の段階で取り上げた。本判決は、議長は善管注意義務違反にならない限り議長の議事整理権に基づき株主の発言のタイミングを自らの裁量により決定できるとした上、冒頭手続中にこれを中断してまで株主の発言を取り上げなければならない理由はないと判示した。このように、本判決は、発言時期の指定や質問者の指名も議長の裁量の範囲内であることを明らかにした。

　また、実務上は、議長が株主からの質問に先立って質問時間や質問個数等の制限をする場合があり、さらに、質問者の質問内容が要領を得ない場合や発言が長時間になる場合等において、発言中に発言の制止を行う場合も多い。

　これらについての裁判例としては、まず、質問数等の制限について、23　東京電力事件──東京地判平成4年12月24日判時1452号127頁が、多数の株主が質問の機会を求めていたという事情のもとで1人3分の制限

は適法とし、[20]中部電力事件も、同様に多数の株主が質問の機会を求めていた事情のもとで1人1問の制限は適法である旨示している。さらに、発言中の制止について、[16]東北電力事件は、株主が議長から要旨を簡潔に述べるよう注意を再三受けながら引き続き発言を続けたため、議長が質問中の株主に「あと2分」と制限したことについて、適法であることを示している。

(2) 従業員株主

[24] 四国電力事件——最判平成8年11月12日判時1598号152頁（第1部[21]）

本件は、株主総会の議事進行が妨害される事態に備え、従業員株主らを受付開始時刻前に会場に入場させて、株主席の前方一部分（約3分の1）に着席させていたところ、株主が、会社から差別的取扱いを受けたことにより、希望する座席を確保できず、これによって精神的苦痛をこうむり、宿泊料相当の財産的損害をこうむったと主張して不法行為に基づく損害賠償を求めた事案である。

本判決は、「会社は、同じ株主総会に出席する株主に対しては合理的な理由のない限り、同一の取扱いをすべき」で、議事進行の妨害等の事態が発生する可能性をもって、会社が従業員株主らを他の株主よりも先に会場に入場させて株主席の前方に着席させることに合理的な理由はないと判示しながら、希望する席に座る機会を失ったとはいえ、議長からの指名を受けて動議を提出しているため、具体的に株主の権利行使を妨げられたということはできず、法的利益が侵害されたということはできないと判断した。

なお、本件は、株主総会運営の場においても株主平等原則（あるいは頭数の平等原則）が適用されるとした重要判例という紹介がなされることがある。

その他にも、従業員株主・応援株主が問題となったケースとして、たとえば、[25]住友商事事件——大阪高判平成10年11月10日資料版商事177号255頁は、従業員株主が一斉に「異議なし、了解」と叫ぶ等により一般株主の質問の機会が奪われてしまうような場合には、法令違反または決

議の方法が著しく不公正な場合に該当する旨を判示し、26北海道電力事件──札幌地判平成5年2月22日資料版商事109号56頁は、仮に会社が従業員株主を優先入場させ、それら従業員株主による質疑時間の水増し、質疑打切りのタイミング作り等を行ったとすれば、そのような措置は公正さを疑わせると判示している。これらの裁判例も総会の議事運営上の留意点を示すものである。

(3) **質疑打切り**

議事運営上、議長や事務局において留意すべき事項の一つが、質疑打切りのタイミングであろう。近年においては、議長の議事整理権限に基づき打ち切る場合が多いと思われるが、議場に諮らずになされた打切りを適法とした裁判例もあるものの（27トヨタ自動車事件──名古屋地判平成9年6月12日資料版商事161号183頁、28三菱商事事件──東京地判平成10年4月28日資料版商事173号186頁）、事務局との連携の上、議場に諮って多数の株主の賛同を得ておくことで、質疑打切りの妥当性が客観的に認められやすくなると思われる。

また、時間的な目安としても、平均的な株主が客観的にみて会議の目的事項を理解し、合理的に判断できる状況にあると判断したときは質疑打切りができることに鑑みて、いずれも2時間前後の審議後の打切りを適法としている事例があることは（22 23 24事件等）参考になる。

そして、29東京スタイル事件──東京地判平成16年5月13日金判1198号18頁（**第1部**31）は、議長がいったんは株主の求めに応じて個別の議案ごとに質問を受け付けることを了承し、当該議案の審議の際に多数の株主からの質問要求がなされたにもかかわらず、これを一切無視して採決を行ったという質疑打切りに係る議事運営について、議長の議事運営自体が不公正であったことは認めざるを得ないと判示している（ただし、決議取消事由に足るほどの著しい程度にまでは達していないとした）。

4 動議の処理

動議対応に際しても、議長の議事整理権は、株主の権利を不当に制限しないように行使される必要がある。

[30]チッソ事件──最判昭和58年6月7日民集37巻5号517頁（**第1部**[18]）は、議長の議事整理権が明記された昭和56年旧商法改正前の事件であるため、直接的に議事整理権について明示したものではないものの、約300人の株主が会場に入ることができず、会社はそのまま開会を強行し、かつ、株主により提出された修正動議も無視してわずか4分前後で審議を終えた事例について、決議取消請求を認容する判断が示された。時代が生んだ特殊事例であり、もはやこのような株主総会運営を取る会社はなかろう。

そのような特殊事例とは別に、近年、議長不信任動議の処理が増えている。

[19]大盛工業事件は、議長が議長不信任動議を取り上げなかったことにつき、第1審および控訴審を通じて適法とした事例であるが、第1審判決（東京地判平成22年7月29日資料版商事317号191頁）は、「議長不信任の動議については、議長の適格を問うという上記動議の性質上、権利の濫用に当たるなどの事情がない限り、一度はこれを議場に諮ることが望ましい」とし、同株主総会における議長の進行に「いささか適切さを欠く点があったことは否めない」としつつも、議長の対応を違法ということはできないとした。

これに対し、控訴審判決は、議長不信任動議が「権利の濫用に当たるなどの合理性を欠いたものであることが、一見して明白なものであるといった事情のない限り、これを議場に諮る必要があるというべき」であるが、議長において「当該動議が権利の濫用に当たるなどの合理性を欠いたものであることが一見して明白なものであると認め、それ故に当該動議を議場に諮らないとしても、裁量権の逸脱、濫用に当たらない」と、原則論について第一審判決よりさらに踏み込んだ判断を示した。

5 退場命令（不規則挙動への対応）

さらに、議長の権限行使とその限界が問われる場面としては、退場命令がある。近年、さまざまな形で比較的多くみられることもあり確認しておきたい。

31 佐藤工業事件——東京地判平成8年10月17日判タ939号227頁

　株主が、議場において「きたないですよ。議長」「告訴するよ」「ちゃんと男らしくやれ。おい」「弁護士立ってみろ。こら」「この野郎。おい」「ちゃんと答えろ。議長」など悪口雑言を繰り返したことから、議長が不規則発言を中止しないと退場を命ずる旨を再三警告した上で退場命令を発し、株主を退場させたところ、当該株主が、議長の違法な退場命令権の行使により株主権の行使を妨げられたことによって精神的損害を受けた旨主張し、損害賠償請求訴訟を提起し、本判決は、当該退場命令は違法ではないとした。

　実務上の関心は、退場命令を適法に行うための手続にあるところ、不規則発言を繰り返す株主については、まずは不規則発言を制止し（注意）、これに従わない場合には退場命令を発する旨の警告を発し、なお警告に株主が従わない場合に退場を命ずる、という三段階の手続が適切とされている。上記事件においても、再三の警告がなされていることから、適切な手続が履践されているといえる。また、株主が暴力を振るう場合には警告を経ずに直ちに退場を命ずることも許されると考えられている[3]。

第5節　株主の質問と説明義務

　取締役等の説明義務も、総会の合理的かつ円滑な運営との関係で合理的制約を受けるところ、その範囲・程度にかかわるルールについては、多くの裁判例の集積があり、おおむね判例法理は固まりつつあると思われる。

1　説明義務の範囲・程度

　説明義務の範囲は、株主が会議の目的事項について合理的な理解およ

---

[3] 中村直人編著『株主総会ハンドブック〔第3版〕』（商事法務、2015）392頁〔中村直人〕。

び判断をするために客観的に必要な範囲に限定されると解されている。

　そして、説明義務を尽くしたか否かの判断（説明義務の程度）に当たっては、29東京スタイル事件が、平均的株主を基準とすることを原則としつつも、質問株主が平均的な株主よりも多くの知識ないし判断資料を有している場合にはそれを前提に判断することを認め、続いて、32HOYA平成22年総会事件（第1審）——東京地判平成23年4月14日資料版商事328号64頁は、それをより具体化する形で、「決議事項の内容、株主の質問事項と当該決議事項との関連性の程度、質問がされるまでに行われた説明（事前質問状が提出された場合における一括回答等）の内容及び質問事項に対する説明の内容に加えて、質問株主が保有する資料等も総合的に考慮して、平均的な株主が議決権行使の前提として合理的な理解及び判断を行い得る程度の説明をする義務を負う」と判示し、判断要素を明らかにした。

　その後も、33三井住友トラスト・ホールディングス事件——東京地判平成25年2月21日LEX/DB25510791等においてもかかる基準は踏襲されている。

2　説明義務の発生要件

　事前質問状に対する対応としては、34東京建物事件——最判昭和61年9月25日金法1140号23頁（**第1部**19）、21九州電力事件等が、一括回答は直ちに違法となるものではない旨や、株主が実際に総会で質問しない限り取締役等は説明義務を負わない旨を判示した。事前質問状を提出した株主が現実に株主総会で質問してはじめて説明義務が生じるものの、実務上は、当該株主が出席していることが確認されれば、議長または答弁担当役員から一括回答する運営がなされることも多い。なお、株主提案権が行使された場合の提案株主に対する対応として、35山形交通事件——山形地判平成元年4月18日判時1330号124頁は、提案理由説明の機会を付与すべきとしている。

　具体的な質問（または意見と思われるもの）に対する回答対応については、数多くの裁判例がある。紙幅の関係もあるので、本稿ですでに紹介

した裁判例等を利用する形で、議案以外のものにつき一部のみ取り上げる。

まず、議決権行使数等に関する質問について、[21]つうけん平成7年総会事件は、株式数の報告は、定足数を満たしているかどうかの判断のために必要であるが出席者の内訳（本人出席、委任状出席、議決権行使書面提出の人数とその議決権を有する株数）まで明らかにすることは不要とし、[36]つうけん平成8年総会事件──札幌高判平成9年6月26日資料版商事163号264頁も、議場における賛否の票数を正確に計算し答える必要はないとした。

実務上、計算関係の詳細な質問がなされることが多くみられるところ、[21]つうけん平成7年総会事件は、現預金の預け先、預金種類および預金金額については、特別の事情がなければ説明義務はないとし、[9]大トー事件においては、交際費および会費の内訳を問う質疑に対し、交際費、会費の総額を明らかにし、主だった支出先を説明したこと等により、説明義務を尽くしていると判断された。相当の期間前に書面で説明を求める旨通知することなく当日出された質問で、会計帳簿等を調査しなければ答えられないような事項は、原則として説明義務の対象外であるとされるから当然の判断であろう。

さらに、現実の総会の場面では、質問か意見かが不明瞭な場合がある。
[37]　日立製作所事件──東京地判昭和62年1月13日判時1234号143頁
判決は、「取締役の株主総会における説明義務は、質問者である株主の質問が質問者の意見表明ではなく、真に「質問」といえるものであり、しかも右「質問」が明瞭である場合にのみ生じる」旨を明らかにし、本件の「総会のあり方」「取締役の責任問題について」に関する株主の発言は意見表明にすぎず、その内容も抽象的で明瞭性を欠くもので取締役が説明義務を負うべき質問とは認められないとした。

3　議案に関する説明義務違反の有無

議案についての説明義務違反が問われたケースも数多い。ここでは退職慰労金贈呈議案とコーポレート・アクションにかかわる議案につい

て、説明義務の範囲を確認する。

38　ブリヂストン事件──東京地判昭和63年1月28日民集46巻7号2592頁

　退任取締役については取締役会に、退任監査役については監査役の協議に、退職慰労金の金額等をそれぞれ一任する決議がなされた株主総会において、株主から退職慰労金の金額を開示するよう説明が求められたにもかかわらず、議長がこれを説明しなかったという事案に関し、本判決は、株主は退職慰労金の支給基準について説明を求め得るところ、取締役および監査役は、会社に現実に一定の確定された基準が存在すること、その基準は株主に公開されており周知のものであるかまたは株主が容易に知り得ること、およびその内容が数値を代入すれば支給額を一意的に算出できるものであること等について説明する必要があるとし、説明義務違反を認め、株主総会決議の取消しを認めた。なお、当該事件の控訴審係属中に、当該取消判決が確定した場合には遡って効力を生じるとされた上で同一内容の支給決議が改めてなされたため、当該訴えは訴えの利益を欠くとして却下に至った（最判平成4年10月29日民集46巻7号2580頁）。

39　南都銀行事件──奈良地判平成12年3月29日資料版商事193号200頁

　判決は、38ブリヂストン事件と同様の枠組みを示しつつ、株主から具体的金額の公表を求める質問があった場合の説明義務内容について、「かかる質問を受けた取締役としては、少なくとも、被告において退職慰労金の具体的金額を一義的に算出できる基準が存することを説明すべきであった」とし、「株主から算出基準についての説明を求められない以上説明義務はないとする被告の主張」は認められない旨を判示した。実務上は、退職慰労金支給決議は、慰労金制度自体の廃止とあいまって減少傾向にある。

40　インターネットナンバー事件──東京地判平成22年9月6日判タ1334号117頁

　本件は、MBOの手続としてなされた、全部取得条項付種類株式の発行に係る定款変更および当該株式の取得等を内容とする株主総会決議につ

いて、株主から取消請求および無効確認請求がなされたところ、請求が棄却された事案である。

判決は、「議長が各株主に交付される普通株式1株当たり70円という金額の算出方法ないし根拠について、具体的に説明している以上……第三者機関による株価算定書及び第三者機関に交付した算定の基礎資料を開示することは、平均的な株主が会議の目的たる事項を合理的に判断するのに客観的に必要な範囲に含まれない」と判示しているが、この点は、第三者機関による株価算定書および第三者機関に交付した算定の基礎資料についての説明義務の範囲および程度について一定の見通しを与えるものとして参考になる。

なお、平成26年会社法改正により、社外取締役を置かない会社においてはその説明が求められることになるが（会社法327条の2）、これに違反したとされるのは具体的にどのような説明をした場合なのか、裁判例の集積が待たれる。

4　粉飾決算と説明義務──計算書類に関連する瑕疵と総会決議の効力

株主総会に不正な計算書類が提示された場合と決議取消事由との関係については、次のような事例がある。

41　オリンパス平成25年総会事件──東京地判平成25年12月19日LEX/DB25516601

本件は、株主総会に不正な計算書類が提示された旨主張し、取締役選任議案やストック・オプション付与等に関する議案の取消しが請求されたところ、本判決は、株主に対する不正な計算書類の提示が株主総会決議の取消事由に当たるというためには、「直接的又は間接的に、株主総会決議取消しの訴えにおいて取消しが求められている株主総会の決議事項に関するものであるといえることが必要である」との基準を示し原告の主張は棄却した。

その後も、42オリンパス平成23年総会24年臨時総会事件──東京地判平成26年1月23日LEX/DB25517215においても、41事件と同様の理由を示し、取締役選任決議等の取消請求を棄却した[4]。その控訴審である43

東京高判平成26年8月6日LEX/DB25505084は、不正な会計処理を伴う連結計算書類の記載に重大な誤りがある場合に、これが取締役選任や計算書類承認の決議についての決議取消事由に当たると認められる場合があり得るとしても、という点に触れつつも、本件事案に鑑み決議取消事由の存在は認めなかった。

後述の44HOYA平成22年総会事件（控訴審）は、株主提案に係る事項が会社提案に係る決議事項と密接な関連性を有するか否かを判断要素の一つとして挙げており、41事件および42事件は、44事件の判断の枠組みとの親和性を指摘することができる。他方で、43事件はこのような関連性を問題とせずに判断を下している。近年は不適切会計処理に伴う会計不祥事等が目立つところ、計算書類に関連する瑕疵と株主総会決議の効力については、今後の議論の集積が待たれるところである。

第6節　株主提案権と委任状争奪戦

1　株主提案権

株主提案権の行使は、電力会社をはじめとするいわゆる「運動型」の株主総会においてみられ、かつては、いわば例外的な事象というとらえ方が一般的であったかもしれないが、近年、株主提案権の濫用ないし逸脱とさえ評価される事案が発生しており、実務上の悩みとなっている。かような事象に対して、会社は、不適法な株主提案として付議しない、議案通知権に対して要領の記載を一部修正するといった対応を取ることがあり、これに対して株主から決議取消訴訟が提起される事例が少なからずある。

---

(4) 関連する事例として、招集通知に計算書類が添付されていなかった場合に当該計算書類の承認決議の取消しを認めた大阪地堺支判昭和63年9月28日判時1259号137頁がある。

21 つうけん平成7年総会事件

　本件は、平成7年6月開催の総会において、株主が配当金に関する株主提案をしたところ、(i)当該提案書に記載された提案理由は本文および別表（過去数年間の1株当たり配当金、株主資本利益率、役員数、報酬賞与額等の数値が記載）からなり、提案理由全体の字数が、参考書類規則（昭和57年法務省令第27号）4条1項1号（平成18年改正前商法施行規則17条1項1号）の定める400字以内という制限を超過していたことから、会社が別表部分を除いてその余の提案理由の部分をほぼそのまま招集通知添付の参考書類に記載した点、ならびに、(ii)会社が、賛否の記載のない議決権行使書面に関し、取締役会提案の議案については賛成、株主提案の議案については反対の意思表示があったものとして取り扱った点について、各適法性が争われた事案である。

　本判決は、会社は制限字数を超える提案理由を参考書類に記載する義務を負わないとしつつ、制限字数を超えた提案理由であっても、提案理由の趣旨を損なわないように要約し、要旨を任意に参考書類に記載することは当然許されるとし、参考書類規則上の字数制限を受けるとした。この点、提案理由が制限字数を超える場合でも、会社は概要を記載する義務があるとする会社法施行規則93条1項3号は、本判決の趣意よりもさらに会社の義務を厳格化したものと思われる。

　また、参考書類規則によれば、全議案について同一の取扱いをすべきことまで要求されているわけではないから、議案ごとに異なる取扱いをしたからといって違法ということはできないとした。現在でも、株主提案がある場合は、取締役会[5]に対する白紙委任の趣旨から、賛否の記載

---

(5) 本判決は、「会社提案」という文言を取締役提案の趣旨で用いる用語例が一般に行われていることや、株主総会における議長の発言（「会社提案」の意味について、取締役会の決議を得て提案した旨を答弁した）等を考慮して、取締役の提出に係る議案を会社提案と表現することは、決議取消事由になるような瑕疵ということはできないという点も明らかにした。株主の提出に係る議題・議案がある場合、それらと取締役の提出に係る議題・議案とを区別する趣旨で、招集通知等において、後者については「会社提案」、前者については「株主提案」と記載するのが一般的であり、本判決もこの点の実務に沿う判断である。

のない議決権行使書面については、取締役会の提案に賛成、株主提案に反対の意思表示があったものとして取り扱うのが一般的とされているが、会社法（会社法施行規則66条1項2号）下でも、本判決と同様、かかる取扱いは許容されると思われる。

44　HOYA平成22年総会事件（控訴審）——東京高判平成23年9月27日　資料版商事333号39頁

本件は、提案した議案のうち一部を提案株主の同意なく招集通知に記載しなかったこと等を理由として、会社提案の可決議案のみならず、株主提案の否決議案についても、決議取消しの可否が争われた。

判決は、株主提案権の侵害の瑕疵が他の議案に与える影響につき、所定の要件に基づき株主提案を行ったが総会において取り上げられなかったものがあっても、原則として決議の取消事由には当たらず、例外的に、(i)当該事項が、株主総会の目的事項と密接な関連性があり、株主総会の目的事項に関し可決された議案を審議する上で株主総会において検討、考慮することが必要、かつ有益であったと認められるときであって、(ii)上記の関連性のある事項を株主総会の目的として取り上げると現経営陣に不都合なため、会社が現経営陣に都合のよいように議事を進行させることを企図して当該事項を取り上げなかったときに当たるなど、特段の事情が存在する場合に限り、可決議案の取消事由になる旨を判示した。

また、否決議案が、決議取消しの対象となるか否かという論点について、第1審判決は、議案が否決されたということは、決議が成立しなかったということであって、そもそも決議取消訴訟の対象となる会社法831条所定の株主総会決議には当たらない旨判示し、控訴審判決は、決議取消しの対象となるのは、第三者に対しても効力を有する株主総会決議であるところ、否決された議案が第三者に対して効力を有する余地はないため、第一審と同様に判断した。なお、否決という内容の決議が存在するのか、ならびに、（存在するとの前提のもとで）決議取消しの訴えの利益および決議不存在の確認の利益が存在するのかについては、解釈が分かれており、本判決と反対の立場を採用する裁判例も存在する[6]。

44を前提とすると、株主提案権の侵害を理由に決議取消しを求めるこ

とが難しいことを予測してか、株主提案権侵害に基づく不法行為責任という構成で損害賠償を求める類型も出始めている。

45 HOYA株主提案侵害事件——東京地判平成26年9月30日金判1455号8頁

本件は、株主提案に係る(i)株主総会の終結をもって任期が満了する役員の解任議案および(ii)定款変更議案の一部を会社が招集通知に記載しなかった行為について、株主提案権の侵害の有無と、侵害された場合における不法行為の成否が正面から取り上げられた事案である。

まず、株主提案権の侵害の有無につき、株主総会終結時をもって任期が満了する取締役の解任議案（上記(i)の議案）を招集通知に記載する必要があるか否かに関し、学説上、必要説[7]と不要説[8]が存在していたところ、本判決は「取締役が任期満了により退任する場合と解任決議により終任する場合とでは、法律上も取扱いが異なっており、当該株主総会の終結をもって任期が満了するという理由で、解任決議を行う必要がないということはできない」と判示し、必要説を採用した。また、上記(ii)の議案について、議案の提案理由に個人の名誉を侵害するような表現が含まれていても、議案自体を招集通知に記載しないことは許されないとした。その上で、本判決は、上記(i)および(ii)の議案を招集通知に記載しないことについて、株主提案権の侵害を認めた。

次に、不法行為の成否に関する判断に関し、上記(i)の議案を招集通知に記載しなかったことについて、本判決は、会社が両説を比較した上で相当の根拠が存在する不要説を採用したという経緯を理由として、会社の過失を否定した。一方で、本判決は、上記(ii)の議案を招集通知に記載しなかったことについて、会社の過失を認めた。取締役が弁護士から説

---

(6) 中村・前掲注(3)670頁［菊地伸］。
(7) 再任議案への影響を理由に適法とする見解として、上柳克郎ほか「座談会・最近の株主総会の運営に関する訴訟をめぐる諸問題」別冊商事法務92号（1987）64頁［河本一郎発言］。
(8) 実質的に無意味な議案であることを理由に不適法とする見解として、神崎克郎「株主提案権行使の法的問題」商事1070号（1986）6頁。

明を受けることにより議案を不記載とすることの問題点を把握できたにもかかわらず不記載とした点をもって、過失を認めたものである[9]。

2　委任状勧誘（委任状争奪戦）

　経営権の支配等をめぐって委任状争奪戦が行われるケースは、しばしばみられる。

　46日本エム・ディ・エム事件――東京地判平成17年7月7日判時1915号150頁および47モリテックス事件――東京地判平成19年12月6日判タ1258号69頁（第1部33）は、いずれも、上場株式の議決権の代理行使の勧誘に関する内閣府令（以下、本項目において「委任状勧誘府令」という。特に43条等）に定める委任状の様式に関するルールに従わない委任状用紙が委任状勧誘時に交付された事案に係る裁判例である。46は会社側による委任状勧誘の事例（発行会社が委任状の勧誘を行った際に、委任状勧誘府令に定める事項を記載した参考書類を株主総会参考書類とは別に交付せず、また、委任状勧誘時に交付した委任状の用紙には、委任状勧誘府令で要求される議案ごとに賛否を記載する欄が設けられていなかったことから、決議の方法の法令違反および著しい不公正が問われた）であり、47は株主提案を行った株主による委任状勧誘の事例である。

第7節　株主総会をめぐる訴え・仮処分等の争訟手続

1　訴えの利益

(1)　訴えの利益と確認の利益をめぐる判例

　役員選任の株主総会決議取消しの訴えの利益については、次の48の古い判例があるが、株主総会決議不存在確認の訴えに関する49 50 51の判例を受けて、再考察の余地もある。

---

[9] なお、本件の控訴審（東京高判平成27年5月19日金判1472号26頁）は、会社が当該株主の提案した議案の一部を記載しなかったとしても、その提案が株主提案権を濫用するものであったとして、原判決を取り消した。

48 甘木中央青果事件──最判昭和45年4月2日民集24巻4号223頁

　本件は、取締役として再任されなかった取締役（株主でもある）が役員選任にかかる株主総会決議（先行決議）の取消しを求めたところ、その後、先行決議で選任された役員らの任期満了により同一内容の役員選任決議（後行決議）が行われた事案である。

　最高裁は、先行決議取消しの訴えは訴えの利益を欠くに至るが、特別の事情が立証されるときは、訴えの利益が失われない旨判示した。もっとも、特別の事情については、裁判例上、株主総会における取締役選任決議が取り消されると、役員らに支給された報酬、交際費等を取り戻し得ることや、役員が金融機関との間でした借入金の利率改定の効力を否定し得ることなどの事情は、かかる特別の事情には該当しないとされており[10]、どのようなケースが特別の事情に該当するのか不明確な点があることは否めない。

　一方、株主総会決議の不存在確認の利益については、次の判例群がある。

49 向陽マンション事件──最判平成2年4月17日民集44巻3号526頁

　本判決は、先行決議が不存在である場合の後行決議の効力に関し、取締役を選任する株主総会決議が存在するとはいえない場合には、当該取締役による取締役会は正当な取締役会とはいえず、かつ、その取締役会で選任された代表取締役も正当に選任されたものではなく、株主総会招集権限を有しないから、このような招集決定に基づき招集された株主総会において新たな取締役の選任決議がされたとしても、いわゆる全員出席総会においてされたなど特段の事情がない限り、法律上存在しないものといわざるを得ないとし、さらに、この瑕疵が継続する限り、以後の株主総会においても新たに取締役を選任できないと判示した。

　かかる後行決議の効力を前提に、確認の利益について、50 最判平成11年3月25日民集53巻3号580頁は、取締役選任決議の不存在確認の訴え

---

(10) 東京高判昭和57年10月14日判タ487号159頁。他に特別の事情を否定した裁判例として、京都地判平成元年4月20日判時1327号140頁等がある。

に、同決議が存在しないことを理由とする後任取締役の選任にかかる株主総会決議の不存在確認請求が併合されている場合には、後行決議がいわゆる全員出席総会において行われたなどの特段の事情のない限り、先行決議についても確認の利益は失われないと判示した。同様に、51最判平成13年7月10日金法1638号42頁も、取締役を選任する先行決議の不存在確認請求に、同決議が存在しないことを理由とする同取締役の重任等にかかる後行決議の不存在確認請求が併合されている場合に、後行決議の不存在が確認されたときは、特段の事情が認められない限り、先行決議の不存在確認の訴えの利益が欠けるものではないと判示した。

48の判例に対しては、49 50 51の取締役選任決議(先行決議)に関する不存在確認の訴えに関する判例の流れを踏まえると、先行決議によって選任された役員が任期満了により退任し、後行決議によって役員が選任されたときは、後行決議が有効とされる特別の事情がない限り、原則として先行決議に関する決議取消し等の訴えの利益は失われないと解する見解[11]にも相当の理由があろう。

(2) 瑕疵の治癒

株主総会決議の瑕疵について、計算書類承認決議と決議取消訴訟における訴えの利益に関して28チッソ事件や39ブリヂストン事件がある。

なお、52アムスク事件控訴審——東京高判平成27年3月12日判例集未登載は、第一審において全部取得条項付種類株式制度を利用したスクイズアウトを可決する旨の種類株主総会決議に係る取消判決が下された後、控訴審係属中に、会社が、全部取得条項付株式の取得の効力が発生した日の前日における議決権を有する株主により構成される「株主総会」(以下「再株主総会」という)を開催し、同内容の決議を再度行った事案である。本判決は、株主総会決議に取消事由があるが、無効であるとまではいえない場合、当該決議を取り消す判決が確定するまでは当該決議は有効のものとして取扱われるべきであるため、再株主総会の招集通知を

---

[11] 東京地方裁判所商事研究会『類型別会社訴訟Ⅰ〔第3版〕』(判例タイムズ、2011)381頁。

受け出席した者は株主の地位になく、再株主総会決議は総会決議としての効力を有しないと判示した。また、取消判決が確定すれば、全部取得の効力発生前の株主が遡及的に株主の地位を回復すると解し得るとしても、そのような可能性を有するにすぎない者が構成する株主総会を会社関係法令が意思決定機関として許容し、規律の対象としているとは解し難く、取消事由のある株主総会決議を追認する限度でその存在を容認すべき法的根拠もない等と判示して、取消判決確定前の瑕疵の治癒を認めなかった。

2　決議取消事由の追加／決議無効確認の訴え

　株主総会決議取消しの訴えにおける決議取消事由の追加が問題となったのが、16直江津海陸運送事件であるところ、最高裁は、提訴期間後の新たな取消事由の追加主張を許さないと判示した。

　決議無効確認の訴えの無効原因として主張されていた瑕疵が、同時に決議取消事由にも当たる場合には、出訴期間経過後に決議取消しの主張がなされたとしても、決議取消しの訴えが無効確認の訴えの訴訟提起時から提起されたものと同様に扱い適法であるとしたのが、53マルチ産業事件——最判昭和54年11月16日民集33巻7号709頁である。

　株主総会実務上、法定の決議事項以外を対象とする決議（いわゆる勧告的決議）がなされる場合があるところ、当該決議の有効性が争われた事例がある。

54　セゾン情報システムズ事件——東京地判平成26年11月20日資料版商
　　事370号148頁

　本件は、平成24年6月の株主総会においてなされた、株主提案の大規模買付行為に反対し、かつ、同株主に対して中止を要請することを承認する旨の株主総会決議について、同株主らが無効確認を求めた事案である。

　本判決は、当該決議には、大規模公開買付行為に対して会社が対抗措置を発動するか否かの決定をするに当たり、これを左右する効力がないと判断しつつ、当該決議の法的効力がないことを確定したとしても、会

社が対抗措置を発動する可能性は消滅しないし、その可能性が減少するものでもないとして、確認の利益を欠いていることを理由に、本案の審理に立ち入ることなく訴えを却下した。

3 株主総会と仮処分

紙幅の都合上詳細に紹介できないが、議決権行使禁止の仮処分が問われた55国際航業事件——東京地決昭和63年6月28日判時1277号106頁、株主総会開催禁止の仮処分が問題となった56コクド株主総会事件——東京地決平成17年6月21日資料版商事261号260頁等が重要である。

さらに、その他争訟関連としては、書類の閲覧謄写請求（株主名簿をめぐる争いをはじめ、株主総会議事録の閲覧謄写請求、計算書類等の閲覧・謄本交付請求、会計帳簿等の閲覧謄写請求、取締役会議事録の閲覧謄写許可申立（非訟）など多岐にわたる）に関連する事件も重要であるが、他稿に委ねる。

第8節　利益供与と総会屋——株主総会と刑事事件

株主の権利行使に関する利益供与に関しては、**第1部**でも取り上げたとおり、47モリテックス事件や57蛇の目ミシン事件——最判平成18年4月10日民集60巻4号1273頁（**第1部**32）が重要である。

判例という形で公になることは、おそらく相当限定的になろうと思われるが、実務上は、会社提案への理解と賛成を求めるための各種費用——たとえば、株主からの議決権行使を促進する活動（お土産等）を行う際の費用や、株主向け説明会を開催する費用など——の支出がみられ、かかる支出を検討するに当たっては、本条との関係にも留意しておくことが望ましい。

この点、47事件が、株主の権利の行使に関して行われる財産上の利益の供与は、原則としてすべて禁止されるが、正当な目的に基づき供与され、個々の株主に供与される額が社会通念上許容される範囲のもので、株主全体に供与される総額も会社の財産的基礎に影響を及ぼすものでな

いときには、例外的に許容される場合がある旨判示している。コーポレートガバナンス・コードの基本原則3に示された株主との建設的な対話を進める上においては、上記裁判例を念頭に置くことが望ましいであろう。

　総会屋等の反社会的勢力が跳梁跋扈し株主総会を取り仕切る時代は過ぎ去った感があるものの、58東洋電機カラーテレビ事件──最決昭和44年10月16日刑集23巻10号1359頁（**第1部**13）および57事件は、不正の請託や役員の注意義務等に関する理論において未だ意義を失っておらず、また、歴史的教訓として確認しておくべき重要な判例である。

第9節　おわりに

　以上、株主総会にかかわる判例を駆け足で概観した。裁判所の態度を一言で示すことは困難であるが、招集手続上の瑕疵や脱漏等については基本的には厳格にとらえる一方、株主総会の議事運営にかかわる事項は、議長の裁量を広く認めている。また、株主の質問権について一定の限界を示すなどの形で、議長による合理的な議事運営を許容する態度がみられる。議事運営上の行き過ぎについては、決議取消しという判断までは下さないケースが多いが、判決理由中において苦言を呈する裁判例が散見され、これが株主総会実務を預かるわれわれ実務家にとって重要なエッセンスとなっている。決議取消訴訟の分野を彩った判例の多くは、同一の株主が提訴したものが数多くある。これも株主総会実務をめぐる実体である。

　会社訴訟と呼ばれる分野では、たとえば、訴えの利益や決議取消訴訟係属中の瑕疵の治癒方法に関して、民事訴訟理論との架橋が必要だと感じた。委任状勧誘の場面では金融商品取引法と会社法との交錯が問題となる。近年はコーポレートガバナンス・コードや金融商品取引所規則等のソフトローによる新たなルール策定も顕著であり、これらの動きが今後の判例等に影響を与えることは想像に難くなく、今後も注視していく必要がある。

第5章 取締役の責任

第1節　はじめに

　取締役の責任の分野における過去60年の商事判例を振り返ると、かつては、取締役の第三者に対する責任を追及するものが多くを占めていたが、時代を経るにつれ、その中心は取締役の会社に対する責任を追及するものへと移行してきた。また、近年では、後者の責任について、経営判断の原則に関する判断の深化が進む一方、リスク管理体制構築義務や子会社の監視監督義務、さらにはMBO実施時における義務のように、会社と取締役の利害対立と調整が複雑化する場面において、より精密な司法判断が示されるようになっている。

　以下では、時代における傾向の変遷を踏まえ、まず、第三者に対する責任が問題となった事案を取り上げ、次に、会社に対する責任について、経営判断の原則の生成過程を振り返り、また、より個別にリスク管理体制の構築やMBOの場面における義務内容が問題となった事案を取り上げ、さらに、通常の経済活動以外で取締役の責任が問題となった類型を整理し、最後に、責任の範囲や手続面が問題となった事案を紹介し、各商事判例について、判断当時に加えて今日的意義も可能な限り考察しながら分析を試みたい。

第2節　取締役の第三者に対する責任

1　業務の執行に関する責任

(1)　受託金の流用費消に関する取締役の責任
① 最判昭和38年10月4日民集17巻9号1170頁

本件は、会社が特定の目的で委託され受領した金員について、経常費に流用する旨取締役会において決議し、取締役副社長が決議どおりに費消した結果、当該金員の返済ができなくなったことについて、委託した第三者が当該副社長に対して旧商法266条ノ3の損害賠償責任を追及したものである。

本判決は、委託金の流用費消は、取締役副社長の職務を行うについての故意か少なくとも重大な過失に基づくものであると認定して、取締役会決議による行為であったとしても相当因果関係が否定されるものではないとして、取締役副社長の第三者に対する損害賠償責任を認めた。

(2)　軽率な手形振出および投資に関する取締役の責任
② 日本自動車事件──最判昭和41年4月15日民集20巻4号660頁

本件は、会社の事業拡張による収益増加により将来の支払いが可能であると軽率に考え、手形を振り出して得た金員を用いて、会社の資産等を考慮せずに調査不十分なままに多額の投資を行い会社の破綻を招いたことに関して、手形の所持人が、会社の代表取締役に対して旧商法266条ノ3の損害賠償責任を追及したものである。

本判決は、代表取締役の手形振出は会社経営に当たる取締役として著しく放漫なやり方で行われたとして、代表取締役に重大な過失を認め第三者に対する損害賠償責任を認めた。

本判決は、旧商法266条ノ3の取締役の第三者に対する責任に関して、いかなる程度で、職務を行うについて重大な過失があるかをはじめて明示した最高裁判決であり、取締役の経営責任が問われる一例を示したものとして実務上の参考になった。

2 他の取締役の監視に関する責任

(1) 業務一切を任せきりにした取締役の責任

3 泉尾鋼材事件――最大判昭和44年11月26日民集23巻11号2150頁

　本件は、業務を任されていた代表取締役が振り出した約束手形の不渡りにより損害をこうむった者が、業務を任せきりにしていた名目的代表取締役に対して旧商法266条ノ3の損害賠償責任を追及した事案である。

　本判決は、旧商法266条ノ3が特別の法定責任を定めたものであり民法上の不法行為責任と競合することを前提に、任務懈怠行為と第三者の損害との間に相当因果関係がある限り、任務懈怠により会社が損害をこうむった結果第三者に損害が生じた場合であるか直接第三者が損害をこうむった場合であるかを問わず、取締役は直接に第三者に対し損害賠償責任を負う旨判示した上で、代表取締役が他の代表取締役等に会社業務一切を任せきりにして不正行為を看過した場合には、悪意または重大な過失により自らの任務を怠ったものであると判断して、名目的代表取締役の損害賠償責任を肯定した。

　本判決により、旧商法266条ノ3第1項前段の法意が明らかにされ、また、名目的代表取締役が他の代表取締役に会社業務を任せきりにした場合が任務懈怠に該当するかについての最高裁の判断が示され、取締役に就任することの意味・責任について実務に警鐘が鳴らされた。同種場面において有限会社法30条ノ3の取締役の責任が問題となった最判昭和45年7月16日民集24巻7号1061頁では、損害と取締役の悪意または重大な過失による任務懈怠との相当因果関係を否定し、取締役の責任を認めておらず、当時の同種責任の判断において個別事案の吟味が必要であったことをうかがわせるところである。

　また、本判決により明らかにされた旧商法266条ノ3第1項前段の法意は、同条項のその他の解釈をめぐる場面で引用されることが多く、本判決は文字どおりリーディングケースとしての役割を果たした判例といえる。

(2) 代表取締役の業務執行に対する平取締役の監督義務

4 マンゼン事件——最判昭和48年5月22日民集27巻5号655頁

本件は、代表取締役の手形濫発により会社が倒産し不渡りになった手形の所持人が、同社の平取締役に対して旧商法266条ノ3の損害賠償責任を追及したものである。

本判決は、取締役は、取締役会に上程された事項だけでなく、代表取締役の業務執行一般を監視し、必要があれば取締役会を招集し、取締役会を通じて職務執行が適正に行われるようにする職務を有すると判示し、倒産までの1年余りの間、計算書類も作成せず、取締役会も開催しなかった代表取締役を放置していた平取締役には、職務を行うにつき重過失があったとして、その責任を認めた。

本判決以前は、同種事案で、平取締役に責任を問うのは酷であることや業務執行権能を有しない取締役は業務執行一般についての監視義務を負わないなどとして、その責任を否定するものもみられたが（東京地判昭和32年5月13日下民集8巻5号923頁、東京地判昭和33年11月28日下民集9巻11号2342頁、東京地判昭和39年7月30日判時394号78頁）、本判決は、代表取締役の業務執行一般に関して平取締役の監視義務を広く認めたものであり、以降の取締役の果たすべき監視義務のあり方に影響を与えたものである。コーポレート・ガバナンスという言葉がなかった黎明期ではあるものの、ガバナンスのあり方に関して最高裁が一つの方向性を示したものといえよう。

(3) 名目的取締役の責任

5 大同酸素事件——最判昭和55年3月18日集民129号331頁

本件は、支払見込みがないにもかかわらず商品を買い入れ代金を支払えなかった会社との取引において、代金相当額の損害をこうむった売主が、同社の名目的取締役にとどまる者に対して旧商法266条ノ3の損害賠償責任を追及したものである。

本判決は、4の判例を引用しつつ、会社に常勤せず経営内容にも深く関与しない名目的取締役も旧商法266条ノ3に基づく損害賠償責任を負うことを認めた。

本判決は、3の判例以上に業務への関与度合いが低い名目的取締役に関しても、取締役の第三者に対する責任を広く認めたものであり、単純に名前を貸して取締役に就任する傾向に警鐘を鳴らすものであったといえる。

(4) **事実上の主宰者の責任**

6　山崎製パン事件——東京地判昭和56年3月26日判時1015号27頁
　本件は、山崎製パンの創業者で代表取締役を長らく務めた者が、別会社を設立して営業を拡大するに当たり、子会社とすべき別会社の株式を自己や親族名義とし、親会社の人的物的資源を用いて営業を行ったことについて、取締役の競業避止義務等の違反が問われたものである。競業避止義務の検討の観点に関しては次節に譲り、本節では、その前提として問題となった「事実上の主宰者」の概念について触れる。
　本判決は、創業者は、子会社の代表取締役に就任していなかったものの、絶対的な存在として子会社に君臨し、経営を意のままに動かしていたことから、子会社の事実上の主宰者にあったとして、同人が親会社に負うべき競業避止義務等に違反している旨判示した。
　本判決で問題となったように、形式的には取締役ではないものの実質的には取締役の地位にある「事実上の主宰者」「事実上の取締役」に関しては、その責任を肯定した東京地判平成2年9月3日判時1376号110頁や、これを否定した東京地判平成5年3月29日判タ870号252頁などがあり、近年でも、会社の設立経緯、役員構成、株主構成、関連会社の状況等を総合的に考慮し、事実上の取締役として会社法429条1項の第三者に対する責任の類推適用を肯定した名古屋地判平成22年5月14日判時2112号66頁がある。今日の上場企業において同種問題が起きることは想定し難いが、非上場企業やオーナー系企業では皆無ではない事案であり、これらの判断は今後も参考になるところである。

3　就退任にかかわる責任

(1)　取締役ではないが就任登記を承諾した者の責任

7　日本スタデオ事件――最判昭和47年6月15日民集26巻5号984頁

　本件は、会社の倒産により代金を回収できなくなった債権者が、同社の倒産の原因は、登記簿上の代表取締役が業務を営業部長に任せきりにしたことによるものであるとして、当該代表取締役に対して旧商法266条ノ3の損害賠償責任を追及したものである。

　本判決は、代表取締役は株主総会で選任されておらず、単に登記簿上で代表取締役になっていたにすぎないものであるが、就任登記を承諾したことを前提に、善意の第三者を保護する見地から商法14条を類推適用し、不実の登記を善意の第三者に対抗できないと判示した上で、その第三者に対する旧商法266条ノ3の損害賠償責任を認めた。

(2)　辞任登記未了である元取締役の責任

8　宇野鍍金工業事件――最判昭和62年4月16日集民150号685頁

　本件は、会社と取引をした者が、それによりこうむった損害に関して、同社の取締役から辞任はしているが辞任登記が未了であった者に対して、商法14条の類推適用により旧商法266条ノ3の損害賠償責任を追及したものである。

　本判決は、取締役を辞任した者は、積極的に取締役として対外的または対内的な行為をした場合を除いては責任を負わないが、辞任登記を会社が申請せず不実登記を残存させることにつき明示的に承諾を与えたなど特段の事情がある場合は責任を負うと判示しつつ、本件ではそのような事情がないことから、辞任した者の責任を否定した。

4　損害論、時効期間

(1)　株式価値の下落に関する取締役の責任

9　雪印食品事件――東京高判平成17年1月18日金判1209号10頁

　本件は、雪印食品が、食中毒事故や牛肉偽装事件などの影響で株価下落の末に清算会社となり、その株式が無価値になったことで損害をこう

むった株主が、同社の取締役に対して、会社を通じる代表訴訟によらずに、直接に旧商法266条ノ3の損害賠償責任を追及したものである。

本判決は、業績悪化は予見できず会社の解散も株主総会決議によるものであり、株式の無価値化との間には相当因果関係がないとし、また、株主は、特段の事情のない限り、取締役に対して直接に旧商法266条ノ3の損害賠償請求はできないとして、本件の請求自体を否定した。

本判決では、株主からの請求を否定する論拠として、本来は代表訴訟により会社を通じた損害回復によるべきものであること、仮に直接の請求を認めれば取締役が二重に責任を負うおそれがあること、債権者に劣後すべき株主が先んじて会社財産を取得し得ることの不公平性等を挙げており、取締役に対する責任追及方法が問題となる場面での参考になるものである。

(2) 旧商法266条ノ3の責任と過失相殺

10 健和産業事件──最判昭和59年10月4日集民143号9頁

本件は、会社の取締役が行った取引の結果、損失をこうむった取引の相手方が、取締役に対して、旧商法266条ノ3の損害賠償責任を追及したものである。

本判決は、取締役の責任を認めつつ、相手方にも取引の過程で代金の支払いを受けずに取引を継続した結果、損失が発生した点で過失があるとして、過失相殺を認めた。

旧商法266条ノ3の責任に関する過失相殺は、3の判例の原審(大阪高判昭和39年7月16日民集23巻11号2214頁)でも認められていたところであるが、本判決はこれを明示的に認めたものとして参考になるものである。

(3) 旧商法266条ノ3の責任の履行遅滞時期と遅延損害金の利率

11 拓冨商事事件──最判平成元年9月21日集民157号635頁

本件は、手形を振り出して倒産した会社の取締役に対して旧商法266条ノ3の損害賠償責任が追及されたものである。

本判決は、損害賠償責任を肯定しつつ、その債務の履行遅滞時期については、当該責任の法的性質について法定責任説に立つことを明示した

3の判例を引用しつつ、期間の定めのない債務として履行請求時点から遅滞に陥るとし、また、商行為によって生じた債務とはいえないことから、遅延損害金の利率は民法所定の年5分の割合となる旨判示した。

本判決は、細則的ではあるが取締役の第三者に対する責任の追及場面において常に問題となり得る点に関する判断を明示したものであり、実務上の意義は大きい。

(4) 旧商法266条ノ3の責任の消滅時効期間

12 最判昭和49年12月17日民集28巻10号2059頁

本件は、商品取引を委託された会社がその証拠金の返還をなし得なくなったことから、委託者が取締役に対して旧商法266条ノ3の損害賠償責任を追及したものである。これに対し、取締役は、民法上の不法行為に関する民法724条の時効期間の適用により時効が完成していると主張した。

本判決は、3の判例を引用しつつ、旧商法266条ノ3の責任は不法行為責任たる性質を有するものではないため民法724条は当然に適用されるものではなく、また、取締役の責任は第三者と会社との間の法律関係を前提とする以上、取締役は不法行為の加害者が置かれる立場とも異なるとして、民法724条の類推適用を認めず、原則となる同法167条1項に基づき10年の消滅時効に服する旨判示し、本件の取締役の責任は未だ時効にかかっていないとして、その責任を認めた。

本判決は、11同様、細則ながら実務上問題となる点の結論を明示した点で参考になるものである。

第3節 経営判断の原則

取締役が株主に対する受託者責任を負うことは、CGコード原則4-5をみるまでもなく明らかであるが、それが善管注意義務の問題として発現した場合の判断基準としては、いわゆる「経営判断の原則」が講学上長らく論じられてきた。裁判例上でこれを明示したのが1の第1審判決であるが、その後、多数の同種裁判による深化を経て、最高裁も、銀

行融資やグループ再編に関する取引における各場面で「経営判断の原則」を踏まえた2～4の判断を示すに至った。かかる判断の蓄積は、かつては寛容であった上場企業の株主が、ステークホルダーとしての立場をより直截に意識し主張するようになった結果でもあろう。以下の各判断において示されてきた「経営判断の原則」をめぐる判断の含意は、CGコード基本原則4の各原則にある取締役会・経営幹部の役割・責務を具体的に考える際にも参考となろう。

1　野村證券事件（第1審、控訴審）

13　東京地判平成5年9月16日判時1469号25頁、東京高判平成7年9月26日判時1549号11頁

本件は、野村證券が顧客に行った損失補填行為に関して、同社株主が、その決定に関与した同社取締役に対して同社への損害賠償を求めた代表訴訟である。

第1審判決は、このような場面での取締役の善管注意義務違反の有無に関して、企業経営の総合性、裁量性からして、裁判所の審査について、取締役の経営判断の前提となった事実の認識について不注意な誤りがなかったかどうか、また、その事実に基づく意思決定の過程が通常の企業人として著しく不合理なものでなかったかどうかという観点から審査を行うべきであるとした上で、取締役の行為は経営判断上の裁量の範囲を逸脱したものとはいえないとした。控訴審判決も、損失補填行為が当時の証券取引法等に反せず、取締役も独占禁止法違反の認識を持つまでには至っておらず、顧客との取引関係の維持等の観点から行われたことは経営上の判断として裁量の範囲を逸脱するものではないとした（なお、**第6節3**で紹介する本件の上告審では、経営判断の原則については特に言及されていない）。

これらは取締役の善管注意義務違反に関する判断基準である「経営判断の原則」の黎明期の裁判例であり、特に適用を明確に示した第1審判決は、それ以降蓄積されていく数々の下級審裁判例とともに、取締役の意思決定が問題となる場面で指標となる重要な役割を果たしてきた。

2 拓銀不正融資株主代表訴訟

14 最判平成20年1月28日（栄木不動産事件（集民227号43頁）、カブトデコム事件（集民227号105頁））

　本件は、北海道拓殖銀行から債権を譲り受けた整理回収機構が、同行の元取締役らに対して、各融資に際して善管注意義務違反等があったことを理由として、旧商法266条1項5号に基づく損害賠償を求めた2つの事案である。融資先別に事件は分かれ具体的事実関係も異なるが、同行の破たん前に行われた融資に関する取締役の責任が問題となったものとして同日付で最高裁の判断が示されている。なお、同行による融資に関する別事件（ミヤシタ事件）も同日付で最高裁の判断が示されているが（民集62巻1号128頁）、消滅時効期間に関する論点のみの判断であるため**第7節4**で取り上げる。

　まず栄木不動産事件では、無担保融資に担保提供することを条件として追加融資に応じたことに関して、追加融資の使途の問題や返済見通しの欠如、担保評価が不適切であったこと等を考慮し、またカブトデコム事件では、第三者割当増資を計画する企業から新株引受先として予定された関連会社への引受代金相当額の融資に応じたこと等に関して、融資額、融資先の財務内容が不透明であること、債権回収はもっぱら親会社の業績および株価動向次第であったこと、株価暴落のおそれも容易に推測できたこと等を考慮し、いずれの判決も取締役の善管注意義務違反を認めている。

　本判決は、融資時における銀行の取締役の善管注意義務の有無について最高裁としての判断を示したものであり、破綻した銀行に関する特殊な場面ではあるものの、同種の意思決定が問題となる際の判断要素として参考になるところである。

3 拓銀元役員特別背任事件

15 最決平成21年11月9日刑集63巻9号1117頁

　本件は、北海道拓殖銀行がバブル崩壊後に行った融資に関して、当時

の各代表取締役頭取らについて、旧商法上の特別背任罪の責任が問われた刑事事件である。

本決定は、特別背任罪における銀行の取締役の注意義務に関して経営判断の原則が適用されることを判示した上で、融資業務における銀行の取締役の善管注意義務は、一般の株式会社の取締役よりも高い水準のものであり、経営判断の原則が適用される余地も限定的になるとして、客観性を持った再建計画もなく、赤字補填資金を実質無担保で追加融資した頭取らに任務違背を認めた。

本決定は、特別背任罪という刑事事件の場面ながら、最高裁がはじめて取締役の善管注意義務違反の検討に当たり経営判断の原則が適用されることを示したものであり、また、融資業務に関する銀行の取締役の善管注意義務が一般の株式会社の取締役よりも高度であることも示した。最決平成21年11月27日集民232号353頁（四国銀行代表訴訟事件）とともに、金融機関の融資に関する善管注意義務の検討を要する実務に影響を与えている。

4 アパマンショップHD事件

16 最判平成22年7月15日集民234号225頁

本件は、アパマンショップホールディングス（以下「A社」という）の子会社再編に伴う株式買取額が不当に高額であったとして、A社株主が、A社取締役に対して善管注意義務違反を理由とする損害賠償を求めた代表訴訟である。

本判決は、取締役の決定の過程、内容に著しく不合理な点がない限り、取締役としての善管注意義務に違反しないと判示し、経営判断の原則の考え方に沿った判断の枠組みを用いて、本件における買取りの必要性・有益性および非上場株式の評価額における幅の存在などから、買取価格の決定に著しく不合理な点はなく、また、経営会議による検討や弁護士意見の聴取などから、決定に至る過程も何ら不合理ではないとして、A社取締役の善管注意義務違反は認められないと判断した。

本判決は、民事事件においてはじめて最高裁が経営判断の原則による

第5章　取締役の責任

取締役の善管注意義務違反の有無を明確に判断したものである。本判決が用いた枠組みにおいて、個別の事件で経営判断の過程や内容を裁判所がどう判断していくかは今後の事例の蓄積を要するが、最高裁の判断枠組みが示された点で実務的意義は大きい。

第4節　リスク管理体制（内部統制システム）構築義務

　リスク管理体制（内部統制システム）構築義務の存在は、今日では当然の前提となっているが、これをはじめて明示した17の判決が世に出た際の反響と以後の影響は記憶に残るところである。同判決がその後の旧商法改正にも影響を与え、最高裁も18の判決でリスク管理体制構築義務を明示するに至った。また、グループガバナンスの観点における一類型として、19のとおり子会社の監視監督義務を認める判断も示されるようになっている。リスク管理体制についてはCGコード原則4－3でも示され、また、グループの内部統制に関する基本方針の整備について、平成27年5月施行の改正会社法施行規則において義務づけられ、さらに役員の社外性要件の厳格化やいわゆる多重代表訴訟制度の創設もあいまって、企業グループの内部統制をめぐる取締役の責任は一層重く認識されるべきであるところ、以下で紹介する各判断は、こうした動きの源流ともいえ、今日におけるグループガバナンスとCGコードの運用のあり方を考える上で依然として参考になる面があろう。

1　大和銀行事件

17　大阪地判平成12年9月20日判時1721号3頁

　本件は、大和銀行の海外支店で発生した従業員の不正取引による巨額損失事件をめぐり、株主が、取締役らの善管注意義務違反等を理由とした損害賠償請求の代表訴訟を提起した事案である。

　本判決は、取締役は、善管注意義務の一環としてリスク管理体制（内部統制システム）構築義務および代表取締役らの義務の履行を監督する義務を負う旨判示した上で、当該支店の担当取締役らの任務懈怠を認

め、損害が認定できる取締役に対する損害賠償請求を認容した。

本件は、取締役の負う責任の一類型として、リスク管理体制（内部統制システム）構築義務について、はじめて明示的に認めた裁判例である。本判決の判断以後、平成14年の旧商法改正の中で旧委員会等設置会社の取締役の義務として同旨内容が明文化され、平成17年の会社法制定では、大会社の取締役の義務としても定められており、司法判断としては地裁段階のものにとどまったものの、後の法改正に明確に大きな影響を与えた。

2 日本システム技術事件

⑱ 最判平成21年7月9日集民231号241頁

本件は、日本システム技術の従業員が行った架空売上げの計上により同社の有価証券報告書に不実記載がなされていたところ、同社株主が、同社の代表取締役には従業員の不正行為を防止するリスク管理体制構築義務に違反した過失があるとして、同社に対して損害賠償請求を行った事案である。

本判決は、リスク管理体制構築義務が会社法350条の定める代表取締役の「職務」に含まれることを前提とした上で、管理体制の存在、架空売上げの巧妙さ、監査法人も適正意見を表明していたことなどから、代表取締役の当該義務違反を否定した。

本判決は、会社法350条の代表取締役の職務の過失を認定する場面において、取締役のリスク管理体制構築義務についてはじめて最高裁が判断したものであり、リスク管理体制構築の場面で考慮すべき具体的要素を最高裁が明らかにした点で実務上参考となっている。

3 福岡魚市場事件（控訴審）

⑲ 福岡高判平成24年4月13日金判1399号24頁

本件は、不良在庫を抱えて経営が行き詰まった子会社に親会社が行った不正融資等により、親会社が損失をこうむったとして、親会社の株主が、同社の取締役らに対して、善管注意義務違反を理由とする損害賠償

を求めた代表訴訟である。

本判決は、取締役が、子会社に対する監視義務を怠り、詳細な調査や検討を行うことなく安易に連帯保証契約を締結し、また、不良在庫に関する調査報告書の信用性について検証することなく、その調査結果を前提に行った貸付けについて、取締役としての善管注意義務違反を認めた（なお、最高裁は、責任の有無について上告を受理しなかった）。

本件は、親会社役員の子会社に対する監視監督責任が肯定された判断として注目を集めた。グループ企業経営の進展から子会社経営の効率性と適法性は重要になっており、平成26年会社法改正で、企業集団に関する内部統制システムの整備に関する事項が、従来の会社法施行規則における規定から会社法へと格上げされたが、本判決は、子会社経営に関する親会社の管理のあり方に先鞭を付けたと評価できる。

第5節　MBO実施時の注意義務

MBO等の資本政策に関して、既存株主を不当に害することのないよう、取締役が株主からの受託者責任を全うすべきであることは、CGコード原則1-6で明示されている。旧商法の連年の改正と会社法制定により、MBO等のスキームの柔軟性が飛躍的に増した反面、取締役が株主の利害と正対してしまう場面であるがゆえに、この種の裁判例は平成20年代に入ってから急激に増え、現在もなお判断の深化が進んでいる。現時点での代表的な裁判例は以下のとおりであるが、CGコードを踏まえた資本政策上のガバナンスの運用に当たっては、今後の上級審および同種事件の判断を注視する必要があろう。

1　レックス・ホールディングス会計処理責任追及事件

[20]　東京地判平成25年1月17日判タ1407号388頁

本件は、2と同一のMBOの実施前に公表された特別損失の計上について、レックス・ホールディングスの株主が、正当な理由も合理的根拠もない違法な会計処理であり、これによる株価下落で損害をこうむった

と主張して、同社および同社役員に対して損害賠償を求めた事案である。

本判決では、特別損失の計上について監査法人が損失処理を求めていた点に加えて、損失処理を行った資産には資産価値がないと判断したことに正当な理由がなく合理的根拠がないとはいえないと判示し、また、被告取締役らの損失処理の目的も、MBOに先立ち株価を下落させるためにあったものではないと判示した。

会計基準に関連する役員の責任が問題となった例としては長銀事件（最判平成20年7月18日刑集62巻7号2101頁）があるが、本件は、監査法人による損失計上の指摘という事実や資産内容の検討などを踏まえ、損失計上の評価および関与役員の目的について認定している。株主と取締役の利益が直截に対立するMBOにおいて一般的に生じ得る問題であり、MBOスキームを進める際の留意事項として参考になるものである。

2　レックス・ホールディングス損害賠償請求事件

[21]　東京高判平成25年4月17日判時2190号96頁

本件は、レックス・ホールディングスの株主が、MBO目的の吸収合併において、所有株式を低廉な価格で手放すことになり損害をこうむったと主張して、同社および同社役員に対して損害賠償を求めた事案である。

本判決では、MBO実施に際して取締役らが負うべき善管注意義務として、公正な企業価値の移転を図るべき義務（公正価値移転義務）や、適正な情報開示を行うべき義務（適正情報開示義務）を認めた一方、会社の売却価格を最大限に高めるべき義務（価値最大化義務）の存在については否定した。その上で、本判決は、MBOに係る賛同意見表明の際の取締役の適正情報開示義務違反を認めつつも、かかる情報が開示されていたとしてもMBOにおける価格を超える対価が取得できたとは認められないとして損害の発生を否定した。

平成10年代における頻繁な旧商法の改正と会社法制定により、組織再編手法が多様化する中でMBOも活発に行われるようになったが、企業

価値の向上を図り株主の利益を守るべき立場にある取締役が、MBOでは株主から株式を買い付ける相手方となるため、利益相反状況と情報の非対称性が問題視されていた。本判決は、MBOの場面で取締役が果たすべき善管注意義務の内容を具体化した点で、同種スキームを進める際の判断指標の一つとなっている。

3　シャルレMBO事件

22　東京高判平成23年12月21日判タ1372号198頁
23　神戸地判平成26年10月16日判時2245号98頁

　本件は、いずれもシャルレのMBOが頓挫したことに関連する取締役の責任を追及したものであるが、22では、MBOの一環として行われた同社の公開買付けが取締役らの不正行為により失敗し株価が下落したことについて、株主が、当該不正行為が適切に開示されていれば損害をこうむらなかったとして、会社法429条1項等に基づき、元取締役および会社に損害賠償を求めたものであり、23は、別の株主が、元取締役らに対して、MBO実施時における利益相反等の善管注意義務違反および情報開示義務違反を理由とする損害賠償の代表訴訟を起こしたものである。

　22では、株主の株式取得と取締役の利益相反行為とは無関係であることや、リーマン・ショック下において株価の下落がそもそもみられたこと、また、投資判断のために重要な事実について虚偽の事実を公表した場合や公表すべき重要な事項または誤解を生じさせないために必要な重要な事実を公表しなかった場合には取締役の義務違反を認め得るものの、本件ではそのような事実がないとして、株主の請求が棄却された。

　他方、23では、取締役は、「MBOを立案、計画した上、その実現（完遂）に向け、尽力すべき義務」（MBO完遂尽力義務）を負い、これに由来する「MBOの合理性確保義務」、「手続的公正性配慮義務」、さらには「情報開示義務」を、また、社外取締役は「株価決定の公正さ配慮義務」、「手続的公正性配慮義務」および「手続的公正性監視義務」をそれぞれ負うとした上で、一部の取締役の「手続的公正性配慮義務」および「情報開示義務」の違反を認定し、株主の請求が認容された。

両事件は、同一の頓挫したMBOをめぐる取締役の責任を追及したものであるが、対象とする行為、損害が異なり、それに伴い問題となる責任の類型および司法判断の枠組みも異なっている。MBOのように取締役と株主の利害が必然的に対立する再編スキームにおいて、1および2のように成功した場合の責任ではなく、失敗した場合の責任の有無が問題とされている点で、同種スキームを進める際の取締役の責任を考える参考になろう。また、今後の上級審の推移も注目されるところである。

第6節　通常の経済活動以外における義務違反

取締役の会社に対する責任が問題となる場面としては、会社が行う通常の経済活動の場面にとどまらず、適法な政治献金についてや、他方で違法な贈賄、さらにはコンプライアンス・反社会的勢力排除の観点から社会的に非難されるべき行為についてなど、経済活動以外の類型もさまざま存在する。各判断当時の時代背景や当該企業を取り巻く環境に起因する面も大きいが、古くて新しい問題も多く、今一度各判断を振り返る意義は大きいため、本節で一括して紹介する（なお、昭和40年代の粉飾決算の事例として知られる山陽特殊製鋼事件——神戸地姫路支決昭和41年4月11日下民集17巻3・4号222頁（**第1部10**）については、**第7章**で紹介する）。

1　企業の政治献金をめぐる判断

(1)　八幡製鉄政治献金事件
24　最大判昭和45年6月24日民集24巻6号625頁

本件は、八幡製鉄が政党に行った政治献金について、株主が代表取締役に対して献金額の損害賠償を求めた代表訴訟である。

本判決では、会社の政治献金は公序良俗に反せず、また、政治献金を行うことも権利能力の範囲内に含まれるとした上で、取締役の会社に対する忠実義務との関係では、忠実義務は善管注意義務を一層敷衍し明確にしたにとどまり別個の高度な義務を規定したものではないという前提に立ち、政治献金も定款の目的の範囲内の行為であり、取締役が会社を

代表して政治資金の寄付をするには、会社の規模、経営実績その他社会的経済的地位および寄付の相手方など諸般の事情を考慮して合理的な範囲内において金額等を決すべきであり、その範囲を越えれば忠実義務に違反するが、本件の政治献金は合理的範囲を越えたものではないと判示した。

本判決は、上場企業の政治献金の可否とその場面での取締役の責任について、最高裁としての初の判断を示したものであり、忠実義務の法的位置づけも明らかにされた。その後の同種判断においても、本判決の示した基準が用いられており、今日においても先例としての意義は大きい。

(2) 熊谷組政治献金事件

25　名古屋高金沢支判平成18年1月11日判時1937号143頁

本件は、熊谷組が経営・財務体質の改善を進めていた中で政治献金を行っていたことについて、株主が、取締役に対して献金相当額の損害賠償を求める代表訴訟を提起し、かつ献金の差止めを求めたものである。

本判決は、同社の政治献金について、公序良俗違反や目的の範囲外の行為とは認めず、また、善管注意義務違反との関係では、1審判決（福井地判平成15年2月12日判時1814号151頁）がこれを一部肯定したのに対し、24の判例を引用しつつ、会社が政治献金を行う場合の判断基準を示し、熊谷組の企業規模や経営実績、寄付額が政治資金規正法の制限額よりもかなり低額であること、年々減額されていること、寄付を受ける相手方の適格性などの事情から、合理的な範囲内にあるとして、1審判決を破棄し、善管注意義務違反を否定した。

本判決は、事実上経営再建中の企業が政治献金を行う場合の判断基準について、企業の政治献金に関するリーディングケースたる24の判例を前提に、さらに具体的な経営状況の推移等を仔細に挙げて取締役の善管注意義務違反の有無を認定している点で、同種実務の参考になるところである。本件は、株主側が上告したものの、最高裁が上告を棄却し、上告申立てを受理せず終結している（最決平成18年11月14日資料版商事274号192頁）。企業による政治献金をめぐる問題は古くて新しいものであり、

他にも最決平成15年2月27日（住友生命事件・日本生命事件。判例集未登載）等がある。

2　ハザマ代表訴訟

26　東京地判平成6年12月22日判時1518号3頁

　本件は、ハザマ（旧間組）の取締役による自治体の首長への工事受注目的での贈賄が、取締役の任務に違反する行為であり同社に損害が生じたとして、同社株主が取締役に対して損害賠償を求めた代表訴訟である。

　本判決は、旧商法266条1項5号の「行為」には取締役の地位にある者が会社の業務に関して行った行為も含むとした上で、贈賄は、会社の業績向上に役立つ営業活動として行われたとしても、定款目的の範囲内と認める余地はなく、取締役の正当な業務執行権限を逸脱するものであり、贈賄を禁じた刑法も同号の「法令」に当たると判示し、贈賄は公序良俗違反であり交付した金員は不法原因給付として返還を求められないから、贈賄額が会社の損害となり、また贈賄により工事を受注したとしても、工事の利益は贈賄の損害を直接にてん補する機能を有しないとして損益相殺も否定し、株主の請求を認めた。

　本判決は、平成5年に発覚した宮城・茨城を舞台とするバブル経済末期のゼネコン汚職における取締役の責任追及事案であり、贈賄が行われた場合に問題となり得る取締役の責任にかかわる論点が網羅的に判断されている。企業による公務員への金員提供が問題となる類型はさまざまであり、本節1で挙げた適法な政治献金に関する取締役の責任とは対照的に、本件のように明白な違法行為たる贈賄が問題となる場合もあれば、最近でも、政治資金規正法違反となる政治献金を行った取締役の責任について判断された西松建設事件（東京地判平成26年9月25日資料版商事369号72頁。取締役の責任を一部肯定）がある。「政治とカネ」という古くて新しい政治課題と、自社利益追求のために手段を選ばずコンプライアンス違反すら犯す取締役の責任の評価が交錯する場面であり、司法のみでは解決し難い問題が時代は移れども繰り返されており、コンプライ

アンスの課題を改めて考える上でも意義のある裁判例である。

3　野村證券事件（上告審）

27　最判平成12年7月7日民集54巻6号1767頁

　本件は、野村證券が顧客に対して行った損失補塡行為に関して、同社株主が、その決定に関与した同社取締役に対して同社への損害賠償を求めた代表訴訟である。

　本判決は、独占禁止法も旧商法266条1項5号の「法令」に含まれると判示した上で、同号違反には故意または過失を要するところ、本件の取締役には、損失補塡の時点で、独占禁止法違反の認識を欠いたことに過失はないと判断し、株主の請求を棄却した。

　法令・定款違反行為を責任事由としていた旧商法266条1項5号の「法令」の解釈に関する初の最高裁判断であり、以後の善管注意義務の解釈が問題となる実務上の場面の取扱に影響を与えたものである。なお、本件では、経営判断の原則に関しても争点となったが、その点に関する判断は、**第3節1**13で紹介した第1審および控訴審の各判決で示されるにとどまり、上告審である本判決では言及されなかった。

4　蛇の目ミシン事件

28　最判平成18年4月10日民集60巻4号1273頁

　本件は、蛇の目ミシン工業において、仕手筋として知られ同社株式を大量に取得していたＫの恐喝、脅迫により、同社取締役が、融資、債務の肩代わり等数百億円相当の資金提供を行ったことについて、同社株主が、取締役に対して損害賠償を求めた代表訴訟である。

　本判決は、善管注意義務違反について、Ｋの言動に対して警察に届け出るなどの適切な対応が期待できない状況にあったとはいえないと認定し、資金提供を行った取締役の過失は否定できないとして、その責任を認めた。

　本判決は、反社会的勢力からの不当要求に対して、最高裁が取締役に厳正な責任を認めたリーディングケースといえ、平成19年に政府指針

（企業が反社会的勢力による被害を防止するための指針について）が示され、反社会的勢力とのいっさいの関係遮断が社会的要請となった今日においてもなお、その意義が強く意識されるべきものである。

第7節　責任の範囲、責任追及手続

　取締役の責任をめぐっては、責任の有無・内容が問題となる場面だけでなく、そもそも各手続で追及できる責任の範囲や、損害論、時効期間などが問題となった裁判例も多く存在する。こうした手続論、総則論的な観点においても、取締役の責任の限界を検討する場合に重要な判断の蓄積がみられることから、本章の最後に以下の裁判例を紹介する。

1　日本航空電子工業事件

29　東京地判平成8年6月20日判時1572号27頁

　本件は、日本航空電子工業が、関税法および外為法上の手続を経ずに戦闘機用機器を不正に売却したことが取締役の善管注意義務に反するものであり、これにより同社に罰金等の支払い、売上減少等の損害が生じたことを理由として、株主が、取締役に対して損害賠償を求めた代表訴訟である。

　本判決は、まず代表訴訟提起に先立ちなされる会社への提訴請求においては、会社が、いかなる事実について責任追及が求められているのかが判断できる程度に特定されていれば足りるとした上で、関税法および外為法違反について取締役の善管注意義務違反を認め、会社のこうむった損害に関しては、取締役が原因となった事実の一部にのみ関与し、関与の度合いも限定的な場合、発生した損害全額の責任を負わせるのは酷であるから寄与度に応じた因果関係の割合的認定を行うと判示し、一部について株主の請求を認めた。

　本判決は、敗訴した取締役が負担した損害賠償額が約12億4,700万円と高額であったことから、当時世間の注目を集めた。本判決で用いられた割合的因果関係の手法は、一個人である取締役が負担する賠償額を合理

的に減額するための一つの試みであったと推察されるが、その後、平成13年の旧商法改正により責任制限規定が導入されたこともあり、同手法に依拠する裁判例は続かなかった。

2 レンゴー代表訴訟

30 大阪地判平成12年5月31日判時1742号141頁

　本件は、レンゴーがセッツと合併する際の比率が不合理であったとして、レンゴーの株主が、同社取締役に対して損害賠償を求めた代表訴訟である。

　本判決では、事前の提訴請求の宛先を単に会社とした場合の代表訴訟の効力に関して、単に会社と表示されている提訴請求書で名宛人がなくとも監査役または代表取締役に回付される仕組みが一般の株式会社では整備されていると考えられるとし、本件の会社でも、被告らの責任追及に係る提訴の要否および当否については検討の機会が確保されていたとして、提訴請求の宛先が単に会社となっていた場合も適法な訴えであるとしている。他方で、本判決は、合併比率に不合理な点があったとしても、存続会社自体には損害が発生しないとして、株主の請求を棄却した。

　提訴請求の方式をめぐる他の裁判例としては、取締役でも監査役でもあった被告について、監査役としての責任追及のみを求める提訴請求をした場合、取締役としての責任を追及する訴えについては不適法とした大阪地判平成11年9月22日判時1719号142頁なども参考になる。

3 ビックカメラ課徴金代表訴訟

31 東京高判平成26年4月24日金判1451号8頁

　本件は、ビックカメラが、不動産流動化取引の会計処理に関して、金融庁の行政指導を受け自主訂正したことによって課徴金納付命令を受けたことについて、株主が、取締役らの善管注意義務違反を理由として損害賠償を求めた代表訴訟である。

　本判決は、第一審判決（東京地判平成25年12月26日金判1451号17頁）同様、善管注意義務違反については、流動化取引の実行、終了、課徴金納

付に関する任務懈怠のいずれも否定している。また、本判決は、その前提となる手続に関する論点についても、第1審判決同様、提訴請求を欠いて提起された代表訴訟であっても、当該訴訟で取締役側に補助参加している会社が提訴請求の欠缺や提訴の見込みについて言及せず、提訴機会を放棄していると認められる場合には不適法とはいえないとしている。さらに、取締役が退任後に会社に対して負担した責任を追及する代表訴訟については不適法であると判示している。

　本判決は流動化取引に関連する場面での取締役の責任を検討する同種判断の参考になるところであるが、前提となる手続的論点でも参考になるところが多い。事前の提訴請求を欠く訴えが例外的に適法に扱われる場合として、(i)提訴請求に形式上の瑕疵があるが、権限ある機関に訴えを提起するか否かの判断の機会があったといえる場合と、(ii)提訴しないという会社の意思が明らかであるとされる場合とに分類され(注)、本件は後者に属するものであるが、その他にも同種裁判例としては、提訴請求をせずに提起された代表訴訟に会社が参加した場合は瑕疵が治癒されるとした東京地判昭和39年10月12日判タ172号226頁、提訴請求をせずに代表訴訟を提起し、訴訟係属中に請求を行い、その後30日以内に会社が提訴しなかった場合は瑕疵が治癒されるとした大阪地判昭和57年5月25日判タ487号173頁、会社が被告側に補助参加した場合には瑕疵が治癒されるとした大阪地判平成12年6月21日判時1742号146頁なども参考になる。

4　拓銀ミヤシタ事件

32　最判平成20年1月28日民集62巻1号128頁

　本件は、**第3節2**で紹介した北海道拓殖銀行の不正融資に関する二つの事件と同様に、同行による融資時に取締役の善管注意義務違反があったことを理由とした代表訴訟であるが、他の2事件と異なり、本件の最高裁における判断では、旧商法266条1項5号に基づく会社の取締役に対する損害賠償請求権の消滅時効期間について問題となった。

(注)　齊藤真紀「判批（平成26年度重要判例解説）」ジュリ1479号（2015）110頁。

本判決は、当該損害賠償請求権の消滅時効期間は、商法522条所定の5年ではなく、民法167条1項により10年となると判示した。

本判決の判断は会社法423条1項の役員等の任務懈怠責任においても同様に当てはまるものと考えられるため、会社法下においても依然として先例としての意義を持つものである。

5　代表訴訟の対象となる取締役の責任の範囲

[33]　大阪観光事件──最判平成21年3月10日民集63巻3号361頁

本件は、会社の土地購入に際して所有権移転登記が同社の取締役宛てになされていると主張して、同社株主が、同社への真正な登記名義の回復を原因とする所有権移転登記手続を求めて代表訴訟を提起した事案である。

本判決は、旧商法267条1項の責任には、取締役の地位に基づく責任のほか、取締役の会社に対する取引債務についての責任も含まれるという立場（取引債務包含説）が相当である旨判示した。

本件の争点をめぐっては学説・裁判例も区々に分かれていたところ、本判決により最高裁が取引債務包含説に立つことが示されたものであり、代表訴訟の対象となる取締役の責任の範囲を示したものとして実務上の意義は大きい。

6　福岡魚市場事件（上告審）

[34]　最判平成26年1月30日集民246号69頁

本件は、**第4節3**で控訴審を紹介しているが、親会社の株主が、取締役に対して、子会社への不正融資等により親会社が損害をこうむったとして、善管注意義務違反を理由とする損害賠償を求めた代表訴訟である。控訴審までは子会社に対する監視監督責任が争点となっていたが、最高裁は責任の有無に関する上告を受理せず、旧商法266条1項5号の損害賠償における遅延損害金の利率および損害賠償債務が履行遅滞となる時期が争点として残っていた。

本判決は、この場合の遅延損害金は、商行為によって生じた債務とは

いえないことから民法所定の年5分であるとし、また、取締役の会社に対する損害賠償債務は、期限の定めのない債務であって、履行の請求を受けたときに遅滞に陥ると判示した。本節4の判断にも整合する結論であり、細かい点ではあるが従前議論が乏しかった点に関して最高裁の判断が示されたものであり意義が認められる。

第8節　おわりに

　以上取り上げてきた商事判例から、過去60年の潮流を端的にとらえるのは容易ではないが、一つの切り口としては、会社をめぐるステークホルダー間での利害調整の対象・態様の変遷、すなわち、会社外部の第三者との取引をめぐるシンプルな調整が中心だった時代から、より内部的な、株主あるいは会社自体との利害関係について洗練された調整を要する時代に移り変わってきたものと表現できる。この背景には、わが国の株式会社の多くが関係者間の私的な中小企業であったことや、上場企業においても、経済成長期には株主をはじめとするステークホルダーの意見が比較的寛容であったことから、かつては会社内部に近いステークホルダー間での問題が顕在化しにくかったものの、経済状況の変化やコーポレート・ガバナンス論の進展と株式市場の活性化等に伴い、中小企業内においても対立の顕在化が増え、また大企業をめぐる不特定多数のステークホルダー間での利害調整が先鋭化するようになったことが挙げられよう。このような利害調整に係る考え方や会社のガバナンスについては、CGコードにおいて最新の考慮が整理、提示されており、今後は、その解釈が問題になる司法判断も増えていくのではないかと予測されるところである。

第6章 取締役・取締役会

第1節　はじめに

　本章では、取締役および取締役会に関する裁判例のうち、前章で取り上げた取締役の責任関係の裁判例以外のものを取り上げて検討する。具体的には、①利益相反取引規制、競業避止義務といった取締役の行為規制に関する裁判例、②取締役会の運営方法に関する各種瑕疵とその是正にかかる裁判例、および③取締役の報酬に関する裁判例を対象とする。

　①および②の分野が取締役の行為規制という意味でコーポレート・ガバナンスそのものであることはいうまでもないが、③についても、「報酬ガバナンス」という用語が徐々に定着してきており[1]、CGコードにおいても、「経営陣の報酬については、中長期的な会社の業績や潜在的リスクを反映させ、健全な企業家精神の発揮に資するようなインセンティブ付けを行うべきである」との指摘が盛り込まれている[2]。このような新たな観点からの役員報酬論が華やかとなりつつあればこそ、報酬に関する一連の裁判例を振り返っておくことの現代的意義には大きなものがあろう。

---

(1) たとえば、神田秀樹＝武井一浩＝内ヶ﨑茂編著『日本経済復活の処方箋　役員報酬改革論』（商事法務、2013）はしがきi頁。
(2) CGコード原則4−2を参照。

第2節　利益相反取引

　取締役が自己または第三者のために会社と取引をしようとする場合（直接取引）や、会社が取締役の債務を保証する等、取締役以外の者との間で会社・取締役間の利害が相反する取引をしようとする場合（間接取引）には、取締役会設置会社においては取締役会の承認（会社法365条1項、旧商法265条[3]）が必要である。これは、前章で論じた取締役の会社に対する善管注意義務および忠実義務（会社法330条、民法644条、会社法355条）から派生し、ないしこれを具現化するものである。次項で論じる競合取引の制限と同趣旨の規制であり、条文が分かれていた旧商法と異なり会社法上は356条という同じ条文中に整理されている。重要な判例があり、かつ、法改正の契機となった最高裁大法廷の判断があることから、便宜上、利益相反取引規制、競業取引規制という順に論じることにする。

1　債務引受けと相対的無効

1　日本ビクター事件——最大判昭和43年12月25日民集22巻13号3511頁
　本件は、利益相反取引の意義、違反行為の法的効力、および無効主張ができる相手方の範囲およびその要件について、昭和56年商法改正の契機となったもので、現代でも重要な判例として実務的な意義を有しているものである。事案は、被上告会社の代表取締役が、上告会社に対する自己の債務につき被上告会社を代表して債務引受けをなしたことを前提に、上告会社が被上告会社に対し、債務引受けの対象となる債務の支払いを求めたというものである。
　最高裁は、昭和56年改正前商法265条（会社法356条、365条）の法意は、取締役個人と会社との利害が相反する場合において、取締役個人の利益を図り、会社に不利益な行為が濫りに行われることを防止するものと解

---

(3)　本章において旧商法とは、平成17年改正前商法をいう。

釈し、利益相反取引中には、取締役と会社との間に直接成立すべき利益相反行為のみならず、取締役の債務をその取締役が会社を代表して債権者に対して債務引受けをするような取締役個人に利益となり会社に不利益を及ぼす行為も包含されると解すべきであると判示した（最判昭和39年3月24日集民72号619頁はその限度で判例変更）。

同条に違反した取引の効果については、承認行為について民法108条を適用しないとの規定（会社法365条2項）の反対解釈として、一種の無権代理人の行為として無効との判断を示しつつも、一方で、取引安全の見地により善意の第三者を保護する必要性を理由として、無効を主張したい会社は、取締役会の承認の欠缺と相手方の悪意を主張、立証してはじめて、その無効を第三者に対しても主張し得ると判示して上告会社の請求を認容した。

本判決は、間接取引もまた利益相反取引規制の対象とした昭和56年商法改正の端緒となったものであり、また利益相反取引規制の趣旨についての判示や相対的無効の考え方については現在でも妥当する重要判例である。なお、本判決の後、取締役の債務の連帯保証に関する最判昭和45年3月12日集民98号365頁、同一人物が代表取締役を務める他社の債務の連帯保証に関する最判昭和45年4月23日民集24巻4号364頁と、同旨の最高裁による判断が続き、これらを受けて昭和56年商法改正により、旧商法265条に「会社ガ取締役ノ債務ヲ保証シ其ノ他取締役以外ノ者トノ間ニ於テ会社ト取締役トノ利益相反スル取引ヲ為ストキ亦同ジ」と利益相反取引の中に間接取引を含む旨明示する規定が追加され、かかる規定は会社法356条1項3号に引き継がれていること、昭和56年改正前商法265条違反の行為は一種の無権代理行為として無効であるが、間接取引の場合には取引安全の見地から会社が無効主張するには相手方の悪意を主張立証しなければならないとの点も前記昭和45年の両最判に引き継がれていること、最判昭和48年12月11日民集27巻11号1529頁は、直接取引につき、取締役からの無効主張は許されないとする第一部で説明したとおりである（**第1部**[7]）。

2 取締役に対する手形振出し行為

② 最大判昭和46年10月13日民集25巻7号900頁

　本件は、株式会社がその取締役に対して取締役会の承認なく融通手形を振り出し、割引先である被裏書人から手形の振出人である会社に対して手形金請求がなされた事件である。

　約束手形の振出行為の利益相反取引該当性については、手形の法的性質論もあいまって学説、裁判例とも判断が分かれていたところ、最高裁は大法廷において、原則として（実質的に会社に不利益を及ぼさない場合の例外を除外する趣旨と解される）利益相反取引に該当する旨判示するとともに、債務引受けに関する前項の判例法理と同様に、手形が不特定多数人の間を転々流通する性質を有するものであることから取引安全の見地より、善意の第三者を保護する必要があるということで、手続の瑕疵があったことにつき第三者が悪意であったことを主張立証する必要があるとするいわゆる相対無効説に立つことを示して、明治42年の大審院の絶対無効の判断について判例変更を行った。

　前掲の判例と同様に、本判決における相対無効説の背景にある取引安全の保護、という価値判断は現在においても妥当するし、手形に類する有価証券ないし新しい決済手段等への妥当性の判断の際に参考となる部分もあると思われる。

3　第三者を介しての関連会社への融資およびその後の債権放棄

③　大阪地判平成14年1月30日判タ1108号248頁

　本件は、グループ全体の再建計画に基づいて、取締役が行った不採算関連会社に対する融資や債権放棄等を行った行為が善管注意義務違反および忠実義務違反等であったとして、原告である株主が、取締役に対して会社がこうむった損害の賠償を求めた株主代表訴訟である。

　事案としては、①代表取締役が関連会社の資金の一元管理を行う会社を経由して自己が代表者を務める関連会社へ融資を行ったこと、②債権放棄を行ったことが利益相反取引に該当するか否かが争われたものであ

る。下級審裁判例ではあるが上級審で維持されており、かつ、利益相反取引について実質的に検討し、また、企業グループ経営の実態も考慮した上での判断であることから紹介する。

まず、①の争点について、裁判所は、会社が利益相反取引規制の適用を回避する目的で第三者を介在させた等の特段の事情がない限り、旧商法265条1項前段の取引には該当しないものと解するのが相当とし、その理由として違反の効果が原則無効であることから、取引安定性を重視し適用範囲を明確にする必要があることを示した。また、②の争点については、本件事案における債権放棄等の債権計画の内容やその承認過程を詳細に検討した上で、当時は利益相反取引による損害賠償義務が無過失責任であったことを踏まえ、形式的に利益相反取引に該当する取引であっても、実質的にみて、当該取引が会社の利益を図る目的でされたものであり、かつ、当該取引の内容、効果等その客観的な性質に照らし会社と取締役または第三者との間に利益相反をもたらさないと評価される場合にまで、あえて損害賠償責任を負担させることは予定されていないというべきとして立法趣旨を踏まえた限定解釈を行い、利益相反取引該当性および損害賠償義務の存在をいずれも否定した。

利益相反取引は、当時の無過失責任とは異なり現在は過失責任とされているが、利益相反取引への該当性を判断するに当たって、規制の趣旨からの限定解釈を許容して取締役の責任を否定したという点で貴重な先例と評価できる。

4　取締役会の承認を要しない場合（全株主の同意）

[4]　最判昭和49年9月26日民集28巻6号1306頁

本件は、取締役に対する株式譲渡について取締役会の承認がなく、その譲渡の効力等が争われた事案であるが、最高裁は、利益相反取引規制の趣旨が、取締役がその地位を利用して会社と取引をし、自己または第三者の利益を図り、会社ひいて株主に不測の損害をこうむらせることを防止することにあると解されるとして、株主全員の合意がある以上、別に取締役会の承認を要しないことは、立法趣旨に照らし当然であって、

譲渡の効力を否定することは許されないものとし、改めての承認も不要と判断した。

このように、利益相反取引規制の趣旨が会社、ひいては株主保護ということで全株主の同意がある場合には別途承認不要というのは確立した判例であり、本判決により実務が安定化したものと評価できよう。

第3節　競業避止義務

取締役が自己または第三者のために会社の事業の部類に属する取引をしようとするときは、その取引につき重要な事実を開示して取締役会（取締役会設置会社の場合、会社法365条1項）、または株主総会（取締役会設置会社以外の会社、同法356条1項1号）の承認を受けなくてはならない。取締役の競業行為は、会社の顧客情報やノウハウ等を収奪する形で会社の利益を害する危険性が類型的に高い行為であることから、形式的・予防的な規制を行うものであり、既述の利益相反行為と同様の考え方に基づくものである。以下代表的な裁判例について概観する。

1　進出準備中の地域での取締役の経営と競業避止義務

⑤　山崎製パン事件——東京地判昭和56年3月26日判時1015号27頁

本件は、山崎製パンの当時のワンマン社長が、千葉および大阪において、山崎製パンとは別途に自己の支配する株式会社を通じて、パン類の製造販売を営んでいたことが、競業避止義務違反に問われた事案である。

裁判所は、千葉について競業避止義務違反を認めたほか、大阪については山崎製パンは従前大阪で営業を展開していたわけではなくその計画段階にとどまっていたものではあるが、山崎製パンとして大阪への進出を決意し、すでに具体的な市場調査を進めていたなどの事実を認定した上、そのような状況下で山崎製パンの代表取締役社長が競業会社の代表取締役として大阪でのパン類の製造販売事業に従事することは、第三者である当該大阪の競業会社のために山崎製パンの営業の部類に属する行

為をしたものとして、競業避止義務違反に該当するものとした。

本件は、著名企業を舞台とする競業避止義務をめぐる裁判例として古典的な事例であり、創業者であるワンマン社長の行動の行き過ぎが、司法によって戒められた事例であるといえよう。本件から30年以上を経た現在においても、大規模公開企業を含め、ワンマン経営を原因とする不祥事例には残念ながら事欠かない現状にある。その意味で、現在でもコーポレート・ガバナンスの観点から味読されるべき裁判例であろう。なお、本件で山崎製パンの代理人を務めたのは、長く商法改正をリードし、理論のみならず会社実務への造詣の深さで知られた故鈴木竹雄東京大学名誉教授であった。

2 経済上の利益の帰属、事実上の主宰者による利益相反、競業

6 大阪高判平成2年7月18日判時1378号113頁

本件は、甲の代表取締役が、乙株式会社の過半数の株式保有者でなくとも、事実上の支配者として、その経営を支配するものであると認定した上、甲と競業する取引を行っている乙社に対し、自己に忠実な管理職を乙社の役員として就任させ人的物的に援助を与え続けるなど乙社の事実上の支配者として同社を支配しているという具体的事実関係を前提に、甲の取締役としての競業避止義務違反および利益相反取引違反を認めた事件である。

裁判所は、取締役の競業避止義務および利益相反取引の規制の趣旨に照らし、「自己又ハ第三者ノ為ニ」するとは、自己または第三者のいずれの名をもってするとを問わず、行為の経済上の利益が自己または第三者に帰属することをいい、取締役が第三者を実質上支配する場合も含めて規制が及ぶものと解するのが相当であると判示し、株式を6分の1しか保有していない等の取締役の反論を排斥した。

取締役に対抗し得る株式を保有する株主は他に存在せず、株主の大部分は少数の株式を保有する甲の従業員ばかりであり、株主総会も開かれておらず、取締役に逆らう者もいない状況の下においては、取締役が事実上の主宰者として、その経営を支配してきたものと認めるのが相当と

いう本件における具体的事実がその判断の前提となっているものの、利益の帰属や事実上主宰しているという点を競業関係の有無における考慮要素とした点は参考となる。

3　競業避止義務違反の損害額の推定

7　名古屋高判平成20年4月17日金判1325号47頁

　本件は、会社の代表取締役が事実上主宰する別会社を利用して競業取引を行った場合における同人に対する競業避止義務違反に基づく損害賠償請求において、代表取締役個人およびその家族の報酬合計額の5割を損害額と推定するのが相当と判断した裁判例であり、競業避止義務違反を行った取締役の会社に対する損害額を具体的に判断したものとして参考となる。

　裁判所は、違反の主体となった代表取締役が競業会社の資金調達、信用および営業について中心的な役割を果たしているという判示の事実関係の下では、当該代表取締役が取得した実質的な報酬額をその利益とすべきであり、その実質的な報酬額を算定するに当たっては、報酬を得た者の間での実際の役務の負担状況に応じて算定するのが合理的であるところ、家族であれば同居の有無や実際の役務の負担状況とは無関係に報酬を決めることもあり得ることからすると、当該代表取締役およびその家族の報酬の合計額の5割を競業避止義務違反によって得た利益とするのが相当であり、同額が損害と推定されると判断した。

　5割という数字の当否は本件事案における個別判断であり直ちに依拠はできないものの、損害の考慮要素として、競業行為を行った会社での実質的役割を考慮して実質的な報酬額を利益とすべきという点（形式的な報酬額でなく）、競業行為の対象となる期間の報酬を損害の算定基準としている点等は参考となる裁判例である。

第4節　取締役会の運営方法

　本節では、経営機構の機能不全、取締役会・代表取締役をめぐる裁判

例について概観する。

1　取締役に対する招集通知を欠いた場合の取締役会決議の効力

8　最判昭和44年12月2日民集23巻12号2396頁

本件は、6名の取締役中2名に対する取締役会招集通知がなく、それらの取締役が欠席し残り4名の取締役の出席により決議された取締役会決議の効力が争われた事案である。

最高裁は、取締役会の開催に当たり、取締役の一部の者に対する招集通知を欠くことにより、その招集手続に瑕疵があるときは、特段の事情のないかぎり、当該瑕疵のある招集手続に基づいて開かれた取締役会の決議は無効になると解すべきであるが、この場合においても、その取締役が出席してもなお決議の結果に影響がないと認めるべき特段の事情があるときは、当該瑕疵は決議の効力に影響がないものとして、決議は有効になると解するのが相当であると判示した。

本判例は、中小企業協同組合法に基づく協同組合の理事会の招集手続の瑕疵と理事会決議の効力に関する同旨の判例（最判昭和39年8月28日民集18巻7号1366頁）を踏襲した判例である。実務上は、判例が示唆した招集通知が欠けた一部取締役が出席しても決議の結果に影響がないと認めるべき「特段の事情」とは具体的にどのような場合をいうのかが問題となる。

株式会社のガバナンスにおいて取締役会が果たす役割の重大性、特に、モニタリング型への移行が志向される昨今のトレンドや、情報通信の発達により連絡が容易にできるようになった現状を踏まえると、「特段の事情」は相当に狭く解されるべきと思われる。

2　代表取締役解任決議と特別利害関係

9　最判昭和44年3月28日民集23巻3号645頁

本件は、代表取締役の解任に関する取締役会の決議についてその代表取締役は特別利害関係人に当たるかが争われた事案である。最高裁は、代表取締役は、会社の業務を執行・主宰し、かつ会社を代表する権限を

有するものであって（旧商法261条3項、78条）、会社の経営、支配に大きな権限と影響力を有し、したがって、本人の意思に反してこれを代表取締役の地位から排除することの当否が論ぜられる場合においては、当該代表取締役に対し、一切の私心を去って、会社に対して負担する忠実義務（旧商法254条3項、254条ノ2参照）に従い公正に議決権を行使することは必ずしも期待し難く、かえって、自己個人の利益を図って行動することすらあり得ると示し、忠実義務違反を予防し、取締役会の決議の公正を担保するため、個人として重大な利害関係を有する者として、当該取締役の議決権の行使を禁止するのが相当との判断を示した。

本判決の取締役会運営実務に対する影響については判断が難しいところであるが、判示の趣旨からすると、代表取締役解任議案に移行した際に議長を代表取締役以外の者に交代することは最低限必要であると思われるものの、（決議には参加しないことを前提に）議場からの退出までは不要とする余地もないではないように思われる。

なお、決議につき特別利害関係人として議決権のない取締役は、当該決議から排斥されるべきものであり、そのような者に議長として議事を主宰する権限を認めることはできないという判断を示した裁判例もある（東京高判平成8年2月8日資料版商事151号143頁）。

第5節　取締役の報酬

委任契約における受任者の報酬は無償が原則というのが民法上の規律であるが（民法648条1項）、会社の取締役の報酬については、有償であることが一般的かつ実務でもあり、会社法やその関連の裁判例も有償であることを前提にしている。

報酬の具体的内容（金額や金銭報酬と非金銭報酬の間の選択等）については各社各様であり各社の裁量に委ねられているのが原則であるが、その決定方法等について会社法上の各種規制があるものの一義的に明確とはいえず、多くの裁判例が存在する分野である。

会社法上は、取締役が会社から受ける報酬、賞与その他の職務執行の

対価である財産上の利益（報酬等）については、金額が確定したものはその額（会社法361条1項1号）、金額が確定しないものは具体的な算定方法（同項2号）、金銭でないものについては具体的な内容（同項3号）を定款または株主総会決議において定める必要がある(同条1項)と整理したが、解釈に委ねられる部分も依然多く、裁判例も多く蓄積されているのでそれらについて概観する。

1　報酬の支給決議

(1)　総会決議の不存在と報酬請求権

10　最判平成15年2月21日金法1681号31頁

　本件は、株式会社である上告人が、当時上告人の代表取締役であった被上告人が取締役の報酬額を定めた定款の規定、株主総会の決議またはこれに代わる全株主の同意がないのに取締役の報酬の支給を受けたことが旧商法269条に違反するなどと主張して、被上告人に対し、旧商法266条1項5号に基づき損害賠償責任を追及する事案である。

　原審は、株式会社の取締役と会社との関係においては、通常の場合、有償である旨の黙示の特約があるものと解され、同特約がある以上、株主総会の決議がない場合には、取締役は会社に対し社会通念上相当な額の報酬を請求することができると解するのが相当であるとして請求を棄却したが、最高裁は、旧商法269条の趣旨がお手盛りの弊害防止のため定款または株主総会に委ねている以上、株式会社の取締役については、定款または株主総会の決議によって報酬の金額が定められなければ、具体的な報酬請求権は発生せず、取締役が会社に対して報酬を請求することはできないというべきであると判示し、本件においてはその額が社会通念上相当な額であるか否かにかかわらず、被上告人が上告人に対し、報酬請求権を有するものということはできないと判断した。

　最高裁は、あくまで判例で示されたとおり、旧商法269条の趣旨解釈から、定款または株主総会決議ない限り報酬請求権は発生しない、という形式的な基準を重視することを改めて示し、黙示の特約や、社会通念上相当な額か否か、という要素はかかる判例の例外とはなり得ないことを

示したという意味で先例としての実益がある。

(2) 役員報酬の事後追認

11 最判平成17年2月15日集民216号303頁

本件は、役員報酬が本件会社の定款および旧商法269条（平成14年法律第44号による改正前のもの。以下同じ）、279条1項に違反して株主総会の決議に基づかずに支払われたということを理由に役員報酬相当額の損害を会社に賠償すべきという株主代表訴訟である。

最高裁は、旧商法269条、279条1項が、株式会社の取締役および監査役の報酬について、定款にその額の定めがないときは、株主総会の決議によって定めると規定している趣旨目的は、取締役の報酬にあっては、取締役ないし取締役会によるいわゆるお手盛りの弊害を防止し、監査役の報酬にあっては、監査役の独立性を保持し、さらに、双方を通じて、役員報酬の額の決定を株主の自主的な判断に委ねるところにあると解される。そして、株主総会の決議を経ずに役員報酬が支払われた場合であっても、これについて後に株主総会の決議を経ることにより、事後的にせよ上記の規定の趣旨目的は達せられるものということができるから、当該決議の内容等に照らして上記規定の趣旨目的を没却するような特段の事情があると認められない限り、当該役員報酬の支払いは株主総会の決議に基づく適法有効なものになるというべきであると判断し、本件においては特段の事情の存在することがうかがえないとして請求を棄却した。

最高裁は、定款または取締役会決議が必要という厳格な姿勢は示しつつ、一方で、法の趣旨を没却するような特段の事情がない限りは、会社による事後追認の決議を有効とすることで、お手盛り防止の趣旨と会社の自治とのバランスを柔軟に図っているといえよう。

2 報酬の減額等

(1) 任期中の報酬額の変更

12 三越社長解任事件——東京地判平成2年4月20日判時1350号138頁

本件は、三越の元社長が会社に対し、自らの解任に関する決議の効力

を争い、また、退職慰労金の一部と代表取締役としての報酬の未払金の支払いを求めた事件である。刑事事件にまで発展する等世間の耳目を集めた事件であるが、本稿との関係では、株主総会決議なしに役員退職慰労金を支給できるか、いったん定めた取締役の報酬を当該取締役の同意なしに減額ないし無報酬にできるか、という争点に関する判断が参考となる。

裁判所は、取締役の退職慰労金は、旧商法269条の「報酬」に当たり、定款に定めのない以上、株主総会の決議により支給額を決定して支給が可能となると判断し、会社において取締役の報酬額であっても役職ごとに決められており任期中の役職変更に伴って変更後の役職について定められた報酬が支払われている場合には会社は一方的に役職の変更を理由とする報酬額の変更をすることができるとした一方、当該取締役に犯罪行為等の不行跡があり、また逮捕、勾留されて取締役会に出席できなかったとしても、これを理由として報酬を減額することはできないと判断した。

本判決は、次の(2)で取り上げる、取締役の報酬は本人の同意なしに変更できないという最高裁判例と異なる判断をするものではなく、あくまで当該具体的企業における具体的な規定や運用実態によっては役職変更に伴う変更はあり得ると判断しているにすぎないものと解される（黙示の承諾とも評価できる）。一方、逮捕拘留等により取締役の職務が遂行できない場合ですら報酬が当然に減額されるわけではないと判断した点は参考となる。

(2) 取締役報酬の一方的な減額の有効性（消極）

13 最判平成 4 年12月18日民集46巻 9 号3006頁

本件は、任期中に常勤の取締役から非常勤取締役に職務変更され、かつ、株主総会において無報酬とする決議を受けた取締役が、これらの効力を争って従前の取締役報酬を求めた事件である。

具体的な額が定められた取締役の報酬を、株主総会決議によって一方的に変更することの可否が争点となった事件であり、1審は、取締役の職務変更に伴い株主総会で変更できると判断し、2審は、原則変更不可

としつつも職務内容が著しく変更する場合は同意なくとも将来に向かって減額ないし無報酬とできると判断したが、最高裁は、株主総会がこれを無報酬に変更する旨の決議をしても、当該取締役は、その変更に同意しない限り、報酬請求権を失わないと判示した。

　株式会社において、定款または株主総会の決議（株主総会において取締役報酬の総額を定め、取締役会において各取締役に対する配分を決議した場合を含む）によって取締役の報酬額が具体的に定められた場合には、その報酬額は、会社と取締役間の契約内容となり、契約当事者である会社と取締役の双方を拘束するから、その後株主総会が当該取締役の報酬につきこれを無報酬とする旨の決議をしたとしても、当該取締役は、これに同意しない限り、その報酬の請求権を失うものではないと解するのが相当であるというのが確立した判例となった。株主総会という会社の最高意思決定機関においても成立済みの契約内容は一方的に変更できないことを示した点は重要である。

　なお、取締役会による減額についても最高裁は同様の判断を示していた（最判昭和31年10月5日集民23号409頁）。

　上記判例は、福岡高判平成16年12月21日判タ1194号271頁においても踏襲されており、裁判所は、確定報酬の減額には取締役の同意が必要というのは確定判例と示しつつ、役職が取締役の報酬額決定の基準ないし基準の一つとなっており、役職の変更に連動して当然に一定額の報酬が減額されるような場合などのように、取締役にとって取締役報酬の減額が予測可能なものであり、そのような変更について取締役就任の際に当該取締役の黙示の同意があったと推認できる程度のものであって、はじめて上記のような慣行の存在を理由として、個別の変更に対する同意がなくても報酬額の減額が認められるというべきとして、同意の例外を認める要件についてきわめて狭い判断を示している。

3 使用人兼務取締役

(1) 使用人兼務取締役の使用人給と取締役会の承認

14 最判昭和43年9月3日集民92号163頁

本件は、使用人兼務取締役に対する使用人としての給料の支払いに関する取締役会の承認の要否について最高裁としての判断を示した事案である。

最高裁は、株式会社の取締役が使用人たる地位を兼ね、使用人としての給料の支払いを受けることは、旧商法265条（会社法356条）所定の取締役と会社間の取引に当たるが、使用人としての特定の職務を担当する取締役が、あらかじめ取締役会の承認を得て一般的に定められた給与体系に基づいて給料を受ける場合には、そのつど改めて取締役会の承認を受けることは必ずしも必要でないと解することができるという判断を示した。

(2) 使用人兼務取締役の使用人給を含まない旨の決議

15 シチズン時計事件──最判昭和60年3月26日集民144号247頁

最高裁は、旧商法269条（会社法361条）の規定の趣旨は取締役の報酬額について取締役ないし取締役会によるいわゆるお手盛りの弊害を防止する点にあるから、株主総会の決議で取締役全員の報酬の総額を定め、その具体的な配分は取締役会の決定に委ねることができ、株主総会の決議で各取締役の報酬額を個別に定めることまでは必要でなく、この理は、使用人兼務取締役が取締役として受ける報酬額の決定についても、少なくとも使用人として受ける給与の体系が明確に確立されており、かつ、使用人として受ける給与がそれによって支給されている限り同様であるといえ、使用人として受ける給与の体系が明確に確立されている場合においては、使用人兼務取締役について、別に使用人として給与を受けることを予定しつつ、取締役として受ける報酬額のみを株主総会で決議することとしても、取締役としての実質的な意味における報酬が過多でないかどうかについて株主総会がその監視機能を十分に果たせなくなるとは考えられないから、このような内容の本件株主総会決議が旧商法269

条（会社法361条）の脱法行為に当たるとはいえないと判示した。

(3) 使用人兼務取締役の退職慰労金

16 最判昭和56年5月11日集民133号1頁

本件は、取締役が支給を受けるべき退職慰労金に対する旧商法269条（会社法361条）の適用の有無が問題となった事案であるが、最高裁は、その在職中における職務執行の対価として支給されるものである限り旧商法269条にいう報酬に含まれるものと解すべきという次項で紹介する最高裁判例を前提に、取締役が退職に際して支給を受けるべき退職慰労金が従業員にも共通に適用される退職慰労金支給規定において勤続年数と退職時の報酬日額を基礎にして算出すべきものとされている場合であっても、当該慰労金は旧商法269条（会社法361条）所定の報酬に当たると判示した。

4 退職慰労金

(1) 退職慰労金の報酬該当性と決議方法

17 名古屋鉄道事件──最判昭和39年12月11日民集18巻10号2143頁

本件は、株主総会における退任役員に対する慰労金贈呈の「金額、時期および方法等を取締役会に一任する」といういわゆる一任決議について、株主が株主総会決議の無効確認を求めた事案である。

最高裁は、退職慰労金が在職中の職務執行の対価として支給される場合には、当該退職慰労金は昭和56年改正前商法280条、269条（会社法387条）の報酬に含まれ、定款に額の定めがない限り株主総会決議で定めるべきで、無条件に取締役会の決定に一任することは許されないという判断を示しつつ、株式会社役員に対して退職慰労金支給に関し「金額、支給期日、支払方法を取締役会に一任する」との株主総会決議をした場合でも、決議が当該会社において慣例となっている一定の支給基準によって支給すべき趣旨であるときは、同条の趣旨に反して無効ということはできないと判示した。

本判決の後に、第三相互銀行事件（最判昭和44年10月28日集民97号95頁）、関西電力事件（最判昭和48年11月26日判時722号94頁）と同旨の最高裁判決

が続いており本論点についての判例の立場は確立していると評価できる。

ところで、旧商法269条（会社法361条）が取締役報酬を株主総会決議で定めることを要求したのは、取締役の報酬額の決定を取締役自身に委ねた場合に懸念される「お手盛り」を防止するためであるから、株主総会が取締役報酬の決定を取締役会へ無条件に一任することは許されないものの、取締役全員の報酬総額（または最高限度額）を定め、その具体的配分を取締役会の決定に委ねるのは、適法とされ（15シチズン事件）、確立した実務でもある。

また、最判昭和31年10月5日集民23号409頁は、取締役の報酬の個別金額の決定を代表取締役へ再委任することを認めていることは、**第1部**において述べたとおりである（**第1部**8）。

(2) **退職慰労金の額等の決定を取締役会に一任する株主総会の決議、および同決定をさらに取締役会長等に一任する取締役会の一任決議の有効性（積極）**

18 最判昭和58年2月22日集民138号201頁

本件は、本事案における具体的事実関係を前提として、退任取締役に贈呈する退職慰労金の額等の決定を取締役会に一任する株主総会の決議および同決定をさらに取締役会長等に一任する取締役会の決議が無効とはいえないと最高裁が判断した事例である。

最高裁は、退職取締役に贈与する退職慰労金額等の決定を取締役会に一任する株主総会の決議およびその決定をさらに取締役会長等に一任する取締役会の決議は、当該慰労金の算定に関し内規およびその運用についての慣例があり、かつ、株主がこれらを知ることができる状況にあった等判示の事実関係のもとにおいては、株主総会の決議は旧商法269条（会社法361条）に違反するものではなく、また上記取締役会の決議も旧商法269条（会社法361条）および株主総会の決議の趣旨に反するものではなく、いずれも無効であるとはいえないと判示した。

(3) **不支給決議と期待権または人格的侵害に基づく不法行為**

取締役に対する退職慰労金について定款または株主総会の決議が必要

という判例の確立を踏まえてであろうか、退職した取締役に対する退職慰労金支給の案件を株主総会の議案として付議しなかったことを期待権侵害として不法行為に基づく損害賠償を請求するという事案が出てきた。東京地判平成3年7月19日金法1308号37頁はこれを否定したが、大阪高判平成19年3月30日判タ1266号295頁は、不支給決議が退任取締役の人格権を侵害した違法なもので不法行為に該当するとして、精神的苦痛に対する慰謝料として2名の取締役に対する300万円および500万円の各損害賠償義務を肯定した。

いずれも不法行為に基づく損害賠償請求であるため、一般化することは困難ではあるが、たとえ会社法上適法な行為であっても、特定の取締役に対して少なくとも人格的侵害と評価されるような対応を行った場合には、一般不法行為に基づき慰謝料相当の損害賠償義務が認められる余地があるという点は実務上参考となり留意しておく必要がある。

(4) 内規の廃止と功労金不支給

19 最判平成22年3月16日集民233号217頁

本件は、退任取締役が、株主総会決議等によって定められたところに従い、当時の役員退職慰労金規程に基づき算出された額の退職慰労年金を受給していたところ、その後の取締役会決議で本件内規が廃止されたとして同年金の支給が打ち切られたため、未支給の退職慰労年金の支払い等を求めた事案である。

争点は、株主総会の決議を経て支給中の退職慰労年金につき、集団的、画一的な処理が制度上要請されているという理由のみから本件内規の廃止により未支給の退職慰労年金債権を失わせることの可否である。

原審は、退職慰労年金の支給期間は20年という長期にわたるところ、その間に社会経済情勢、会社の状況等が大きく変化した場合、すでに退任した取締役と将来退任する取締役との間に不公平が生ずるおそれがある、退職慰労年金については、集団的、画一的処理を図るという制度的要請から、被上告人は、変更等の必要性、内容の妥当性、手続の相当性を考慮して一定の場合には本件内規を改廃することができ、本件内規が改廃された場合には、これに同意しない者に対してもその効力が及ぶと

解すべきであるとし、経営状況等の諸事情に照らせば、被上告人は、本件内規を廃止する旨の取締役会決議により退職慰労年金制度を廃止することができ、これに同意しない上告人に対してもその効力が及ぶと解するのが相当と判断した。

一方、最高裁は、株主総会の決議を経て、役員に対する退職慰労金の算定基準等を定める会社の内規に従い支給されることとなった会社法361条1項にいう取締役の報酬等に当たる退職慰労年金について、退任取締役相互間の公平を図るため集団的、画一的な処理が制度上要請されているという理由のみから、上記内規の廃止の効力をすでに退任した取締役に及ぼし、その同意なく未支給の退職慰労年金債権を失わせることはできないと判断した。

本件は、いったん成立した退職慰労金請求権は取締役の同意なしでは減額できないという判例を踏襲し、集団的画一的処理が制度上要請されている、という理由だけでは足りないと判断しているが、一方で、黙示的な合意の有無、事情変更の原則の適用の有無等の適用の可否についての判断のために差戻しをしている。しかしながら、いずれも認められるのがまれな一般法理であることから、会社としてはあくまで対象となる取締役から個別同意を取得するよう対応することが望ましいと思われる。

(5) **執行役員からの退職金支払請求権（消極）**

20 最判平成19年11月16日集民226号317頁

本件は、元執行役員が、その内規である執行役員退職慰労金規則所定の金額の退職慰労金の支払いが明示的または黙示的に執行役員就任契約における合意の内容となっていたなどと主張して、その支払いを求める事案であり、最高裁は、会社の執行役員を退任した者が会社に対し退職慰労金の支払いを請求することができないと判断した事例である。対象会社の具体的事情を踏まえてではあるが、会社が従前支給してきた内規所定の金額の退職慰労金は、功労報償的な性格がきわめて強く、執行役員退任のつど、代表取締役の裁量的判断により支給されてきたにすぎないものと評価したものである。

(6) 多数株主による退職慰労金の返還請求と信義則違反、権利濫用の成否（消極）

21 最判平成21年12月18日判時2068号151頁

　本件は、被上告人の取締役であった上告人が取締役退任に際し支給を受けた退職慰労金について、被上告人が、株主総会の決議が存在しないことなどを理由に、上告人に対し、不当利得返還請求権または不法行為による損害賠償請求権に基づき上記退職慰労金相当額の支払いを求めた事案である。

　最高裁は、退職慰労金支給決議等が存在しない以上は、上告人には退職慰労金請求権が発生しておらず上告人が本件金員の支給を受けたことが不当利得になることは否定し難いところとしつつ、本件事案における具体的事情、従前から、退任取締役に対する退職慰労金は事前の株主総会の決議を経ることなく支給されていたこと、発行済株式総数の99％以上を保有する代表者が決裁することによって株主総会の決議に代えてきたこと、いったんは退職慰労金を振り込んだという事実がありその返還を求めたのが１年も経過後であり代表者が黙認してきたと評価できること、従前退職慰労金を支給された退任取締役と同等以上の業績を上げてきたとの事実主張もあること等を考慮して、退職慰労金を不支給とすべき合理的な理由があるなど特段の事情がない限り、被上告人が上告人に対して本件金員の返還を請求することは、信義則に反し、権利の濫用として許されないというべきであると判断し、信義則違反等の主張の当否についてさらに審理を尽くさせるため、本件を原審に差し戻した。

　非上場閉鎖会社やオーナー企業については、具体的事情に応じて裁判所も柔軟に判断する余地を示した点が参考になる。

第６節　むすびに代えて

　以上、取締役および取締役会に関する判例および裁判例を概観してきた。

　特に報酬に関しては、最高裁判例を含めて多くの裁判例がみられ、関

係者の利害が対立しやすい分野であることを示していよう。それだけにむしろ、今後のガバナンス論においては、後ろ向きの対立よりも、報酬を経営陣に対するインセンティブとして前向きに用いる方向性が有力になっていくように観察される。実際、CGコードが役員報酬に一定程度、自社株報酬を組み込むべきことを提言している影響で（補充原則4‐2①）、信託を用いた役員への自社株報酬付与の仕組みを導入する企業が増えており、2015年中に100社を突破するとの見通しも示されている（2015年4月25日付日本経済新聞朝刊1面）。

　この点も含め、取締役および取締役会に関するルールという意味では、会社法だけでなくCGコードや取引所規則等のソフト・ローによる新たなルール策定の動きが近年は顕著であり、これらの動きが今後の判例等に何らかの影響を与えるか、注視していきたい。

第7章 　監査役・会計監査人

第1節　はじめに

　監査役・会計監査人に関連する裁判例は、他の機関と比較すると少なく、これは、昭和49年商法改正前には監査役監査の範囲が限定されており、監査役の責任を問い得る事案が少なかったことによるものと考えられる。しかし、昨今の監査役の地位の向上、ガバナンスのあり方からすると、監査役等の果たすべき役割は大きくなっており、この分野にかかる裁判例を検討する意義は大きいといえる。

　以下では、まず監査役の善管注意義務違反等が問題とされた裁判例について時代を追って概観し、次に、監査役・監査役会に隣接する問題として会計監査人の責任が問題とされた裁判例を取り上げる。さらに、横滑り監査役、兼職禁止について問題となった裁判例を取り上げ、最後に、監査役の選任手続が問題となった裁判例を紹介する。

第2節　監査役の責任

　最高裁判例には監査役の責任の有無について判断したものはなく、農業協同組合の理事の責任に関する4の最高裁判例を除き、いずれも下級審の裁判例にとどまる。これらをみるに、監査役の責任は厳しくなる傾向にあり、また、判決における任務懈怠の有無にかかる認定も具体化してきていると評価できる。また、企業不祥事等を契機とした法改正によ

り監査役制度が強化され、日本監査役協会の監査基準（昭和50年3月制定、平成23年3月最終改正）も精緻化され、監査役の職務、役割が明確化されている。

[1] 山陽特殊製鋼事件──神戸地姫路支決昭和61年4月11日判タ191号128頁

本件は、山陽特殊製鋼が大幅な粉飾を行い、違法配当等を行ったことにつき、更生管財人が、役員が会社に与えた損害について賠償請求権の査定を申し立てた事案である。

本決定は、違法配当額および違法賞与支給額を関係した役員に対する損害賠償請求権の額と査定した。監査役については、定時株主総会に提出すべき計算書類に関する調査義務を尽くさず、違法配当議案が適正妥当である旨株主総会で報告し、また株主総会の承認を得ない違法な役員賞与の支給について定時株主総会に報告しなかったとして、取締役と連帯して損害賠償の責に任ずると判示した。

本件は、倒産した会社の役員に対して粉飾決算による損害賠償の責任を会社更生法72条（現100条）に基づいて査定したはじめての裁判例である。監査役が違法行為に加担または認識しながら放置した事案であり、監査役の任務懈怠は明白であるが、大規模な粉飾決算事件として耳目を集め、昭和49年の監査制度の大改正[1]のきっかけとなった事件であるため、最初に紹介する。

[2] 東京地判平成4年11月27日判時1466号146頁

本件は、Aが建築業等を行うB社（小会社）と建物建築請負契約を締結して代金を支払ったが、B社が杭打ち作業をしただけで倒産したため、B社代表取締役と取締役（監査役の妻）および弁護士である監査役C

---

(1) 昭和25年商法改正では会計監査に限定されていた監査役監査が、昭和49年改正により、大会社の会計監査には、会計監査人による監査が義務づけられ（商法特例法2条）、また大会社・中会社には業務監査権限が付与された（旧商法274条1項）。その後、昭和56年改正による複数監査役・常勤監査役制度の導入、平成5年改正による監査役会・社外監査役制度の導入、平成13年改正による監査役の半数以上の社外監査役の設置・社外要件の厳格化がなされたが、監査制度の基礎は上記昭和49年改正により築かれ平成17年の会社法制定まで維持された。

に対して損害賠償請求をした事案である。

　本判決は、監査役Cについて、善管注意義務をもって会計監査を行う義務があるとした上、Cが会計監査を真摯に行わず、計算書類について説明を何ら求めることもなく、不正経理（粉飾決算）を見過ごし、結果的にこれを放置したとの事実のほか、「弁護士であって監査役に就任した以上一般人に比して監査役の職務をより一層真摯になすべきことが期待される職責にあること」も考慮し、重大な任務懈怠があり悪意・重過失があると判断した。なお、監査役に就任した動機・理由、報酬の有無等はその責任の有無には直接関係がないとも判示されている。

　本判決は、昭和49年改正後に監査役の第三者に対する責任（旧商法266条ノ3、280条）を認めたはじめての裁判例である。事案の特殊性はあるが、弁護士であることを理由に一般人より一層真摯に職務をなすべきことが期待されると判示された点などで特徴的であり、違法行為の認識がなくとも責任を認めた[2]。弁護士、公認会計士等の専門家が監査役に就任した場合には、専門家として一般的に要求される注意義務が監査役としての善管注意義務に影響すると解されており、有資格者が社外監査役等に就任するケースが増えている昨今において参考となるものである。

3　ダスキン事件——大阪高判平成18年6月9日判時1979号115頁

　本件は、ダスキンの経営するドーナツ店で無認可添加物を含む食品が販売されたことに関し、加盟店への営業補償等の約106億円の損害を会社に与えたとして、株主が役員に対し、善管注意義務違反に基づく損害賠償請求を行った株主代表訴訟である。

　一審は、当時の生産本部担当の専務取締役のみの責任を認めたが、本判決は役員全員に対する請求の一部を認め、同専務と当時の代表取締役

---

[2]　大和銀行事件（前記**第5章**17）でも監査役が違法行為を認識しておらず、監査の結果として違法行為を発見することができなかった場合の任務懈怠を認定した。もっとも、不祥事の発生した支店に往査した監査役について「会計監査人による財務省証券の保管残高の確認方法が不適切であることを知り得た」として任務懈怠を認めたが、因果関係のある損害額が確定できないという理由で結論として損害賠償責任は否定した。

会長兼社長に約5億円、その他の取締役および監査役（計9名）は約2億円を連帯して支払う義務があるとした。上記9名については、本件混入および販売等の事実を知ったが自ら積極的には公表しないとの方針を決定し、これが当然の前提として取締役会で了解されていたこと、積極的な損害回避の方策の検討を怠ったことなどから、取締役に善管注意義務違反があるとした上、監査役も自ら上記方策の検討に参加しながら、取締役の明らかな任務懈怠に対する監査を怠った点において善管注意義務違反があるとされた。

　本判決の意義は多岐にわたるが、監査役に関しては、不祥事発覚後の対応において責任が認められたものである。本判決以降、不祥事発覚後の対応の重要性が認識されており、その際に監査役の果たすべき役割がより大きくなっている[3]。

4　大原町農協事件――最判平成21年11月27日判時2067号136頁

　本件は、大原町農業協同組合の代表理事が、補助金により組合の資金的負担のない形で事業を進める旨の理事会の承認を得た後、理事会に虚偽の報告をするなどして組合の費用負担のもとで事業を進めたことについて、組合から監事に対し、業務監査に任務の懈怠があったとして損害の一部の賠償を求めた事案である。

　本判決は、代表理事が補助金の申請先等について具体的な説明をせず、その後も補助金の受領見込みを明らかにしないまま組合資金からの立替による建設用地の取得を提案したなどの事実関係を前提に、監事は、代表理事による資金の調達方法を調査、確認することなく、事業が進められるのを放置したとして任務懈怠を認めた。また、組合において監事が理事らの業務執行の監査を逐一行わないという慣行が存在したと

---

[3]　日本監査役協会「監査役監査基準の改訂について」（平成23年3月10日）において、「不祥事発生に伴う損害の拡大防止や説明責任等の観点から、透明性の高い抜本的対応を求められ」るなどとされており、監査基準では、直ちに取締役等から報告を求め、必要に応じて調査委員会の設置を求めて調査委員会から説明を受け、当該企業不祥事の事実関係の把握に努めるとともに、原因究明、損害の拡大防止、早期収束、再発防止、対外的開示のあり方等に関する取締役および調査委員会の対応の状況について監視し検証しなければならないなどと定められている（24条）。

しても、そのような慣行は適正なものではなく、職責軽減の事由とはならない旨判示した。

　最高裁判例で監査役の責任について判断したものはないが、本判決当時の農業協同組合の監事の権限および責任は昭和49年商法改正後の株式会社（中会社）における監査役と同様であり、本判決も、監査役の責任を検討する上で重要な判例といえる。

5　セイクレスト事件──大阪地判平成25年12月26日金判1435号42頁

　セイクレストの代表取締役Aは、違法・不当な業務執行を続け、募集株式の払込金4億2,000万円の一部を取締役会の決定に反して流出するなどしていたため、社外監査役を含む監査役会は取締役会につど反対意見を表明していた。本件は、その後、破産手続が開始され、管財人が、上記流出に関して、Aの違法行為を前提に社外監査役に対し善管注意義務違反を理由に同額の損害賠償責任の査定を求めた事案である。

　本判決は、監査役は、Aの任務懈怠行為の反復について十分に認識しており、任務懈怠行為が繰り返されるおそれを予見できたこと、多額の払込金の入金予定があり、Aが不当に流出させるおそれを予見できたこと、したがって、監査役は、取締役会に対してAによる資金流出を防止するためのリスク管理体制を直ちに構築するよう勧告すべき義務、Aの代表取締役からの解職および取締役解任決議を目的事項とする臨時株主総会の招集を勧告すべき義務があったが、これらに違反したとして損害賠償責任を認めた（ただし、重過失は否定し、責任限定契約を適用して賠償額を報酬2年分の648万円に限定した）。

　本件は社外監査役の責任が認められたものであるが[4]、監査役の職務分担の定めが合理的なものである限り、各監査役は、他の監査役の職務執行の適正さについて疑念を生ずべき特段の事情がない限り、原則とし

---

[4]　大和銀行事件（前記**第5章**17）では、社外監査役に関して「非常勤であったとしても、常に、取締役からの報告、監査役会における報告などに基づいて受動的に監査するだけでは足りるものといえず、常勤監査役の監査が不十分である場合には、自ら調査権を駆使するなどして積極的に情報収集を行い、能動的に監査を行うことが期待されている」と判示されている。

て当該職務分担の定めに従って職務を行えば任務懈怠の責には問われないとして社外監査役の責任を否定した裁判例[5]がある一方、本件は、代表取締役の任務懈怠行為が反復されていたという特殊性はあるものの、監査役の職務分担の定めがあったにもかかわらず、社外監査役にリスク管理体制構築の勧告義務や臨時株主総会招集の勧告義務まで認めたものであり、厳正な判決ともいえる。また、本判決では、会社の監査役監査規程に明示された職務である点も考慮されている。日本監査役協会の監査役監査基準が考慮される裁判例もあるところ[6]、同基準はベストプラクティスを含み直ちに法的責任を生じるものではないが、同基準に従って会社の監査役監査規程が策定されている場合などには、同基準に従って一定の義務を負うとも解されている[7]。なお、本判決は、対象とされた違法行為について具体的な予見可能性までは認められないとして違法行為の差止めを申し立てる義務までは認めなかった。本件は、違法行為が予見される場合に、監査役として何をすべきかを検討するに当たって参考になるものである。

6 昭和観光事件——大阪地判平成21年1月15日労判979号16頁

本件は、昭和観光の従業員であった原告らが、役員に対し、悪意または重過失により任務を懈怠し、会社に時間外労働等の割増賃金を支払わせなかったとして損害賠償請求をした事案である。

本判決は、取締役および監査役の善管注意義務ないし忠実義務は、会社資産の横領、背任、取引行為など財産的範疇に属する任務懈怠だけでなく、会社の使用者としての立場から順守されるべき労働基準法上の履行に関する任務懈怠も包含するとした上、原告らからの時間外手当ての請求を知りながら何らの対応を取らず放置したとして、重過失により取締役ないし監査役として負っている義務に違反したと判断した。

労働基準法違反、その他一般法令違反の行為も会社のリスクであっ

---

(5) 東京地判平成25年10月15日LEX/DB25515853。
(6) 東京地判平成25年10月15日LEX/DB25515853。
(7) 日本監査役協会「監査役監査基準の改訂について」(平成23年3月10日)の「Ⅲ 本規準の位置付けと対象会社について」。

て、本判決の判示は当然の内容と思われるが、平成26年会社法改正において、業務の適正を確保するための体制として従業員が監査役に報告をする体制、子会社従業員が親会社監査役に報告をするための体制整備が求められており（会社法施行規則100条）、また、CGコードにおいても「内部通報に係る体制整備の一環として、経営陣から独立した窓口の設置（例えば、社外取締役と監査役による合議体を窓口とする等）を行うべき」（補充原則2－5①）とされており、今後、監査役が、労働関係の問題に直面し対応しなければならない場面も増えると思われ、改めて留意すべき判決といえる。

7　春日電機事件──①事件：東京地決平成20年11月26日資料版商事299号330頁、②事件：東京地決平成20年12月3日資料版商事299号337頁

①事件は、春日電機の大株主となったアインテスラ（以下「A社」という）から取締役選任議案の修正動議が提出され、創業者一族に代わりA社の取締役会長Bらが取締役に就任したところ、Bは春日電機の代表取締役に就任した直後に同社を代表してA社に無担保で多額の貸付けをし、その返済請求をしなかったこと、また、春日電機は取引先から商品代金1億5,000万円を請求され、Bによる架空取引の可能性があるにもかかわらずBが支払いをしようとしたことから、常勤監査役が、A社に対する債権につき返済期限の猶予をしてはならない、上記取引先に対し金銭その他の財産を譲渡してはならないという取締役の違法行為差止の仮処分命令を申し立て、これが認められたものである。

②事件は、基準日を決めて臨時株主総会を開催する旨取締役会で決議した後、A社の持株が0株となったことから、上記決議のとおり株主総会を開催すると開催日時点の株主の意思が正確に反映されないため、常勤監査役が、当該臨時株主総会を開催してはならないという取締役の違法行為差止の仮処分命令を申し立て、これが認められたものである。

①事件の決定は、監査役による取締役の違法行為の差止請求（会社法385条）をはじめて認めたものである。②事件では、春日電機の会計監査人が金融商品取引法193条の3（公認会計士・監査法人の法令違反等事実発

見への対応）に基づき、監査役に対し法令違反の指摘と是正措置をとるべき旨通知し、それが申立てのきっかけとなった[8]。

第3節　会計監査人の責任

　公認会計士または監査法人による会計監査制度は、旧証券取引法により定められ、昭和49年商法改正により、大会社に会計監査人の会計監査が義務づけられ（商法特例法2条）、会社法では規模によらずこれを採用することができるに至った（会社法327条5項、328条、326条2項）。会計監査人は、職務の執行に当たっては善管注意義務を負い[9]、任務を怠ったときは会社に対して連帯して損害賠償責任を負う（同法423条1項、430条）。また、会計監査報告に記載しまたは記載すべき重要な事項につき虚偽記載等をしたときは、第三者に生じた損害を連帯して賠償する責任を負い、無過失を証明できない限り免責されない（同法429条2項4号）。以下では、会計監査人の任務懈怠が問われた裁判例を紹介するが、会計監査人の責任については、会社側の過失を過失相殺できるかという議論があり、下記の裁判例の中にも8割の過失相殺をしたものがある。

⑧　**日本コッパース事件**——東京高判平成7年9月28日判時1552号128頁、東京地判平成3年3月19日判時1381号116頁

　本件は、日本コッパースにおいて、経理部長による多額の横領を監査法人が任意監査の過程で発見できず、昭和52年、53年に無限定適正意見を表明したとして、同社が監査法人に対し、監査契約の債務不履行を理由に損害賠償請求をした事案である。

　1審は監査法人の責任を一部認めたのに対し、本判決では、不正発見

---

[8]　小柿徳武「春日電機臨時株主総会開催禁止仮処分命令申立事件」商事1996号（2013）54頁。
[9]　会計監査人の監査は会計監査に限定されているが、取締役（執行役）の職務の執行に関して不正の行為または法令・定款に違反する重大な事実があることを発見したときは、遅滞なく、これを監査役等に報告しなければならないとされている（会社法397条1項・3項〜5項、395条、399条の12、414条）。

目的の特約のない通常の財務諸表監査において、監査人は、一般に公正妥当と認められた監査基準に従い、職業的専門家の正当な注意をもって監査を実施すれば足りるとして、監査法人の注意義務違反を否定した。

　本件は、有限会社の財務諸表の任意監査に関するものではあるが、会計監査人の監査責任が問われたはじめての事件である。本判決の中で、不正行為等の発見が一定の比重を持つものと一般に認識されたのは平成元年の監査実施準則の改訂[10]以降であり、監査人から預金先への残高証明書の確認の実施が定められたのは、昭和63年10月の日本公認会計士協会の発表と平成元年の監査実施準則改訂以降と指摘があるように、これは当時に限定しての判断であり、現在では、特約のない限り不正発見目的の監査を行う必要がないとの解釈はとりえないと解されている[11]。

9　ナナボシ粉飾決算事件——大阪地判平成20年4月18日判時2007号104頁

　本件は、大証2部上場会社であった再生債務者ナナボシが架空売上計上等の粉飾決算を行っていたにもかかわらず、監査法人トーマツが発見せずに漫然と監査を行い、必要な監査手続を実施せずに適法・適正意見を表明したとして、管財人が、監査契約の債務不履行に基づき、違法配当金および社外流出金の損害賠償を請求した事案である。

　本判決は、監査人が行うべき「通常実施すべき監査手続」を「監査基準・一般基準の適格性基準に適合した職業監査人を前提として、監査人がその能力と実務経験に基づき十分な監査証拠を入手するために『正当な注意』をもって必要と判断して実施する監査手続をいう」と認定した上で、「通常実施すべき監査手続」といえるかの判断はリスク・アプローチの考え方が妥当すると判示した。そして、本来、確実な入金が見込めるはずの公共工事での支払遅延の不自然な点を検討し追加監査手続を実施しなかったことは「通常実施すべき監査手続」を満たしているとはい

---

(10)「財務諸表に重要な影響を及ぼす不正行為等の発生の可能性に処するため、相対的に危険性の高い財務諸表項目に係る監査手続きを充実強化する」とされた。
(11) 江頭憲治郎『株式会社法〔第6版〕』（有斐閣、2015）619頁、弥永真生「不正発見と会計監査人（上）」ジュリ1115号（1997）93頁。

えず過失が認められると判示した。損害については、一部相当因果関係を否定し、さらに会社自らが粉飾決算を行った点を重視して過失相殺（8割）を行った。

　監査法人が粉飾決算を発見できなかったことに対する責任について、従来の裁判例は否定するものが多かったが[12]、それらは、経営陣による粉飾決算の手法の巧妙さや会計監査の目的が財務諸表の適正性にあることを重視したものであった。本判決は、特に上場会社の法定監査において、粉飾決算を発見できなかった監査法人の過失を認めたものとして注目されたものであるが、粉飾決算の手法は比較的ありふれたものであり、発見が困難であった事例とは事案を異にする。

　近年も有名上場企業の粉飾決算の事件が発生しており、法定監査を担当する監査法人の責任がますます重視される中で、本判決の与える影響は大きいものといえる。

[10]　ライブドア事件──東京高判平成23年11月30日金判1389号36頁

　本件は、ライブドア（以下「L社」という）が提出した有価証券報告書の虚偽記載、子会社であるライブドアオート（以下「LA社」という）が行った株式交換にかかる公表および四半期の業績状況にかかる公表に虚偽があったとして、多数の個人株主が、L社、LA社、それらの取締役・監査役、L社の監査法人、監査法人の社員であった公認会計士に対し、不法行為、会社法350条、旧商法266条ノ3、280条1項、旧証券取引法21条の2第1項、24条の4等に基づき損害賠償請求をした事案である。

　本判決は、旧証券取引法に基づく監査役の責任について免責事由（21条2項1号）が認められないとし、他方、旧商法280条1項、266条ノ3第1項に基づく監査役の責任については重過失があるとして責任を認めた。また、旧証券取引法に基づく監査法人の責任について、過失がなかったと認めるに足りる証拠はないとしてこれを認め、さらに、その社

---

[12] 東京地判平成19年5月23日判時1985号79頁、大阪地判平成18年3月20日判時1951号129頁、大阪地判平成17年2月24日判時1931号152頁、東京高判平成7年9月28日判時1552号128頁等。

員のうち監査報告書に署名押印した者については、旧証券取引法の定める損害賠償責任の趣旨を踏まえ、監査法人が虚偽記載のある書類について虚偽でないものとして監査証明をした場合において社員に過失があるときは、当該社員は、虚偽記載を知らずに有価証券を取得した者に対し不法行為責任を負うと判示した。

本判決は、監査法人に対して旧証券取引法に基づく損害賠償責任が認められたはじめての事件である。また、旧証券取引法では監査法人の社員の責任について規定されていないところ、同法の趣旨から、社員にも不法行為責任を負わせた点に特徴がある。

第4節　横滑り監査役・兼職禁止

横滑り監査役や兼職禁止の問題について、以下で紹介する裁判例は古いものであるが、社外監査役制度の導入にも関連し、その後もなお社外性の要件の厳格化・緩和がなされるなど新しい問題でもある。

11　長谷川工務店事件——東京高判昭和61年6月26日判時1200号154頁、最判昭和62年4月21日商事1110号79頁

本件は、長谷川工務店の株主が、利益処分案承認の株主総会決議について、監査役3名のうち1名が監査対象期間の途中に取締役から監査役に就任したものであり（いわゆる横滑り監査役）、就任前の期間は自己監査に当たるにもかかわらず、監査報告書に未就任期間を除外する旨記載せず、会社が商法特例法16条1項を適用して株主総会に計算書類の承認を求めなかったのが違法であるとして、決議取消しを求めた事案である。

本判決は、旧商法276条は会社の取締役であった者を監査役に選任することを直接禁止しておらず、同法273条が監査役の任期と監査対象期間との一致を要求していないことから、いわゆる自己監査が必ずしも望ましくない点に留意しつつも、これを許容する趣旨であるとし、また、取締役であった者を監査役に選任すべきかどうかは株主総会の判断に委ねるべき事項と判示し、株主の請求を認めなかった。

本判決は、当時、実務上注目されていた問題について判示したものであるが、理由中に、本来的には判断に不要な「望ましくない点がある」旨示した点に特異性がある。当時、この問題の解決策となり得る社外監査役制度については改正の議論になりつつも採用されなかったが、平成5年改正により大会社での社外監査役選任が義務づけられた（商法特例法18条1項）。そして、平成13年改正により監査役会設置会社においては監査役の半数以上を社外監査役とすることが求められ（現会社法335条3項同旨）、平成26年会社法改正により就任前10年内に業務執行取締役等であった者は社外監査役になることはできないとされた（会社法2条16号）。CGコードにおいても、監査役会の役割・責務に関して、社外監査役に由来する強固な独立性と、常勤監査役が保有する高度な情報収集力とを有機的に組み合わせて実効性を高めるべきであるとされ（補充原則4－4①）、常勤監査役としては、監査役就任前に会社や子会社の取締役、使用人であり社内情報に精通した者に担われることが期待されているところである。

⑫　福岡高判昭和36年12月14日下民集12巻12号2942頁

本件は、X社設立時からの監査役で支配人に選任されていたAが、X社の代理権限に基づきYから融資を受けたが、X社が支払いを怠ったため、Yが強制執行し、X社が請求異議の訴えを起こした事案であり、X社は、AがX社の代理人としてYと行った貸借行為は、商法276条に違反し無効であると主張した。

本判決は、商法276条の兼職禁止規定は主として会社内部を規律する規定であるから監査役が取締役、支配人等としての業務を執行したときは、以後監査役として職務を執行することができず、その監査は無効であると解すべきであるが、第三者となした業務の執行行為が無効となるものと解すべき合理的理由はないと判示した。

商法276条違反は取引行為を無効とするものではないとするのが通説であり、本判決も同様の判断をしたものである。なお、昭和25年改正前商法では、支配人以外の使用人と監査役との兼任を禁止する規定がなかったため[13]、当時は、総務部長や経理部長などの職務に従事している

場合が少なくなかったようである(14)。

13　神戸サンセンタープラザ事件——①事件：最判昭和61年2月18日民集40巻1号32頁、②事件：大阪高判昭和61年10月24日金法1158号33頁

①事件は、神戸サンセンタープラザ（以下「サンセンター社」という）の株主が株券の券種変更等を求めた事案で、一部敗訴した株主が上告理由の一つとして、サンセンター社の訴訟代理人である弁護士が同社の監査役であるから、商法276条の兼職禁止に違反し、訴訟手続に代理権欠缺の違法があると主張したものである。判決は、同条は弁護士の資格を持つ監査役が特定の訴訟事件につき会社の訴訟代理人となることまで禁止するものではないと判示した。

②事件は、サンセンター社の株主が、商法276条にいう「使用人」は会社と雇用関係にある者に限らず、会社に職を得ている者を指すと解すべきとし、監査役に選任された弁護士はサンセンター社の顧問弁護士であるだけではなく、同社と株主間の訴訟に関し、代表取締役の委任を受け訴訟代理人として活動している者であり「使用人」に当たるとして、監査役選任決議の無効確認を求めた事案である。判決は、顧問弁護士は、独立した自己の職業として会社等との契約に基づき訴訟行為等の法律事務を受任し、あるいは会社等の役職員らからの法律相談に応じ、法律専門家としての自己の判断と責任において事務処理し法律上の意見を述べるものであって、会社の業務自体を行うものではなく、継続的・従属的関係にある使用人の地位に就くものではないとして、顧問弁護士が監査役に就任しても商法276条に違反するとはいえないとした。

商法276条（会社法335条2項）の使用人の意義は、社外監査役の定義（同法2条16号）におけるそれと同じと解されており、後者の意義につい

---

(13) 昭和49年商法改正により子会社の取締役等についても兼任が禁止された。これは、子会社の取締役等は、その地位において親会社の取締役に従事することになること、子会社調査権が創設されたので（改正前商法274条ノ3）、その権限の適正な行使を期待し難いことによる（江頭憲治郎＝中村直人編著『論点体系会社法3』（第一法規、2012）23頁［中村直人］）。
(14) 田村諄之輔「監査役でありながら庶務会計の事務に従事していた労働者の退職金」ジュリ712号（1980）174頁。

ては、会社の指揮命令系統の中に位置づけられるような場合とされている[15]。兼職禁止の趣旨は、監査の対象である取締役から指揮を受ける従属的な地位にある者による監査を排除する趣旨であると解されているところ、①事件は、弁護士の訴訟代理人としての職務の性質に鑑みての判断と考えられる。そして、②事件では、会社の顧問弁護士が「使用人」に当たるかどうかが争点となったが、上告審（最判平成元年9月19日判時1354号149頁）では、監査役に選任される者が兼任の禁止される従前の地位を辞任することは、監査役選任決議の効力発生要件ではないと判示して、顧問弁護士が商法276条によって兼任の禁止される地位に当たると否かとにかかわらず決議を有効と判断し、顧問弁護士の監査役就任の可否については判断をしなかった。この論点については見解が分かれているところであるが、継続的な従属性の有無が重要な判断要素となるとされている[16]。

第5節　監査役選解任議案への同意権

14　イー・キャッシュ事件──東京地判平成24年9月11日金判1404号52頁

　本件は、イー・キャッシュ（以下「E社」という）の株主である原告A、元取締役の原告Bおよび元監査役の原告Cが、E社に対し、原告Bおよび Cを解任し、新たに取締役および監査役を選任した株主総会決議等の取消しを求めるとともに、取締役および監査役としての地位の確認を求めた事案である。

　本判決は、監査役選任決議には、その付議につき監査役会の同意を欠くという取消事由（招集手続または決議方法の法令違反）があるとした上で、監査役会3名の過半数に当たる2名が総会に同議案を付議すること

---

(15) 法務省民事局参事官室編『一問一答　平成5年改正商法』（商事法務研究会、1993）120頁。
(16) 江頭・前掲注(11)517頁。

に同意または追認し、付議を決定した取締役会においても、監査役3名から監査役候補者につき特段の異議は述べられなかったことなどの事情を考慮し、付議につき監査役会の同意を欠いたことは、重大な違反事実ではなく、議案の決議に影響を及ぼさないものと認められるとして裁量棄却した。

　本判決は、監査役選任議案の提出について監査役会の同意を欠くことが決議取消事由に当たるとしたはじめての公表裁判例のようである[17]。同様に、改正前会社法では、会計監査人の選解任等の議案は監査役または監査役会が同意権を有し、その同意を欠くことは決議取消事由と解されていたが[18]、平成26年改正において、かかる議案の内容は監査役会が決定することとなり（会社法344条）、株主総会参考書類には監査役が決定の理由を記載しなければならないなどとされており（会社法施行規則81条2号、126条2号）、この議案およびその点も通じて監査役が担うガバナンス上の役割が強まったものであり、株主総会に関連しての監査役の権限・責務が強化されたといえる。

第6節　展　　望

　平成26年会社法改正により導入された監査等委員会設置会社に移行する会社が相次いでいる中、その監査等委員も、また指名委員会等設置会社の監査委員も、監査役会設置会社の監査役と同様に経営者の業務執行の監査を行うものであり（会社法399条の2第3項1号、404条2項1号）、その責任については監査役に関する裁判例が基本的に参考になるものと解される。監査役の任務懈怠の有無は、以上の裁判例の傾向からわかるように、その業務分担や事実関係等に基づき具体的に判断されているが、監査等委員および監査委員は、妥当性監査も行うこと、内部統制部

---

(17) 弥永真生「監査役会の同意を得ない監査役選任決議と裁量棄却」ジュリ1451号
　　（2013）2頁。
(18) 大隅健一郎＝今井宏『会社法論中巻〔第3版〕』（有斐閣、1992）328頁、336頁
　　等。

門を通じて監査を実施するなどの制度的差異があることからして[19]、より責任を問われる場面が増えるものと思われる。

---

(19) 日本監査役協会ケーススタディ委員会「監査役設置会社と委員会設置会社の比較検討——監査のベスト・プラクティスを求めて——」(2010年10月14日)では、監査役による監査と監査委員による監査とは、実質的な運用が近接しており、業務執行者に対する牽制力、監督・是正機能の点で、制度上の差異が影響を与えているとは認められないとしている。

第8章 会計・社債

第1節　会計制度と法──いわゆるトライアングル体制の問題も含めて

　本章の対象範囲は、会社法第2編第5章「計算等」に関する裁判例および同法第4編「社債」に関する裁判例である。

　株式会社の会計を規制する「計算」の分野は、会社法の中でも技術的で取っ付きにくい領域とみられがちであるが、近時、いわゆる不正会計の問題が司法の場で問われるようになり、「あるべき会計処理」について法的判断が求められる場面が増えている。そしてまた、わが国の会計制度においては、会社法に基づく会社法会計、金融商品取引法に基づく企業会計、法人税法に基づく税務会計の三者が交錯し、「トライアングル体制」と称されるところ[1]、同一の事案の「あるべき会計処理」をめぐり、行政機関や裁判所の判断が分かれ、とりわけ税務会計において異なった判断がなされる事例も現れている。そこで本章では、このような「法的観点から見たあるべき会計処理」の問題について、「公正な会計慣行」の意義について判示した最高裁判決である長銀事件を皮切りに、金融庁か

---

[1] 神田秀樹『会社法〔第17版〕』（弘文堂、2015）277頁。筆者は学生時代、本書の監修をいただいている神田先生の「会社法と税法の交錯」と題するゼミへの参加を許された。当時の筆者は会社法の計算規定の理解さえ覚束なかったところ、それのみならず企業会計・租税法との交錯に及ぶゼミの内容に強い印象を受け、以後筆者なりに、企業会計・租税法を意識しつつ法律実務を重ねてきた。本稿は拙いものであるが、神田先生に20年前にいただいたご指導を着想の元としている。

ら課徴金納付命令を受けたものの株主代表訴訟においては「責任なし」とされた三洋電機事件、同じく課徴金納付命令を受けたものの株主代表訴訟においては「責任なし」とされ、しかしながら租税訴訟では会社側が敗訴するという興味深い展開をたどったビックカメラ事件を取り上げて検討する[2]。

これに続いて、近時事例が集積し、実務の指針として厚みを増している会計帳簿閲覧請求権に関連する判例を概観し、最後に社債について、金融実務において注目された事例を紹介して、本章を締め括ることとしたい。

第2節 「公正な会計慣行」とは

会社法は、株式会社の会計は、一般に公正妥当と認められる企業会計の慣行に従うものとしている（会社法431条）。これは、平成17年改正前商法（以下「旧商法」という）32条の「商業帳簿ノ作成ニ関スル規定ノ解釈ニ付テハ公正ナル会計慣行ヲ斟酌スベシ」とする規定を引き継いだものである。以下では、かかる公正な会計慣行の意義について判示した比較的最近の事例を取り上げる。

1 長銀事件

1 最判平成20年7月18日刑集62巻7号2101頁

本件は、日本長期信用銀行（以下「長銀」という）の頭取を含む役員らが、平成10年3月期の決算に関して、関連ノンバンク等に対する不良債権について求められる償却または引当てをしないことにより利益を過大に計上し、本来は配当すべき利益がないのに違法に配当を行ったとして旧商法上の違法配当罪に問われたものである。

---

[2] その他会計規制に関する裁判例として、IHIの粉飾決算に係る東京地判平成26年11月27日判例集未登載があるが、判決文が未公表のようでもあり、本稿では取り上げない。なお、本稿の執筆に当たっては、取り上げる裁判例の選定も含め、石井輝久弁護士（元証券取引等監視委員会）より貴重なご示唆を賜った。

争点は、利益配当の前提となる長銀の平成10年3月期決算において使用された会計基準が、旧商法32条にいう「公正ナル会計慣行」に該当するか否かであった。当時は、関連ノンバンク等への貸付金について、新たな会計基準（以下「新経理基準」という）が当時の大蔵省の通達で定められて間もない時期であったが、長銀の決算は新経理基準には従わず、それ以前より行われていたいわゆる税法基準（以下「旧経理基準」という）に依拠していた。検察官は、新経理基準のみが「公正ナル会計慣行」に該当するから、旧経理基準によって行われた長銀の会計処理は違法である旨主張し、第1審、控訴審も基本的に検察官の主張に沿う判断を示した。

　これに対して最高裁は、旧経理基準および新経理基準に関する当時の経緯を認定した上、新経理基準は、関連ノンバンク等に対する貸出金についての資産査定に関して直ちに適用するには明確性に乏しかったと認められる上、本件当時、関連ノンバンク等に対する貸出金についての資産査定に関し、旧経理基準を排除して厳格に新経理基準に従うべきことも必ずしも明確であったとはいえず、過渡的な状況にあったといえ、そのような状況のもとでは、それまで「公正ナル会計慣行」として行われていた旧経理基準によって関連ノンバンク等に対する貸出金についての資産査定を行うことをもって、直ちに違法であったということはできないと判断し、無罪を言い渡した。

　本判決は、**第1部**で述べた1990年代末期の金融危機の時代を象徴する長銀の破綻・国有化、およびこれに引き続く（「国策捜査」と指摘する向きもあった）旧経営陣の民事・刑事の責任追及を背景とする事件の最上級審判決であり、それだけに、最高裁の逆転無罪判決は、破綻から10年以上経って再び、世間の注目を集めた。当事者からみた長銀の破綻から無罪判決に至るまでの経緯については、「長銀最後の頭取」である鈴木恒男氏の『巨大銀行の消滅――長銀「最後の頭取」10年目の証言』（東洋経済新報社、2009）に語られている。

　そして、本判決の法的意義は、「公正ナル会計慣行」が何であるか、それは必ずしも一義的に明確ではないことを示した点にあると考えられ

る。なお、最高裁は、日本債券信用銀行の同種事案についても、本判決と同様の判断を示している（最判平成21年12月7日刑集63巻11号2165頁）。

2　三洋電機事件

2　大阪地判平成24年9月28日判時2169号104頁

　本件は、三洋電機が平成14年9月中間期から同16年9月中間期までに行った配当について、株主である原告が、関係会社株式の減損処理等の会計処理が公正な会計慣行に準拠していなかったことによって配当可能利益がないのになされた違法配当であるとして、当時の取締役および監査役らに対して善管注意義務違反等を理由として損害賠償を請求した株主代表訴訟である。

　中心的な争点は、三洋電機が関係会社株式について減損処理をしなかったことが、公正な会計慣行に反するものであったか否かである。

　この点、裁判所は、まず一般論として、ある会計処理方法が「会計慣行」に該当するかについて、旧商法32条2項が、会計慣行の斟酌を命じることにより、企業会計の実務の発展に法が適時に対応することを容認している趣旨に照らすならば、ある会計基準の指示する特定の会計処理方法が、その基準時点とされる時点以後、ある業種の商人の実務において広く反復継続して実施されることがほぼ確実であると認められるときには、例外的にその会計処理方法が同条項にいう「会計慣行」に該当する場合があると解されるものとした（この点は、長銀の民事損害賠償請求事件に関する東京高判平成18年11月29日判タ1275号245頁の判示を、同判決を引用しつつ踏襲している）。

　その上で、本件で問題となった子会社株式の減損処理については、当時の法人税基本通達や金融商品会計基準等の内容を踏まえると、①株式の時価が取得価格の50％以下となること、②相当期間での回復可能性のないことの2点によることが、おおむね当時における会計慣行であったものとした。そして、このうちの②の株価の「回復可能性」の判断については一義的な基準は会計慣行として確立していなかったとして、この点の判断については、経営者の判断を尊重しつつ、その判断に合理性が

あったかどうかという観点から判断されるべきであるものとし、本件での三洋電機経営陣の「回復可能性」に関する判断は不合理なものとはいえないから、違法配当の問題は生じないとして請求を棄却した。

なお、本件で三洋電機が有価証券報告書の訂正を行っていたことおよび金融庁から課徴金納付命令を受けたことは、一見経営陣らにとって不利な事情ともみられるところ、裁判所は、有価証券報告書の訂正は、外資系株主の影響力の下、米国監査法人の監査を受ける必要があったことや、カネボウ粉飾決算に絡んで中央青山監査法人の会計士が逮捕されるなどの社会情勢から監査法人自身が会計基準を保守的に適用しなければならない状況下にあったことを背景として、金融庁との協議の結果、金融商品会計基準等の範囲内で簡便かつ保守的な会計処理方法を選択することになったという事情によるものであり、また、金融庁から課徴金納付命令を受けたことについても、当該課徴金納付命令は三洋電機が自認したことにより審判手続を経ることなく発出されたものであること等を指摘し、有価証券報告書の訂正や課徴金納付命令を受けたことをもって三洋電機の会計処理が違法となるものではないとした。

本判決は、会計慣行の具体的適用について判断ないし解釈の余地が残る場合において、経営陣の裁量を広く認めるものであり、会計慣行の適用につき、善管注意義務違反の判断におけるいわゆる「経営判断の原則」に類する考え方を採用した点に先例としての意義があろう。公正な会計慣行が一義的なものではないという、上記長銀事件最高裁判決の延長上にあるという見方も可能であろうか。

3 ビックカメラ事件

③ 東京高判平成26年4月24日金判1451号8頁

本件は、ビックカメラが池袋本店建物等の流動化取引につき、会計上および税務上売却取引として処理していたところ、金融庁の行政指導を受けてこれを金融取引としての処理に自主訂正し、課徴金納付命令を受けたことについて、取締役らの善管注意義務があったとして株主代表訴訟が提起されたものである。

不動産流動化の会計処理については、日本公認会計士協会・会計制度委員会報告第15号「特別目的会社を活用した不動産の流動化に係る譲渡人の会計処理に関する実務指針」（以下「流動化実務指針」という）が存在する。原告は、本件を売却取引として処理したことは、流動化実務指針に違反するものと主張した。

裁判所は、流動化実務指針が唯一の公正な会計慣行に該当するか否かにかかわりなく、本件でビックカメラが採用した売却取引としての会計処理は流動化実務指針には違反せず、違法であるとはいえないとして、原告の主張を斥けた。

なお、ビックカメラが本件につき有価証券報告書の自主訂正を行い、金融庁から課徴金納付命令を受けたことについては、かかる行動は、上場廃止を回避し、決算訂正をめぐる問題を収束させるために経営上の判断として行われたものであり、ビックカメラが法律上の判断としても当初の会計処理の違法性を認めたものとはいえず、またそもそも会計処理の適法性は、最終的には、本件流動化の内容、仕組み等から客観的に判断されるべきものであって、ビックカメラが違法性を認める行動を取っていたか否かによって判断が左右されるものではないとした。

本件について興味深いのは、金融庁による課徴金納付命令や株主代表訴訟のみならず、租税訴訟も提起された点である。すなわち、ビックカメラは、上記のとおり、金融庁の指摘に沿って、企業会計上の処理を売却取引から金融取引へと自主訂正したことから、税務上は、売却取引としての処理に比べ税額が減少するものと判断して課税庁に対しその趣旨の更正の請求を行ったところ、課税庁が、更正をすべき理由がない旨の通知処分をしたことから、かかる処分の取消しを求めて租税訴訟を提起していた。これに対して裁判所は、本件の不動産流動化について、法人税法上は売却取引としての処理が求められる旨判示し、ビックカメラ側の請求を棄却した（東京高判平成25年7月19日訟月60巻5号1089頁）。

裁判所は、法人税法22条4項は、現に法人のした収益等の額の計算が、適正な課税および納税義務の履行の確保を目的とする同法の公平な所得計算という要請に反するものでない限り、法人税の課税標準である所得

の金額の計算上もこれを是認するのが相当であるとの見地から定められたものと解され、法人が収益等の額の計算に当たって採った会計処理の基準が、法人税法上の「一般に公正妥当と認められる会計処理の基準」に該当するといえるか否かについては、上記目的を有する同法固有の観点から判断されるものであって、企業会計上の公正妥当な会計処理の基準とされるものと常に一致するものではないとした。

　その上で、法人税法は、上記のとおり適正な課税および納税義務の履行を確保することを目的とし、資産または事業から生ずる収益に係る法律関係を基礎に、それが実質的には他の法人等がその収益として享受するものであると認められる場合を除き、基本的に収入の原因となった法律関係に従って、各事業年度の収益として実現した金額を当該事業年度の益金の額に算入するなどし、当該事業年度の所得の金額を計算すべきものとしていると解されるところ、当該事業年度の収益等の額の計算に当たり、本件におけるように、信託に係る受益権が契約により法的に譲渡され、当該契約に定められた対価を現に収入した場合において、それが実質的には他の法人等がその収益として享受するものであると認められる場合ではなくても、また、同法において他の法人との関係を考慮することができると定められたときにも当たらないにもかかわらず、なお、他の法人との関係をも考慮し、当該収入の原因となった法律関係を離れて、当該譲渡を有償による信託に係る受益権の譲渡とは認識せず、もっぱら譲渡人について、当該譲渡に係る収益の実現があったとしないものとする取扱いを定めた流動化実務指針については、法人税法の公平な所得計算という要請とは別の観点に立って定められたものとして、法人税法上の一般に公正妥当な会計処理の基準に該当するものとは解し難いとし、結論として、ビックカメラの請求を棄却した。

　本件では、金融庁は、「金融取引」が正しい会計処理であり、当初ビックカメラの行った売却取引としての会計処理は誤りであるとしたのに対して、株主代表訴訟ではこれが誤りではなかったものとされ、さらに税務訴訟では、むしろ「売却取引」こそが正しい処理であるとされた。このように場面に応じて判断が区々となったことは、興味深い。

特に税務の側面からみると、従前、税務会計は、基本的には企業会計をベースとし（法人税法22条4項）、企業会計と異なる処理が行われるのは、法人税法に「別段の定め」（同条2項および3項参照）がある場合に限られるというのが、一般的な理解であったように思われる。しかしながら、ビックカメラ事件租税訴訟の東京高裁判決は、かかる「別段の定め」がない場合であっても、税務会計において、企業会計とは異なる処理が要請される場合があることを示した。そのことが、納税者にとって予測可能性を欠くことにならないかが、実務家としては気掛かりである。

　ところで、金子宏東京大学名誉教授は、本判決について、「①不動産流動化指針5項等は、投資家にリスクが及ぶことを防止するという限定的な目的をもった指針であるのみでなく、企業会計原則・同注解よりもランクの低い会計基準であること、および、②企業会計原則・同注解は、実現主義・権利確定主義を採用しており、法人税法も、同原則注解に従い、特別の規定がない限り、所得は実現の時点で権利確定主義に従って課税されるべきであるという考え方をとっていると解すべきであることから、論拠は異なるが、判決の結論は相当であると考える」とされている[3]。金融取引や企業組織再編など複雑・現代的な取引の増加に伴い、企業会計基準委員会等によって明文の会計基準、実務指針等が多数制定されるに至っている中で、一般に「公正な会計慣行」の中心をなすとされる企業会計原則・同注解と、「実務指針」の名のとおり実務上の指針であり、あえていえば細目に属するルールとを峻別する考え方が示唆されている。このように考えた場合、本件において、流動化実務指針は、税務会計のみならず、そもそも企業会計においても公正な会計慣行には該当しないとも解されようか。その場合には、「別段の定め」なくして企業会計と税務会計で異なる処理が求められるという事態は避けられることになろう。

---

(3)　金子宏『租税法〔第20版〕』（弘文堂、2015）320頁。

第3節　会計帳簿閲覧請求権

　会計帳簿閲覧請求権（以下「帳簿閲覧請求権」という）は、企業支配権争奪の場面で法的ツールとして利用される。**第1部**で取り上げたピケンズ・小糸事件（東京地決平成元年6月22日判時1315号3頁）はその先駆けといえようが、ここ10年ほど、この種の紛争の増加とともに事例が集積し、実務上の指針としての裁判例の厚みが増してきている。ここでは紙幅の関係から、そのうち最高裁判例2件の判旨を中心に紹介しておく。

1　請求の理由の記載方法等

4　最判平成16年7月1日民集58巻5号1214頁

　本件は、帳簿閲覧請求権行使に際しての請求の理由の記載方法が問題となったものであり、最高裁は、請求の理由は具体的に記載されなければならないが、その記載された請求の理由を基礎づける事実が客観的に存在することについての立証を要するものではないとした。

　なお、本判決は、上記のほか、株式の譲渡につき定款で制限を設けている株式会社または有限会社において、その有する株式または持分を他に譲渡しようとする株主または社員がその手続に適切に対処するため、上記株式等の適正な価格を算定する目的でした会計帳簿等の閲覧謄写請求は、特段の事情が存しない限り、株主等の権利の確保または行使に関して調査をするために行われたものであって、旧商法293条ノ7第1号所定の拒絶事由に該当しないものと解するのが相当であるとした。

2　競業の主観的意図の要否

5　最判平成21年1月15日民集63巻1号1頁

　本件は、閲覧謄写拒絶事由としての競業関係（現在の会社法433条2項3号）における競業の主観的意図の要否が問題となった事例である。

　最高裁は、旧商法293条ノ7第2号は、会計帳簿等の閲覧謄写を請求する株主が会社と競業をなす者であること、会社と競業をなす会社の社

員、株主、取締役または執行役であることなどを閲覧謄写請求に対する会社の拒絶事由として規定するところ、同号は、「会社ノ業務ノ運営若ハ株主共同ノ利益ヲ害スル為」などの主観的意図を要件とする同条 1 号と異なり、文言上、会計帳簿等の閲覧謄写によって知り得る事実を自己の競業に利用するためというような主観的意図の存在を要件としていないことを指摘した上、一般に、上記のような主観的意図の立証は困難であること、株主が閲覧謄写請求をした時点において上記のような意図を有していなかったとしても、同条 2 号の規定が前提とする競業関係が存在する以上、閲覧謄写によって得られた情報が将来において競業に利用される危険性は否定できないことなども勘案すれば、同号は、会社の会計帳簿等の閲覧謄写を請求する株主が当該会社と競業をなす者であるなどの客観的事実が認められれば、会社は当該株主の具体的な意図を問わず一律にその閲覧謄写請求を拒絶できるとすることにより、会社に損害が及ぶ抽象的な危険を未然に防止しようとする趣旨の規定と解されるものとした。

その上で結論として、会社の会計帳簿等の閲覧謄写請求をした株主につき同号に規定する拒絶事由があるというためには、当該株主が当該会社と競業をなす者であるなどの客観的事実が認められれば足り、当該株主に会計帳簿等の閲覧謄写によって知り得る情報を自己の競業に利用するなどの主観的意図があることを要しないものとした。

第 4 節　社　　債

最後に、社債に関して金融実務上注目された事例を 2 件取り上げて、本章を締め括ることとしたい。

1　金融債と相殺

[6]　最判平成15年 2 月21日金法1678号61頁

本件は、長銀が三洋証券に対して発行していた金融債を受働債権とする相殺の有効性が争われた事案である。

原審は、相殺はできないものと判示し、その理由として、社債について相殺ができるとすることによって、一つの社債が他の社債と異なる性質を持つものになることを容認することになって、大量性、集団性、公衆性という社債の本来の性質に反することになり、ひいては社債権者の団体的保護を害する結果となるから、社債の一種である金融債の償還請求権を受働債権とする相殺の意思表示は、償還期限の到来の前後にかかわらず、許されないという点を挙げた。

　これに対して最高裁は、相殺の受働債権が金融債の償還請求権であることをもって相殺ができないとする理由はないというべきであり、相殺が許されない根拠として原審の判示する理由は、いずれも相殺を否定すべき根拠となり得るものとはいえないとして、本件における相殺は有効であると判断した。

　最高裁は、相殺が有効であるとする理由を積極的に述べていないが、一つの背景として、普通銀行においては貸付先の有する自行預金がその貸付債権を事実上担保するものとしてとらえられており、これと同様に、長期信用銀行においては、貸付先の有する自行発行の金融債はその貸付債権を事実上担保するものととらえられているもので、このような長期信用銀行の相殺の期待は保護に値するものといえるという点があったのではなかろうか[4]。

2　マイカル社債集団訴訟事件

[7]　東京高判平成21年4月16日判時2078号25頁

　本件は、破綻したマイカルの社債を購入した投資家が、マイカルの破綻によって社債の全額の償還を受けることができず損害をこうむったとして、販売を行った証券会社に対し、説明義務違反があったものとして不法行為あるいは使用者責任に基づく損害賠償を求めた事案である。

---

[4]　本判決に先立ち、金融債を受働債権とする相殺が有効であることを前提にしていたと解される最判平成13年12月18日判時1773号13頁のコメント欄（同14頁）参照。

裁判所は、社債は発行会社を債務者とし投資家を債権者とする金銭債権であって、あらかじめ定められた発行条件に従って償還されるものであり、社債の一般的なリスクは、発行会社の経営状態が悪化しあるいは経営が破綻すること等によって元利金の一部または全部の償還が遅延しあるいは償還がなされなくなり、また、社債を他に売却譲渡しようとしてもそれが困難となり得ることであるとした。その上で、社債の販売に当たる証券会社としては、投資家に対して、上記のような社債の仕組みおよび一般的リスクについて説明すべきであるほか、発行会社について経営の悪化ないし破綻が具体的に疑われる場合にはこの具体的リスクについても説明すべき義務があるものとし、原告の請求を一部認容した。

　本判決のポイントは、社債について、発行会社倒産の場合には償還されないリスクがあるという一般的リスクに加えて、経営の悪化ないし破綻が疑われる状況においては、そのことについても、説明を要するとした点にある。その上で、具体的に本件では、日本証券業協会が発表した社債の気配値が低下していたことや、マイカルの社長の辞任発表があったこと、マイカルが従前の再建計画を断念して新たな再建計画を発表したことといった重要な経営状態の変更について説明義務の存在を認め、かかる説明がなされていなかった原告について、一部請求を認容した。なお、本件と同様のマイカル社債に関する集団訴訟は大阪、名古屋でも起きており、大阪高判平成20年11月20日判時2041号50頁、名古屋高判平成21年5月28日判時2073号42頁も、本判決と同様に投資家の請求を一部認容している。

第5節　展　　望

　公正な会計慣行とは何か、それが問われた裁判例をみてくると、その答えは、必ずしも一義的ではないことがみてとれる。それは、会社法会計・企業会計のみであってもそうであるのに、税務会計が絡むと話がさらに複雑になる。ビックカメラ事件の場合のように、実務指針レベルとはいえ企業会計においては明文の会計基準が存在し、他方で法人税法に

は「別段の定め」がないにもかかわらず実務指針とは異なる処理が求められるといった場合、企業にとっては悩ましい状況が生ずる。他方で、詳細にわたる明文の会計基準が整備されている中で、その細目までもが常に公正な会計慣行に該当するかも、議論の余地があろう。

　こうして、「会計制度と法」の問題は、少なくともしばらくの間、一筋縄では行かないものであり続けると思われる。筆者も及ばずながら、実務と理論の展開に追いついていきたい。

第9章 組織再編・M&A

第1節 はじめに

　本章では、組織再編・M&Aに関する裁判例のうち、新株・新株予約権の不公正発行などの支配権争奪をめぐる裁判例（**第10章**参照）や、反対株主の株式買取請求にかかる「公正な価格」などの企業価値争奪をめぐる裁判例（**第11章**参照）を除いたものを取り上げて検討する。具体的には、①組織再編・M&Aにおける役員の責任や合併比率・スクイーズアウトに関連する手続の有効性が争われた裁判例、②M&Aに関する契約における表明保証・協議禁止条項等の違反が争われた裁判例、③会社分割における労働者・債権者保護が争われた裁判例を対象とする。

第2節 役員の責任

1 レンゴー株主代表訴訟事件

[1]　大阪地判平成12年5月31日判時1742号141頁

　本件は、レンゴーが吸収合併を行った際、不合理・不公平な合併比率で同社株式の割当てが行われたことにより多額の損害をこうむったとして、同社の役員に対して善管注意義務違反を問う株主代表訴訟が提起された事案である。

　裁判所は、仮に不合理・不公平な合併比率に基づき株式の割当てが行

われたとしても、合併により消滅会社の資産および負債はすべて包括的に存続会社であるレンゴーに引き継がれており、合併交付金の支払いや新たな債務負担はないのであるから、存続会社であるレンゴー自体には何ら損害は生じないものと解される（なお、合併比率が不合理・不公平で損害を受けると信じるのであれば、商法が定める株式買取請求により損害を回避することができたものである）とし、原告の請求を棄却した。

　本判決は、合併比率が不合理・不公平であった場合、合併当事会社の株主間で損得の問題が生じるとしても、存続会社自体には何ら損害は生じないと判示し、原告の請求を棄却したものである。一方、本判決は、合併交付金の支払いによる資産流出に言及し、合併契約の内容次第では、会社自体に損害が生じる可能性があることも示唆している。特に、社債や現金を対価とした合併を認める会社法においては、対価の定め方次第では会社自体に損害が生じ、役員の善管注意義務違反が認められるケースも十分考えられるため、合併対価を定める際には、場合によっては公平な第三者機関の算定書を取得するなど慎重な対応が必要とされる。

2　日本興業銀行株主代表訴訟事件

[2]　東京地判平成13年3月29日判時1748号171頁

　本件は、日本興業銀行の株主らが、乱脈融資等により同行に損害が生じたことを理由に、同行の取締役等に対し、株主代表訴訟を提起したところ、同行が共同株式移転を行ったことにより、当該株主らはみずほホールディングスの株主となり、同行の株主たる地位を喪失したという事案である。

　裁判所は、旧商法267条1項が株主代表訴訟を提起し得る者として「6月前ヨリ引続キ株式ヲ有スル株主」と規定しているのは、株主代表訴訟の原告適格を定めたものであり、「株主」とは文理上被告である取締役が属する会社の株主であると解されるところ、株式移転によって原告が株主たる資格を喪失した場合に原告適格が維持される旨定めた特別の規定はなく、また、その旨解釈すべき特段の理由もないとして、本件株主ら

の原告適格を否定した。

　本判決は当時の商法に基づいた判断であったが、①原告株主の意思にかかわりなく株主資格を奪われている点や、②完全親会社の株主にはその完全子会社の取締役の責任を追及するための株主代表訴訟の提起を認める必要がないのかという点から、反対する学説も多く存在したところ、平成18年に会社法が施行された際に、株主代表訴訟係属中に株式移転等が行われた場合に原告適格を失わず訴訟追行することができるとされた[1]（会社法851条）。さらに進んで、平成26年改正会社法では、②につき、一定の場合に最終完全親会社等の株主がその子会社・孫会社の取締役等の責任につき株主代表訴訟を提起することを認める（多重代表訴訟制度、会社法847条の3）とともに、①につき、訴訟係属中か否かにかかわらず、株式交換等により当該株式会社の株主でなくなった場合であっても、その株式交換等によって、当該株式会社等の完全親会社の株式を取得したときに株主代表訴訟を提起することを認めるようになった（旧株主による責任追及等の訴えの制度、会社法847条の2）。

3　レックス・ホールディングス損害賠償請求事件

3　東京高判平成25年4月17日判時2190号96頁

　本件は、レックス・ホールディングスのMBOにおいて、株式公開買付けおよび全部取得条項付種類株式の取得によって1株当たり23万円での売却を余儀なくされた同社の株主が、同社の取締役等に対して、善管注意義務違反に基づく損害賠償を求めた事案である。

　第5章でも述べたとおり、裁判所は、取締役等の善管注意義務の具体的内容として、公正な企業価値の移転を図るべき義務（公正価値移転義務）を肯定した上で、本件では第三者機関の評価書があったことなどから客観的な企業価値に比して低廉であったとは認められないとして、公

---

[1] 会社法のもとにおいても、株主代表訴訟係属中の株式移転ではなかったことから原告適格が否定された事例として、東京地判平成19年9月27日判時1992号134頁参照。

正価値移転義務違反を否定した。さらに、一般に、取締役等は、適正な情報開示を行う義務（適正情報開示義務）を負うとした上で、本株式公開買付開始の3カ月前に公表された特別損失の発生および業績予想の下方修正に関し、株価操作を疑われる理由があるものであり、かかる疑いを払拭する情報開示を本株式公開買付けへの賛同意見表明の段階でも行わなかった点につき、適正情報開示義務違反を認定した（もっとも、これにより原告らに損害が発生したと認めることはできないとして原告らの請求自体は棄却された）。

　本判決は、1審判決（東京地判平成23年2月18日金判1363号48頁）で、MBO実施に係る株主の共同利益に配慮する義務がはじめて認定された裁判例の控訴審である。MBOにおいては、本来企業価値の向上を通じて株主の利益を代表すべき取締役が、自ら買主として対象会社の株式を取得することになり、必然的に「利益相反的構造」が生じる上、対象会社に関する正確かつ豊富な情報を有することから、売主である株主との間に「情報の非対称性」が存在することが問題視されていた。本判決は、かかる問題点を有するMBOについて、取締役が果たすべき善管注意義務の内容を具体化し、各義務の内容を事案に則して認定している点で、同種実務を進める際の判断指標として先例的価値を有するものとなった。

4　シャルレMBO事件

4　東京高判平成23年12月21日判タ1372号198頁

　本件は、シャルレにおけるMBOの一環として実施された株式公開買付けが、同社の旧経営陣の利益相反行為（公開買付価格の形成過程における不当な干渉）が原因となって失敗し、同社の株価が下落したところ、同社の株主が、当該利益相反行為が適切に開示されていれば、同社株式を取得することはなく、損害をこうむることもなかったとして、会社法429条1項等に基づき、同社および取締役らに対して損害賠償を求めた事案である。

　第5章でも述べたとおり、裁判所は、本件株式取得および株価下落と

本件利益相反行為との間に因果関係が認められないとし、また、本件では適正な公表（開示）義務の対象となる重要な事項等も存在しないとして、原告の請求を棄却した。

　本判決は、主として、MBO公表後に株式を取得した「投資者」と取締役との関係が問題となったものであり、取締役が、投資者の株式評価を含む投資判断のために重要な事実について不実開示をした場合には、義務違反を認め得るという判断枠組みを示した点に実務上の意義があるものといえよう。なお、本件の関連訴訟であるシャルレの「株主」が同社取締役に対する善管注意義務違反を追及したシャルレ株主代表訴訟[2]（神戸地判平成26年10月16日判時2245号98頁）において、裁判所は、必然的に利益相反的構造が生じるMBOにおいて、取締役には、公開買付価格の公正さはもとより、その価格決定手続の公正さの確保を配慮・監視すべき義務（手続的公正性配慮・監視義務）や、株主がMBOに応じるか否かの意思決定を行う上で適切な情報を開示すべき義務（情報開示義務）が存在すると認定しており、本件MBOが頓挫した原因は手続的公正性配慮義務違反にあるとして、同違反と相当因果関係の認められる約1億9,700万円の損害賠償が認められた。

第3節　合併比率・スクイーズ・アウト関連

1　三井物産・物産不動産事件

5　最判平成5年10月5日資料版商事116号196頁

　本件は、三井物産が、その非上場子会社であった物産不動産を吸収合併した際に、本店に備え置かれた貸借対照表に、資産評価替えと増資が計上されておらず、また、1対1の合併比率が著しく不当かつ不公正で

---

[2]　本件MBOは、経済産業省の「企業価値の向上及び公正な手続確保のための経営者による企業買収（MBO）に関する指針」（平成19年9月4日）が公表されて約1年後の事例であった点において、同指針が法的判断にどのような影響を及ぼすかという観点からも注目が置かれた事例であった。

あるとして、三井物産の株主が合併無効の請求を行った事案である。

裁判所は、本件の資産評価替えは貸借対照表に明示が必要となる重要な財産の変動に該当せず、増資に関しては増資後の資本額の注記で足りるとした。この点は、平成9年の商法改正によって合併比率理由書の開示が義務づけられたところであり（旧商法408条ノ2第1項2号）、続く平成17年に制定された会社法においては、合併対価の内容と割当ての相当性に関する事項の記載が事前開示において義務づけられているところである（会社法782条1項、749条1項、会社法施行規則182条1号、191条1号）。

また、合併比率に関しては、合併契約の承認決議に反対した株主は、会社に対して、株式買取請求権を行使できるのであるから、合併比率の不当または不公正自体が合併無効事由になるものではないとした。合併無効の訴えにおいてどのような事実が無効事由になるのかについては明文規定がなく解釈に委ねられており、合併無効のもたらす影響が大きいものとなる可能性に鑑み、重大な手続違反が無効事由になると解されているが[3]、これに加えて、合併契約についての一般私法上の意思表示の欠缺または瑕疵も無効事由に含まれると解されているところ[4]、錯誤無効が無効事由になることを認めた判例としてサンジェム事件（名古屋地判平成19年11月21日金判1294号60頁）がある。なお、このような事後的な組織再編の無効の訴えは法律関係を複雑・不安定にするおそれもあることから、平成26年改正会社法においては、株主が不利益を受けるような組織再編に対する事前の救済手段として、組織再編が法令または定款に違反し、当事会社の株主が不利益を受けるおそれがあるときは、株主は、当該組織再編の差止めを請求することができるとされた（会社法784条の2、796条の2、805条の2）[5]。

---

[3] 神田秀樹『会社法〔第17版〕』（弘文堂、2015）369頁。
[4] 森本滋編『会社法コンメンタール17』（商事法務、2010）104頁〔柴田和史〕。
[5] 坂本三郎編著『一問一答　平成26年改正会社法〔第2版〕』（商事法務、2015）337頁。

2　インターネットナンバー事件

6　東京地判平成22年9月6日判タ1334号117頁

　本件は、GMOメディアホールディングスが、全部取得条項付種類株式を利用して、インターネットナンバーを完全子会社化するために開催した臨時株主総会等において、特別利害関係人の議決権行使による著しく不当な決議がなされたこと等を理由に、スクイーズ・アウトされた少数株主らが決議取消訴訟を提起した事案である。

　裁判所は、①まず原告適格について、原告らは、全部取得条項付種類株式の取得日に株主の地位を喪失するにしても、本件訴訟の認容判決の確定により、決議の効力が遡及的に無効となる余地がある以上、原告適格を喪失しないと判断し、②決議が著しく不当であるというためには、少なくとも、少数株主に交付される予定の金員が、対象会社の株式の公正な価格に比して著しく低廉であることを必要とする、③少数株主を排除する目的があるというのみでは、全部取得条項付種類株式制度を規定した会社法の趣旨に違反するとはいえないなどと判断した。

　このように本判決は、全部取得条項付種類株式を利用した組織再編・M&Aにおける株主総会決議の取消訴訟における原告適格や取消事由について判断した事例として参考になるものであるが、その後の大阪地判平成24年6月29日判タ1390号309頁においては、全部取得条項付種類株式を利用して完全子会社化するために開催された株主総会等の後に、かかる完全子会社となった会社を消滅会社とする吸収合併が行われ、本吸収合併に係る合併無効の訴えの提訴期間が経過した場合には、もはや上記株主総会等の決議無効確認等（決議取消しを含む）の訴えの利益は認められないとされた点に留意が必要である。なお、かかる全部取得条項付種類株式の取得についても、上記組織再編の無効の訴えと同様に、平成26年改正会社法において、事前の救済手段として、当該取得行為が法令または定款に違反し、株主が不利益を受けるおそれがある場合に、事前の差止めを請求することができるとされた（会社法171条の3）[6]。

第4節　表明保証・協議禁止条項等

1　株式譲渡契約における表明保証条項が問題となった事例

[7]　アルコ事件──東京地判平成18年1月17日判時1920号136頁

　本件は、原告が被告らとの間で消費者金融会社アルコ（対象会社）の全株式を譲り受けるために締結した株式譲渡契約において、①対象会社の財務諸表が完全かつ正確であること、②財務の内容が貸借対照表のとおりであり簿外債務が存在しないことなどの表明保証[7]がなされていたところ、株式譲渡後、対象会社の財務諸表に不当な会計処理が存在していたことが判明したため、原告が被告らに対し、上記表明保証責任条項に基づき、補償金および遅延損害金を求めた事案である。

　裁判所は、表明保証違反につき買主が善意であることが重大な過失に基づくと認められる場合には、公平の見地に照らし、悪意の場合と同視し、売主は表明保証に基づく補償責任を免れる余地があると判断した。その上で、企業買収におけるデューディリジェンスは買主の権利として限られた範囲で行われるものであること、対象会社の財務諸表は監査法人による監査を受けていたこと、とりわけ本件では対象会社および被告らが和解債権処理（ある時期以降、もともと元本の弁済に充当していた和解契約に基づく返済金を利息の弁済に充当し、同額の元本について貸倒引当金の計上をしていなかった）を故意に秘匿していたこと等を理由に、原告の重過失を否定した。

　本判決は、結論的には原告の重過失を否定して表明保証違反を認定しているが、一般論として、買主に故意または重過失がある場合に売主が責任を免れる余地を認めた点につき批判も多いところである。すなわ

---

(6)　坂本・前掲注(5)337頁。
(7)　「表明保証」とは、一定の時点における契約当事者に関する事実、契約の目的物の内容等に関する事実について、当該事実が真実かつ正確である旨契約当事者が表明し、相手方に対して保証するものである。

ち、買主としては、表明保証違反を疑わせる事情につき知っていたとしても、限られた交渉時間の中では、かかる事情を売買価格に適切に反映させることは困難であるため、むしろ契約締結後に問題が顕在化した場合には表明保証条項に基づく補償を求めることを前提に、かかる事情を売買価格に反映させることなく売買契約を締結することも少なくないからである。なお、本判決後、表明保証違反が問題となった判例として、東京地判平成19年7月26日判タ1268号192頁、東京地判平成23年4月19日判時2129号82頁、東京地判平成25年1月28日判時2193号38頁等がある。

2　株式譲渡における売主の説明義務等が問題となった事例

⑧　大阪地判平成20年7月11日判時2017号154頁

　本件は、原告（東証一部上場の電機メーカー）が被告ら（対象会社の創業者一族）から対象会社（各種放送用アンテナ等のメーカー）の株式を買い受けた際に、対象会社は債務超過でありその株式は無価値であったにもかかわらず、被告らは対象会社の粉飾した決算書を示して虚偽の説明を行い、不当に高い価格で株式を売却したと主張して、原告が被告らに対して債務不履行（説明義務違反）に基づく損害賠償を求めた事案である。

　裁判所は、売買契約について、売主は買主に対して、目的物の性状や価値について虚偽の説明をしてはならないという意味の説明義務（消極的な説明義務）を負うが、それに加えて買主の判断に影響を及ぼすと考えられる情報を自ら積極的に開示すべき義務（積極的な説明義務）を負うかは、買主が購入の是非や購入条件を判断するのに必要な目的物に関する情報の内容や、買主が当該情報を自ら保有し、または調査によって獲得することが可能かなどの諸事情を考慮して、契約類型ごとに判断するとした。そして、本件においては、原告は被買収企業についての調査を行うことが可能であり調査能力は十分であるから、被告らは積極的な説明義務を負わないと判示した。その上で、消極的な説明義務違反の有無に関して詳細な事実認定を行った結果、決算上の問題点や資本欠損の可能性についてことさらに秘匿したり虚偽の説明を行ったとする原告の主張

を認めず、被告らの債務不履行（説明義務違反）を否定した。

　本判決は、1のアルコ事件で問題となったような表明保証条項のように契約上明文化された義務ではなく、契約の性質上生じる説明義務が認められ、かかる義務自体の有無や義務違反の有無につき詳細な事実認定がなされた点に先例としての意義を有する。

　一方で、提携交渉中、すでになされた財務情報の開示行為を先行行為ととらえ、後にこれと異なる財務状態に陥った場合に、相手方にその旨告知すべき注意義務違反（告知義務違反）が認められた裁判例として、東京地判平成15年1月17日判時1823号82頁がある。当該判決は、さらに進めて、一般論としても、デューディリジェンスを伴う企業買収交渉に際しては、その交渉が継続する間、それぞれ相手方に対し、適切かつ正確な情報を随時開示すべき信義則上の義務を認める解釈に発展する可能性も含むものとも考えられ、本件大阪地判平成20年7月11日とともに、今後のM&Aに関する契約交渉中の説明義務等の有無・内容を判断するに当たって実務に与える影響が大きいものと思われる。

3　株式譲渡における「契約準備段階の過失」が問われた事例

9　東京地判平成17年7月20日判時1922号140頁

　本件は、いわゆるプライベート・エクイティ・ファンドとして著名なアドバンテッジパートナーズを含む原告らが、保有する対象会社（プリント基板等のメーカー）株式を被告に譲渡するため、原被告間で基本合意書を締結したが、被告が本基本合意を破棄撤回し、株式譲渡契約の締結に至らなかったケースで、①本基本合意を予約契約と構成して本契約の締結義務違反、②本基本合意に基づく経営責任違反、③株式譲渡契約の成立に努めるべき信義則上の義務違反を理由として、被告に対して損害賠償の支払いを求めた事案である。

　裁判所は、上記①および②については否定し、③につき、株式譲渡契約の前提として重要事項であった金融機関からの融資の見込みについて根拠のある見解を示し、その見込みが何らかの事情により変化した場合には、時機を逸することなく情報を提供し、原告らに誤った認識を与え

ることがないよう、また、原告らが事情の変化に即応した別の選択を検討する機会を失うことがないよう配慮すべき信義則に基づく契約法上の注意義務があったにもかかわらず、被告の不適切な対応により原告らに融資の実現と株式譲渡が成立するとの期待を与えたことに上記注意義務違反があったと判断した。

　本判決は、株式譲渡契約に係るいわゆる「契約準備段階の過失」を認め、信義則に基づく契約上の注意義務違反という構成で当該過失を認定している。また、損害の範囲についても、信頼利益か、履行利益かという議論をせずに、相当因果関係の範囲にある損害というアプローチを採用し、原告らが他の選択肢を検討する機会を喪失したことによる経済的損害（株価の下落）を認めている。本判決は、M&Aの交渉段階における信義則上の注意義務違反の考え方、損害のとらえ方とその算定について、一つの先例となるものであり実務上参考になると思われる。

4　企業買収の基本合意書における協議禁止条項の効力

[10]　住友信託銀行対UFJホールディングス事件──最判平成16年8月30日民集58巻6号1763頁

　本件は、住友信託銀行とUFJホールディングスとが事業再編と業務提携（本件協働事業化）に関する基本合意書を締結し、同書において「各当事者は、直接又は間接を問わず、第三者に対し又は第三者との間で本基本合意書の目的と抵触しうる取引等にかかる情報提供・協議を行わないものとする。」という協議禁止条項が定められていたが、UFJホールディングスが一方的に本基本合意書を解約し、三菱東京フィナンシャル・グループに経営統合の申入れを行ったのに対し、住友信託銀行が、本協議禁止条項に基づき、情報提供・協議を行うことの差止めを求める仮処分命令の申立てを行った事案である。

　裁判所は、本協議禁止条項につき、本件協働事業化に関する最終的な合意の成立に向けられたものであり、社会通念上最終的な合意が成立する可能性が存しないと判断されるに至った場合には、当該条項に基づく債務も消滅すると解し、本件では、最終的な合意が成立する可能性が存

しないとまではいえず債務は消滅していないと判断した上で、①本基本合意書は最終的な合意を義務づけるものではなく、当事者が期待を有するにすぎない（原告がこうむる損害は、得られるはずの利益相当ではなく期待権にすぎないので、事後の損害賠償でも償うことが可能である）、②本件において最終的な合意が成立する可能性は相当低い、③本基本合意書の期限である平成18年3月末日までの長期間にわたり差し止められた場合、被告らのこうむる損害は相当大きなものと解される等を総合考慮すると、保全の必要性が認められず申立てを棄却する旨判示した。

M&A交渉の初期段階では、デューディリジェンス等の結果次第でM&A取引が中止されたり、条件が変更されたりする可能性があるため、基本合意書（Letter of Intent）それ自体には法的拘束力をもたせないが、協議禁止条項には法的拘束力をもたせるのが通常である。本決定は、最終合意が成立する可能性が存しないと判断されるに至った場合に協議禁止条項の法的拘束力が失われると最高裁がはじめて判断した点に、意義がある。

その後、住友信託銀行は、UFJホールディングスに対して、(a)最終合意を締結する義務違反、(b)本基本合意書に基づく独占交渉義務および誠実協議義務違反、(c)一方的破棄（債務不履行または不法行為）に基づく損害賠償請求訴訟を提起した。これに対し、裁判所は、(a)本基本合意書は最終契約を締結する義務を相互に負うことまで合意したものではない、(b)(c)当事者はこれらの義務を負い、一方的に解約の申入れを行うことは当該義務違反による債務不履行責任を負うが、最終契約が成立していない以上、当該義務の債務不履行と最終契約の締結を前提とする利益（履行利益）との間に相当因果関係が認められないと判断し、損害賠償請求を棄却した（東京地判平成18年2月13日判時1928号3頁）。

なお、上記裁判において直接の争点とはされていないが、協議禁止条項は、交渉当事会社の取締役の忠実義務・善管注意義務との関係で、協議禁止期間が合理的なものであるときに限定して効力が認められるのではないか、また、より有利な条件を提示する第三者が現れた場合に交渉を可能とするFiduciary Out条項を設けておく必要があるのではないか

第9章 組織再編・M&A

等、会社法の観点からの問題が指摘されたところでもあり、当該裁判例は契約法の判例としてだけではなく会社法判例としても重要なものといえよう。

第5節　会社分割における労働者・債権者保護

1　日本IBM事件（労働者 vs 会社）

11　最判平成22年7月12日民集64巻5号1333頁

本件は、日本IBMが、新設分割の方法により、新設分割設立会社にHDD事業および同事業部門の従業員との労働契約を承継した際に、平成12年商法等改正附則5条1項所定の労働契約承継に関する労働者との協議（5条協議）を行ったが、原告従業員らは、その際の説明が不十分で協議も不誠実であったことを理由に、会社分割の労働契約承継手続に瑕疵があるとして労働契約承継の無効を主張し、日本IBMを相手に労働契約上の地位確認等を求めた事案である。

裁判所は、労働契約が分割契約または分割計画に記載されれば包括承継により労働者の個別の同意なく承継会社等に承継されるとする承継法[8]3条の効果は、適切に5条協議が行われることを当然の前提としているとして、特定の労働者との関係において5条協議がまったく行われなかったとき、または分割会社からの説明や協議の内容が著しく不十分であるため、労働者の保護を図った5条協議の趣旨に反することが明らかなときは、5条協議違反があったとして、承継の効力が否定され得ると判断した。

本判決は、結論としては、5条協議が不十分であるとは認められないとして原告従業員らの地位を否定したが、会社分割無効の訴えによらずとも、5条協議義務違反を理由に労働契約の承継の無効を主張し得ると

---

[8]　「会社の分割に伴う労働契約の承継等に関する法律」（会社法制定後は、「会社分割に伴う労働契約の承継等に関する法律」に改称された）。

249

する相対説を採ることを、最高裁としてはじめて明らかにした点に意義がある。本判決は、旧商法下での判例であるが、会社分割制度の基本的枠組みが変更されていない会社法の下でも先例性を有するものである。

2　会社分割無効の訴えと原告適格（債権者 vs 会社）

12　東京高判平成23年1月26日金判1363号30頁

　本件は、新設分割を行った銀行に関して、新設分割会社の債権者が、同社の債務の履行の見込みがないことを理由に[9]、会社分割無効の訴えを提起した事案である。

　裁判所は、承継関係の早期確定と安定の要請から、新設分割の無効は訴えをもってのみ主張することができるところ、新設分割について会社法810条1項2号所定の異議を述べることができない債権者は、同法828条2項10号所定の「承認をしなかった債権者」に該当しない以上、会社分割無効の訴えの原告適格を有しないと判断した。

　本判決によると、新設分割後も新設分割会社に対して債務の履行を請求することができる債権者には無効の訴えの提起権限がないことになり、濫用的な会社分割（新設分割設立会社に優良事業や資産を承継させ、新設分割会社の債権者が十分に債務の弁済を受けることができなくなるケース等）が行われた場合に対処できなくなるが、以下 **3**(1)～(4)に紹介するとおり、過去の裁判例においては、①会社法22条1項類推適用、②法人格否認の法理、③否認権の行使、④詐害行為取消権の行使などにより、会社分割無効の訴え以外の方法で個別に救済を図ってきた。なお、この点につき、平成26年改正会社法においては、吸収分割会社・新設分割会社が承継されない債権者を害することを知って会社分割をした場合には、当該債権者は、分割承継会社・新設分割設立会社に対して、債務の履行

---

(9) 旧商法374条ノ2第1項3号においては、「債務ノ履行ノ見込アルコト」が会社分割の効力要件であると解されていたが、会社法施行規則205条7号においては、「債務の履行の見込みに関する事項」とされており、立案担当者は債務の履行の見込みがあることを効力要件とすることに否定的な見解を示している（相澤哲＝葉玉匡美＝郡谷大輔編著『論点解説　新・会社法』（商事法務、2006）674頁）。

を請求することができるとされた（会社法759条4項、764条4項等）[10]。

3　濫用的な会社分割における債権者保護（債権者 vs 会社）

(1)　会社法22条1項類推適用が認められた事例——会社分割により事業を承継した会社の名称続用責任

13　最判平成20年6月10日集民228号195頁

本件は、預託金会員制のゴルフクラブの会員であった原告が、ゴルフ場を経営していた会社の会社分割により事業を承継した新設分割設立会社に対して、同社が従前のゴルフクラブの名称を引き続き使用していることから、預託金の返還を求めた事案である。

裁判所は、会社分割に伴いゴルフ場の事業を承継した新設分割設立会社が、事業主体を表示するものとして用いられていたゴルフクラブの名称を続用していた場合、同社が承継後遅滞なく当該ゴルフクラブの会員によるゴルフ場施設の優先的利用を拒否したなどの特段の事情がない限り、会社法22条1項の類推適用により、同社は預託金の返還義務を負うと判断した。

本判決は、営業譲渡に関する最判平成16年2月20日民集58巻2号367頁において旧商法26条1項（会社法22条1項）の類推適用が認められた事案に依拠して、濫用的会社分割への対処手段として、会社法22条1項の類推適用があり得ることを示した点で意義のあるものであった。もっとも、同条による方法では、債務が承継されない旨の説明を受けた場合や免責登記がなされる場合等において責任が認められない点にも留意が必要である（大阪地判平成22年10月4日金法1920号118頁）。

(2)　法人格否認の法理が認められた事例

14　福岡地判平成23年2月17日判タ1349号177頁

本件は、債務超過に陥ったパチンコ店の経営等を目的とした同族会社が、会社分割の手法を利用して再建を図ろうとして複数の新設分割設立会社を設立し、いずれの代表取締役にも上記同族会社の株主の親族が就

---

(10) 坂本・前掲注(5)344頁。

任し、会社分割の対価である株式がすべて同人に譲渡された事案において、原告は新設分割設立会社に承継されなかった債権の回収が困難となったため、濫用的会社分割における法人格否認の法理を主張し、新設分割設立会社に対して債権の支払いを求めたものである。

裁判所は、「支配要件」と「目的要件」を満たしているときには法人格の否認を認めるべきである（最判昭和48年10月26日民集27巻9号1240号）として、本件各社の事業態様や支配の実態が上記同族の意のままに道具として支配されていること（支配要件）、再建スキームの主な目的が債務の半分近くを占める原告の債務の支払いを免れることにあったこと等から、違法または不当な目的を有していたこと（目的要件）を認定した上で、法人格を否認し、原告の請求を全部認容した。

本判決は、濫用的な会社分割に対して、法人格否認の法理を適用して債権者を保護する手法を肯定した事例として先例的価値を有するものである。もっとも、法人格否認の法理が適用されるのは上記支配要件および目的要件が認定される限定的なケースであり、会社分割の実行に関する一般的制限を課すものではないと理解される（福岡地判平成22年1月14日金判1364号42頁）点に留意が必要である。

(3) **破産法上の否認権の行使が認められた事例**

⑮ 東京高判平成24年6月20日判タ1388号366頁

本件は、破産会社の破産管財人が、同社が債務超過状態にあった時期に行った会社分割（新設分割）によって設立された新設分割設立会社に対して、当該会社分割自体が破産会社の債権者を害する行為に当たるとして、否認権を行使して資産相当額の価格償還を求めた事案である。

裁判所は、会社分割（新設分割）は、会社間で財産を移転することを要素としており、債務者たる新設分割会社の一般財産を減少させ得る行為であって、その意味において、否認権の対象となるとし、本件においては、すべての資産が承継されたものの、一部の債務については重畳的債務引受けをしていることから、債権者が満足を得られなくなったことは明らかであるとして、破産法160条1項1号（「破産債権者を害することを知ってした行為」）に基づく否認権行使（詐害行為否認）に基づき、新設分

割設立会社に対して、承継した各資産の価格返還請求を命じた。

本判決は、濫用的な会社分割に対して、破産法上の否認権の行使を適用して債権者を保護する手法を肯定した事例として先例的価値を有するものである。かかる会社分割が破産法上の否認権行使の対象となり得ることについては、下記(4)の判例からも肯定しやすいところ、実務上は、詐害行為否認・相当対価行為否認・偏頗行為否認（破産法160条～162条）のいずれに該当するというべきか、原則どおり移転資産の現物の返還を求めるにとどまるのかその価格償還を基本とすべきかなど、議論がなされているところでもある。

(4) 詐害行為取消権（民法424条）の行使が認められた事例

⑯　最判平成24年10月12日民集66巻10号3311頁

本件は、会社分割（新設分割）を行うに際し、新設分割会社が所有する不動産を新設分割設立会社に承継させたが、新設分割会社においては債務の引当てとなるような特段の資産も有しておらず、原告に対する債務が残存することとなったケースにおいて、原告が、詐害行為取消権（民法424条）に基づき、当該会社分割の取消しおよび上記不動産に関する会社分割を原因とする所有権移転登記の抹消登記手続を求めた事案である。

裁判所は、①会社法上、新設分割が詐害行為取消権行使の対象となることを否定する明文規定は存しないこと、②新設分割設立会社に債務が承継されない一方で、新設分割会社に対して債務の履行を請求できることから、債権者保護手続（会社法810条）によっても保護されない債権者について、保護を図る必要性があること、③新設分割無効の訴えが規定されていることをもって、新設分割が詐害行為取消権行使の対象にならないと解することはできないことから、上記②の状況にある債権者は詐害行為取消権（民法424条）を行使して新設分割を取り消すことができると判断した（具体的には、上記不動産の承継に係る部分を取り消すとともに、上記抹消登記手続を命じた）。

本判決は、それまで会社分割（新設分割）が詐害行為取消権の対象となり得るかについて下級審裁判例[11]で主流になっていた肯定説の立場を、

最高裁がはじめて明らかにしたものとして意義を有する。もっとも、このような詐害行為取消しが吸収分割において認められた場合には、吸収分割会社の残存債権者が承継資産の額を限度として優先弁済権が認められることになるため、かえって承継債権者や移転従業員が不利益を受けるおそれがある[12]し、吸収分割の場合には吸収分割承継会社に固有の債権者が存在するため、同債権者との利害対立も考慮する必要があるため、判例の射程範囲が問題となっていたが、平成26年改正会社法によって、吸収分割の場合にも、吸収分割承継会社に対して、債務の履行を請求することができるとされた（会社法759条4項等）。

第6節　小括（今後の展望）

　以上のとおり、組織再編・M&Aの分野における過去の裁判例を振り返った場合、特に「平成」に元号が変わって以降、多様化するM&Aと支配権奪取の場面を通じた株主の企業価値追求の活発化が目立つようになり、また、国内外の投資ファンドによる上場会社に対する本格的な敵対的TOBのほか、旧経営陣によるMBOなども行われるようになったため、これらに関連した裁判例が多くみられるようになった。
　今後も、引き続き、企業が持続的な成長を遂げる過程において、組織再編・M&Aは不可欠なコーポレート・アクションとして活用されることが予想されるが、組織再編・M&Aにおける一連の法的手続においては、少数株主、債権者、労働者、ファンド、旧経営陣等といったさまざまなステークホルダーの利害関係が絡み合うため、これらに配慮した実務的な対応が求められるところである。

---

(11) 東京高判平成22年10月27日金判1355号42頁等参照。
(12) 神作裕之「濫用的会社分割と詐害行為取消権〔下〕」商事1925号（2011）46頁。

第10章　会社支配権の争奪

第1節　はじめに

　平成17年改正前商法（以下「旧商法」という）上、株式発行等については取締役会決議により実施することが可能であったため、その過程に直接的には関与することができない株主としては、違法・不当な株式発行等により自己に不利益が生じる場合に、これを事前に防止するための手段が必要であった。そして、不公正な株式発行等に対する差止請求権を定める旧商法280条ノ10（会社法210条の前身）は、そのような問題意識から昭和25年商法改正の際に導入されたものであった。

　株式発行等、特に、第三者割当ての方法により増資がなされる場合には、既存株主の持株比率が希釈化することがあるが、会社法210条は、そのような場合に不利益を受ける既存株主が当該株式発行等の差止めを請求し、自己の利益を守る手段として機能してきた。そのような観点から、本条は、会社支配権に争いがある場合、典型的には、経営陣と大株主との間で会社支配権をめぐる争奪戦が繰り広げられている場合に問題となり、本条に基づき大株主からなされた株式発行等の差止請求に関して、これまで多くの裁判例が蓄積されてきたところである。

　本章では、このような会社支配権の争奪の場面における株式発行等の差止請求に関する裁判例を取り扱うこととするが、最初に、その歴史的な経過をたどると、まず、旧商法280条ノ10が導入された昭和25年商法改正以降昭和40年代後半にかけて、不公正発行に関する判断枠組みとし

て、いわゆる「主要目的ルール」が徐々に形成されていき、東京地決平成元年7月25日判時1317号28頁（忠実屋・いなげや事件）（下記②参照）以降、これが一般的な判断枠組みとして定着するに至ったといえる（**第2節**参照）。さらに、近時では、裁判例上、この主要目的ルールを厳格に運用する傾向にあり、具体的には、支配権維持目的と資金調達目的等との優劣をより厳格に比較検討し、特に、資金調達の必要性を具体的に分析することにより妥当な判断を導こうとする傾向にあると評価できる（**第3節**参照）。本章では、このような裁判例の歴史的な経過についても概観することにしたい。

　また、平成10年代後半から平成20年9月のリーマン・ショックまでの間においては、外資系投資ファンドや新興企業をはじめとする「もの言う株主」や「アクティビスト」が台頭し、わが国の上場会社に対して、ときには敵対的な態様での買収を図る者も現れた。このような状況を背景として、わが国の上場会社においてはいわゆる敵対的買収防衛の必要性が意識され、学界・実務界でも敵対的買収防衛策のあり方について盛んに議論がなされるようになった。そして、その過程では、実務上、敵対的買収防衛策として、新株予約権が利用されるようになり、そのため、近時では、敵対的買収防衛策として発行された新株予約権についても、株式と同様に不公正発行が問題とされた事例がいくつか存在している。そこで、この新たな問題に対して、裁判所がどのような判断を示しているのかについても、本章では取り扱うこととする（**第4節**参照）。

第2節　主要目的ルールの形成過程

1　主要目的ルールの意義等

　株式の不公正発行が問題となる場合、当該株式発行が「著しく不公正な方法」によるものであるか否かは、裁判例上、一般的には「主要目的ルール」に沿って判断されていると考えられている。主要目的ルールとは、概要、株式発行等の目的が複数存在している場合に、支配権維持目

的と資金調達その他の会社の正当な事業目的とのいずれが優越しているかを検討し、前者が後者に優越している株式発行等については、「著しく不公正な方法」によるものとして差止めを認めるという考え方であるとされている[1]。後に述べるように、この主要目的ルールは、旧商法280条ノ10の導入直後から採用されていたものではなく、その後の裁判例の蓄積により形成されていったものであり、また、現代においても変容を重ねている[2]。

なお、今日では、このような株式発行等の目的にかかわらず、支配権の変動や大規模な持株比率の希釈化を伴う第三者割当増資については、既存株主に与える影響に鑑みて、その合理性を担保するために一定の規制が課されるようになった。たとえば、証券取引所規則上、希釈化率が25％以上となる、または支配株主が異動する第三者割当増資については、原則として、経営者から一定程度独立した者による当該第三者割当増資の必要性および相当性に関する意見の入手、または、株主総会決議等による株主の意思確認の手続が必要とされており（東京証券取引所有価証券上場規程432条等）、また、平成26年改正後会社法（以下「改正会社法」という）では、公開会社において、引受人が総株主の議決権の過半数を有することとなる株式発行等について、総株主の議決権の10分の1以上の議決権を有する株主から反対の通知を受けた場合には、当該株式発行等について株主総会決議が必要になる（改正会社法206条の2）とされている。さらに、CGコードにおいても、支配権の変動や大規模な持株比率の希釈化をもたらす資本政策について、取締役会および監査役に対して、必要性・合理性の検討、適正手続の確保、および株主に対する十分な説明が求められている（原則1－6）ことに留意が必要である。

---

(1) 神田秀樹編『会社法コンメンタール5』（商事法務、2013）120頁［洲崎博史］。
(2) ここでいう主要目的ルールをより実務的にとらえると、「著しく不公正な方法」であるか否かは要件事実論における規範的要件であることから、その判断については、支配権維持目的を推認させる事実（評価根拠事実）と資金調達その他の会社の正当な事業目的を推認させる事実（評価障害事実）の総合考慮によるものであると考えられる（大杉謙一「ベルシステム24事件」野村修也＝中東正文編『別冊金融・商事判例 M&A判例の分析と展開』（経済法令研究会、2007）54頁）。

2 恵美寿織物事件

1 大阪地堺支判昭和48年11月29日判時731号85頁

　本件は、会社更生手続に付されていた恵美寿織物の経営陣と、そのスポンサー企業として恵美寿織物株式を保有していた第一紡績との間で会社経営をめぐり対立関係が生じている中で、恵美寿織物が同社の従業員および取引先を割当先とする株式発行を実施し、これにより第一紡績の持株比率が51.2％から27％へと希釈化することについて、第一紡績から、当該株式発行が不公正発行に該当するとして、その差止請求がなされた事案である。

　本判決は、いわゆる主要目的ルールの「はしり」であるとの評価もなされている[3]ところである。この点に関して、昭和25年商法改正において旧商法280条ノ10が導入された後、公表されている裁判例の中で最初に株式の不公正発行が問題となった東京地判昭和27年9月10日判タ23号33頁（ユタカ商会事件）では、少なくとも判決理由上は、単に会社の不当な目的の有無のみが問題とされているにとどまり、資金調達目的等への言及はなく、その意味では、未だ主要目的ルールは採用されていなかった。これに対して、本判決では、「不当な目的を達成するため新株を発行する場合と言うためには、少なくとも、取締役会が新株発行を行なうに至つた種々の動機のうち、不当な目的を達成するという動機が、他の動機よりも優越し、それが主要な主観的要素であると認められる場合をいう」と述べられており、会社支配権の維持等の不当な目的とその他の目的（典型的には、資金調達目的）との優劣を比較検討するという、主要目的ルールの基本的な姿勢が明確に示されている。

　その上で、本判決は、恵美寿織物の経営陣が第一紡績の議決権割合を低下させるという「不当な動機」を有していたことを認定しつつ、恵美寿織物において、設備投資に関する資金調達の必要性とともに、会社更

---

[3] 増田健一「株式の不公正発行」神田秀樹＝武井一浩編『ジュリスト増刊 実務に効くM&A・組織再編判例精選』（有斐閣、2013）83頁。

生手続の遂行に当たり従業員・取引先等から得た協力に感謝の意を表する方法の一つとしてこれらの者に対して新株を発行することになったという経緯を認定し、その結果、恵美寿織物の経営陣が「もっぱら第一紡績の議決権割合を低下させるために本件新株発行をなしたものと言えないことは勿論、同人らの不当な動機が、右のような新株発行の必要に応ずるという正当な動機に優越しているとまでは認めることはでき……ない」と判断し、差止請求を認めなかった。

このように株式発行等の主要目的の所在を問題とする裁判所のスタンスは、本判決の前後から徐々に示され始めたものであるといえる（たとえば、大阪地決昭和48年1月31日金判355号10頁（第一紡績事件）、東京地決昭和52年8月30日金判533号22頁（弥栄工業事件）、大阪地決昭和62年11月18日判時1290号144頁（タクマ事件）、東京地決昭和63年12月2日判時1302号146頁（第1次宮入バルブ事件）等）。

もっとも、これらの事案では、一般論として主要目的の所在を問題としていても、実際の判断過程においては比較的緩やかに資金調達目的の優越性を認定しており、結局のところ、支配権維持目的と資金調達目的等との優劣について厳密な比較検討を経ているというよりは、資金調達の必要性等、株式発行に何らかの合理的な理由が存在する限り、不公正発行への該当性を否定しているものといえよう。

3　忠実屋・いなげや事件

②　東京地決平成元年7月25日判時1317号28頁

本件は、秀和が忠実屋およびいなげやの株式の買占めを進めている際、忠実屋およびいなげやが業務提携および資本提携について合意をし、相互に第三者割当増資による株式発行を実施し、株式の持合いを決定したことについて、秀和から、当該株式発行が不公正発行に該当するとして、その差止請求がなされた事案である。

本決定は、「株式会社においてその支配権につき争いがある場合に、従来の株主の持株比率に重大な影響を及ぼすような数の新株が発行され、それが第三者に割り当てられる場合、その新株発行が特定の株主の持株

比率を低下させ現経営者の支配権を維持することを主要な目的としてされたものであるときは、その新株発行は不公正発行にあたるというべき」として、従来の裁判例と同様に主要目的ルールの考え方を採用しつつも、その上で、「新株発行の主要な目的が右のところにあるとはいえない場合であっても、その新株発行により特定の株主の持株比率が著しく低下されることを認識しつつ新株発行がされた場合は、その新株発行を正当化させるだけの合理的な理由がない限り、その新株発行もまた不公正発行にあたるというべきである」と述べた。この後段部分については、前段部分（主要目的ルール）のみでは不公正性の有無についての総合的な考察に欠けるという欠点を補うために、新たな基準を設けたものであるとの評価もなされている[4]が、むしろ、従来の主要目的ルールを前提としつつ、特定の株主の持株比率が著しく低下されることを認識しつつ株式発行がなされた場合には、支配権維持目的が事実上推認され、会社側が当該株式発行を正当化するに足りる合理的な事情を疎明しない限り、不公正発行に該当すると解するものであるととらえるべきであろう[5]。このような考え方については、すでに学説上も示されていたところではある[6]が、実務的な視点から考えると、支配権維持目的という経営陣の主観的態様（内心）を、第三者であり、また、多くの場合に経営陣と敵対関係にある株主が疎明することは決して容易ではなく、単に従前の主要目的ルールの判断枠組みによることでは実務的に妥当な解決が図れない場合もあるといい得るが、本決定の判断はこのような懸念に応えたものであるといえよう。

結論として、本決定では、株式発行により調達した資金の大半が実質的に相手会社が発行する株式の払込資金に充てられるものであること等を理由に、「本件新株発行は、申請人の持株比率を低下させ現経営者の支

---

(4) 柴田和史「新株発行禁止仮処分申請事件」ジュリ944号（1989）115頁。
(5) 山田純子「忠実屋・いなげや新株発行差止仮処分事件」商事1337号（1993）37頁、吉本健一「著しく不公正な方法による第三者割当増資」別冊ジュリ180号（2006）67頁。
(6) 洲崎博史「不公正な新株発行とその規制」民商94巻6号（1986）727頁。

配権を維持することを主要な目的とするものであり、又は少なくともこれにより申請人の持株比率が著しく低下されることを認識しつつされたものであるのに、本件のような多量の新株発行を正当化させるだけの合理的な理由があったとは認められない」として、不公正発行に該当すると判断され、差止請求が認められている。もっとも、かかる事実関係に照らすと、株式発行に資金調達目的等の合理的な理由が存在していなかったことは明らかであるため、従来の裁判例と同様に単に従前の主要目的ルールの判断枠組みを適用した場合であっても、その結論に変わりはなかったのではないかと考えられる。

なお、本決定の直後に不公正発行が問題となった裁判例としては、東京地決平成元年9月5日判時1323号48頁（第2次宮入バルブ事件）、大阪地決平成2年7月12日判時1364号104頁（ゼネラル事件）等が挙げられるが、これらの裁判例では、本決定のように支配権維持目的を推認するような判断過程はうかがわれず、むしろ、従来の裁判例と同様に、一定の資金調達の必要性等が存在することをもって不公正発行への該当性を否定しており、比較的緩やかに資金調達目的の優越性を認定しているように見受けられる。

第3節　主要目的ルールの運用過程

1　主要目的ルールの厳格化

すでに述べたとおり、東京地決平成元年7月25日判時1317号28頁（忠実屋・いなげや事件）（上記2参照）以降、不公正発行に関する裁判所の判断においては主要目的ルールが定着したといえるが、同時に、支配権維持目的と資金調達目的等との優劣をより厳格に比較検討し、特に、資金調達の必要性を具体的に分析することにより妥当な判断を導こうとする傾向にあると評価できる。

たとえば、東京地決平成10年6月11日資料版商事173号192頁（ネミック・ラムダ事件）は、資金調達の必要性の裏づけとなる新規事業計画の具

体性および実現性を具体的に分析した結果、これを否定した（たとえば、新規事業計画では超微粒子セラミックコンデンサの量産工場の建設が予定されていたが、この超微粒子セラミックコンデンサの開発の実現性について裏づけがなされていない）上で、「本件新株発行は、何ら資金調達が現実的に必要ではないのに、債権者らの支配権を剥奪する目的で行うもので、著しく不公正な方法によるものということができる」として、不公正発行に該当すると判断し、差止請求を認めている。

このような裁判所のスタンスは、その後の裁判例にも現れており、差止請求を認めるか否かにかかわらず、資金調達の必要性に関する詳細な分析を志向している（差止請求を認めた代表的な事例として、さいたま地決平成19年6月22日判タ1253号107頁（日本精密事件）、東京地決平成20年6月23日金判1296号10頁（クオンツ事件）、山口地宇部支決平成26年12月4日金判1458号34頁（アルファクス・フード・システム事件）。また、差止請求を認めなかった代表的な事例として、東京高決平成16年8月4日金法1733号92頁（ベルシステム24事件）、大阪地決平成18年12月13日判時1967号139頁（名村造船所事件）、横浜地決平成19年6月4日金判1270号67頁（自動車部品工業事件）、千葉地松戸支決平成20年6月26日金判1298号64頁（昭和ゴム事件）、札幌地決平成20年11月11日金判1307号44頁（オープンループ事件）、東京地決平成21年3月27日金判1338号57頁、東京高決平成21年12月1日金判1338号40頁（日本ハウズイング事件）、仙台地決平成26年3月26日金判1441号57頁（京王ズホールディングス事件）参照）ものと考えられる。

以上のとおり、近時の裁判例では、主要目的ルールを厳格に運用する傾向にあるといえるが、その過程においては、不公正発行に関するさまざまな論点を含む裁判例が登場していることから、本節では、その中でも特に特徴的な事例について紹介することにしたい。

2　ベルシステム24事件

③　東京高決平成16年8月4日金法1733号92頁

本件は、CSKの連結子会社であったベルシステム24の第三者割当ての方法による株式発行について、CSKから、これが不公正発行に該当する

として、その差止めが請求された事案である。

　CSKとベルシステム24の経営陣との間には、従前からベルシステム24の経営方針や役員構成をめぐって対立が生じていたところ、ベルシステム24は、CSKから取締役の過半数を派遣する旨の株主提案を受けた。これに対して、ベルシステム24の取締役会は、上記株主提案を受けた直後に、発行済株式総数を上回る大量の株式を、NPIホールディングス（以下「NPI」という）に対して第三者割当ての方法により発行することを決議した。かかる株式発行により調達した資金は、第三者との業務提携のために使用されることが予定されていたが、当該株式発行により、NPIの持株比率は約51.5％となり、他方で、CSKの持株比率は約39.2％から約19.0％へと希釈化されることになった。

　本決定は、上記のような当事者間の対立関係や上記業務提携に関する事業計画の検討開始のタイミング、さらには、当該株式発行の規模、検討期間等に加えて、ベルシステム24が当該株式発行の払込期日の翌日に基準日を設定し、その後の定時株主総会においてNPIの議決権行使を認めていること等に照らして、「現経営陣の一部が、抗告人の持株比率を低下させて、自らの支配権を維持する意図を有していたとの疑いは容易に否定することができない」と述べつつも、上記事業計画の検討過程等に鑑みて、当該事業計画のための資金調達の必要性、および当該事業計画自体の合理性を肯定し、「現経営陣の一部において、抗告人の持株比率を低下させて、もって自らの支配権を維持する意図を有していたとしても、……支配権の維持が本件新株発行の唯一の動機であったとは認め難い上、その意図するところが会社の発展や業績の向上という正当な意図に優越するものであったとまでも認めることは難し」いと判断し、差止請求を認めなかった。

　本決定については、時期的な関係からしても、株式発行がCSKによる株主提案等を契機として検討されたものであること（すなわち、会社支配権維持の動機をきっかけとするものであること）が強く疑われるにもかかわらず、不公正発行には該当しないと結論づけられていることもあり、学説上の評価は分かれており、その結論に異論を唱える見解[7]も存在す

る。しかしながら、仮に会社支配権維持の動機をきっかけとするものであったとしても、かかる資金調達が真に必要とすべきものであり、かつ、これに裏づけられた事業計画を遂行することが企業価値ひいては株主共同の利益に資するのであれば、これを不公正発行として否定する必要はないはずである。かかる観点から、本決定については、企業価値を向上させる業務提携のための株式発行であれば、支配権維持目的が存在していても不公正発行ではないという見方もあり得るという指摘[8]もなされており、その意味では、企業価値・株主共同の利益の観点からその適否を判断する、今日の敵対的買収防衛策に関する議論と同様の視点を示唆するものであるともいえよう。したがって、本決定については、単純に事業計画や資金使途を（形式的に）整えさえすれば不公正発行には該当しない旨を述べたものであるととらえるのではなく、あくまでも企業価値・株主共同の利益の観点からその内容の合理性が問われており、そのような合理性を基礎づける事情が存在することによって、はじめて不公正発行ではないことが裏づけられると考えるべきであろう。

3　ダイソー事件

4　大阪地決平成16年9月27日金判1204号6頁

　本件は、ダイソーによる取引先および取引銀行を割当先とする株式発行により、ダイソーの株主であるワイエムシィ（以下「YMC」という）の持株比率が約10.6％から約8.8％へと希釈化することについて、YMCから、当該株式発行が不公正発行に該当するとして、その差止請求がなされた事案である。

　本決定は、株主であるYMCの持株比率に着目した判断を示している。すなわち、上記のとおり、YMCの持株比率は約10.6％であり、ダイソーの筆頭株主ではあるものの、かかる比率ではダイソーの支配権を有して

---

(7) 布井千博「判批」金判1209号（2005）55頁、藤原俊雄「判批」判タ1181号（2005）124頁等。
(8) 吉本健一「著しく不公正な方法による第三者割当増資」別冊ジュリ205号（2011）199頁。

いるとはいえない等として、そもそも当事者間で会社支配権を争う状況にあると認めるに足りる疎明はないと述べた上で、その他の資金調達の必要性等に照らして、当該株式発行は不公正発行には該当しないと判断し、差止請求を認めなかった。

　この点に関して、本件は、会社支配権に関する争奪戦が始まる以前の段階、いわば平時における安定株主工作としてなされた株式発行に関する適否が問題となった事案であるが、理論的には、会社支配権に争いがあるか否かにかかわらず、現経営陣を支持することが明らかな第三者に対して株式発行をすることによりその支配権を維持し、将来的に確固たるものとすることは可能であるから、不公正発行に該当する余地はあるといえるものの、実際に、会社支配権を争う状況にあると認められない場合に現経営陣の支配権維持目的を立証することには困難を伴うであろう。

　なお、同様の裁判例としては、前掲大阪地決平成18年12月13日（名村造船所事件）、名古屋地決平成20年11月19日金判1309号20頁（丸八証券事件）等が挙げられるが、いずれの事件においても差止請求は認められていない。

　これに対して、前掲東京地決平成20年6月23日（クオンツ事件）では異なる判断が示されている。当該事件は、本件と同様に株式発行の差止請求がなされた事案であるところ、裁判所は、株式発行により持株比率が1.71％から1.43％に希釈化する程度であり、「一般的な割合的意味としては大きいとはいえない」と述べつつも、個人株主が圧倒的な多数を占めており、筆頭株主の持株比率も3.78％にすぎないといった株主構成においては、当該株式発行により事実上多数派を構成する株主が出現することで既存株主の影響力が低下することから、既存株主が「不利益を受けるおそれがある」として、差止請求を認めた。当該決定は、本決定のように持株比率を会社支配権の争いの有無の認定に用いるのではなく、「株主が不利益を受けるおそれ」（会社法210条柱書）の有無の認定に用いている点が特徴的であり、株主構成次第では、持株比率およびその希釈化率の多寡にかかわらず、差止請求が認められる余地を示唆するものと

して実務上参考になる。

4　ダイヤ通商事件

5　東京高決平成24年7月12日金判1400号52頁

　本件は、いわゆる日本版ESOPについて不公正発行が問題となった事案であるが、その概要を紹介すると、ダイヤ通商が、従業員持株会を利用した日本版ESOPを導入するに際して、特別目的事業体（SPV）を割当先とする株式発行を実施することについて、大株主から、これが不公正発行に該当するとして、その差止めが請求されたものである。

　本決定は、①本スキームについて、経営陣と大株主の確執が表面化する前から検討が開始されていたこと、②割当株式の議決権行使について、経営陣の不当な支配が及ばないような配慮がなされている等、経済産業省に設置された「新たな自社株式保有スキーム検討会」が平成20年11月17日付で公表した「新たな自社株式保有スキームに関する報告書」の内容におおむね沿っていること、③本スキームの導入決定時にはダイヤ通商の株価が比較的低い水準であったため、当該時点に本スキームの導入を決定することには一定の合理性があること等から、本スキームが従業員のインセンティブの向上等を目的として導入されたものであること等を認定した上で、当該株式発行は不公正発行には該当しないと判断し、差止請求を認めなかった。すなわち、本決定は、資金調達目的以外の目的を、株式発行の正当性を基礎づける「主要な目的」として認定し、不公正発行への該当性を否定した事例として位置づけることができる。今後、持株会を利用したスキームに限らず、近時導入例が増加している、信託を利用したスキーム（株式給付信託）の導入の際にも参考になろう。

第4節　敵対的買収防衛策として発行された新株予約権の不公正発行

1　敵対的買収防衛策としての新株予約権の意義

　すでに述べたとおり、わが国では、外資系投資ファンドや新興企業の

台頭により、いわゆる敵対的買収防衛の必要性が意識され、実務上、敵対的買収防衛策の一つとして、新株予約権が利用されるようになった。新株予約権の発行は、株式の発行とは異なり、直ちに持株比率の希釈化を生じさせるものではない点で柔軟な対応が可能となり、現在上場会社において導入されている事前警告型の買収防衛策の多くでも、対抗措置として新株予約権の無償割当てが想定されている。

　本節において取り扱う裁判例は、いずれも有事における新株予約権の不公正発行に関する事例であるが、後に述べるように、これらの裁判例が平時における買収防衛策のあり方に対して与えた影響は非常に大きいといえる。

2　ニッポン放送事件

6　東京高決平成17年3月23日判時1899号56頁

　本件は、ニッポン放送株式の約5.4％を保有していたライブドアが、子会社を通じた東京証券取引所の立会外取引等によりニッポン放送株式の買増しを進め、その約35.0％を保有するに至ったところ、ニッポン放送が、発行済株式総数の約1.44倍に相当する数の株式を取得することが可能となる新株予約権をフジテレビジョンに対して発行することについて、ライブドアから、これが不公正発行に該当するとして、その差止めが請求された事案である。

　結論として、本決定は、ライブドアによる差止請求を認めているが、まず、会社支配権に争いがある場合において、敵対的買収を図る特定の株主の持株比率を低下させ、現経営陣の会社支配権を維持・確保することを主要な目的としてなされた新株予約権の発行は、原則として不公正発行に該当するとして、これまで株式発行の場面で用いられてきた主要目的ルールが、新株予約権の発行にも適用される旨を述べた。その上で、本決定は、株主全体の利益保護の観点から例外的に不公正発行に該当しない場合として、敵対的買収者が、①グリーン・メーラーである場合、②会社財産の焦土化目的を有する場合、③LBO等の買収資産流用目的を有する場合、④高額資産の売却等による短期利益取得目的を有する場合

を挙げ、かかる事情を（株主ではなく）会社（ニッポン放送）が疎明した場合には、不公正発行に該当しないと結論づけた。

本決定は、企業価値・株主共同の利益の毀損が明白である場合（上記4要件）においては、買収防衛策（新株予約権の発行）が取締役会限りの判断で発動された場合であっても不公正発行には該当しないとの判断を示したものとして位置づけられている。また、本決定が挙げた当該4要件については、その妥当性に関してさまざまな議論がなされているが、実務上は、多くの上場会社が導入している事前警告型の買収防衛策において、対抗措置の発動要件として当該4要件が定められていることが多い。したがって、本決定は、有事における新株予約権の不公正発行に関する判断基準の一つを示しただけでなく、平時における買収防衛策のあり方についても重大な影響を与えた事案であるといえよう。なお、本決定の直後に、平時導入型の敵対的買収防衛策としての新株予約権の発行の差止請求が認められた事例として、東京高決平成17年6月15日判タ1186号254頁（ニレコ事件）が存在するが、当該事案では、買収防衛策の導入時（平時）に新株予約権が発行されている点で、多くの上場会社において導入されている一般的な事前警告型の買収防衛策とはそのスキームが異なるものである。

また、本決定は、上記4要件の疎明責任を（株主側ではなく）会社側に負わせているが、この点については、主要目的ルールが、会社支配権に争いがある中で取締役会決議によりなされる株式（新株予約権）の発行は、権限分配法理に基づいて、原則として支配権維持目的が主要目的であると推認されるというルールに変容した、という傾聴すべき指摘[9]もなされている。

3 ブルドックソース事件

[7] 最決平成19年8月7日民集61巻5号2215頁

本件は、ブルドックソース（以下「ブルドック」という）の株式の10%

---

(9) 神田秀樹『会社法〔第17版〕』（弘文堂、2015）157頁～158頁。

超をすでに保有していた外資系投資ファンドのスティール・パートナーズ（以下「スティール」という）がブルドック株式の公開買付けを開始したところ、ブルドックがこれに反対し、その対応策として新株予約権の無償割当てを株主総会に付議することを決定したため、スティールから、これが不公正発行に該当するとして、その差止めが請求された事案である。

　結論として、本決定は、スティールによる差止請求を認めなかったが、その判断を導くに当たっての重要なポイントの一つとして、株主平等原則との関係が挙げられる。すなわち、本決定は、株主平等原則の趣旨が新株予約権の無償割当てにも及ぶとした上で、特定の株主による経営支配権の取得に伴い、企業価値・株主共同の利益が毀損する場合には、それを防止するために当該株主を差別的に取り扱ったとしても、当該取扱いが相当性を欠くものでない限り、株主平等原則の趣旨には違反しないと述べた。そして、企業価値・株主共同の利益の毀損の有無については、最終的には、原則として株主による判断が尊重されるべきであるとした上で、本件では、新株予約権の無償割当てについて、株主総会において議決権総数の約83.4％の賛成を得て可決されていること等から、ほとんどの株主が企業価値・株主共同の利益が毀損されると判断したと述べた。さらに、本件では、スティールがブルドックによる新株予約権の取得の対価として金銭の交付を受けることができる（しかも、その価格はスティールが自ら決定した公開買付価格に基づいて算定されたものである）こと等から、その取扱いの相当性も否定されないと述べた。

　本決定についてはすでに数多くの評釈が発表されていることから、本書では、その内容に関する理論的な評価は割愛するが、実務的な視点から考えると、本決定は、株主意思が買収防衛策を正当化する一つの事情として機能することを明らかにするとともに、対抗措置が正当化されるためにはその発動の必要性・相当性が求められることを明らかにした点で、ニッポン放送事件と同様に、買収防衛策のあり方に関する議論に重大な影響を与えたといえる。この点に関して、平成20年6月30日に企業価値研究会が公表した「近時の諸環境の変化を踏まえた買収防衛策の在

り方」(以下「企業価値研究会報告書」という)においても同様の見解が示されており[10]、また、CGコードの原則1-5においても、買収防衛策について、その必要性・合理性の検討等とともに、株主に対する十分な説明が求められていることからも、本決定の意義を導くことができよう。また、このことは、本決定の後に導入・更新された事前警告型の買収防衛策において、買収防衛策の導入時および対抗措置の発動時の双方において株主意思を確認するプロセスを経る事例が増加したことや、近時の機関投資家や議決権行使助言機関の議決権行使基準において、買収防衛策にこのような株主意思を確認するプロセスが定められていることが賛成の条件として設定されていることにも現れている。

さらに、(敵対的)買収者に対する対価の交付の是非についてはさまざまな議論がなされており、買収防衛策のあり方としてはこれを否定する見解[11]も認められるところであるが、本件においてこのようなスキームを採用することとしたブルドックおよび代理人弁護士の判断は、事件に「勝つ」か「負ける」かという観点からすると、決して間違いではなく、適切なものであったのであろう。

第5節 おわりに

以上のとおり、本章では、会社支配権の争奪の場面における不公正発

---

(10) ただし、同時に、多数の株主から賛成の意思表示を得たからといって、直ちに買収防衛策が正当化されるということにはならないとも述べている点には、留意する必要がある(企業価値研究会報告書13頁)。
(11) 企業価値研究会報告書3頁、田中亘「ブルドックソース事件の法的検討〔下〕」商事1810号(2007)19頁~20頁。また、多くの機関投資家や議決権行使助言機関の議決権行使基準においても否定的な見解が示されている。
　なお、企業価値研究会報告書は、買収者に対する対価の交付について否定的な見解を示しているものの、これは「政策論」であって、「金銭の交付をしなくても適法といい得る場合の論拠を提示したというもの」であり、本決定の結論自体を否定するものではなく、これと両立・共存するものであるとの指摘がなされている(神田秀樹ほか「座談会・企業価値研究会報告書と今後の買収防衛策のあり方〔上〕」商事1842号(2008)13頁〔神田秀樹発言〕)。

行について、その時代を彩った裁判例を歴史的な経過をたどりつつ概観した。今日においては、一時期と比較すると敵対的買収や会社支配権の争奪をめぐる紛争はやや落ち着いた印象もあるが、先に述べたとおりCGコードにおいても買収防衛策や支配権の変動等を伴う資本政策のあり方について言及がなされている等、引き続き企業法務における重要なテーマの一つであり続けることに疑いの余地はなかろう。

　そして、今後も新たな論点を含んだ事案が発生することが想定される中で、これに対して裁判所がどのように向き合い、どのような判断を下すのか、そして、学説上どのような議論が積み重ねられていくのか、法律実務家の一人として今後も注視するとともに、あるべきベストプラクティスを追究していきたい。

第11章 企業価値争奪をめぐるもの

第1節　はじめに

　近年、会社が行う組織再編等に対する反対株主による株式買取請求やMBOの一環として行われるスクイーズ・アウトに係る株式の取得価格決定に関し、重要な判例・裁判例が相次いでおり、中には社会的注目を集めた事件も多い。平成26年改正会社法においても、組織再編等に対する株式買取請求関連の改正がなされており、これらの類型の紛争の増加が立法にも影響を与えているといえよう。

　また、これらの類型の紛争では、組織再編の各当事者の株主同士、経営者と株主、多数株主と少数株主といったステークホルダーのいずれに企業価値を帰属させるかという紛争について、裁判所が一定の買取価格・取得価格という解決を示すことになる。これらの判例・裁判例は、このような剥き出しの紛争に対して裁判所がどこまで介入するべきかという、企業法務実務における裁判所の役割を考える上でも重要な問題を提起しているように思われる。

　本章では、組織再編等に対する反対株主による株式買取請求やMBOに関連して行われる取得価格決定に関する裁判例を採り上げるとともに、非上場株式に係る企業価値の算定をめぐる裁判例についても対象とする。

第２節　申立適格

　組織再編等に対する反対株主による株式買取価格決定申立てやMBOに関連して行われる株式の取得価格決定申立てに関し、申立人が会社法上申立てを行うことができる株主かについて争われる場合がある。以下、かかる点について争われた事例について解説する。

1　失念株主による申立ての可否

1　旧カネボウ第二次株式買取価格決定申立事件──東京地決平成21年10月19日金判1329号30頁

　本件は、事業再生の一環として主要事業を営業譲渡した旧カネボウが、解散後吸収合併されるに当たって、反対株主による買取請求が行われた事案である。本決定は、上記吸収合併を承認した株主総会の基準日当時旧カネボウの株式を所有しながら名義書換を怠っていたいわゆる失念株主について、会社法785条２項１号ロに定める「当該株主総会において議決権を行使することができない株主」に含まれないと判断した。

2　基準日後に株式を取得した株主による申立ての可否

2　東京地決平成25年９月17日金判1427号54頁、東京地決平成25年11月６日金判1431号52頁、東京地決平成27年３月４日金判1465号42頁

　組織再編等やMBOに係るスクイーズ・アウトに関する決議を行う株主総会の基準日後に株式を取得した株主について株式買取価格決定・取得価格決定の申立てを認めるか否かについて争われる場合がある。この点につき、学説は分かれているが、近時の東京地決平成25年９月17日金判1427号54頁、東京地決平成25年11月６日金判1431号52頁および東京地決平成27年３月４日金判1465号42頁は、いずれも、スクイーズ・アウトの事例に関して、基準日後の取得株主による取得価格決定の申立ての適法性を認めた。

3　ノジマ株式買取価格決定申立事件

3　東京高決平成21年7月17日金判1341号31頁

　株式取得の時点が基準日の前か後かという点とは別の観点から、組織再編等またはスクイーズ・アウトに係る株式の全部取得等の公表後に取得した株式については保護の対象とする必要がないとして、反対株主による買取価格決定・取得価格決定の申立てを認めないという見解もある。しかしながら、連結子会社との吸収合併の事案において、本決定は、かかる株主についても買取請求を否定する根拠はないとして公表後の取得株式に係る申立てを肯定した。

　なお、平成26年の会社法の改正過程において、会社が組織再編の公告をしたときは、当該公告後に株式を取得した反対株主は株式買取請求権を有しないものとすることについても検討がなされたが、この点についての改正は見送られた。

第3節　個別株主通知

　振替株式発行会社に係る組織再編等の株式買取請求やMBOに関連して行われる取得価格決定の申立てについて個別株主通知が必要か否かという点に関連する最高裁決定が近時相次いだ。個別株主通知は、社債、株式等の振替に関する法律で少数株主権等の行使に必要とされるところ、これらの最高裁決定では、個別株主通知の性質等を踏まえた判断がなされている。

1　メディアエクスチェンジ株式取得価格決定申立事件

4　最決平成22年12月7日民集64巻8号2003頁（第1部47）

　全部取得条項付種類株式の全部取得に関して、会社法172条に基づく取得価格決定申立てがなされた事案について、裁判所は、個別株主通知の性質を対抗要件とし、会社において申立人が株主であることを争った場合には、審理終結までの間に個別株主通知がなされることを要すると

解した。

2 ACデコール株式買取価格決定申立事件

⑤　最決平成24年3月28日民集66巻5号2344頁

　④メディアエクスチェンジ株式取得価格決定申立事件に続き、ACデコール株式買取価格決定申立事件において、裁判所は、全部取得条項付種類株式に係る定款変更についての株式買取請求（会社法116条1項）についても、取得価格決定申立てと同様に個別株主通知を要するとした。また、買取請求を受けた会社が請求をした者が株主であることを争った時点ですでに会社が上場廃止となっており振替機関の取扱いが廃止されていたことは当該結論に影響を及ぼさないとした。したがって、株式買取請求を行う株主は、上場廃止までの間に個別株主通知を行う必要があることになる。なお、この点に関連し、平成26年改正会社法に伴う社債、株式等の振替に関する法律の改正により、株主が振替株式について株式買取請求をしようとする場合に買取口座を振替先口座とする振替の申請をしなければならないこととされたことが株式買取請求を行う際の個別株主通知の要否の解釈に影響を及ぼすかが問題となるが、立案担当者はこれを否定している[1]。

　また、本件において、裁判所は、株式買取請求権の効力が代金の支払時に生じるという会社法117条5項の規定を理由として、株主が同法116条1項2号の規定による株式買取請求を行った後当該請求に係る株式の代金の支払いまでの間にスクイーズ・アウトの効力が生じることにより株主が当該請求に係る株式を失った場合には、買取価格決定申立ての適格を失うと判示した。そうすると、同条1項に基づく株式買取請求（定款変更の効力発生日の20日前の日から前日までの間に行使する必要がある（同条5項））を行っても、スクイーズ・アウトの効力発生までに代金の支払いまで至ることは通常難しいと考えられるから、株式買取請求を行う意

---

(1)　坂本三郎編著『一問一答　平成26年改正会社法〔第2版〕』（商事法務、2015）316頁。

味はほとんどないことになる。ただし、平成26年の会社法改正により、会社法117条5項は改正され、株式買取請求に係る株式の買取りの効力は定款変更の効力発生日に生ずることとされており、改正後は株式買取請求に係る株式の価格決定申立ては不適法とならないと解されている[2]。

第4節　ＭＢＯ

　MBOとは、一般に、「現在の経営者が資金を出資し、事業の継続を前提として対象会社の株式を購入すること」をいう[3]。一般的なMBOでは、対象会社の買収を行う経営陣（またはその買収ビークル）が対象会社株式について株式の公開買付けを実施した上で、公開買付けに応じなかった株主について、対象会社の発行済株式を全部取得条項付種類株式に変更し、金銭を対価とするスクイーズ・アウトを行う。これにより、対象会社は非上場化される。本節では、株主がかかるMBO手続に不満を持つ場合にとり得る手段の一つである会社法172条1項の価格決定申立て（なお、同項の価格決定申立てと同法116条1項2号の株式買取請求権の位置づけについては、**第3節2**参照）に関する判例・裁判例を取り上げる。

1　レックス・ホールディングス株式取得価格決定申立事件

6　東京地決平成19年12月19日判タ1268号272頁、東京高決平成20年9月12日金判1301号28頁、最決平成21年5月29日金判1326号35頁（第一部46事件）

　本件はわが国において裁判所に対して会社法172条1項に基づく価格決定申立てがなされたはじめての事案である。

　本件の価格決定申立てに対して、東京地裁は、取得価格を公開買付け

---

(2)　坂本・前掲注(1)330頁。
(3)　企業価値研究会『企業価値の向上及び公正な手続確保のための経営者による企業買収（MBO）に関する報告書』（平成19年8月2日）5頁。

第11章　企業価値争奪をめぐるもの

の買付価格（公開買付けの公表の前日までの過去1カ月間の市場株価終値の単純平均値に対して13.9％のプレミアムを加えた価格）と同額の23万円としたのに対し、東京高裁は、公開買付公表前6カ月間の終値の平均値に対して20％のプレミアムを加えた価格である33万6,966円を取得価格とした。東京高裁の決定に対する特別抗告は最高裁により棄却された。最高裁の決定には、田原睦夫裁判官による補足意見が付されている。

　東京高決は、会社法172条1項の価格決定申立てがなされた場合、裁判所が算定する価格は当該株式の取得日における「公正な価格」であるとした上で、公正な価格の算定は取得日における当該株式の客観的価値に加えて、強制的取得により失われる今後の株価の上昇に対する期待を評価した価額をも考慮するものと判断した。これは最高裁決定の田原補足意見が示した枠組みと同旨と解されている。

　「公正な価格」を構成する要素のうち、取得日における当該株式の客観的価値の算定について、東京高決は、特別の事情のない限り取得日に近接した市場株価の平均値をもって計算することとしつつ、公開買付けの公表後の市場株価は買付価格の影響を受けたものであり会社の客観的価値を反映していないと認められる特別の事情があるとした。また、公開買付けの公表の約3カ月前の平成18年8月21日に行われた特別損失の計上や業績予想下方修正のプレスリリースについて、中長期的な事業計画についての十分な説明を欠いたものであることやMBOの実施を念頭に置いて決算内容を下方に誘導することを意図して行われた可能性を指摘し、それ以前の期間の市場株価をも基礎として平均値を算定することが合理的であるとして、公開買付公表前6カ月間の終値の平均値を株式の客観的価値とした。

　また、強制的取得により失われる今後の株価の上昇に対する期待を評価した価額については、会社側が事業計画や株価算定評価書を提出しないことから、他のMBOの事例を参考にして客観的価値に20％のプレミアムを加算した額を取得価格とした。かかる判断に対しては、案件ごとの特殊性を無視して他の事例を参考にすることに対する批判もあるところであるが、一方で、裁判所に独立当事者間交渉に完全に代替すること

を求めることはできないのであるから、プレミアムをどの程度加算するかを裁判所が判断するに当たってはある程度の割り切りも必要であるとの考え方も有り得る。

2 レックス・ホールディングス株式取得価格決定申立事件後の裁判例

レックス・ホールディングス株式取得価格決定申立事件後、MBOを目的とする全部取得条項付種類株式の取得価格をめぐる紛争について、裁判所の判断が数多く下されている。それらの事件では、おおむね、上記レックス・ホールディングス株式取得価格決定申立事件の高裁決定と同様に、株式の客観的価値にMBOにより増加が期待される価値のうち株主が享受してしかるべき部分（強制的取得により失われる今後の株価の上昇に対する期待を評価した価額・プレミアム）を加えた「公正な価格」を取得価格とする枠組みが定着している。学説上は、裁判所は、当該取引が相互に特別の資本関係がない会社間などの独立当事者間の取引である場合は原則として当事者の交渉の結果を尊重し、親子会社間など支配・従属関係にある会社間で行われる場合には組織再編の対価の内容・額など組織再編条件の形成過程の公正さを審査し、当該条件形成過程が不公正と評価される場合には裁判所が自ら買取価格を決定するが、形成過程が公正である場合には、当事者間の交渉の結果を尊重するとの枠組みが通説的見解であるとされているが、裁判例においては、独立当事者間の取引であるか否か、また組織再編条件の公正性の評価は、強制的取得により失われる今後の株価の上昇に対する期待を評価した価額の算定に当たって考慮されるのが一般的である。

(1) サンスター株式取得価格決定申立事件

[7] 大阪高決平成21年9月1日判タ1316号219頁

本決定は、MBOを計画する経営者は自らの利益を最大化するために株価をできる限り安値に誘導しやすいところ、公開買付開始の約3カ月前に公表された業績の下方修正についてその内容に説得力がない等として、MBOの準備を開始したと考えられる時期から公開買付けを公表した時点前の期間における株価については、特段の事情のない限り、原則と

して、企業価値を把握する指標として排除すべきと判示している。その結果、本決定は、公開買付けを発表した1年前の株価に近似する700円を当該株式の客観的価値とした。また、プレミアムについては、MBOを実施するに当たって会社が依頼して作成した評価書についてその基礎となるべき資料については必ずしも信用を措くことはできない等とした上でプレミアム決定の資料とせず、他のMBO、TOBの事例を参照した20％のプレミアムを加えた840円を公正な価格と決定した。

(2) **サイバードホールディングス株式取得価格決定申立事件**

⑧　東京高決平成22年10月27日資料版商事322号174頁

本決定の原決定である東京地決平成21年9月18日金判1329号45頁は公開買付価格6万円（プレミアム17.34％）を公正な価格としていた。これに対して、本決定は、MBO実施後の増大が期待される価値の算定に当たって、以下のような点を指摘してプレミアムは20％とするべきとした。すなわち、本決定は、本件について、いわゆる独立当事者間において第三者機関の株式評価を踏まえるなど合理的な根拠に基づく交渉を経て合意に至ったものと認めることができ、利益相反関係の問題についてもこれを抑制する措置が講じられていたということができる、と評価しつつ、なお利益相反関係がまったくないとはいえないこと、第三者委員会の選任したアドバイザーが取締役会の選任したアドバイザーであること、公開買付けに係る情報開示の内容が周到なものであるにしてもその構造上強圧性がまったくないと評価することができないこと等を指摘し、プレミアムを20％として算定した6万1,360円を公正な価格とした。

(3) **松尾橋梁株式買取価格決定申立事件**

⑨　大阪高決平成24年1月31日金判1390号32頁

本件は、松尾橋梁を含む3社が事業再編を行う一環として行われた松尾橋梁の完全子会社化に関してなされた、会社法117条2項に基づく株式買取価格の決定申立ての事案である。なお、本件は⑤ACデコール株式買取価格決定申立事件最高裁決定前の決定であり、同決定とは異なり、株式買取請求を行った株主が全部取得条項付種類株式の取得の効果が生じた後においても株式買取請求はその効力を失わないとの判断がなされ

ている。

　本決定は、株式の客観的価値について、公開買付けの公表日前1カ月間の市場株価の終値の出来高加重平均株価である89円を基礎として、公開買付けの公表日後の日経平均株価の動向を考慮して10％上昇分を加えた98円を株式の客観的価値とした。また、組織再編のシナジーについては、公開買付けの買付価格（122円。98円に対して約37％のプレミアムが含まれることになる）においては3社による組織再編の一部のみが考慮され、他の会社との事業再編は考慮されていないことから、シナジー評価の前提となる事実関係について誤認があったものとして、43％のプレミアムを加えた140円を買取価格とした。

(4)　カルチュア・コンビニエンス・クラブ株式取得価格決定申立事件
[10]　大阪地決平成24年4月13日金判1391号52頁

　本決定は、MBOの実施によって増大が期待される価値の分配について、買収者によるリスク負担なくしては実施できないとする一方で、反対株主のスクイーズ・アウトを含む既存株主の退出なくしては実現し得ないものであるということができるとして、MBOの実施によって増大が期待される価値は原則として1対1の割合で買収者と反対株主とに分配するのが相当であるとした。そして、MBOに際して会社に設置された独立委員会から依頼を受けた価値算定機関について（その他会社から依頼を受けた価値算定機関、買収者から依頼を受けた価値算定機関と比較して）もっとも中立的な立場にあるとして当該価値算定機関によるDCF法による株式の算定結果を参照して取得価格を定めた。

(5)　エース交易株式取得価格決定申立事件
[11]　東京地決平成25年11月6日金判1431号52頁

　本件は**第2節2**において、基準日後に株式を取得した株主について取得価格決定申立権を認めた事例として採り上げたが、株式の客観的価値についての決定内容についても紹介する。本決定は、公開買付けの公表前1カ月間の市場株価の終値の平均値を株式の客観的価値とすることを原則としつつ、本件においては公開買付けの公表日当時、株式市場が平成24年11月以降急激な上昇局面にあり、会社の株式の市場株価も大きく

上昇していたとの動向に照らして、本件公表日前3カ月間の期間についてVWAP（その取引日に市場で実際に成立した価格を価格ごとの売買高で加重平均する方法）を用いるのが相当であるとした。また、強制的取得により失われる今後の株価の上昇に対する期待を評価した価格について、公開買付価格についての第三者委員会との協議の経過、内容、第三者算定機関の意見、評価等に照らし、いわゆる独立当事者間において第三者機関の株式評価を踏まえるなど合理的な根拠に基づく交渉を経て合意に至ったものと認めることができること等を認定し、公開買付価格は強制的取得により失われる今後の株価の上昇に対する期待を評価した価格を適切に織り込んだものであったと判断した。

第5節　組織再編等

　組織再編等に対する反対株主の株式買取請求については、[12]旧カネボウ第一次株式買取価格決定申立事件——東京地決平成20年3月14日判時2001号11頁、東京高決平成22年5月24日金判1345号12頁、[13]日興コーディアルグループ株式買取価格決定申立事件——東京地決平成21年3月31日判時2040号135頁、[14]協和発酵キリン株式買取価格決定申立事件——東京地決平成21年4月17日金判1320号31頁、東京地決平成21年5月13日金判1320号41頁、[15]ダブルクリック株式買取価格決定申立事件——東京地決平成23年3月30日金判1370号19頁などの下級審判例が蓄積してきたところであるが、近年、[16]楽天／TBS株式買取価格決定申立事件——最決平成23年4月19日民集65巻3号1311頁（第1部[48]）、[17]インテリジェンス株式買取価格決定申立事件——最決平成23年4月26日判時2120号126頁、[18]コーエーテクモ株式買取価格決定申立事件——最決平成24年2月29日民集66巻3号1784頁といった最高裁決定が続き、最高裁の判断枠組みがひととおり明らかになったといえる。そこで、本節では、上述の最高裁決定を中心に、組織再編等に係る反対株主の株式買取請求に関する判例・裁判例を概観する。

1 「公正な価格」の意義

　平成17年改正前の旧商法下において株式買取請求がなされた場合の買取価格は、「承認ノ決議ナカリセバ其ノ有スベカリシ公正ナル価格」、すなわち組織再編がなければ株式が有したであろう公正な価格とされていた（旧商法408条ノ3第1項。いわゆる「ナカリセバ価格」）。これに対し、会社法では、買取価格は単に「公正な価格」とされている。これは、株式買取請求が、組織再編による企業価値の増加を適切に反映した価格をも保障するものであることを示すものとされており[4]、したがって、株式買取請求においては、事案に応じて、組織再編がなければ株式が有したであろう公正な価格（「ナカリセバ価格」）と、組織再編による企業価値の増加（シナジー）を適切に反映した価格（「シナジー価格」）といういずれかの価格が保証されることになる。この点については、判例・裁判例でも特に異論なく受け入れられているといえよう。

2 算定基準時

　「公正な価格」の算定基準時については、下級審の裁判例が分かれており、組織再編等の効力発生時とする裁判例が多かった（14協和発酵キリン株式買取価格決定申立事件、15ダブルクリック株式買取価格決定申立事件）が、買取請求時とする裁判例も存在した（本章第2節3の3ノジマ株式買取価格決定申立事件）。16楽天／TBS株式買取価格決定申立事件最高裁決定は、株式買取請求がされた日を算定基準時とする判断を行い、その後の17インテリジェンス株式買取価格決定申立事件最高裁決定および18コーエーテクモ株式買取価格決定申立事件最高裁決定でも同様の判断が行われた。なお、16楽天／TBS株式買取価格決定申立事件最高裁決定および17インテリジェンス株式買取価格決定申立事件最高裁決定は「ナカリセバ価格」の算定基準時についての、18コーエーテクモ株式買取価格決定申立事件最高裁決定は「シナジー価格」の算定基準時についての判

---

(4) 相澤哲編著『一問一答　新・会社法〔改訂版〕』（商事法務、2009）210頁〜211頁等。

断であり、この点についての最高裁の判断は確立されたとみてよいだろう。なお、算定基準時がいつかという問題とは別に、算定基準時の公正な価格を算定するための基礎としてどの時点の株価を利用すべきかという問題が有り得ることには留意が必要である。

改正会社法においては、組織再編等に対する株式の買取りの効力発生時に係る改正が行われたが、立法過程においては、当該改正は、「公正な価格」の決定に関する基準日についての従来の解釈論には影響はないとの見解が示されている[(5)]。

3　算定の枠組み

[16]楽天／TBS株式買取価格決定申立事件最高裁決定および[17]インテリジェンス株式買取価格決定申立事件最高裁決定は、吸収合併等によりシナジーその他の企業価値の増加が生じない場合の「公正な価格」はナカリセバ価格をいうと判断した事例である。シナジーその他の企業価値の増加が生じない場合がどのような場合かが問題となるが、前者は、TBSを認定放送持株会社に移行させるために、TBSがテレビ放送事業および映像・文化事業に関して有する権利義務を完全子会社であるTBSテレビに承継させる吸収分割について、シナジーその他の企業価値の増加が生じない場合と判断している。また、後者は、株式交換の計画公表後の対象会社の市場株価の下落から当該株式交換により対象会社の企業価値ないし株主価値が毀損されたと認定している。

一方で、[18]コーエーテクモ株式買取価格決定申立事件では、株式移転につき、シナジーその他の企業価値の増加が生じる場合の「公正な価格」はシナジー価格をいうと判示されている。

これらの最高裁決定から、最高裁は、組織再編等によりシナジーその他の企業価値の増加が生じない場合の「公正な価格」はナカリセバ価格をいう一方で、シナジーその他の企業価値の増加が生じる場合の「公正な価格」はシナジー価格をいうとの枠組みを採用しているものと考えら

---

(5)　法制審議会会社法制部会第18回会議議事録38頁［髙木弘明関係官発言］参照。

れる。

4　算定の方法

16楽天／TBS株式買取価格決定申立事件最高裁決定および17インテリジェンス株式買取価格決定申立事件最高裁決定ではナカリセバ価格の算定方法について判断がなされている。16楽天／TBS株式買取価格決定申立事件では、吸収合併等により企業価値が増加も毀損もしないために当該吸収合併等が消滅株式会社等の株式の価値に変動をもたらすものではなかったことを前提として、ナカリセバ価格の算定に当たって、株式買取請求がされた日における市場株価やこれに近接する一定期間の市場株価の平均値を用いることも、当該事案に係る事情を踏まえた裁判所の合理的な裁量の範囲内にあると判示して、買取請求の日の終値を公正な価格とした原審の判断を是認している。17インテリジェンス株式買取価格決定申立事件では、傍論ではあるが、ナカリセバ価格の算定に当たって、組織再編等の公表等がされる前の市場株価を参照することや公表等がされた後株式買取請求がされた日までの間に組織再編等以外の市場の一般的な価格変動要因により、当該株式の市場株価が変動している場合に、これを踏まえて参照した株価に補正を加えるなどして算定するかは裁判所の合理的な裁量の範囲内にあると判示している。

18コーエーテクモ株式買取価格決定申立事件では、シナジー価格の算定方法が問題となった。最高裁は、相互に特別の資本関係がない会社間において株式移転計画が作成された場合には、株式移転比率が公正なものであるか否かについては原則として株主および取締役の判断を尊重すべきであるとして、かかる会社間において情報が適切に開示された上で適法に株主総会で承認されるなど一般に公正と認められる手続により株式移転の効力が発生した場合には、当該株主総会における株主の合理的な判断が妨げられたと認めるに足りる特段の事情がない限り、当該株式移転における株式移転比率は公正なものとみるのが相当であるとした上で、公正な価格を算定する基礎資料として株式買取請求がなされた日における市場株価やそれに近接する一定期間の市場株価の平均値を用いる

ことは裁判所の合理的な裁量の範囲内にあると判断した（その後、差戻し審において買取請求日の市場株価が公正な価格とされた）。18コーエーテクモ株式買取価格決定申立事件の最高裁決定は、独立当事者間の組織再編等に係る株式買取請求権に係る「公正な価格」の判断枠組みにつき、原則として再編当事者の意思を尊重し、裁判所が法的に介入するのは控えるべきであるとの考え方に沿ったものと評価されている[6]。

第6節　非上場株式の価格の算定

1　問題となる場面

ここまで取り扱ってきた組織再編等に係る株式買取請求に関する裁判例は、そのほとんどが上場株式に係る価格の算定が問題となった事例に関するものであったが、非上場株式の価格の算定が問題となる事例もある。また、会社法144条に定める譲渡制限株式の売買価格の決定も、非上場株式の価格の算定が問題となる類型の事案である。

2　算定方法

上場株式の場合、価格の算定に当たって市場価格を基礎とすることにほぼ異論はなく、問題はどの時点あるいは期間の市場価格を基礎とし、どのような調整を加えるべきかというところにあるといえるが、非上場株式の場合、株式の価格を算定する手法として純資産価額法、類似業種比準法、収益還元法、配当還元法、DCF法などさまざまな手法があり、どの方式にも一長一短があることから、これらの中から選択した各評価方式による算定結果を総合評価するのが一般的である[7]。

裁判例では、組織再編等に対する反対株主の株式買取請求の先駆けと

---

[6] 石綿学「テクモ株式買取価格決定事件最高裁決定の検討〔下〕」商事1968号（2012）14頁。
[7] 東京地方裁判所商事研究会編『類型別会社非訟』（判例タイムズ社、2009）88頁。

なった⑫旧カネボウ第一次株式買取価格決定申立事件（前述**第5節**）においては、買取価格（「（営業譲渡の）承認ノ決議ナカリセバ其ノ有スベカリシ公正ナル価格」）について、DCF法に従って評価することが相当であると判断されている（前掲東京高決平成22年5月24日）ほか、譲渡制限株式の売買価格の決定についての裁判例として、配当還元方式を6、簿価純資産方式および収益還元方式を各2の割合で併用するのが相当であるとした事例（⑲東京高決平成元年5月23日判時1318号125頁）、配当方式、純資産方式、収益方式を25対25対50の割合で組み合わせる方式により決定するのが相当であるとした事例（⑳札幌高決平成17年4月26日判タ1216号272頁）、デジタルコンテンツ配信事業を営む会社であり純資産にみるものがなく配当も行っていなかった会社について収益還元方式が採用された例（㉑東京高決平成20年4月4日判タ1284号273頁）などがある。近年の裁判例は、一定期間に事業による生ずる収入ないしキャッシュフローに着目するインカムアプローチに基づく手法（DCF法、収益還元法、配当還元法等）を取り入れる傾向にある。

近時の裁判例として、「どの評価方式が対象会社の株式価値の評価方式として適切かは、会社の規模・業種・業態、現在及び将来の収益性、事業継続の有無、配当実績や配当政策、会社支配権の移動の有無、評価の対象となる株式の発行済株式総数に占める割合等、株式評価の基礎となる事情を踏まえて決するのが相当である」とした上で、DCF法0.35、純資産法0.35、配当還元法0.3の割合で加重平均して求めた価格をもって株式の価格とするのが相当とした例（㉒東京都観光汽船株式売買価格決定申立事件──東京地決平成26年9月26日金判1463号44頁）があり、同種の事例について参考になると考えられる。

3　非流動性ディスカウント

㉓　最決平成27年3月26日判時2256号88頁

本決定では、非上場会社である吸収合併消滅会社の株主が行った株式買取請求に関して注目すべき判断がなされた。当該決定の原決定は、反対株主による株式買取請求に係る「公正な価格」を算定するに当たり、

収益還元法を用いて株式の買取価格を決定したが、その際、非上場の株式である対象会社の株式に市場性がなく換価困難であることから減価を行った（非流動性ディスカウント）。これに対して、本決定は、株主に公正な価格での株式買取請求権が付与された趣旨が反対株主に会社からの退出の機会を与えるとともに退出を選択した株主に企業価値を適切に分配するものであることも考慮して、非上場会社における会社法785条に基づく株式買取請求に係る買取価格の決定に際して非流動性ディスカウントを行うことはできないとした。本決定の射程は明らかではないものの、今後の実務への影響は大きいものと考えられる。

第7節　おわりに

　本章では、組織再編等に対する反対株主による株式買取請求やMBOに関連して行われる取得価格決定に関する裁判例を中心に、株式の価格をどのように算定するかが争われた判例・裁判例について概観した。近年、組織再編等やMBOをめぐっては紛争が頻発しており、中には濫用的な請求・申立ても散見されたことから、組織再編等やMBOを行う際の実務上の障害とさえとらえられることもあった。そのため、平成26年の株式買取請求に係る改正では、濫用的な株式買取請求の抑止を目的とする改正が行われた。

　濫用的な請求・申立てに限らずとも、組織再編等やMBOをめぐる紛争は企業価値をステークホルダー間でどのように分配するかが問題となり、言い方を変えれば企業価値の争奪の様相を呈することも少なくない。本章で採り上げた判例・裁判例は、このような企業価値の争奪をめぐる紛争について裁判所が判断を下したものである。

　このような類型の紛争における裁判所の役割に関しては、組織再編やMBOの条件が当事者が多大な労力とコストをかけて入手した情報を踏まえて、個別具体的な状況の中で、交渉過程で明示されるか否かにかかわらずさまざまな事情を勘案して交渉を行った上で決定したものであることを踏まえれば、実務家の感覚としては、基本的には裁判所が事後的

にかかる条件に介入することは避けることが望ましいと考える。裁判所のスタンスは、一概にはいえないものの、独立当事者間において組織再編が行われる場合には当事者の判断を尊重しつつ、それ以外の取引において利益相反関係等が解消されたと判断することにはやや慎重な姿勢を示しているように思われる。

　本章が取り扱った分野では、平成26年の会社法改正に関係する部分もあり、今後も、裁判所が企業価値の争奪をめぐる紛争についてどのような判断が下されるか、注目する必要があるであろう。特に、実務的な観点からは、独立当事者間において組織再編が行われる場合以外の取引において、利益相反関係等の解消にどのような手続が必要となるのか、今後の判例・裁判例の集積が待たれる。

第12章　金融商品取引法

第1節　はじめに

　証券取引法（昭和23年法律25号。以下「証取法」という）は、昭和23年にGHQの影響を受けて米国証券法（The Securities Act of 1933）と米国証券取引所法（The Securities Exchange Act of 1934）にならって制定された。証取法制定時に導入された制度のうちわが国の実情にあわないものもあり、昭和20年代後半に複数回の改正が行われた。その後も、わが国の高度経済成長や証券市場の発展により幾度もの証取法改正が行われた。大規模な改正としては、昭和46年改正、同56年改正、同63年改正がある。平成以降はほぼ毎年改正が行われている。平成19年9月には、規制対象となる商品・サービスの包括化・横断化を図るため、金融先物取引法、外国証券業者に関する法律、有価証券に係る投資顧問業の規制等に関する法律が廃止された上で証取法に統合され、法律名も金融商品取引法（以下「金商法」という）に改められた。金商法はその後も毎年改正がなされ、現在に至っている。証取法や金商法は、証券市場を規律する法律であり、重要な経済事件や裁判例を契機に法改正が行われるケースが多いことに特徴があろう。

　本章では、重要な裁判例がある開示規制、金融商品取引業者等、金融商品取引所、有価証券の取引等に関する規制の四つの分野に関する裁判例を概括し、課徴金・刑事罰については前述の四つの分野の裁判例において必要に応じて言及する。

第2節　開示規制

1　企業内容等の開示（ディスクロージャー）

(1)　長銀事件（最判平成20年7月18日刑集62巻7号2101頁）など

　資本市場において投資家の保護を図るためには上場会社における企業内容等の開示（ディスクロージャー）の確保が重要である（金商法1条）。開示制度は証取法制定時より存在していたが、昭和40年代に入り上場企業の粉飾決算事例が生じ、特に開示の充実が重要となった。会社更生会社となった山陽特殊製鋼では、その元役員が粉飾決算に関して商法（違法配当）、証取法違反（開示書類の虚偽記載）により刑事罰を受けた（①神戸地判昭和53年12月26日商事829号25頁）。当該事件などを契機に昭和46年証取法改正が行われ、有価証券届出書（以下「届出書」という）や有価証券報告書（以下「有報」という）の対象範囲の拡大、半期報告書や臨時報告書の提出制度の創設のほか、届出書の虚偽記載について提出会社に加えてその役員、公認会計士（監査法人）および元引受証券会社の損害賠償責任が追加されること、有報の虚偽記載についても提出会社に加えてその役員および公認会計士（監査法人）の損害賠償責任が追加されることにより民事責任の拡充が図られた。同改正後、大蔵省は通達を発出して届出書などの審査を強化したものの、昭和40年代後半から昭和50年代前半にかけても粉飾決算による有報の虚偽記載などを理由に提出会社の元役員などが商法、証取法違反により刑事罰を受けた（代表的なものとして、②東京時計製造事件——東京地判昭和51年12月24日金判524号32頁、③日本熱学工業事件——大阪地判昭和52年6月28日商事780号30頁、④不二サッシ事件——東京地判昭和57年2月25日判時1046号149頁）。

　平成以降もバブル崩壊後に企業の粉飾決算などが露見して、山一證券の自主廃業、ヤオハンジャパンなどの大型倒産事例が発生した。両者について元役員が商法、証取法違反により刑事罰を受けた（山一證券につき、⑤東京高判平成13年10月25日判例集未登載、ヤオハンジャパンにつき、⑥

静岡地判平成11年3月31日資料版商事187号216頁）。また、山一證券の株式を購入した投資家が同社の監査証明を行った中央青山監査法人などに対して証取法24条の4、22条、21条1項3号などに基づく損害賠償請求をした事案で、裁判所は山一證券が提出した有報の重要な事項（貸借対照表）について虚偽記載があると認めたものの、監査人は通常実施すべき監査手続を実施しており、虚偽の不発見に過失はないとして責任を否定した（7大阪地判平成17年2月24日判時1931号152頁）。

さらに、不良債権問題により長銀および日本債券信用銀行が貸倒引当金の過少計上をし、有報の虚偽記載をしたとして役員が証取法・商法違反で起訴され、「公正なる会計慣行」の争点が論点となったが、いずれも最高裁で無罪判決が下った（詳細は**第8章第2節**参照）。また、長銀関連の事件では、整理回収機構による同行役員に対する違法配当損害賠償請求事件や同行株式を購入した投資家による同行役員・監査法人に対する損害賠償請求事件が提起されたが、新たな決算経理基準が（唯一の）「公正なる会計慣行」であったとは認めらないとの理由などでいずれも請求は認められなかった（8東京高判平成18年11月29日判タ1275号245頁、9大阪地判平成19年4月13日判時1994号94頁）。

(2) 課徴金制度の導入と西武鉄道投資家事件（機関投資家事件——最判平成23年9月13日判時2134号45頁、集団個人投資家事件——最判平成23年9月13日民集65巻6号2511頁）など

平成16年証取法改正において、不実開示に関する流通市場における発行会社の民事責任が創設され（金商法21条の2）、無過失責任、因果関係および損害額の推定が定められた。さらに、同改正では、発行開示における粉飾決算やインサイダー取引等の違反行為を抑止するため、経済的利得相当額の金銭的負担を課す課徴金制度が導入された。また、西武鉄道による有報虚偽記載事件が発生したことに伴い、平成17年証取法改正により流通市場における開示規制違反（有報虚偽記載など）も課徴金制度の対象に追加された。課徴金調査は、平成4年証取法改正により創設された証券取引等監視委員会（以下「監視委」という）が主に実施している。課徴金制度が導入されるまでは粉飾決算やインサイダー取引などに係る

エンフォースメントの選択肢が刑事事件に限られ、摘発件数も必ずしも多くはなかった。もっとも、課徴金制度導入以降は課徴金による摘発件数が増加しており、一定の抑止効果が働いていると評価できよう。

近時の開示規制違反関係の刑事事件では、⑩キャッツ事件（公認会計士）――最判平成22年5月31日集刑300号191頁、⑪カネボウ事件（元役員）――東京地判平成18年3月27日判例集未登載、⑫西武鉄道事件――東京地判平成17年10月27日判例集未登載、⑬ライブドア事件――東京高判平成20年7月25日判時2030号127頁などがある。

一方、近時の開示違反関係の民事事件では、発行会社の民事責任の強化や課徴金制度導入などにより当局による粉飾決算の認定事例が増加したことも伴い、有報虚偽記載に起因した株価の下落などに関して投資家などが発行会社、その役員、監査法人などに対して多くの訴訟を提起している。代表的なものとして、⑭西武鉄道投資家事件――前掲最判平成23年9月13日、⑮ライブドア機関投資家事件――最判平成24年3月13日民集66巻5号1957頁、⑯アーバンコーポレイション再生債権査定異議申立事件――最判平成24年12月21日①事件集民242号91頁、②事件判時2177号62頁がある。

⑭西武鉄道投資家事件は、証取法21条の2の施行前の事案であり、不法行為（民法709条）に基づく損害賠償請求が行われ、虚偽記載と相当因果関係のある損害額の範囲が争点となった。最高裁は、いずれの事件においても、損害額につき、投資者が①虚偽記載公表後に株式を取引所市場において処分した場合には取得価額と処分価額の差額を、②株式を保有し続けている場合には取得価額と口頭弁論終結時における市場価額の差額を、それぞれ基礎とし、「経済情勢、市場動向、当該会社の業績等当該虚偽記載に起因しない市場価額の下落分」を控除して算定すべきと判断した。また、虚偽記載公表後の市場価額の変動のうち、ろうばい売りが集中することによる過剰な下落は虚偽記載の判明によって通常生ずることが予想される事態であり、当該虚偽記載と相当因果関係のない損害として上記差額から控除することができない旨の判示をした。当該見解は、損害論について取得自体損害説に近い見解であると解されている。

金商法21条の2の推定規定をはじめて適用した最高裁判決である15ライブドア機関投資家事件では、「同条1項の「損害」は一般不法行為と同様に相当因果関係のある損害を全て含み、同条2項の「損害」も同様であり取得時差額説に限定する理由はない」と判示した。また、同判決は、虚偽記載以外の事情による推定損害額の減額（同条4項・5項）について1割の減額を認めた原審の判断は裁量の範囲内であると判示した。さらに、同判決は、検察官が虚偽記載等の事実の公表に関する同条3項に定める「当該提出者の業務若しくは財産に関し法令に基づく権限を有する者」に該当することや投資者が複数回にわたり異なる価額で有価証券の取得・処分をした場合について裁判所は総額比較法により請求可能額を算定することができるとの解釈も示し、また、同条に基づく損害賠償債務は損害発生と同時に無催告で遅滞に陥るとの結論を採用した。

16アーバンコーポレイション再生債権査定異議申立事件①では、虚偽記載の事実と民事再生申立ての事実があいまって株価の値下がりが生じたとし、発行会社が臨時報告書の虚偽記載等について訂正報告書を提出した日に民事再生手続開始を申し立てたことにより、再生申立てによる値下がりについては、虚偽記載等と相当因果関係のある値下がり以外の事情により生じたものとして、金商法21条の2第4項または5項の規定によって減額すべきであると判示した。また、同事件②では、西武鉄道投資家事件最高裁判例と同様の枠組みを示している。

なお、課徴金制度の整備、進展に伴い違法行為抑止制度の充実が図られ、平成26年金商法改正により流通市場における発行会社の民事責任が無過失責任から過失責任に変更となった（金商法21条の2第2項）。

その他、課徴金事件（審判決定）の紹介は割愛するが、発行体が有報虚偽記載による課徴金納付命令を認めたにもかかわらず、民事事件において裁判所が発行体の会計処理の適法性を肯定した事例も生じており、興味深い（三洋電機事件、ビックカメラ事件。詳細は**第8章第2節**参照）。

2　公開買付け（TOB）・大量保有報告

1960年代に米国においてTender Offerによる企業買収が生じたことか

ら1968年に米国証券取引所法が改正され、公開買付規制が制定された（ウイリアムズ法）。これを受けて本邦でも昭和46年証取法改正により投資者の平等扱いの確保や情報開示の充実のため公開買付制度が定められた。その後、バブル経済到来時に上場企業株式の買集め等が問題となり、平成２年証取法改正により市場の公正性・透明性確保の観点から大株主による上場株式の保有状況等について開示を行う大量保有報告制度（５％ルール）が創設された。また、同改正では、市場外での上場有価証券などの買付け等について原則として公開買付けを強制するとともに、適用除外事由が定められるなどの改正が行われた。その後、公開買付け・大量保有報告の両制度について多数回にわたる法改正、制度改正が行われ、現在に至っている。

　TOBに関する裁判例では、MBO事案を中心に公開買付実施後の全部取得条項付種類株式の全部取得に係る反対株主による取得価格決定申立てに関する事件が多くみられる（**第９章第２節**参照）。

　TOBの手続などに関連する裁判例としては、東京証券取引所の立会外取引であるToSTNeT取引が公開買付けの対象となるかが争点となった、17ライブドア・ニッポン放送事件──東京高決平成17年３月23日判時1899号56頁、TOB期間中に行われる株式分割がTOBに及ぼす効果が争点となった、18夢真HD・日本技術開発事件──東京地決平成17年７月29日判時1909号87頁がある。裁判所は、前者については当該取引は公開買付けの対象とならず、後者についてはTOB制度を否定するものではないと判示したが、金融庁は、その後の法改正により、ToSTNeT取引を公開買付けの対象取引に追加し、また、公開買付けの撤回事由や買付け等の価格の引下げ事由に株式分割を追加した。また、カネボウ少数株主損害賠償請求事件では、特定の種類の株券等（普通株式）を対象とし、種類株式を対象としない公開買付けが許容されるかが争点となり、最高裁は肯定する判断を下した（19最決平成22年10月22日民集64巻７号1843頁）。

　さらに、TOBの手続そのものではないが、TOBの対象会社に関する虚偽の記事の配信とTOBの不成立との間に因果関係があるかが争点となった、PGM・ブルームバーグ事件では、虚偽の事実の配信と配信者の

過失は認められたものの、因果関係は認められず、報道機関の損害賠償責任は否定された（[20]東京地判平成26年8月6日金判1449号46頁）。

大量保有報告関係の裁判例では、大量保有報告書の不提出や虚偽の大量保有報告書の提出により仕手筋の投資家に刑事罰が科された[21]東天紅事件——東京地判平成14年11月8日判時1828号142頁がある。

第3節　金融商品取引業者等

当初、証取法は証券会社の登録制を採用していたが、昭和36年ごろにいわゆる証券恐慌が発生し、山一證券に対する日銀特融が実施されるまでに至った。そこで、昭和40年証取法改正により証券会社の経営の健全性確保などの観点から免許制度や証券外務員の登録制度が導入された。その後、バブル崩壊後の平成10年証取法改正では日本版金融ビックバンの一環として証券会社の免許制が登録制に変更され規制緩和がなされた。さらに、証取法から金商法への改正により縦割り行政の対象となっていた証券業のほか、他の法律が定める金融先物取引業、投資顧問業などの業務が金融商品取引業に統合され、業務の効率化が図られた。

金商法は、金融商品取引業者等（証券会社など）の登録制を採用し、実規制を課している。また、金融商品取引業者等には投資家の保護や業務の専門性が要請されるため、独自の行為規制が課される。金融商品取引業者が行為規制に抵触した場合、証券検査における指摘、報告徴求命令（金商法56条の2）や行政処分（同法51条、52条）で対応がなされることが大半である。以下では行為規制に関連する裁判例を紹介する。

1　適合性原則

民事事件との関係では、「顧客の知識、経験、財産の状況及び金融商品取引契約を締結する目的に照らして不適当と認められる」勧誘を禁止する適合性原則（金商法40条1号）が非常に重要である。[22]最判平成17年7月14日民集59巻6号1323頁は、適合性の原則から著しく逸脱した証券取引の勧誘行為が不法行為上も違法になるとの判断を下した。当該判例は

証取法時代のものであるが、金商法の下でも妥当すると考えられている。同判決以降、金融取引に関する金融機関と顧客との間の民事上の紛争において説明義務違反に加えて適合性原則が争点になることが多い。

2 損失補塡の禁止

また、金融商品取引業者に対する重要な行為規制として損失補塡の禁止がある（金商法39条）。証取法は、従来、証券会社による損失補塡の禁止について明文を置いていなかったが、大手証券会社による取引一任勘定取引や大口顧客に対する損失補塡が社会問題となった。そこで、証券市場の公正性や顧客間の平等の確保などの観点から平成3年証取法改正により証券会社による損失補塡の禁止が明文化され、刑事罰も導入された。また、同改正前にも同法は損失保証および利益保証を禁止していたが、同改正により禁止違反について刑事罰が導入された。

損失補塡関連ではいくつもの裁判例がある。まず、同改正前に山一證券が投資家と締結した損失保証契約の効力が争われた事例として、最高裁は、当該契約が公序良俗に反して無効であるとした（[23]最判平成9年9月4日民集51巻8号3619頁）。また、野村證券による利益保証を得た顧客が同社に対して損害賠償請求をすることにつき民法708条は類推適用されず、責任が認められた（[24]最判平成9年4月24日判時1618号48頁）。さらに、同法改正前の損失補塡について野村證券の役員に対して株主代表訴訟が提起され、役員の善管注意義務違反、忠実義務違反が問題となった事例（[25]最判平成12年7月7日民集54巻6号1767頁）では、商法266条1項5号の「法令」の意義について非限定説を採用するとともに、当該補塡行為が独禁法19条に違反するものの、役員は当時、独禁法に違反するとの認識を有しておらず、有するに至らなかったことについてやむを得ない事情があるとして過失がないとし、損害賠償責任を否定した。また、[26]最判平成15年4月18日民集57巻4号366頁は、同法改正前に行われた旧勧角証券による損失保証に基づき同法改正後に上場会社である顧客が契約の履行を請求することは損失補塡の禁止を定めた証取法42条の2第1項3号（金商法39条1項3号）に反して認められないとした上で、同号

の規定は財産権を保障する憲法29条に違反しないと判示した。

3 犯則事件

[27] AIJ事件──東京高判平成27年3月15日判例集未登載

監視委は、損失補塡の禁止に関する刑事告発のほかは、金融商品取引業者について行為規制違反に係る刑事告発を長年行っていなかった。これは行為規制違反については行政処分などを通じて監督で対応すべきものと考えられていたためであると思われる。しかし、近時AIJ事件においてAIJ投資顧問に対する行政処分が行われた後に、監視委が同社やその役員について投資一任契約の締結に係る偽計（金商法38条の2第1号）の罪名で刑事告発を行い、詐欺罪とともに起訴された。今後は金融商品取引業者について行為規制違反による行政処分に加えて悪質な事例で犯則事件に該当するものにつき監視委が刑事告発を行う可能性もあろう。

4 無登録業者

登録をせずに金融商品取引業を行った場合には刑事罰の対象になるが（金商法197条の2第10号の2）、近時は無登録で金融商品取引業を行う者に対して金商法192条に基づく裁判所による緊急差止命令制度が活用されている。同制度は米国証券法などが定めるinjunctionにならって証取法制定時より存在していたが、長年活用されておらず、「抜かずの宝刀」と呼ばれていた。その後、制度改正により申立権限が金融庁から監視委や財務局に委任されると、監視委は平成22年に無登録での未公開株式の勧誘に関して緊急差止命令の申立てをはじめて行い、緊急差止命令が発令された（[28]大経事件──東京地決平成22年11月26日判時2104号130頁）。同事件以降、監視委は多くの同申立てを行い、発令がなされている（[29]ジャパンリアライズ事件──札幌地決平成23年5月13日判タ1362号203頁など）。筆者は当時の監視委の指定代理人としてはじめての申立事件などに関与したが（金判1357号28頁）、本邦証券当局が裁判所を活用して金商法に違反する行為の差止めを行うことは、画期的な取組みであると考える。

なお、平成27年金商法改正がなされ、裁判所の禁止または停止命令の

範囲がファンドの所定の不適切な業務執行までに拡大された。

第4節　金融商品取引所

　金融商品取引所は金融庁の免許を取得し（金商法80条）、市場開設者として市場を運営している。金融商品取引所は市場における売買、市場仲介者、上場制度などに関する自主規則を制定している。

　この点、金融商品取引所は、上場審査、上場廃止の基準を定めた上で（金商法117条参照）判断を行うが、上場廃止に関する取引所と上場会社との間の紛争に関する上場や上場廃止の裁判例として、30安藤鉄工所上場廃止処分停止仮処分事件――東京地決昭和46年11月15日判時650号92頁、31ペイントハウスに係る上場廃止の意思表示の効力停止等仮処分申立事件――東京地決平成18年7月7日判タ1232号341頁、32インターネット総合研究所事件――東京地判平成24年9月24日判タ1385号236頁がある。これらの事件では、上場契約に関する取引所の上場廃止特約、上場廃止基準、上場廃止処分について、証券取引所の広範な裁量を認めた上で、結果として取引所による上場廃止処分を肯定している。また、33アドバックス事件――東京高決平成22年8月6日金法1907号84頁では、非上場会社との間で不適当な合併等をした上場会社が上場廃止に係る審査の申請をする際に、反社会的勢力との関係がない旨の幹事取引参加者の確認書の添付を求める東京証券取引所の有価証券上場規程の定めは、新規上場の審査に準じて上場廃止の審査が行われる必要性に照らすと不合理ではないなどの判示がなされている。

第5節　有価証券の取引等に関する規制

　金商法第6章は、名宛人を「何人」とし、有価証券の取引等に関する不公正取引の禁止や制限を定める。これらは証券市場の公正性を確保するものであり、その主たる規制は内部者取引規制（インサイダー取引規制、Short Swing Rule）、相場操縦規制、風説の流布、偽計、暴行または脅迫の

禁止である。以下、関連する裁判例を紹介する。

1 不正取引の禁止、インサイダー取引規制

証取法制定時にはインサイダー取引規制は明文化されていなかった。米国ではインサイダー取引について、米国証券取引所法10条(b)項、SEC規則10b-5が適用されて判例が蓄積され、実務が形成されてきた。この点、証引法は、SEC規則10b-5に対応する条文として、有価証券取引に係る「不正の手段、計画又は技巧」の禁止を定め、現行の金商法157条1号でも当該条文が存在している。もっとも、当該条文が適用された裁判例は、那須硫黄礦業事件の1例しか見当たらない（34最決昭和40年5月25日集刑155号831頁）。同事件では無価値の株券に偽装の株価を付けるために権利の移転を目的としない仮装の売買を行ったとする被告人に有罪判決が下されたが、同条項の文言が抽象的・不明確であるとの批判がなされた。そのためかインサイダー取引事案にて「不正の手段、計画又は技巧」の禁止が適用されることはなかった。不公正取引規制全般について当該条項を用いた刑事事件化が躊躇されているものと考えられる。

昭和62年には、タテホ化学工業が債券先物取引の財テクに失敗した際に、役員、大株主などが損失の公表前に同社の株式を売却した疑いが生じた。この事件を契機に内部者取引自体を独自に規制する機運が高まり、昭和63年証取法改正によりインサイダー取引規制が導入された。インサイダー取引規制は会社関係者に係るもの（金商法166条）とTOBや議決権5％以上の買集め行為を対象とする公開買付者等関係者に係るもの（金商法167条）の2種類がある。その後、監視委の積極的活動もあってインサイダー取引の刑事告発による摘発が進むとともに、重要事実の追加等の制度改正が行われた。平成16年証取法改正での課徴金制度導入以降、インサイダー取引に係る勧告件数が飛躍的に増加した。さらに、公募増資インサイダー事件を契機に平成25年金商法改正がなされ、情報伝達・取引推奨規制が導入された（金商法166条の2）。

インサイダー取引が警視庁により最初に刑事事件化されたのは、35日新汽船株事件——東京簡裁略式命令平成2年9月26日資料版商事81号35

頁である。同事件は取締役会による決定以前に役員が第三者割当増資の決定をした事案であるが、「業務執行機関」による「決定」があったとの認定がなされた。また、大蔵省がはじめて告発を行い、かつ、バスケット条項がはじめて適用された事案として、36マクロス事件──東京地判平成4年9月25日判時1438号151頁がある。同事件では公表されていた売上高の予想値に約40億円の架空売上げが含まれていた事実およびその結果約30億円の資金手当てを必要とする事態を招いた事実が、年間の売上高の見込みが230億円ないし290億円で、計上利益の見込みが20億円という会社の規模に照らしてバスケット条項に該当するとの判断がなされた。さらに、平成3年証取法改正により平成4年7月に監視委が発足した。監視委がはじめて刑事告発をし、かつ、最高裁がはじめてバスケット条項の適用を認めた事例として、37日本商事事件──最判平成11年2月16日刑集53巻2号1頁がある。同事件は、同社が開発した新薬について、死亡例を含む重篤な副作用症例が発生したところ、当該情報の公表前に、同社会社関係者から情報を受領した医師が、同社株式を売却したとして、インサイダー取引規制違反の刑事責任を問われたものである。

　最高裁は、本件副作用症例は、証取法166条2項2号イの「災害又は業務に起因する損害」に該当し得る面を有する事実であることは否定し難いとしつつ、本件での新薬は、製薬業者としての評価の低かった日本商事にとって実質上はじめて開発した新薬であり、同社の株価の高値維持にも寄与していたものであったところ、その発売直後に重篤な副作用症例が発生したというものであること等から、日本商事の製薬業者としての信用を低下させ、同社の事業全般、ひいては投資家の投資判断に影響を及ぼすという面があり、この面は、同号イの損害の発生として包摂、評価され得ない性質の事実であるとして、同条項4号のバスケット条項への該当性を問題にすることができるものと判示した。同判決ではバスケット条項でいわゆる非包摂説が採用されたと評価されている。

　また、38日本織物加工事件──最判平成11年6月10日刑集53巻5号415頁で、最高裁は、「業務執行を決定する機関」の意義について、旧商法所定の決定権限のある機関には限定されず、実質的に会社の意思決定

と同視されるような意思決定を行うことのできる機関であれば足りると判断し、日本織物加工の社長の機関性を肯定した。また、株式発行を行うことについての「決定」の意義について、株式の発行それ自体や株式の発行に向けた作業等を会社の業務として行うことを決定することも含まれるとし、株式の発行の実現を意図すれば足りると判断し、社長が交渉の場において外部の人間に対して第三者割当増資実行の意向を表明したことが業務執行決定機関の「決定」に当たると認定した。

同様に買集めに係るインサイダー取引規制にて「決定」の意義が問題となった㊴村上ファンド事件──最決平成23年6月6日刑集65巻4号385頁がある。同事件は、ライブドア社から、ニッポン放送株式の大量買集めの実施に関する事実の伝達を受けた後、同社株式を買い付けた行為が証取法167条3項に違反したインサイダー取引に該当するとして村上ファンドの代表者である被告人らが起訴された事案である。

同事件決定では、公開買付け等を行うことについての「決定」の意義について、会社関係者に係る日本織物加工事件を踏襲しつつ、公開買付け等の実現を意図して公開買付け等またはそれに向けた作業等を会社の業務として行う旨の決定がされれば足り、公開買付け等の実現可能性があることが具体的に認められることは要しないことが判示された。

なお、従業員によるインサイダー取引違反に関連して経営陣がインサイダー取引を防止することを怠った任務懈怠(善管注意義務違反)があり、これによって、コーポレートブランド価値が毀損されたとして株主が経営陣に対して株主代表訴訟を提起した事例がある(㊵日経新聞株主代表訴訟事件──東京地判平成21年10月22日判時2064号139頁)。東京地裁は、経済情報を中心とする新聞を発行する会社の取締役は、一般的に予見できる従業員によるインサイダー取引を防止し得る程度の管理体制を構築し、その職責や必要の限度において、従業員によるインサイダー取引を防止するために指導監督すべき善管注意義務を負うとの判断を示した上で、結果的に一般的に予見できる従業員によるインサイダー取引を防止し得る程度の管理体制を構築していたとして役員の善管注意義務違反を認めなかった。本件は非上場の新聞会社に関する事案ではあるが、取引

所規則により内部者取引防止体制の構築の努力義務を負う上場会社においても同様の考えが妥当する可能性があり、実務上参考になる。

2 Short Swing Rule

金商法は、上場企業の役員または主要株主がその職務または地位により取得した秘密を不当に利用することを防止するため、役員・主要株主の短期売買利益の返還義務（金商法164条）や短期売買報告書の提出義務（金商法163条）を定めている（いわゆるShort Swing Rule）。

Short Swing Ruleに関する裁判例としては、短期売買利益の返還義務が憲法29条に反しないかが争点となり、合憲であると判断された41技研興業事件──最判平成14年2月13日民集56巻2号331頁がある。また、42養命酒事件──東京高判平成4年5月27日判時1428号141頁は、短期売買利益返還義務は期限の定めのない債務であり、主要株主は、自己の計算により自己又は他人の名義をもって株式を購入した者が実質的な株主であり、株式購入資金や担保提供によって株主が誰であるか決定されるものではない、会社の利益請求権について会社の秘密を不当に利用したことは要件とならないと判示した。さらに、43オーミケンシ事件──東京地判平成4年10月1日判時1444号139頁は、「主要株主」の意義について、名義株主に限られず、株主名簿の記載にかかわらず、実質的に株式を有する者を意味するとの判断を示した。

3 相場操縦規制

相場操縦規制は、米国証券取引所法9条などの影響を受けて証取法制定時より存在しており、有価証券市場における価格形成機能を歪める行為や阻害する行為を規制している。金商法159条は、1項で偽装取引を、2項で現実取引による相場操縦をそれぞれ規制している。

発行会社、その役職員、証券会社職員などが現実取引による相場操縦（変動取引）と安定操作に係る相場操縦を行ったとして起訴された44協和飼料事件──最決平成6年7月20日刑集48巻5号201頁において、最高裁は、変動取引・安定操作の各禁止は憲法31条に違反しないとした上

で、変動取引の意義は相場を変動させる可能性のある売買取引等を禁止する点にあり、また誘因目的の意義は「人為的な操作を加えて相場を変動させるにもかかわらず、投資者にその相場が自然の需給関係により形成されるものであると誤認させて有価証券市場における有価証券の売買取引に誘い込む目的」であるとした。また、同決定は、安定操作取引については、有価証券市場における有価証券の売買取引を誘引する目的をもってするものであることを要しないと判断した。

また、監視委がはじめて相場操縦の刑事告発をした45日本ユニシス事件——東京地判平成6年10月3日判タ875号285頁では、金融会社の取締役が、不良債権問題を解決するために仕手筋に特定株式についての相場操縦を依頼し、相場操縦行為に不可欠な資金を提供し続けた行為が相場操縦罪の共同正犯と幇助犯のいずれに該当するかが争点となったが、犯行経緯、犯行状況などを踏まえて共謀共同正犯であると判断された。

さらに、大証役員などによる46有価証券オプション取引事件——最決平成19年7月12日刑集61巻5号456頁では、出来高に関し他人に誤解を生じさせる目的も、証取法159条1項柱書にいう「取引が繁盛に行われていると誤解させる等これらの取引の状況に関し他人に誤解を生じさせる目的」に当たり、特定の銘柄についての価格操作ないし相場操縦の目的を伴わない場合でも、仮装売買・馴合売買の罪は成立するとの判断が示された。また、同事件では、いわゆる自己両建ての有価証券オプション取引は、同条1項3号にいう「オプションの付与又は取得を目的としない仮装の有価証券オプション取引」に当たると解すべきであって、同取引の結果として売建玉と買建玉が発生し、これらが後に別々に処分され得ることは、その解釈に影響を及ぼさない、とされた。

4　風説の流布、偽計、暴行または脅迫の禁止

金商法158条は、何人を名宛人として、有価証券の取引もしくはデリバティブ取引等のため、または有価証券等（有価証券もしくはオプションまたはデリバティブ取引に係る金融商品（有価証券を除く）もしくは金融指標をいう）の相場の変動を図る目的をもって、風説を流布し、偽計を用い、ま

たは暴行もしくは脅迫をすることを禁止している。

　風説の流布とは、合理的根拠が欠けた事項を不特定多数の者に伝達することである。風説の流布に関連する裁判例としては、ソフトウェア開発会社によるエイズワクチン臨床実験に関する虚偽の記者発表に関する47テーエスデー事件——東京地判平成8年3月22日判時1566号143頁、架空のTOB計画の記者発表に係る21東天紅事件（大量保有報告書不提出などに関して**第2節2**参照）、株式交換比率等の虚偽の事実の公表に関する13ライブドア事件（有報虚偽記載に関して**第2節1(2)**参照）。また、48ジャパンメディアネットワーク事件——東京地判平成20年9月17日判タ1286号331頁は、没収・追徴の解釈が問題となり、必要的没収・追徴（証取法198条の2）の対象となる株式の売却代金の範囲について、風説の流布と因果関係が認められる株式の売却代金全額であるとした上で、同条1項ただし書を適用して、その株式の買付代金相当額を控除した売買差益相当額に限って没収・追徴するのが相当であると示した。

　偽計とは、他人に錯誤を生じさせる詐欺的ないし不公正な策略、手段であると解されている。近時監視委は、箱企業やファンドなどを通じた上場株式の発行過程および流通市場における不適切な行為（いわゆる不公正ファイナンス事案）において有価証券に係る偽計罪（金商法158条）を積極的に適用し、摘発を行っている。不公正ファイナンス事例としては、発行市場における第三者割当増資、DES、MSCB、ライツ・オファリングなどを利用した既存株主の権利の希薄化、会社支配権の異動、不適切な払込みや流通市場における虚偽の情報開示または情報の不開示などに基づくものがあるといわれている。従来の不公正ファイナンス事案では公正証書原本不実記載等罪（刑法157条）などで対応がなされていたが、近時は監視委により金商法158条が活用されている。

　たとえば、仮装払込み・払込金の社外流出をしたとして偽計が適用された49ペイントハウス事件——東京地判平成22年2月18日判タ1330号275頁、50ユニオンホールディングス事件——大阪地判平成22年8月18日裁判所ウェブサイト掲載、51トランスデジタル事件——東京地判平成22年11月24日判例集未登載、52井上工業事件——東京地判平成24年2月

14日、同年3月7日、同月12日、平成26年10月21日いずれも判例集未登載があり、不動産現物出資に係る虚偽公表をしたとして偽計が適用された、53NESTAGE事件——大阪地判平成23年10月11日、東京地判平成25年5月10日いずれも判例集未登載）がある。そのほか、54セラーテムテクノロジー事件——東京地判平成25年4月12日、最判平成26年10月16日判例集未登載、55セイクレスト事件——大阪地判平成25年9月26日判例集未登載などがある。また、有価証券取引のため株式交換比率等の虚偽の事案の公表に関して偽計が適用されたものとして、13ライブドア事件（同事件では有報虚偽記載と風説の流布も適用された（**第2節1(2)**、前記**4**参照）。金融当局や金融商品取引所や日本証券業協会などの自主規制機関は、いわゆる不公正ファイナンス事案などを受けて、MSCB、第三者割当て、ノンコミットメント型ライツ・オファリングなどのファイナンスについて開示の充実、既存株式の希釈化防止などの対応に関する法令（企業内容等の開示に関する内閣府令）、ガイドライン、監督指針や自主規則の改正を行った。

　暴力・脅迫行為に係る金商法158条の適用事例については、被告人が相場変動を図る目的でドン・キホーテ社店舗に放火し、新聞社宛に警告文を送付して同社に危害を加える旨を告知した事案である56ドン・キホーテ事件——横浜地判平成21年11月24日判例集未登載がある。

第6節　おわりに

　日本が終戦を迎えて今年で70年となる。GHQが関与の下、昭和23年に制定された証取法は、証券市場の変化や社会の情勢に応じて幾度の改正を経て現在の金商法に至っている。当初、証取法関係の判例はそれほど多くなかったが、現在は金商法に関連する判例が多く生まれている。金融・証券マーケットや市場仲介者である金融商品取引業者等、金融商品取引所を規律する金商法については今後も興味深い裁判例が生まれることが予想されるところであるが、米国のように判例・裁判例を通してのさらなる議論の深化が期待される。

第13章 手形・小切手

第1節　はじめに

　かつて「手形大国」と呼ばれたわが国にあって、手形・小切手法の分野においては、特に昭和30年代～昭和50年代にかけて数多くの重要な最高裁判例が現れた。この間、手形に代替するものとして電子決済や振込等の支払手段の利用が増大し、手形流通量（交換高）は昭和54年をピークに減少の一途をたどっている[1]。とはいえ、依然として全国の企業の4割程度が決済手段として手形を利用しているとされ[2]、また、こうした判例が示してきた手形法理の一部は、平成20年12月に施行された電子記録債権法において確認されるなど、今も先例としての価値を失っていないといってよい。

　以下、①手形行為、②手形の譲渡、③白地手形、④手形の支払い、⑤手形と原因関係、⑥手形訴訟についての重要な判例・裁判例を総覧する。

---

[1] 一般社団法人全国銀行協会「全国手形交換高・不渡手形実数・取引停止処分数調」（2011）参照。
[2] 帝国データバンク「特別企画：手形利用企業の実態調査」（2013年3月27日）参照。

第2節　判例・裁判例の紹介

1　手形行為

(1) 手形所持人に有利な解釈
[1]　最判昭和47年2月10日民集26巻1号17頁

本件は、振出人として「合資会社安心荘　斎藤シズエ（斎藤名の印）」と記載された手形に基づき、裏書人が振出人と主張する法人に対して手形金を請求した事案である。

本判決は、「手形上の表示から、その手形の振出が法人のためにされたものか、代表者個人のためにされたものか判定しがたい場合においても、手形の文言証券たる性質上、そのいずれであるかを手形外の証拠によつて決することは許されない。そして、……このような場合には、手形取引の安全を保護するために、手形所持人は、法人および代表者個人のいずれに対しても手形金の請求をすることができ、請求を受けた者は、その振出が真実いずれの趣旨でなされたかを知つていた直接の相手方に対しては、その旨の人的抗弁を主張し得る」と判示した。

本判決は、手形の文言証券性を重視するものとして依然として通説的見解といえるが[3]、手形の記載を手形外の事実によって変更して解釈することは許されないとしても、手形の文言証券性は、手形の記載の意味がそれのみでは不明確なときに、手形外の証拠によってその意味を明確にすることまでを禁ずるものではないとの見解も有力に主張されており[4]、今後の判例の動向が注目される。

(2) 署名後意思によらずに流通した手形と署名者の責任
[2]　最判昭和46年11月16日民集25巻8号1173頁

本件は、振出人が約束手形を作成後、その使用人である経理係事務員

---

(3) 鈴木竹雄＝前田庸補訂『手形法・小切手法〔新版〕』（有斐閣、1992）156頁等。
(4) 田邊光政『最新手形法小切手法〔5訂版〕』（中央経済社、2007）81頁等。

に指示してその机上に保管させておいたところ、同人が外出中に盗取された後、当該手形の白地式裏書譲受人が、振出人に対し、手形金を請求した事案である。

本判決は、「手形の流通証券としての特質にかんがみれば、流通におく意思で約束手形に振出人としての署名または記名押印をした者は、たまたま右手形が盗難・紛失等のため、その者の意思によらずに流通におかれた場合でも、連続した裏書のある右手形の所持人に対しては、悪意または重大な過失によつて同人がこれを取得したことを主張・立証しないかぎり、振出人としての手形債務を負う」と判示した。

手形上の債務がいかにして生ずるか（手形理論）については、大きく、①交付契約説、②発行説（修正発行説）、③創造説が唱えられている。判例は、古くは交付契約説に依拠すると思われるものもみられたが、その後は発行説（修正発行説）の立場を採っていると解されている（最判昭和31年7月20日民集10巻8号1022頁、最判昭和42年2月3日民集21巻1号103頁等[5]）。本判決の位置づけについては諸説あるが、いわゆる交付欠缺の事例において、手形振出人は善意・無重過失の手形所持人に対して責任を負う旨を明らかにしたはじめての最高裁判例として意義がある。

(3) 銀行による偽造手形の支払い

3　最判昭和46年6月10日民集25巻4号492頁

本件は、偽造印鑑に基づき作成された約束手形について支払いをした銀行が、当座勘定取引契約上の義務違反を理由に損害賠償を請求された事案である。

本判決は、銀行が同契約に基づき印鑑照合するに当たっては、特段の事情のない限り、「肉眼によるいわゆる平面照合の方法をもつてすれば足りるにしても、金融機関としての銀行の照合事務担当者に対して社会通念上一般に期待されている業務上相当の注意をもつて慎重に事を行う

---

[5] いずれも他人への交付はあったと解される事案に関するものであった。神田秀樹＝神作裕之編『手形小切手判例百選〔第7版〕』（有斐閣、2014）18頁［洲崎博史］。

ことを要し、かかる事務に習熟している銀行員が……相当の注意を払って熟視するならば肉眼をもっても発見しうるような印影の相違が看過されたときは、銀行側に過失の責任がある」、「このことは、……いわゆる免責約款が存する場合においても異なるところはなく、かかる免責約款は、……印影の照合にあたり必要な注意義務が尽くされるべきことを前提としているもので、右の義務を軽減緩和する趣旨と解すべきでない」と判示した。

　免責約款が銀行の注意義務を軽減するものではないとの判断は、その後も普通預金取引（最判昭和50年6月24日金法763号34頁）、キャッシュカード取引（最判平成5年7月19日判時1489号111頁）、インターネットバンキング取引（東京高判平成18年7月13日金法1785号45頁）等、民法478条関連事案における免責約款に関する判断の前提となっている点で、先駆的判断といえる。なお、最判平成15年4月8日民集57巻4号337頁においては、通帳機械払いの方式により不正に預金が払い戻された場合につき、払戻方法に関する明示的規定や免責約款を欠いていたため、民法478条の適否が正面から問題とされた。

2　手形の譲渡

(1)　悪意の抗弁の成立

4　最判昭和30年5月31日民集9巻6号811頁

　本件は、「本件手形はYが訴外Aに対する木材売買代金債務の支払確保のため、同人に対し交付したものであるが、Xは右売買がAの不履行により結局解消されるに至るべきことを熟知しながら、敢えてAより右手形の裏書譲渡を受けた」という事実関係の下、XがYに対し、手形金を請求した事案である。

　本判決は、かかる「事実関係によれば、Xの本件手形の取得は、手形法77条1項、17条但書の場合に該当する」と判示し、Xの請求を棄却した原審判断を維持した（最判昭和48年3月22日判時702号101頁も同旨）。

　手形により請求を受けた者は、手形所持人の前者に対する人的関係に基づく抗弁（人的抗弁）をもって所持人に対抗することができない（手形

法17条、77条1項1号）が、所持人が「債務者ヲ害スルコトヲ知リテ」手形を取得した場合には、人的抗弁の切断が認められない（同法17条ただし書、悪意の抗弁）。本判決を契機に、この「債務者ヲ害スルコトヲ知リテ」とは、所持人が手形取得に当たり、満期において手形債務者が所持人の直接の前者に対し、抗弁を主張することが確実であるとの認識を有していた場合を指すという定式化（「河本フォーミュラ」）が主張され、通説的地位を占めるに至っている[6]。

　その後、最判平成7年7月14日判時1550号120頁は、手形が貸金の未発生利息の支払いのために振り出され、手形取得時にこれを知っていても、約定利息は時の経過により発生するのが通常であるから、貸金債権の元本が弁済期前に弁済され利息が発生しないであろうことを知っていたなど特段の事情がない限り、悪意の抗弁は成立しないと判示した。

(2) 戻裏書と人的抗弁

⑤　最判昭和40年4月9日民集19巻3号647頁

　本件は、Y→A→B→C銀行と流通した手形が、Bの解散後にCからの依頼で再びBに戻裏書され、さらにXに裏書譲渡されたという事実関係の下で、XがYに対し、手形金を請求した事案である。本件手形はYがAに売買代金支払いのために振り出したものであるが、BはAの資産状態が悪くY・A間の売買契約はAの不履行により解消されるであろうことを知りながらAから裏書譲渡を受けたという事情があった。

　本判決は、「手形の振出人が手形所持人に対して直接対抗し得べき事由を有する以上、その所持人が該手形を善意の第三者に裏書譲渡した後、戻裏書により再び所持人となつた場合といえども、その手形取得者は、その裏書譲渡以前にすでに振出人から抗弁の対抗を受ける地位にあつたのであるから、当該手形がその後善意者を経て戻裏書により受け戻されたからといつて、手形上の権利行使について、自己の裏書譲渡前の法律的地位よりも有利な地位を取得すると解しなければならない理はない」から、Yは、戻裏書により再び所持人となったBに抗弁事由を対抗

---

(6)　河本一郎「手形法における悪意の抗弁」民商36巻4号（1958）504頁。

でき、BからXに対する裏書譲渡が隠れた取立委任によるものであるとすればXに対してもこれを対抗し得ると判示した。

本判決以降、最高裁は、戻裏書の被裏書人に対する人的抗弁・悪意の抗弁の再対抗を認めており（最判昭和45年3月27日金法582号22頁（悪意の抗弁の事案）、最判昭和52年9月22日判時869号97頁、最判昭和57年9月30日判時1057号138頁（以上、人的抗弁の事案））、判例として確立している[7]。

(3) 手形金請求と権利の濫用
6 最大判昭和43年12月25日民集22巻13号3548頁

本件は、Y振出の約束手形の受取人Aから手形の裏書譲渡を受けていたXが、AX間の原因債務が弁済により消滅した後に、Yに対し、手形金を請求した事案である。

本判決は、「自己の債権の支払確保のため、約束手形の裏書譲渡を受け、その所持人となつた者が、その後右債権の完済を受け、裏書の原因関係が消滅したときは、特別の事情のないかぎり爾後右手形を保持すべき何らの正当の権原を有しないことになり、手形上の権利を行使すべき実質的理由を失つたものである。然るに、偶々手形を返還せず手形が自己の手裡に存するのを奇貨として、自己の形式的権利を利用して振出人から手形金の支払を求めようとするが如きは、権利の濫用に該当し、振出人は、手形法77条、17条但書の趣旨に徴し、所持人に対し手形金の支払を拒むことができる」と判示した。

本判決は、手形関係に権利濫用法理を適用したはじめての最高裁判決であり、学説上異論はあるも、その後、最判昭和45年3月31日民集24巻3号182頁（振出の原因関係が不存在の事案）、最判昭和48年11月16日民集27巻10号1391頁（裏書の原因関係が錯誤無効の事案）、最判昭和57年7月20日判時1053号168頁（前掲最判昭和45年3月31日と同種事案）にも引用・踏襲され、判例法理として定着している。なお、本判決と異なり権利濫用の概念は使わなかったが、同系統の判例として、最判昭和45年7月16日民集24巻7号1077頁（振出・裏書のいずれの原因関係も消滅した事案）、最

---

(7) 神田＝神作・前掲注(5)56頁［黒沼悦郎］、田邊・前掲注(4)154頁。

判昭和46年4月9日民集25巻3号264頁（原因関係が不法である事案）がある[8]。

(4) 裏書の連続のある手形による請求と権利推定の主張

7　最大判昭和45年6月24日民集24巻6号712頁

本判決は、手形法16条1項、77条1項1号の適用を主張するには、「連続した裏書の記載のある手形を所持する」との事実を主張することを要するとした最判昭和41年3月4日民集20巻3号406頁を引用しつつ、「原告が、連続した裏書の記載のある手形を所持し、その手形に基づき手形金の請求をしている場合には、当然に、同法16条1項の適用の主張がある」と判示した。

判例（最判昭和36年11月24日民集15巻10号2519頁）・通説上、裏書の連続のある手形の占有者を適法な所持人とする手形法16条1項はいわゆる権利推定規定とされる。本件は、Xが、手形面上に受取人・第一裏書人としてAの白地手形の各記載のある手形を所持しており、この連続した裏書の記載に照応した裏書譲渡を主張していた場合であるが、本判決は、このような場合だけでなく、裏書の連続した手形の所持人として手形を請求している以上、その裏書の記載と必ずしも照応しない裏書譲渡を主張する表現がされている場合でも、同条項の適用を求める主張があると解すべきとしたものといえる。手形所持人に付与された有力な権利保護手段を、手形訴訟という簡易な定型化に親しむ訴訟の場において実効的なものとし、権利推定規定の一層の強化を図ったものと評価できる[9]。その結果、手形債務者は、常に同条項の推定を覆すために、手形所持人が実質的に無権利者であることを積極的に主張立証しなければならない（最判昭和41年6月21日民集20巻5号1084頁）。

---

(8) 鴻常夫ほか編『手形小切手判例百選〔第5版〕』（有斐閣、1997）64頁［龍田節］。
(9) 小倉顕「判解」『最高裁判所判例解説民事篇昭和45年度（上）』（法曹会、1971）241頁。これに対し、坂井芳雄「判解」『最高裁判所判例解説民事篇昭和41年度』（法曹会、1967）125頁は、前掲最判昭和41年3月4日につき、むしろ事案に即した救済判決と位置づけて、その射程を限定的に解していた。

3　白地手形

(1) 白地手形の成立要件

8　最判昭和31年7月20日民集10巻8号1022頁

　本件は、株式会社を振出人とする約束手形による金融依頼のため、手形用紙に会社取締役が振出人として署名したが、受取人・金額・満期等の手形要件は白地とし、金融を得られることが確定した後、会社監査役においてすべてこれを補充する約束で交付したという事案である。

　本判決は、交付を受けた者が約束に反し当該手形を他に譲渡し、転々途上において白地要件が手形取得者によって補充された場合においても、手形法10条の法意に照らし、会社は悪意・重過失のない取得者に対して、補充された文言に従って手形上の責任を負う旨判示した。

　完成したが手形要件の記載を欠く不完全な手形は原則として無効である（手形法2条、76条）のに対し、後日欠けている手形要件が補充されれば完全な手形となり、署名者はその文言に従って手形上の責任を負うというのが白地手形である。わが国においては、種々の事情から白地手形が多数流通しており、これをめぐる紛争も後を絶たない状況にある。この白地手形は、①白地手形行為者の署名、②手形要件の欠缺および③白地補充権の成立（署名者とその相手方との間の合意）という要件を備えた証券の発行（交付）により成立すると解するのが判例（大判大正11年6月15日民集1巻325頁、主観説）とされる。本判決は、このうち③白地補充権授与の合意がない事例に属するものであるが、本件が白地手形であるか否かの断定を避けながらも、結論として本件類似の事案において白地手形に該当するとしつつ引受人の善意取得者に対する手形責任を認めた大判大正15年12月16日民集5巻841頁の立場をほぼ踏襲した[10]。本判決の理論構成については諸説あるが、その結論は広く支持されている。

---

(10) 大場茂行「判解」『最高裁判所判例解説民事篇昭和31年度』（法曹会、1957）133頁等。

(2) 満期補充後のその他の手形要件の白地補充権の消滅時効

⑨　最判平成5年7月20日民集47巻7号4652頁

　本件は、満期の記載はあるが振出日・受取人欄白地の約束手形の振出人Xが、受取人Yと満期日において満期の記載を抹消して白地の手形とする旨合意し、その後満期の白地部分を補充し、さらに振出日・受取人欄の白地部分を補充の上、Yに対し、手形金を請求した事案である。

　本判決は、「手形が満期及びその他の手形要件を白地として振り出された場合であっても、その後満期が補充されたときは、右手形は満期の記載された手形となるから、右手形のその他の手形要件の白地補充権は、……手形上の権利が消滅しない限りこれを行使することができる」、「記載された満期の日から3年間すなわち手形上の権利の消滅時効期間内は本件各手形の振出日欄及び受取人欄の各白地部分を補充することができる」と判示した。

　最高裁は、満期白地の手形の補充権の消滅時効について、商法523条が準用されて補充権を行使できるときから5年の経過により時効消滅するとし（最判昭和44年2月20日民集23巻2号427頁）、満期の記載はあるものの満期以外の手形要件が白地の手形の補充権については、手形上の権利が消滅しない限りこれを行使することができるとしていた（最大判昭和45年11月11日民集24巻12号1876頁）。本判決は、かかる一連の判例理論に照らし自然な判断といえよう[11]。

4　手形の支払い

(1) 呈示期間経過後の支払呈示の場所

⑩　最大判昭和42年11月8日民集21巻9号2300頁

　本件は、満期が昭和36年1月7日で支払場所の記載のある為替手形の所持人であるXが、支払呈示期間経過後の同月11日に、引受人であるYに対し、本件手形を支払場所で呈示したが、支払いを拒絶されたため、Yに対し、手形金を請求した事案である。

---

(11) 神田＝神作・前掲注(5)86頁［尾崎悠一］。

本判決は、支払場所の記載は、その手形の支払呈示期間内における支払いについてのみ効力を有し、支払呈示期間経過後における支払呈示は、支払地内における手形の主債務者の営業所または住所においてすることを要し、支払場所に呈示しても手形債務者を遅滞に付する効力を有しない旨判示した[12]。
　支払呈示期間経過後における支払場所の記載の有効性について、無効説を採る従来からの学説・下級審裁判例の多数説に従いつつも、その場合の履行場所については、支払地の記載はなお有効であるとして、学説上は多数説といえない支払地内制限説を採用し、銀行実務が依拠すべき規準を示した点で意義がある[13]。
　なお、最判昭和57年11月25日判時1065号182頁は、約束手形の所持人がする満期前遡求（手形法43条後段2号）の要件としての振出人に対する支払呈示は、支払場所の記載がなされていても振出人の営業所または住所においてすべき旨判示した。

(2) 手形の除権判決と善意取得者の権利
11　最判平成13年1月25日民集55巻1号1頁
　本件は、約束手形の振出交付を受けたAが、保管中に当該手形を盗難されたために除権判決を得たところ、当該手形を除権判決前に割引取得したXが、振出人Yに対し、手形金を請求した事案である。
　本判決は、「手形について除権判決の言渡しがあったとしても、これよりも前に当該手形を善意取得した者は、当該手形に表象された手形上の権利を失わない」と判示した（善意取得優先説）。その理由として、①除

---

(12) 本判決は9対4の多数意見によるものであったが、松田二郎判事は、（支払場所の記載を有効とした）少数意見の中で、「わが国では、新説が主張されると、その学説が忽ち学説を風靡するに至ることがあるが、本件の問題についても、その感なきをえない」と述べつつ、多数意見について、比較法的研究が重視されるべき諸外国の統一手形法に関する学説・判例にはない、戦後に通説的となったわが国にのみ存在する特殊な見解と批判する。松田二郎『私の少数意見——商事法を中心として』（商事法務研究会、1971）参照。
(13) 鈴木＝前田・前掲注(3)314頁等、杉田洋一「判解」『最高裁判所判例解説民事篇昭和42年度』（法曹会、1968）639頁、神田＝神作・前掲注(5)136頁［大杉謙一］。

権判決の効果は、当該手形を無効とし、除権判決申立人に当該手形を所持するのと同一の地位を回復させるにとどまり、上記申立人が実質上手形権利者であることを確定するものではなく（最判昭和29年2月19日民集8巻2号523頁）、手形が善意取得されたときは、当該手形の従前の所持人はその時点で手形上の権利を喪失し、その後に除権判決の言渡しを受けても当該手形を所持するのと同一の地位を回復するにとどまり、手形上の権利は善意取得者に帰属する、②除権判決の前提となる公示催告手続における公告の現状からすれば、善意取得者が除権判決の言渡しまでに裁判所に対して権利の届出および当該手形の提出をすることは困難な場合が多く、除権判決の言渡しによって善意取得者が手形上の権利を失うとするのは手形上の流通保護の要請を損なうおそれがあると判示した。

本判決は、旧民訴法に基づく公示催告・除権判決制度におけるものであるが、現行の非訟事件手続法に基づく公示催告・除権決定制度においても妥当しよう。また、本判決は、善意取得者の権利行使の方法について明確にしないが、善意取得者は除権決定前に手形を善意取得したことを証明して手形上の権利を行使できるとする多数説に立つものと考えられる[14]。

なお、約束手形の振出人には公示催告の申立権があるが、除権決定が確定したとしても、その確定前に喪失手形を悪意・重過失なく取得し、その振出署名者に対して振出人としての責任を追及し得た者の実質的権利までも消滅させるものではない（最判昭和47年4月6日民集26巻3号455頁）。また、白地手形の喪失者にも公示催告の申立権があるが、喪失した白地手形について除権決定を得ても、原則として申立人には手形の再発行請求権も認められず、また手形外の意思表示によって白地を補充することもできず、所持人は直接の当事者に対して原因債権を行使するほかない（最判昭和43年4月12日民集22巻4号911頁、最判昭和45年2月17日判時

---

(14) 志田原信三「判解」『最高裁判所判例解説民事篇平成13年度（上）』（法曹会、2004）1頁、塩崎勤「除権判決言渡し前に当該手形を善意取得した者の手形上の権利」金法1657号（2002）13頁等。

592号90頁、最判昭和51年4月8日民集30巻3号183頁)。

5 手形と原因関係

(1) 手形金請求訴訟の提起と原因債権の消滅時効の中断
⑫ 最判昭和62年10月16日民集41巻7号1497頁

　本判決は、原因債権の時効消滅は手形金請求において債務者の人的抗弁事由になるとした最判昭和43年12月12日判時545号78頁や、手形金に係る仮執行宣言付支払命令により手形債権が確定した場合、原因債権の消滅時効期間も同じく確定時から10年に延長されるとした最判昭和53年1月23日民集32巻1号1頁を引用しつつ、債務の支払いのために手形が授受された当事者間において債権者のする手形金請求の訴え提起は、原因債権自体に基づく裁判上の請求に準ずるものとして原因債権の消滅時効を中断する効力を有する旨判示した。

　従来の学説はおおむね本判決（中断説）に好意的であったが、その後、原因債権の時効消滅を人的抗弁事由とすることに批判的な見解が有力になっている[15]。また、最高裁は、一部請求事案における訴訟物は当該一部に限られることを前提に、訴訟物となっていない残部については時効中断効が及ばないと解してきた(最判昭和34年2月20日民集13巻2号209頁、最判昭和43年6月27日集民91号461頁、最判平成25年6月6日民集67巻5号1208頁)。さらに、最高裁は、前訴で訴訟物となっていなくても裁判上の請求ないしこれに準ずるものとして時効中断効を認めているものの、単に権利主張があることだけではなく、当該訴訟の判決によって訴訟物以外の権利の存否が確定し、または確定したのと同視できることをかかる判断の根拠としていると考えられる（最大判昭和43年11月13日民集22巻12号2510頁（取得時効の事案）、最判昭和44年11月27日民集23巻11号2251頁等）。かような厳格な立場との整合性の観点から、本判決の判断が今後も維持

---

(15) 大塚龍児「原因関係の時効消滅は人的手形抗弁となりうるか」北大法学論集38巻5＝6号（下）（1988）1661頁等。本判決の島谷六郎判事意見は、かかる見解を反映したものと解される。

されるのか注目される[16]。

(2) 手形の商事留置権者の民事再生手続における権利

[13] 最判平成23年12月15日民集65巻9号3511頁

本件は、Xに対し当座貸越債権を有し、X振出に係る約束手形につき取立委任裏書を受けていたY銀行が、Xの民事再生手続開始申立てに伴い、当該手形取立金を当座貸越債務に弁済充当したところ、XがYに対し、当該取立金相当額が不当利得に該当するとして、その返還を請求した事案である。

本判決は、「留置権は、他人の物の占有者が被担保債権の弁済を受けるまで目的物を留置することを本質的な効力とするものであり（民法295条1項）、留置権による競売（民事執行法195条）は、被担保債権の弁済を受けないままに目的物の留置をいつまでも継続しなければならない負担から留置権者を解放するために認められた手続であって、上記の留置権の本質的な効力を否定する趣旨に出たものでない」から、「留置権者は、留置権による競売が行われた場合には、その換価金を留置することができ」、「この理は、商事留置権の目的物が取立委任に係る約束手形であり、当該約束手形が取立てにより取立金に変じた場合であっても、取立金が銀行の計算上明らかになっているものである以上、異なるところはない」から、「取立委任を受けた約束手形につき商事留置権を有する者は、当該約束手形の取立てに係る取立金を留置することができる」と判示した。

本判決については、「金銭の所有権者は、特段の事情のない限り、その占有者と一致する」とした最判昭和39年1月24日判時365号26頁との関係が問題となり得るが、本判決が「取立金が銀行の計算上明らかになっているものである以上」と言及した点は、かかる金銭の所有と占有の例外的不一致の「特段の事情」について判断したものと考えられる[17]。

なお、本判決は、取立金を法定の手続によらずに債務に充当し得る旨を定める銀行取引約定が民事再生法上有効かに関しても判断したが、当

---

(16) 神田＝神作・前掲注(5)158頁［得津晶］。

該判示部分の解説については、**第15章**に譲る。

6　手形訴訟──私製手形に係る手形金請求の手形訴訟の適法性

[14]　東京地判平成15年11月17日判時1839号83頁

　本件は、全銀協制定の統一手形用紙を使用しない、いわゆる私製手形の受取人（商工ローン会社であるＸ）が、振出人に対し、手形訴訟に基づき手形金を請求した事案である。

　東京地裁民事第7部（当時の手形部）は、私製手形につき、第三者へ転々流通譲渡されることが予定されていないこと、Ｘの貸付では「一定ノ金額ヲ支払フベキ旨ノ単純ナル約束」という手形要件を満たす手形を振り出させることができないこと、呈示期間を5年とすることが振出人の意思に沿わないこと、私製手形の支払場所・支払呈示が手形法の予定するところではないこと等を指摘し、形式的には手形要件が記載されているものの、手形としての手段性・用具性が認められず、手形法の趣旨を逸脱しているとし、このような私製手形を振り出させているのは、手形訴訟により債務者の抗弁を封じ、簡易・迅速に債務名義を取得して同人に強制執行手続等をすることを目的としているものであり、手形制度・手形訴訟制度を濫用（悪用）したものとして不適法であると判示した（東京地判平成15年10月17日判時1840号142頁、横浜地判平成15年7月7日判タ1140号274頁も同旨）。

　平成14年当時、東京地裁における手形訴訟の年間件数のうち約8割（1,500件余）を、特定の商工ファンド会社による私製手形に基づく提訴分が占めていた[18]。こうした状況下、東京地裁は、商工ファンド会社に対し、私製手形を利用した手形訴訟の提起を自粛するよう求めたものの、その後も他の裁判所への手形訴訟の提起が後を絶たず、本判決はこれに業を煮やして下された異例な判断として注目された。

---

(17) 田中秀幸「判解」『最高裁判所判例解説民事篇平成23年度（下）』（法曹会、2014）259頁。
(18) 平成15年3月7日読売新聞朝刊39面記事。

第3節　ま と め

　以上、手形・小切手分野における重要な判例・裁判例を振り返った。判例の立場が学説上どのように位置づけられるかを見定めるのが困難な場合も散見されるが、そんな中で膨大な判例・裁判例の蓄積により、一種の「判例による手形法理」が形成されてきた軌跡を垣間見ることができよう。

第14章 海商・保険

第1節 海　　商

1　はじめに

　本節では、海商法に関する裁判例を取り上げる。商法の海商法に関する規定は、国際海上物品運送法等の特別法の制定を除き、明治32年の商法制定以来ほとんど見直しがされていないが、法制審議会商法（運送・海商関係）部会が、平成27年3月11日付で「商法（運送・海商関係）等の改正に関する中間試案」（以下「中間試案」という）を決定・公表し、現在、法改正に向けた作業が進められている。以下では、法改正の動向も踏まえつつ、この60年の間に登場した、海商法に関する実務上特に重要な意義を有すると考えられる裁判例を紹介する。

2　船主の堪航能力担保義務の性質

1　最判昭和49年3月15日民集28巻2号222頁

　本件は、海上運送人Yが、Aとの間で運送契約を締結し、船舶により貨物を運送したところ、貨物に水濡れによる損害が生じ、当該損害に係る保険金の支払いをAに対して行った保険会社Xが、代位により取得した損害賠償請求権による請求をYに対して行った事案である。

　第一審は、船舶が安全に航海をなすに堪える能力を担保すべき船舶所有者の義務（商法738条。以下「堪航能力担保義務」という）の性質を過失

責任と解した上で、Yには過失がなかったとしてXの請求を棄却したが、原審は、かかる責任を無過失責任と解し、Yについて不堪航に係る責任があるとしてXの請求を認容した。

本判決は、堪航能力担保義務について、無過失責任と解すべきものとして上告を棄却した。

本判決は、堪航能力担保義務の性質について正面から判断を下したはじめての最高裁判決であり、実務上重要な意義を有するものであった。しかし、本件は国際海上物品運送法施行前の事案であったところ、同法5条1項は、外航船について、堪航能力担保義務違反による責任を過失責任として定め、内航船に適用される商法738条に係る本判決の解釈との間で不均衡が生ずることとなった。中間試案においては、上記不均衡の是正や、民法における過失責任の原則、船舶構造の複雑化・大型化により現在では相当の注意を尽くしても船舶の設備等の瑕疵を発見し得ないこと等を考慮し、商法738条の責任を過失責任に改めることが提案されており、改正の動向を注視していく必要がある。

3　船舶の衝突に関する定期傭船者の責任

2　最判平成4年4月28日判時1421号122頁

本件は、港の岸壁に係留されていたX（国）所有の掃海艇に、海上運送等を業とするYが船主AおよびBより傭船していた航海船および内水船が曳航する無機力運貨船（バージ）が衝突し掃海艇が損傷を受けたため、Xが、商法704条1項の類推適用に基づく傭船者Yの衝突責任を主張して損害賠償を請求した事案であり、第一審はXの請求を認容し、原審もYの控訴を棄却した。

これに対し、本判決は、「定期傭船者の衝突責任などの権利義務の範囲については、商法を始めとする海商法の分野での成文法には依拠すべき明文の規定がないので、専ら当該契約の約定及び契約関係の実体的側面に即して検討されなければならない」とした上で、Yと船主AおよびBとの間に「定期傭船契約書」と題する簡略な契約書が締結され「船舶の使用に関する一切の命令指示等の権限はYに属する」等の約定があった

こと、Yが日常的に具体的な指示命令を発し、Yが各船舶をその企業組織の一部として日常的に指揮監督しながら継続的かつ排他的、独占的に使用してYの事業に従事させていた等の事実関係の下においては、「Yは、船舶所有者と同様の企業主体としての経済的実体を有していたものであるから、」掃海艇に与えた損害について、商法704条1項の類推適用により、同法690条による船舶所有者と同一の損害賠償義務を負担すべきである、として原審の判断を是認し、上告を棄却した。

定期傭船者の衝突責任の問題は、学説上、定期傭船契約の法的性質を船舶賃貸借契約、運送契約、あるいは混合契約のいずれと解するかとも関連して論じられてきた海商法分野における重要な問題であった。本判決は、Yによる船舶の使用状況等の事実面に着目して結論を導いており、定期傭船契約の衝突責任一般について判断を示したものとは解されないが、定期傭船者の衝突責任に関するはじめての最高裁判決として重要な意義を有する。定期傭船契約については、その一般的な法的性質から演繹的に法律関係が決定されるものではないともされるが（最判平成10年3月27日民集52巻2号527頁）、中間試案においては、船舶賃貸借や運送とは別の典型契約として定期傭船契約を位置づけて一定の規律を新設することが提案されており、実務上重要である。

4　商法704条2項と民法上の先取特権

[3]　最決平成14年2月5日判時1787号157頁

本件は、Y_1およびY_2が船舶を共有し、Y_2がY_1の持分について賃借を受けてこれを自己の営む海上運送事業の用に供していたところ、Xが、Y_2から当該船舶について船舶安全法に定める法定検査およびそれに伴う修繕工事等を請け負い、これを完成させることでY_2に対して修繕費請求権を取得したが、Y_2からその支払いを受けられなかったため、上記船舶について、修繕費請求権を被担保債権とする商法上の船舶先取特権または民法上の動産先取特権が成立しているとして、Y_1およびY_2を相手方とする競売を申し立てた事案である。原々審は、Y_1は修繕費請求権の債務者ではないため、船舶のうちY_1の持分に先取特権は成立せず、ま

た、本件における修繕費請求権は船舶先取特権（商法842条）を生じさせる種類の債権ではないため、Y_2の持分についても動産保存の先取特権（民法320条）のみが成立する旨判示し、Xは船舶全体について船舶先取特権に基づく競売開始決定を求めて執行抗告をしたが、原審はこれを棄却した。

本判決は、船舶先取特権が発生しないとした原審の判断を正当であるとする一方、民法上の動産保存の先取特権がY_2の持分のみに生じるとした原審の判断については、船舶の賃借人が商行為をする目的をもって船舶を航海の用に供したときは、船舶の利用につき生じた先取特権が船舶の所有者に対しても効力を生じる旨を規定した商法704条2項本文の適用を誤ったものであり、同項の先取特権には、民法上の先取特権も含まれると解するのが相当であるとし、先取特権の効力がY_1の持分に及ばないとした原審の判断を取り消し、事件を原々審に差し戻した。

本判決は、船舶が海上企業活動に関し生じる債務についての重要な担保物であることに鑑み、実務上重要な意義を有するものである。中間試案においては、商法704条2項について、本判決において示された現行法の規律を維持する甲案と、本判決の結論に反対し民法上の先取特権は船舶所有者に対しては効力を生じないものとする乙案が併記されており、また、そのいずれの場合であっても、同様の規律を定期傭船について準用する旨が提案されており、実務への影響に鑑み、改正動向を注視していく必要がある。

5 船主の共同海損分担金保証債務履行請求権と相殺の可否

4 東京地判平成20年10月27日判タ1305号223頁

本件は、香港の海運業者Xが、自ら所有し運行する船舶と他の貨物船との衝突事故に関する共同海損について、荷受人Aと契約した貨物の保険者である損害保険会社Yに対し、Yが共同海損分担金支払義務について発行した保証状に基づく支払いを求め、それに対しYが、AのXに対する衝突事故についての損害賠償請求権を保険代位により取得し、Xの請求権と相殺したなどとして争った事案である。なお、共同海損とは、

船舶および積荷を共同の危険から免れさせるために、船舶または積荷になした処分から生じた損害または費用のことをいい（商法788条）、船主、積荷の荷主等の利害関係人は精算人が発行する共同海損精算書による共同海損分担金を船主に支払う義務を負うことになる。共同海損に関する商法の規定は任意規定であり、実務上は、各国の海運業者・保険業者により普通取引条款として採用されるヨーク・アントワープ規則によって処理がされ、商法の規定は補充的に適用される[1]。本件においてはXおよびAの間で精算方式として1974年ヨーク・アントワープ規則が合意されていた。

　本判決は、まず、貨物に生じた損害の発生原因および損害の範囲について判断し、Yが保険代位によりXに対する損害賠償請求権を有することおよびその金額を認定した上で、共同海損分担金との相殺の可否について、XとYの間に成立した保証契約において相殺を禁止する約定がなく、黙示の合意もうかがえないこと、また、適用のある1974年ヨーク・アントワープ規則にも相殺を禁止する趣旨の規定がないこと等を指摘の上、共同海損に関する分担金保証債務がその性質上相殺が許されない債務であると解することはできないとし、Yによる相殺の主張を認めた。

　共同海損は海商法上の特殊の制度であるが[2]、共同海損分担金保証請求権を受働債権とした相殺の可否について言及した裁判例は本判決のほかには見当たらないため、実務上重要な事例として本判決を紹介するものである。また、共同海損については、主に1994年ヨーク・アントワープ規則の規律と整合しない点を改める趣旨の改正が中間試案において提案されている。

---

(1) 鈴木竹雄『新版商行為法・保険法・海商〔全訂第2版〕』（弘文堂、1993）155頁。
(2) 鈴木・前掲注(1)155頁。

第2節　保　　険

1　はじめに

　本節では、保険に関する裁判例を取り上げて検討する。この60年の間に、保険を取り巻く社会環境は大きく変化したが、裁判例も、種々の保険契約に関する立証責任や約款解釈につき先例となる判断を示したものや、保険法制定の契機となったものがある一方で、同法により先例となっていた考え方が否定されたものもある。以下では、保険実務上特に重要な意義を有すると考えられる裁判例につき紹介する[3]。

2　約款の解釈に係る裁判例

(1)　主務大臣の認可なしに変更された普通保険約款の拘束力

5　最判昭和45年12月24日民集24巻13号2187頁

　保険業法上、普通保険約款は保険業免許の申請に際しての添付書類とされ（保険業法4条2項3号、保険業法施行規則9条）、また、保険業の開業後においても、内容変更には、原則として内閣総理大臣の認可を受けなければならないとされている（保険業法123条1項）。そのため、保険業法上の認可を受けていない約款により保険契約が締結された場合に、私法上の効力をどう考えるべきかという問題があり、認可を受けていない約款であっても私法上の効力には影響がないとの見解が一般的であった[4]。

　そうした状況の下、最判昭和45年12月24日民集24巻13号2187頁は、船舶海上保険において、保険業者が主務大臣の認可を受けずに変更した普通保険約款に基づいて保険契約を締結した場合であっても、その変更が

---

[3]　なお、本節の執筆に当たっては、長年にわたり保険訴訟の実務に携わり、後掲する裁判例の形成にも多く関与されてきた溝呂木商太郎弁護士から、多数の有益なご示唆を頂戴した。
[4]　山下友信『保険法』（有斐閣、2005）102頁。

保険業者の恣意的な目的に出たものでなく、強行法規もしくは公序良俗に違反しまたは特に不合理なものでないかぎり、変更後の約款は、保険契約の内容として当事者を拘束する旨判示した。これにより、主務大臣の認可を受けない普通保険約款であっても、当事者間において必ずしも拘束力が否定されないことが明らかとなったが、他方で、船舶保険では火災保険等の場合のように保険契約者が保険者に比べて経済的弱者とはいえないことを強調した上で、船舶保険に限って上記結論を導いており、火災保険等に対する判例の立場は現在でも明らかではないと解されている(5)。

(2) 火災保険地震免責条項と保険会社の情報提供・説明義務

6 最判平成15年12月9日民集57巻11号1887頁

損害保険各社は、火災保険契約に適用される保険約款において、地震等によって生じた損害に対しては保険金を支払わない旨の地震免責条項を定めているのが一般的である。地震保険の整備に至る発端は、昭和39年に発生した新潟地震にあり、同地震により、昭和石油の原油貯蔵タンクなどに損害が発生し、火災保険金の請求の可否が問題となった(6)ことを受け、衆議院大蔵委員会において、大地震に伴う火災損害について保険金支払いができないのは保険制度上の問題であるとの附帯決議がなされたことを受け、保険審議会による審議が重ねられ、地震保険に関する法律が昭和41年5月18日に公布、施行され、同年6月1日より各損害保険会社により地震保険が発売されたことによって、地震を原因とする火災等による損害のてん補が図られるに至った。他方、地震保険契約は単独で締結することができず（同法2条2項3号）、各保険会社は、火災保険等の契約者が地震保険を附帯しない旨の申し出を行わない限り、火災

---

(5) 山下・前掲注(4)102頁。
(6) 東京地判昭和45年6月22日判時602号3頁は、新潟地震発生後約5時間を経過して生じた昭和石油設備工場の延焼火災による損害について、火元の火災が地震によって発生したとして、火災保険普通保険約款中の地震免責条項による免責を認めた。同判決後、火元の発生原因いかんにかかわらず、地震によって延焼・拡大して生じた損害が免責されるよう火災保険普通保険約款が改定されるに至った。

保険契約等に附帯して地震保険を引き受ける取扱いとしている。

　最判平成15年12月9日民集57巻11号1887頁は、阪神・淡路大震災の後に生じた火災に関し、火災保険金の支払請求等とともに、予備的に火災保険契約の締結時に地震保険に関する情報提供・説明義務の違反等があったとして慰謝料等の請求がされた事案であるが、原審は、保険会社が情報提供・説明の義務を負っており、これを怠った旨認定し慰謝料請求の一部を認容した。これに対し、本判決は、火災保険契約の申込者は、特段の事情が存しない限り、同契約に附帯して地震保険契約を締結するか否かの意思決定をするに当たり、保険会社側の地震保険の内容等に関する情報の提供や説明に不十分、不適切な点があったことを理由として慰謝料を請求することはできず、火災保険契約の申込書において「地震保険は申し込みません」と記載された欄に申込者自らの意思で押印した等の事情の下では、上記特段の事情は認められない旨判示し、保険会社の敗訴部分を破棄し、当該部分について被上告人らの控訴を棄却した。本判決は、地震保険加入に係る意思決定が主に財産的利益に関するものであることを挙げて上記のとおり判示し、地震保険に関する保険会社の一般的な情報提供・説明義務の有無については立場を明らかにしなかったが、火災保険の申込書中に地震保険に関する意思確認欄が設けられ、申込者が自らの意思で当該意思確認欄に押印をしているという一般的な損害保険実務が通常は損害賠償の問題を生じさせるものではないという趣旨を含むと解され、実務上重要な意義を有するものであった[7]。

　なお、火災保険の地震免責条項についての説明義務が問題とされた下級審裁判例としては、当該判決に先立ち、いわゆる奥尻保険金請求訴訟における函館地判平成12年3月30日判タ1083号164頁において、保険会社の説明義務および不法行為責任が否定されたものの、具体的な事情によっては説明義務が生じ得るとの趣旨が判示されている。

---

(7) 竹濱修「判批」ジュリ1269号（2004）118頁。

3 保険事故の主張立証責任の帰属をめぐる裁判例

(1) 傷害保険

7 最判平成13年4月20日民集55巻3号682頁

　傷害保険契約に適用される約款においては、「急激かつ偶然な外来の事故によって被った身体の傷害」が保険事故であると規定され、偶然性の要件と称されており、事故の発生時点において被保険者が事故を認識、認容していなかったこと、すなわち、事故が被保険者の故意によらないことが保険事故の内容であるとされている[8]。しかしながら、他方で、同じ約款において、保険金支払いの免責事由として被保険者の故意が規定されることが一般的である。そのため、これら両規定の整合性に係る解釈問題に関連して、傷害保険における保険事故の偶然性の主張立証責任の帰属については争いが存在した。

　このような状況の下、最判平成13年4月20日民集55巻3号682頁において、保険金請求者が偶然性の主張立証責任を負うべきであると判示されたことにより、傷害保険については、保険金請求者が保険事故の偶然性の主張立証責任を負うことが最高裁で明確にされた結果、以降の実務では、この主張立証責任の分配の考え方を前提に、保険金支払いの要否が検討されるようになった。

　また、保険約款における外来性の要件（外部からの作用によって事故が発生したこと）については、同じ約款上の免責事由として疾病免責条項（疾病によって生じた傷害につき保険金を支払わないとの規定）が定められていることとの関係上、ある事故が外来性に起因するものと認められる一方で、同時に被保険者の疾病が事故の原因となっていることが疑われる事案において、被保険者側たる保険金請求者が、疾病が傷害の原因でないことについてまで主張立証責任を負うのかという争いが存在した。

　このような状況の下、最判平成19年7月6日民集61巻5号1955頁にお

---

[8] 東京地方裁判所プラクティス委員会第一小委員会「保険金請求訴訟をめぐる諸問題（上）」判タ1397号（2014）6頁。

いて、保険金請求者は、外部からの作用により発生した事故と被保険者のこうむった傷害との間の相当因果関係があることの主張立証をすれば足りる旨判示された結果、保険金請求を受けた保険者側が、支払いの免責事由として、被保険者の疾病が傷害の原因であることについての主張立証責任を負うとの方向性が明確になり、その後の保険金支払実務における取扱いが固まったといえる。

(2) 火災保険

⑧　最判平成16年12月13日民集58巻9号2419頁

上記最判平成13年4月20日の後、火災保険についても、事故の偶然性について保険金請求者に主張立証責任を負わせる裁判例（名古屋高判平成14年8月28日自動車保険ジャーナル1463号7頁等）が現れたため、火災保険における保険事故の偶然性の立証責任についても最高裁の判断が待たれていた。

しかるところ、最判平成16年12月13日民集58巻9号2419頁が、火災保険金の保険金請求者は、火災によって損害をこうむったことについての主張立証責任を負うにとどまり、火災発生が偶発的なものであることについてまでの主張立証責任を負わない旨判示したことにより、火災保険については、保険金請求者が保険事故の偶然性の主張立証責任を負わないとの判断が示され、前記の傷害保険における偶然性の主張立証責任との差異が明らかになった。

(3) その他損害保険

ア　車両保険における保険事故の主張立証責任

⑨　最判平成18年6月1日民集60巻5号1887頁

⑩　最判平成18年6月6日判時1943号11頁

車両保険契約に適用される約款においては、「衝突……その他偶然な事故」が保険事故であると定められており、この偶然性の要件により、事故の発生時点において被保険者が事故を認識、認容していなかったこと、すなわち、事故が被保険者の意思に基づかないことまで保険事故の内容に含まれていると解する余地がある。しかしながら、車両保険においても約款において、被保険者の故意を保険金支払いの免責事由として

規定されることが一般的であるため、これらの規定の解釈問題に関連して、車両保険における保険事故の偶然性の主張立証責任の帰属につき争いがあった。

このような状況の下、最判平成18年6月1日民集60巻5号1887頁および最判平成18年6月6日判時1943号11頁は、車両盗難事案以外の事案につき、保険金請求者は、保険事故の発生が被保険者の意思に基づかないものであることにつき主張立証責任を負わないものと判示したが、さらに最判平成19年4月17日民集61巻3号1026頁および最判平成19年4月23日判時1970号106頁は、車両盗難事案についても同旨の判断をした。

これらの最高裁判例により、車両保険については、保険金請求者が、保険事故の発生が被保険者の意思に基づかないものであることにつき主張立証責任を負わないとの判断が示されるに至った。

イ　店舗総合保険における保険事故の主張立証責任

11　最判平成18年9月14日判タ1222号160頁

さらに、最判平成18年9月14日判タ1222号160頁は、店舗および店舗内の什器を保険の目的とする店舗総合保険契約における主張立証責任につき、保険金請求者は、保険事故の発生が被保険者の意思に基づかないものであることにつき主張立証責任を負わないものと判示し、これにより以降の実務では、車両保険以外の損害保険契約についても、保険金請求者が、保険事故の発生が被保険者の意思に基づかないものであることにつき主張立証責任を負わないとの考え方を前提に保険金支払いの要否が検討されるようになった。

4　保険者の主張立証責任の対象をめぐる裁判例

(1)　故　　意

12　最判平成4年12月18日判時1446号147頁

13　最判平成5年3月30日民集47巻4号3262頁

保険者は、保険契約者または被保険者の故意または重大な過失によって生じた損害をてん補する責任を負わないものとされている（保険法17条1項）。かかるいわゆる故意免責に関する条項は、保険契約一般で規定

されており、被保険者の故意または重大な過失については、保険者に主張立証責任があることについては争いがない。

しかしながら、被保険者の自白は現実に期待できないものであるため、被保険者の故意を直接裏づける証拠は存在しないことが通常であり、保険者において、被保険者の故意を推認させる間接事実を主張立証する必要がある。

故意免責を争う訴訟においては、①事故の客観的状況、②被保険者等の動機、属性等、③被保険者等の事故前後の言動、④保険契約の締結経緯や内容といった間接事実を総合的に考慮することによって、保険金支払義務の有無が判断されている[9]。

故意に関連しては、未必の故意が当該免責条項にいう故意に含まれるかが問題となるところ、自動車保険契約の故意免責条項につき静岡地判平成2年6月25日交通事故民事裁判例集23巻3号747頁およびその控訴審である東京高判平成2年12月26日判例集未登載が、未必の故意が免責条項にいう故意に含まれると判断したものの、その上告審である最判平成4年12月18日判時1446号147頁は、未必の故意が免責条項にいう故意に含まれるか否かにつき判断を示さずに故意免責を認めている。また、東京地判昭和60年10月25日判時1168号14頁では未必の故意が免責条項にいう故意に含まれないと判断されたのに対して、その控訴審である東京高判昭和63年2月24日判時1270号140頁では、含まれるとの判断が示されたものの、上告審である最判平成5年3月30日民集47巻4号3262頁では、この点の判断は明示されず、傷害の故意に基づく行為により被害者を死亡させた場合には故意免責条項の適用がないとの約款意思解釈の帰結として故意免責を否定した。この判決を踏まえ、以降の実務では、未必の故意が認められるかという視点ではなく、故意があったといえるか、すなわち、被害者に傷害を負わせる可能性が高いことを認識しなが

---

[9] この点が問題になった裁判例は、保険の種類を問わず多数存在しており、その詳細は東京地方裁判所プラクティス委員会第一小委員会「保険金請求訴訟をめぐる諸問題(中)」判タ1398号(2014)17頁以降で緻密に分析されている。

らそれもやむを得ないと考えて傷害を負わせたとの立証が可能かという検討を前提に保険金支払いの要否が検討されるようになった。

(2) 重過失

14 大阪高判平成2年1月17日判時1361号128頁

　前記のとおり、保険者は、保険契約者または被保険者の重大な過失によって生じた損害をてん補する責任を負わないものとされており（保険法17条1項）、生命保険会社の取り扱う傷害特約上も免責事由として規定されることが一般的である[10]。

　重過失による免責は、故意免責の立証がきわめて困難であることから、故意免責条項を補完する意義を有するものと解されるところ[11]、重過失の定義について法令では明確な定めはなされていない。

　しかるところ、大阪高判平成2年1月17日判時1361号128頁は、旧商法所定の重過失につき、注意義務違反の程度が顕著であるもの、すなわち、わずかの注意を払えば、違法有害な結果を予見できたのに、注意を怠ったためその結果を予見できなかった場合をいうと判示したが、重過失の定義につき旧商法と保険法との間で解釈を異にすべき特段の事情もないことから、この定義は、保険法17条1項に定める重過失にも通用するものと考えられる。

　重過失の有無は、どのような評価根拠事実が認定されれば重過失が認められるのかという事実認定の判断にかかわる問題であり、それぞれの事案ごとに具体的に決すべき性質のものであろうが、同裁判例は、保険契約における免責条項における重過失の意義を示したものとして、個々の保険金の支払いが問題となる場面で、重過失の評価根拠事実としてどの程度の間接事実の主張立証が求められるかなどの分析を行うに当たり、保険実務上重要な意味を有するものと考えられる。

---

(10) なお、実務上、責任保険約款においては、被害者保護の観点より、重過失免責を規定していないのが通例であり（福田弥夫ほか『逐条解説改正保険法』（ぎょうせい、2009）55頁）、保険法17条においても、責任保険契約については重過失免責が除外されている。

(11) 福田ほか・前掲注(10)55頁。

5 代位に係る裁判例

(1) 一部保険における代位の範囲

15 最判昭和62年5月29日民集41巻4号723頁

保険金額が保険価額に達しない一部保険で、かつ、被保険者が第三者に対して有する請求権が損害額より少ない場合に、保険代位がどの限度で生じるのかについて、旧商法662条には明確な定めがなかった。同条の解釈をめぐっては、大きく分けて絶対説（保険者は支払った保険金の限度で代位が認められ、残額がある場合には被保険者の権利行使も認められるとする説）、相対説（保険者は、被保険者の請求権の金額に保険金額の保険価額に対する割合を乗じたものを代位取得するとする説）、および差額説（一部保険の割合とは無関係に、被保険者の請求権は、保険金受領後に残存する未補填損害の回収のために行使され、保険者は、残額がある場合にこれを代位取得するとする説）の争いがあった[12]。

しかるところ、最判昭和62年5月29日民集41巻4号723頁は、当時の保険法学会の多数説である相対説を採用し、同条の解釈について最高裁としての判断を明確に示した。

しかしながら、代位の趣旨である利得禁止の原則からは相対説を採る必然性はなく、差額説でも足りるものと考えられており、しかも被保険者の損害の完全な回復という被保険者保護の要請からは差額説が望ましいとも考えられていたため、実務上は差額説を意識し、これを前提とした約款を規定する例が多くみられた。

このような実務上の運用を踏まえ、平成22年に施行された保険法25条1項では、差額説が採用された。この結果、前記昭和62年最判は、一部保険における代位の範囲についての最高裁の判断を示したものとして重要な意義を有していたものの、実務上の要請を踏まえた保険法の施行により、その役割が失われたと分析できる。

---

(12) 西島梅治『保険法〔第3版〕』（悠々社、1998）191頁。

(2) 人身傷害補償保険と代位

16　最判平成24年2月20日民集66巻2号742頁

「保険会社は、保険金請求権者の権利を害さない範囲内に限り保険金請求権者の加害者に対する損害賠償請求権を代位取得する」旨の定めがある自動車保険契約の人身傷害条項の被保険者である被害者に過失がある場合、保険会社がどの範囲で損害賠償請求権を代位取得するかについては、①絶対説（損害賠償請求権を代位取得するとの説）、②比例説（加害者の過失割合に対応する範囲で損害賠償請求権を代位取得するとの説）、③人身傷害基準差額説（人身傷害保険金と損害賠償金により、被保険者の過失割合を考慮することなく、約款所定の基準で積算された損害額を確保することができるように解する説）、および④裁判基準差額説（人身傷害保険金と損害賠償金により、裁判基準損害額を確保することができるように解する説）の争いがあった[13]。

しかるところ、最判平成24年2月20日民集66巻2号742頁は、下級審裁判例および学説の多数説である裁判基準差額説を採用し、被害者がこうむった損害に対して保険金を支払った保険会社は、当該保険金の額と被害者の加害者に対する過失相殺後の損害賠償請求権の額との合計額が民法上認められるべき過失相殺前の損害額を上回る場合に限り、その上回る部分に相当する額の範囲で保険金請求権者の加害者に対する損害賠償請求権を代位取得するとの判断を示した。

上記平成24年最判は、一部保険における代位の範囲につき保険法25条が差額説を採用したこととも整合するものであって、以降の実務では、裁判基準差額説の考え方を前提に、損害賠償請求権の代位取得の範囲が検討されるようになったという点で実務上重要な意味を有している。

---

[13] 山下友信「人身傷害補償保険の保険給付と請求権代位」保険学雑誌600号（2008）121頁。

6 解除に係る裁判例

17 東京地判平成7年9月18日判タ907号264頁

　被保険者からの不正な保険金請求に対しては、故意等の主張立証責任が保険者にあり、かつ、保険者の側から、故意の存在等不正であることを直接裏づける事実を示すことは困難であり、間接事実を積み重ねていかざるを得ないことから、相当に疑わしい事案であっても、保険者が保険金の支払いに応じざるを得ないリスクが存在している。

　このような不正な保険金請求への対抗策としては、特に悪質なケースでは、故意免責を主張立証することにより個別の当該保険金支払いを拒絶するとどまらず、そのような被保険者との保険契約そのものを解除により終了させ、さらなる請求等の発生を根本的に断つ手法もあり得る。

　旧商法の下では、このような不正請求者への対抗策たる契約解除権までを認める規定がなかったところ、保険者が重大事由による保険契約の解除条項を約款に定める以前の時代においては、大阪地判昭和60年8月30日判時1183号153頁が、保険契約者側に保険者との信頼関係を破壊する不信行為が存在したことを理由として、保険契約の債務不履行による解除を認めた。他方、重大事由による保険契約の解除条項が約款に定められた以後においては、東京地判平成7年9月18日判タ907号264頁が、約款に基づく重大事由解除を認めている。

　このように旧商法下においても、種々の間接事実により保険事故が故意に招致された偽装事故であると認められる事実関係が存在する事案においては、保険者による保険契約の解除が裁判例上認められてきた。

　このような裁判例の判断内容も踏まえつつ実務上の要請を考慮し、平成22年に施行された保険法では、保険契約者または被保険者（保険金受取人）が、保険者に保険契約に基づく保険給付を行わせることを目的として損害を生じさせ、または生じさせようとしたこと等、保険者の保険契約者または被保険者（保険金受取人）に対する信頼を損ない、保険契約の存続を困難とする重大な事由がある場合には、保険者が保険契約を解除することができる旨の規定が新たに設けられた（保険法30条、57条等）。

前記裁判例は、保険法による重大事由解除規定の新設に至る礎としての役割が認められるものであって、これにより、重大事由解除がすべての保険契約に適用されることとなったのである。

第15章 民事訴訟法関連・その他

第1節 はじめに

　本節では、前節までに取り上げた裁判例に属さない民事訴訟法や倒産法といった幅広い分野から裁判例を取り上げる。裁判例としては多数存在するが、紙幅の関係から、近時の裁判例の中から、企業法務の担当者にとって有用と思われる裁判例を抽出し、①民事訴訟法、②担保・執行法、③倒産法の各分野に分けて、紹介する。

　まず、①民事訴訟法については、会社法に関連する裁判例として、会社役員を被告とする株主代表訴訟に会社が補助参加することができるかという論点や、株主代表訴訟における担保提供命令の申立てに関する論点についての裁判例を取り上げる。株主総会決議の取消訴訟の係属中に訴えの利益を欠くに至ったと認められた裁判例なども重要と考えるが、これらの裁判例については、**第4章**の株主総会の箇所で取り上げたので、ここでは取り上げない。次に、②担保・執行法については、債権譲渡担保の有効性や商事留置権の範囲に関する裁判例を取り上げる。また、債権差押えの有力な手段として機能する預金差押えについて、その範囲の特定が足りているかが争われた裁判例が下級審で多数現れていたところ、近時において最高裁の判断が複数出ていることから、これらについても取り上げる。最後に、③倒産法については、破産管財人および再生債務者の第三者性についての裁判例や、いわゆる倒産解除特約の有効性に関する裁判例を取り上げる。

第2節　民事訴訟法分野

1　代表訴訟における訴訟参加

(1)　会社による被告取締役側への補助参加の可否
① 最決平成13年1月30日民集55巻1号30頁

本件は、衣料品の製造販売を目的とする非上場の株式会社において被告である取締役らが、取締役としての忠実義務に違反し各決算期における粉飾決算を指示し、または粉飾の存在を見逃した結果、法人税等の過払いを行い、株主に利益配当するなどして会社に損害を与えたとして、被告らに対し損害賠償を求めて提起された株主代表訴訟において株式会社が取締役を補助するため訴訟に参加することの許否が争われた事件である。同論点については、学説が分かれており、裁判例においても、この原決定および原々決定（名古屋高決平成12年4月4日判タ1054号271頁と名古屋地決平成12年2月18日金判1100号39頁）や名古屋高決平成8年7月11日判時1588号145頁が補助参加否定説をとる一方、東京地決平成7年11月30日判時1556号137頁や東京高決平成9年9月2日判時1633号140頁等が補助参加肯定説をとるなど、下級審裁判例の判断が分かれていた。

本決定は「取締役の個人的な権限逸脱行為ではなく、取締役会の意思決定の違法を原因とする、株式会社の取締役に対する損害賠償請求が認められれば、その取締役会の意思決定を前提として形成された株式会社の私法上又は公法上の法的地位又は法的利益に影響を及ぼすおそれがあるというべきであり、株式会社は取締役の敗訴を防ぐことに法律上の利害関係を有するということができる」として、株式会社は特段の事情がない限り取締役を補助するため訴訟に参加することが許されると判示した。

平成17年に制定された会社法も株式会社が被告取締役側に補助参加する余地を認めているが、会社法は、株式会社が取締役および取締役であった者を補助するため、責任追及等の訴えに係る訴訟に参加するに

は、監査役等の同意を得なければならないとしている（会社法849条1項・2項）。

(2) 株主による原告株主側への訴訟参加の可否

2 最判平成14年1月22日判時1777号151頁

本件は、取締役に支払われた役員報酬等について、定款または株主総会の決議に基づかないものであるなどとして、株主代表訴訟により代表取締役の損害賠償責任が追及された事件において、控訴審の第1回口頭弁論期日後に他の株主からなされた共同訴訟人としての参加の許否が争われた事件である。

株主が被告たる取締役と馴れ合いで代表訴訟を展開し、その判決の効力が会社に及ぶことで他の株主が重ねて訴えを提起できなくなるというケースも想定されることから、会社法は、株主が、共同訴訟人として、責任追及等の訴えに係る訴訟に参加することができる旨を規定している（会社法849条1項）。ただし、不当に訴訟手続を遅延させることとなるとき、または裁判所に対し過大な事務負担を及ぼすこととなるときは、認められない（同項ただし書）。

この点、本判決は、取締役に支払われた役員報酬等について、定款または株主総会の決議に基づかないものであるなどとして、株主代表訴訟により代表取締役の損害賠償責任が追及された事案において、上告人は、原告である株主らの第1審での自白という不適切な訴訟追行を是正するために、参加の申出をしたものと考えられるのであって、その申出が原審の第1回口頭弁論期日後にされたとしても、遅きに失したとまではいえないこと、当事者の主張や証拠関係からすると、原審が指摘するような相当期間にわたる審理が必要となるとも考えられないことなどから、上告人の参加が訴訟を不当に遅延させるものとはいえないと判示した。事案に則してなされた判断ではあるが、事例の乏しい分野において実務の参考となる裁判例と評価される。

2 株主代表訴訟における担保提供命令の申立てに関する裁判例

平成に入ってから株主代表訴訟が増加[1]し、これに伴って取締役側の

防御手段としての担保提供の申立て(会社法847条の4第2項)についても関心が高まり、いくつかの裁判例が現れた。近時はこの担保提供命令の申立てがなされることは多くはないが、現在においても株主代表訴訟の被告となった取締役などが、原告株主を相手方として担保提供命令の申立てを検討する際に参考になると考えられることから、「悪意」の意義についての判示した裁判例と、担保提供の額について判示した裁判例をそれぞれ取り上げる。

(1) 「悪意」の意義

「悪意」の意義については、③大和銀行第二次株主代表訴訟担保提供命令申立事件抗告審決定——大阪高決平成9年11月18日判時1628号133頁は、「被告(取締役又は監査役)の責任に事実的、法律的根拠のないことを知りながら、又は株主代表訴訟の制度の趣旨を逸脱し、不当な目的をもって被告を害することを知りながら訴えを提起した場合をいうものと解するのが相当である」と判示して、過失による不当訴訟の場合にまで「悪意」があるとすることはできない旨を判示し、被告の担保提供命令の申立てを却下した。同決定と同様の見地に立って、原審で命じた担保提供命令を抗告審で取り消したものとして、いわゆる④ミドリ十字株主代表訴訟担保提供命令申立事件抗告審決定——大阪高決平成9年8月26日判時1631号140頁がある。また、「悪意」の意義について、上記大和銀行第二次株主代表訴訟担保提供命令申立事件の抗告審決定と同様に、過失による不当訴訟にまで悪意があるとはいえないとするものとして、いわゆる⑤蛇の目ミシン株主代表訴訟担保提供命令申立事件抗告審決定——東京高決平成7年2月20日判タ895号252頁がある。

(2) 株主代表訴訟における担保提供命令の申立認容事例における担保提供の額

株主代表訴訟における担保提供命令の申立てを認容した裁判例としては、前述した⑤蛇の目ミシン株主代表訴訟担保提供命令申立事件抗告審

---

(1) 取締役側が敗訴した三井鉱山事件の最高裁判決(最判平成5年9月9日民集47巻7号4814頁)が現れたのもこの時期である。

決定（東京高決平成7年2月20日）や、6東海銀行株主代表訴訟担保提供命令申立事件抗告審決定――名古屋高決平成7年3月8日判時1531号134頁が挙げられる。前者は、被告取締役らに予想される損害、「悪意」の疎明の程度、その他諸般の事情を考慮の上、担保の額を、本案被告ごとに、また各請求原因ごとに1,000万円と定めた。

これに対し、後者は、担保提供命令の申立てにおける担保は、被告取締役が原告株主に対して有することのあるべき不法行為による損害賠償請求権の履行を確保するためのものであるから、担保の額は、将来、被告取締役が原告株主に対して損害賠償請求訴訟を提起した場合に認容される可能性のある損害額を基準として定められるべきものであると解すべきであるとして、担保の額を800万円と定めた。

第3節　担保・執行法分野

担保・執行法分野の裁判例は、取引先に対する売掛金や貸付金等の債権の保全のための方策を検討する際に参考となる。代表的な約定担保としては抵当権や質権が挙げられるが、担保設定を受けようとするタイミングにおいて債務者となる取引先の資産にすでに金融機関等を担保権者とする抵当権や質権が設定されていることが多く、そのような場合には当該取引先が保有する売掛債権等について債権譲渡担保の設定を受けることが考えられる。そこで、本稿では、約定担保の一類型である債権譲渡担保の有効性についての裁判例を取り上げることとする。他方で、約定担保の設定が受けられない場合、取引先が倒産すると動産売買先取特権や商事留置権を主張して、債権の回収を図ろうとすることが多い。本稿では時代を彩った裁判例として、バブル崩壊後に争われることが多かった不動産に対する建築請負人らの商事留置権の成否についての裁判例を取り上げる。

また、債権差押えの有力な手段として機能する預金差押えについて、その範囲の特定が足りているといえるかが争われた裁判例が下級審で多数現れていたところ、近時において複数の最高裁判例が現れていること

から、これらについても取り上げる。

1　集合債権譲渡担保の効力

(1)　将来発生する債権を対象とする集合債権譲渡担保の有効性

7　最判平成11年1月29日民集53巻1号151頁

　同判決は、将来発生すべき債権を目的とする債権譲渡契約の有効性一般についての最高裁の考えを明らかにしたものとされている。具体的には、同判決は、まず、目的債権が特定されることが必要であることを明らかにした上で、将来発生すべき債権を目的とする債権譲渡契約の締結時において目的債権の発生の可能性が低かったことは、当該契約の効力を当然には左右しないものと判示し、結論として、医師が社会保険診療報酬支払基金から将来支払いを受けるべき診療報酬債権を目的とする債権譲渡契約（昭和57年11月に、医師であるAとの間に、同人に対する債権回収のため、同人が同年12月から平成3年2月までの8年3カ月の間に社会保険診療報酬支払基金から支払いを受けるべき各月の診療報酬債権の一定額分を目的とする債権譲渡契約）の効力を否定した原審の判断を覆した。

　将来の債権を対象とする集合債権譲渡担保の可能性を拡げる裁判例と考えられる。

(2)　集合債権譲渡担保の第三者対抗要件

8　最判平成16年7月16日民集58巻5号1744頁

　本判決が現れるまでの実務運用上は、将来発生する債権を担保として取得する際の方法として、①契約時に一括して債権譲渡を行う本来型、②債権の移転の効力の発生を債務者の信用不安の発生等の停止条件に係らせる停止条件型、③債務者の信用不安の発生を予約完結事由とする債権譲渡予約の形式をとる予約型等の類型が存在した。このうち、停止条件型や予約型という方法がとられていたのは、債権譲渡契約と同時に第三者対抗要件としての確定日付のある通知または承諾（民法467条2項）を備えると、譲渡人が債権譲渡をした事実が第三債務者に知られるとの不都合があり、他方、譲渡通知等を留保した上で支払停止後に通知を行うならば対抗要件否認（破産法164条）の対象となり得るとの問題があっ

たからであった。

　本判決は、上記②の停止条件型による集合債権譲渡について、否認権行使の対象となると解するのが相当であると判示し、その後、上記③の予約型についても破産法162条1項1号に基づく否認を認めた下級審裁判例が現れるに至った（東京地判平成22年11月12日判タ1346号241頁）。

　集合債権譲渡担保の対抗要件については、従前は確定日付のある通知または承諾によることしかできなかったが、平成10年10月1日に動産債権譲渡特例法が施行されて債権譲渡登記制度が導入され、同法4条に基づく債権譲渡登記によることができるようになった。当初は、債権譲渡登記をすると登記情報が法人登記簿に記録されるため信用不安が生じるおそれがあったが、その後、平成16年の法改正により、債権譲渡の登記事項が自動的に法人登記簿に記録されることがなくなり、信用不安惹起の懸念は小さくなった。これらの法制度の変遷や上記の各裁判例によって、現在の実務運用上は、停止条件型や予約型ではなく、本来型の債権譲渡がなされ、その第三者対抗要件具備の方法として、債権譲渡登記を具備する形での担保取得がなされることが多い。

2　商事留置権

　不動産に対する商事留置権の成否については、バブル経済崩壊後、建物を建築途中に施主が倒産したケースにおいて、底地である土地について商事留置権を主張する建築業者と当該底地に抵当権の設定を受けた金融機関との間でたびたび争われた。この点については以下の複数の裁判例（いずれも下級審裁判例）が存在するところ、裁判所の判断は未だ固まっていないといえよう。

⑨　福岡地判平成9年6月11日判時1632号127頁

　破産者に対して土地造成および建物建築の請負代金債権を有する原告が、破産者の土地に対する根抵当権実行および強制競売事件の配当において、本件土地に対する原告の商事留置権が被告の根抵当権に劣後するものとして取り扱われているのは不当だとして、本件土地から原告に優先して配当を受けた被告に対して配当異議訴訟を提起した事案で、本判

決は、事実関係に基づいて商事留置権成立要件としての本件土地に対する原告の占有を肯定したが、商事留置権は注文者の破産により特別の先取特権に転化（破産法66条1項）した後は、その留置的効力は失われると解するのが相当であり、また、根抵当権との優先関係については明文の規定がない以上、物権の優劣関係に関する一般原則である対抗要件理論により判断すべきであり、特別の先取特権に転化する前の商事留置権が対抗要件を備えた時点と根抵当権設定登記が経由された時点の先後によってその優劣を決するのが相当であるとした。

⑩　東京高決平成10年11月27日判時1666号143頁

同決定は、建物建築請負人の土地の占有の態様は商法521条所定の占有と評価することができるとして商事留置権の成立を肯定した上で、注文者が破産宣告を受けた場合には、原則としてその留置権能は失われ、商事留置権から転化した特別の先取特権と抵当権との関係は対抗関係として処理すべきであり、その優劣は商事留置権の成立時期と抵当権設定登記時期との先後によって決すべきであるとした。

⑪　東京高決平成10年12月11日判時1666号141頁

同決定は、建物建築請負人は土地に対する独立の占有を有しない、建物建築請負人による土地の占有は、請負人と注文主との間の商行為としての請負契約に基づくものともいえないとして、商事留置権の成立を否定した。

⑫　東京高決平成22年7月26日金法1906号75頁

同決定は、不動産は商法521条所定の商人間の留置権の対象とならないと判示するとともに、同条の文言からすれば不動産も商法521条所定の商人間の留置権の対象となることが考えられないわけではないが、建物建築請負人が建物建築のために敷地を占有する場合、その所有権をたまたま注文主が有していたとしても、当該敷地は「商行為によって自己の占有に属した」とはいえないとして、商事留置権の成立を否定した。

⑬　大阪高決平成23年6月7日金法1931号93頁

同決定は、商法521条にいう「物」に不動産を含むとする解釈については立法沿革等から疑問なしとしないが、同条の文言上含まないとする解

釈はとり得ないとしつつ、抵当権設定登記後に成立した不動産に対する商事留置権については、民事執行法59条4項の「使用及び収益をしない旨の定めのない質権」と同様に扱い、同条2項の「対抗することができない不動産に係る権利の取得」に当たるものとして、抵当権者に対抗できないと解するのが相当であると判示して、商事留置権が成立する場合であってもこれを当該土地の抵当権者に対抗することはできないとした。

3　預金差押えの対象となる口座の特定の程度

　預金差押えについては、消費者金融業者に対する過払金返還請求訴訟で勝訴した過払債権者が当該消費者金融業者の預金を差し押さえるため、いわゆる全店一括順位付け方式や預金額最大店舗指定方式（これらの方式の具体的な内容については後述する）などの工夫を凝らして、差押えの実効性を確保しようとしていたところ、これらの方式において民事執行規則133条2項が要求する差押債権の特定があるといえるかについて、下級審の判断が分かれていた。そうしたところ、近時において以下に述べる複数の最高裁の判断が出され、いずれも債権の特定がないものと判示した。

(1)　全店一括順位付け方式

14　最決平成23年9月20日民集65巻6号2710頁

　本件は、金銭債権についての債務名義による強制執行として、3大メガバンクおよびゆうちょ銀行に対する預貯金の債権差押命令を申し立てるに当たり、①3大メガバンクに対する預金債権については、それぞれその取扱店舗を一切限定せずに「複数の店舗に預金債権があるときは、支店番号の若い順序による」という順位付けをする方式により、②ゆうちょ銀行に対する貯金債権については、全国の貯金事務センターを全部列挙して、「複数の貯金事務センターの貯金債権があるときは、別紙貯金事務センター一覧表の番号の若い順序による」という順位付けをする方式により、差押債権の表示をした事案である。

　本決定は、「民事執行規則133条2項の求める差押債権の特定とは、債

権差押命令の送達を受けた第三債務者において、直ちにとはいえないまでも、差押えの効力が上記送達の時点で生ずることにそぐわない事態とならない程度に速やかに、かつ、確実に、差し押さえられた債権を識別することができるものでなければならないと解するのが相当」であるとし、大規模な金融機関である第三債務者らのすべての店舗を対象として順位付けをし、先順位の店舗の預貯金債権の額が差押債権額に満たないときは、順次予備的に後順位の店舗の預貯金債権を差押債権とする旨の差押えを求める申立ては、各第三債務者において、先順位の店舗の預貯金債権のすべてについて、差押えの効力が生ずる預貯金債権の総額を把握する作業が完了しない限り、後順位の店舗の預貯金債権に差押えの効力が生ずるか否かが判明しないのであるから、送達を受けた第三者において上記の程度に速やかに確実に差し押さえられた債権を識別することができるものであるということはできず、差押債権の特定を欠き不適法であるとして、債権差押命令の申立てを却下した。

(2) 将来の預金の差押え

15 最決平成24年7月24日判時2170号30頁

本件は、金融機関に対する特定の普通預金の債権差押命令を申し立てるに当たり、差押債権の表示として、差押命令送達時に現に存する預金部分だけでなく、同送達後同送達の日から起算して1年が経過するまでの入金によって生ずることとなる部分（以下、本項において「将来預金」という）も差押えの対象とし、差押えの順序を当該入金時期の早いものから差押債権目録記載の金額に満つるまでと表示した事例である。

本決定は、上記(1)の最高裁決定（最決平成23年9月20日）を引用した上で、差押債権の表示のうち将来預金に関する部分については、第三債務者である金融機関において、特定の普通預金口座への入出金を自動的に監視し、常に預金残高を一定の金額と比較して、これを上回る部分についてのみ払戻請求に応ずることを可能とするシステムは構築されていないなどの事情の下においては、差押債権の特定を欠き、不適法であると判断した。

(3) 預金額最大店舗指定方式

16 最決平成25年1月17日判時2176号29頁

　本件は、執行力ある判決正本を債務名義とする強制執行として預金差押えを行うに当たり、第三債務者である金融機関の具体的な店舗を特定することなく、「複数の店舗に預金債権があるときは、預金債権額合計の最も大きな店舗の預金債権を対象とする。なお、預金債権額合計の最も大きな店舗が複数あるときは、そのうち支店番号の最も若い店舗の預金債権を対象とする」とした上で、先行の差押えの有無やその種類等による順位付けがされていた。

　本決定の原審は、まず、上記(1)の最高裁決定（最決平成23年9月20日）と同旨を述べた上で、預金額最大店舗指定方式について、第三債務者である金融機関は、すべての店舗の中から預金額最大店舗を抽出する作業が必要となるが、その際、すべての店舗のすべての預金口座から該当顧客の有無を検索した上で、該当顧客を有する店舗における差押命令送達時点での各口座の預金残高およびその合計額等を調査して、当該店舗が最大店舗に該当するかを判定する作業が完了しない限り、差押えの効力が生ずる預金債権の範囲が判明しないことになる等として、第三債務者において速やかに確実に差し押さえられた債権を識別することができるとはいえないとし、差押債権を欠き不適法であるとしていた。本決定は、かかる原審の判断を正当として是認することができるとして、債権者の抗告を棄却した。

第4節　倒産法関連

1　破産管財人・再生債務者・更生管財人の第三者性

　倒産手続においては、手続開始前に倒産債務者が行った法律行為の法律効果を相手方が主張してきたときに、破産管財人や再生債務者等が第三者として保護されるかが、物権変動等の対抗要件の要否が争われるケースや、第三者保護規定の適用の有無が争われるケース[2]で問題とな

るところ、裁判例はいずれも破産管財人・再生債務者などの第三者性を肯定している。

(1) 破産管財人の第三者性

17 最判昭和58年3月22日判時1134号75頁

本件の事案は以下のとおりである。すなわち、債権者であるZが債務者A（後に破産者）との間で、債務者Aが営業を継続しないとの決議をすること等を停止条件として、債務者Aが第三者に対して現に有し、また将来取得することのあるべき売掛金債権を債権者が譲り受ける旨の債権譲渡契約を締結していたところ、当該停止条件が成就し債権譲渡の効力が生じ、債務者Aの名でその取引先であるYらに対して債権譲渡通知が送付されたが、確定日付があるとはいえないものであった。債務者Aは後に破産宣告を受け、破産管財人Xが選任され、同破産管財人Xが破産者の売掛先に対して売掛金の請求訴訟を提起したところ、第1審において、Zが独立当事者参加をして、上記債権譲渡の効力が生じている旨主張してYにその支払いを求めた。

本判決は、指名債権の譲渡を受けた者は、破産宣告（現行破産法では、破産手続開始決定）前に民法467条2項所定の対抗要件を具備しない限り、当該債権の譲受けをもって破産管財人に対抗し得ない旨を判示し、指名債権の譲渡の場面について、債権の譲受人と破産管財人との関係を対抗関係ととらえ、破産管財人の第三者性を肯定した。

(2) 再生債務者の第三者性

18 大阪地判平成20年10月31日判時2039号51頁

本件は、再生会社が民事再生手続の申立てより以前に、債権者との間で根抵当権設定契約を締結したものの、根抵当権設定登記手続を行っていなかったところ、再生手続開始の申立てがなされた後に、当該債権者が根抵当権設定契約または根抵当権に基づき、再生債務者に対し、根抵

---

(2) たとえば、破産手続開始前にAと通謀虚偽表示をなして、その所有する不動産をA名義にした相手方Xが、その法律行為の無効をAの破産管財人Yに対して主張できるかといったケースが挙げられる。この場合、Xが破産管財人Yに対し、取戻権の行使として所有権移転登記の抹消を請求できるかが問題となる。

当権設定登記手続を求めるとともに、根抵当権に基づく妨害排除請求権に基づき当該民事再生手続における監督委員に対し、監督委員として再生債務者がその登記手続をすることについての同意の意思表示を求めた事案である。

　本判決は、再生手続が開始された場合には、再生債務者は財産の管理処分権限を失わないものの、債権者に対して公平かつ誠実に財産の管理処分権限を行使し、再生手続を追行する義務を負うから、再生手続が開始された以上、再生債務者は、再生債権者のために公平かつ誠実に財産の管理処分をするとともに再生手続を遂行する責務を有する再生手続の機関として、民法177条の第三者である再生債権者の利益を実現する責務を有する、したがって、再生債務者は登記をしなければ物件の取得を対抗できない民法177条の第三者である再生債権者の利益を実現すべき再生手続上の機関として再生債権者と同様、民法177条の第三者に当たると解されるなどとして、根抵当権設定契約をしても再生手続開始前に登記をしていない根抵当権者は再生手続開始後は再生債務者に対して根抵当権を対抗できないと判示し、原告の請求を棄却した。

2　倒産解除特約の有効性

　倒産手続開始の申立てや支払停止等の倒産手続に至る過程で生じる一定の事由を解除事由とするいわゆる倒産解除特約の有効性について、これまでにいくつかの重要な裁判例が現れている。以下に挙げる裁判例は、それぞれ会社更生手続または民事再生手続における担保権実行の実質をもつ倒産解除特約に基づく解除について判断したものであるところ、他の契約類型や破産手続においても同様の判断がなされるとは限らないが、参考になる裁判例であると考えられる。

[19]　最判昭和57年3月30日民集36巻3号484頁

　本件は、代金完済まで所有権を留保して機械を売り渡したところ、買主である債務者について会社更生手続が開始されたので、売主が、会社更生の申立ての原因となるべき事実等が発生したときは催告を要せず売買契約を解除することができる旨の特約に基づいて売買契約を解除する

旨の意思表示をし、買主の管財人に対して機械の引渡しを求めた事例である。

本判決は、買主たる株式会社に更生手続開始の申立ての原因となるべき事実が生じたことを売買契約解除の事由とする旨の特約は、債権者、株主その他の利害関係人の利害を調整しつつ窮境にある株式会社の事業の維持更生を図ろうとする会社更生手続の趣旨、目的を害するものであるとして、倒産解除特約の有効性を否定した。

20 最判平成20年12月16日民集62巻10号2561頁

いわゆるフルペイアウト方式のファイナンス・リース契約において、ユーザーについて整理、和議、破産、会社更生などの申立てがあったときは、リース業者は催告をしないで契約を解除することができる旨の特約（以下、本項において「本件特約」という）が定められていたところ、ユーザーが民事再生手続開始の申立てをしたので、リース業者が、本件特約に基づきリース契約を解除する旨の意思表示をし、解除の日の翌日からリース物件返還の日または返還不能となった日までのリース料相当額の損害金の支払を求めた事例である。

本判決は、本件特約による解除を認めることは、担保としての意義を有するにとどまるリース物件を、一債権者と債務者との間の事前の合意により民事再生手続開始前に債務者の責任財産から逸出させ、民事再生手続の中で債務者の事業等におけるリース物件の必要性に応じた対応をする機会を失わせることを認めることにほかならないから、民事再生手続の趣旨、目的に反することは明らかであるとしつつ、本件特約のうち少なくとも民事再生手続開始の申立てがあったことを解除事由とする部分は、民事再生手続の趣旨、目的に反するものとして無効と解するのが相当である旨判示した。

3 手形の商事留置権者の民事再生手続における権利に関する裁判例

21 最判平成23年12月15日民集65巻9号3511頁

同判決は、「取立委任を受けた約束手形につき商事留置権を有する者は、当該約束手形の取立てに係る取立金を留置することができる」旨を

判示した裁判例であるが、さらに、手形の商事留置権者の民事再生手続における権利に関し、銀行が再生手続開始後に取り立てた取立金を、銀行取引約定における「甲（再生会社）が乙（銀行）に対する債務を履行しなかった場合は、乙は、担保及びその占有している甲の動産、手形その他の有価証券について、必ずしも法定の手続によらず一般に適当と認められる方法、時期、価格等により取立又は処分の上、その取得金から諸費用を差し引いた残額を法定の順序にかかわらず甲の債務の弁済に充当できるものとします」との条項に基づき貸金に弁済充当することを認めた。破産手続が開始した場合、最判平成10年7月14日民集52巻5号1261頁は、取立金の弁済充当を認めていたが、民事再生法では、破産法66条1項と同様の規定がなく特別の先取特権とみなすという規定が存在しないことから、民事再生手続における取立金の貸金債務への充当の可否については、本判決の1審である東京地判平成21年1月20日判時2040号76頁、その控訴審である東京高判平成21年9月9日金法1879号28頁および東京地判平成23年8月8日金法1930号117頁は、取立金の弁済充当を認めず、名古屋高金沢支判平成22年12月15日判タ1354号242頁は弁済充当を認めるなど、下級審の判断が分かれていた。そのような状況において、本判決は、最高裁が判断を下した重要な裁判例と評価される。

第3部　座談会・時代を彩った商事判例を振り返る

第1章 はじめに

吉原 本日はお忙しい中お集まりいただき、ありがとうございます。2015年は5月に会社法の改正法が施行され、また6月には証券取引所の規則としてCGコードが制定されるなど、企業法務において重要な年となっております。

そして、公益社団法人商事法務研究会が創立60年を迎えられ、また10月には旬刊商事法務も創刊60年を迎えます。商事法務研究会が創立以来一貫して、企業法務の第一線において理論・実務の両面で、わが国の企業法務を牽引してきたことは、皆様ご承知のとおりです。

このように、わが国の企業法務にとって節目となる記念すべき年に当たり、過去60年の時代を彩った商事判例の歴史を振り返る本書を出版させていただくことになりました。本書は**第1部**では、過去60年、1955年～1970年代、1980年代～1990年代、そして2000年以降の3つに分け、各年代を彩った商事判例について、当時の社会背景や経済事情なども織り交ぜながら、年代別という切り口から分析しております。そして、次の**第2部**では、テーマ別という切り口から、会社法を中心に商事法務全般を15分野に分けた形で分析を行っています。

これらは、いずれも実務家である弁護士の視点によるものですので、さらに各商事判例に多面的な光を当てていただくために、本日は、各年代で理論面をリードされております学者の先生方にお集まりいただき、ご意見を頂戴し、そこに、長年企業法務の現場で実務に携わってきた弁護士も議論に参加させていただくということで、学問的視座と実務家的

第1章　はじめに

見地とを織り成す形で、商事判例の回顧・分析を試みながら、さらには過去のさまざまな司法判断から現在の実務家が何を学び取り、そして、今後の実務に当たっていく上で、どのような点に留意していくべきかについての展望なども示すことができればと願いまして、本日の座談会を企画させていただきました。先生方、どうぞよろしくお願い申し上げます。

第2章 年代ごとに商事判例を振り返って

第1節　第1部の概要

吉原　まず最初に、本書の**第1部**で取り扱いました過去60年の商事判例の歴史を振り返っていければと思います。まず**第1部**では、過去60年を三つの年代に分けて分析を試みております。その内容を簡単にご説明いたしますと、**第1章**の1955年から1970年代は、いわばプリミティブなコーポレート・ガバナンス論が示されていた時代であるといえるようにも思っています。取引安全や会社利益の調整にかかわる重要な規範が確立されていきましたし、最高裁では、株式の法的性質論や法人格否認の法理、さらには、取締役の忠実義務とも関連する形で、会社の政治献金の可否をめぐる判断が示されました。今日のコーポレート・ガバナンスに通じる、基本的でありつつも重要な判断が示された時期といえるのではないかと思っております。

次の**第2章**の1980年代から1990年代は、昭和から平成に変わるころのバブル経済と、その崩壊に伴う後処理とか、その後の経済停滞の時代ととらえられるところかと思います。そのような時代背景の中で、バブル期の金余りもあり、会社支配権の争奪事例が登場しました。また、平成5年の商法改正によって代表訴訟が現実的なものとなる一方、企業経営における取締役の裁量を認める「経営判断の原則」の法理の形成も進みました。さらには、昭和63年にインサイダー取引規制が導入され、平成4年に証券取引等監視委員会が設置され、その後、最高裁でもインサイ

ダー取引に関する判例形成が始まりました。こうして今日の商事判例の潮流の原点となる動きがみられた時期であったように思っております。

　最後の**第3章**の2000年以降は、ステークホルダー間での利害対立が顕在化し、また、コーポレート・ガバナンスの要請も高まる中、会社法制や証券法制の改正が繰り返され、それに伴いM&Aなどの事業再編スキームが、より多様かつ柔軟になり、他方、金融商品取引法の施行などに伴い、資本市場の透明化の要請も高まってきた時代に入ってきたといえるかと思います。アクティビスト・ファンドの隆盛とも絡んで株主総会の活性化が進んだり、株主による企業価値の追求も活発化しましたし、また企業不祥事・不正会計事件の増加に伴う代表訴訟も増え、役員の責任をめぐる司法判断が一層深化してきています。そして、本年の改正会社法の施行やコーポレートガバナンス・コードの制定により、企業のガバナンスがさらに大きな変化を遂げていく時代が幕を開けたというところかと思います。

　このような各年代に現れた商事判例と本書**第1部**における分析について、どのようなご感想をお持ちになられたか、年代別にみられる商事判例の特色や、当時の時代背景、立法の流れなども織り交ぜながら、各先生方にお伺いできればと思います。前田重行先生、神田秀樹先生、神作裕之先生、齊藤真紀先生の順でお願いできればと思いますが、よろしければ前田先生には1955年～1970年代を中心に、また神田先生には1980年代～1990年代を中心に、神作先生と齊藤先生には2000年以降に重点を置く形でお話をいただければと思います。

第2節　1955年～1970年代の特色

　吉原　では、まず前田先生からお願いできますでしょうか。

　前田　ただいま司会者から、私は戦後の早い時期、1955年から1970年代あたりまでの判例の動きとか特色をコメントするようにとのことですが、ご指摘の1955年よりも、もう少し早い時期である1950年の昭和25年商法改正のあたりから1970年代ぐらいまでの判例を、眺めてみたいと思

第3部　座談会・時代を彩った商事判例を振り返る

前田重行氏

神作裕之氏

田路至弘氏

います。あまり詳細に分析したのではありませんし、すでに本文でもいろいろ触れておりますので、ここでは、この時期における判例を一応眺めて、感想程度のことを申し上げたいと思います。

　この時期については、いわば戦後の昭和25年商法改正により、戦後における会社法の原型が形成されたわけで、この昭和25年改正法が定着化するといった時期になります。そしてこの時期においては、昭和25年改正法の施行とか運用により生じてきた種々の解釈上の問題に対する裁判所の判断が示されてきた時代であり、これらの裁判所の判断により形成された判例により、その後の会社法解釈に関する判例法理が形成されてきたということはいえそうであります。したがって、判例に関して、この時期における一つの特色は、会社法解釈の先例となる判例が登場し、いくつかの解釈上の問題点に関して判例理論が形成されてきたということがいえるかと思います。いわばこの点が、この時期における判例に関する第1の特色というわけです。

　この時期において、その後の判例法理を形成した判例としては、たとえば、先ほども司会者のコメントで挙げられておりましたように、まず会社の法人格や権利能力の問題に関する判例として、法人格否認の法理をはじめて認めた判例（最判昭和44年2月27日民集23巻2号511頁）、会社の権利能力と

第2章　年代ごとに商事判例を振り返って

定款所定の目的との関係を、大審院判例を踏襲しつつ最高裁判例としてはじめて判断基準を示した判例（最判昭和27年2月15日民集6巻2号77頁）および会社の権利能力と政治献金の可否を示した判例（最大判昭和45年6月24日民集24巻6号625頁）が挙げられます。それから、設立に関して、定款に記載のない財産引受けの効力についての判例（最判昭和28年12月3日民集7巻12号1299頁）や仮装払込みに関する見せ金についての判例（最判昭和38年12月6日民集17巻12号1633頁）等が挙げられるかと思います。株式に関しては、無配の会社が特定の大株主に金品を贈与することが株主平等原則に違反するとした判例（最判昭和45年11月24日民集24巻12号1963頁）が出ていますし、株主総会に関しては、これはまた後でコメントさせていただきますが、たとえば全員出席総会を認めた判例（最判昭和46年6月24日民集25巻4号596頁）が出ました。さらには議決権行使の代理人資格に関する判例（最判昭和43年11月1日民集22巻12号2402頁）が出ており、これらは現在に至るまで先例としての機能を果たしております。ただ、これもまた後で触れると思いますが、この議決権行使の代理人資格に関する判例では、代理人資格を株主に限定する定款規定を有効とし、その拘束力を認めているのですが、その後このような拘束力が及ばないとする例外的なケースが相次いで認められてきており、先

神田秀樹氏

齊藤真紀氏

吉原朋成氏

例としてはかなり形式化している面もあります。株主総会関係に関しては、そのほか、他の株主に対する招集手続の瑕疵を理由とする決議取消しの訴えの提起を認めた判例（最判昭和42年9月28日民集21巻7号1970頁）などが挙げられます。

それから、取締役の責任の問題で、これも後で検討することになると思いますが、この時期はそれほどなかったわけです。なぜかということはまた後で触れさせていただきます。その代わり、取締役の第三者に対する責任に関する判例が、かなり出てきており、代表的な判例としては、旧商法266条ノ3第1項の対第三者責任の法的性質等について判示した最大判昭和44年11月26日（民集23巻11号2150頁）があります。取締役の第三者に対する責任に関する判例については、また後の取締役の責任に関するところで触れたいと思います。

取締役に関する判例としては、そのほか必要な取締役会決議を経ずに行った代表取締役の対外的な取引行為について民法93条ただし書を類推適用して相手方が代表取締役の真意を知り、または知り得べかりし場合には、当該法律行為の効力は生じないとした判例（最判昭和40年9月22日民集19巻6号1656頁）、表見代表取締役に関する判例（旧商法262条に関する判例として、最判昭和35年10月14日民集14巻12号2499頁、最判昭和41年11月10日民集20巻9号1771頁など）や利益相反取引に関して取締役会の承認を得ない取締役・会社間の取引の第三者に対する効力に関する判例（最大判昭和46年10月13日民集25巻7号900頁）等、いろいろ挙げられます。

今まで述べてきたような判例は、ここで触れなかった他の判例も含めて、現在でも先例的意義を有し、重要な規範としての役割を果たしているのだろうと思います。ただし、その後の状況の変化等により、その射程距離が限定されたり、形式化してしまったりするという例もあるようです。以上がこの時期の判例を眺めて得られた一つの特色です。

その他にこの時期の判例を眺めてみた結果、さらに二つほど特色を考えてみました。

二つ目の点は、この時期の判例においては、その後の会社法立法による新たな規制の導入を図ったり、あるいは法改正を促す契機となった判

例がみられるという点です。昭和25年改正商法における規制では、必ずしも当時の経済的状況の下ではどうもうまく適合せず、不十分だったりしたという面もあり、その不備が示され、それをきっかけとして法改正を促すもとになった判例などがみられます。そういう判例としては、たとえば下級審裁判所の裁判例ですが、経営者が会社の乗っ取りに対抗し、特定の大株主の持株比率を希釈化するために、小刻みの新株発行を株主に開示せずに行ったことに対して、この新株発行を有効とした裁判例（釧路地判昭和38年2月26日商事273号10頁）があります。当時の商法においては会社が新株発行を行う場合に株主に開示することが義務づけられていなかったため、このような事案が生じたわけです。その後著しく不公正な新株発行に対して、株主が差止請求を行うことができるようにするために新株発行について株主への事前開示が必要であることが明らかとなり、新株発行事項の公示を義務づける立法が、昭和41年改正において導入されたのです。

　それから、この時期においても、株主総会における総会屋の動きが大きな問題になっています。総会屋に対する対策というか、会社法上どのような対処をすべきかということはなかなか悩ましい問題だったわけです。刑事罰を科すことによって対処するということも、もちろん考えられたわけで、総会屋に対して旧商法494条1項1号（現行会社法968条）の贈収賄罪の成立を認めた最高裁判例（最決昭和44年10月16日刑集23巻10号1359頁）が出ています。ただ贈収賄罪の成立のためには、不正の請託という要件を満たすことが必要だったものですから、総会屋に利益供与しても、不正の請託がなければ贈収賄罪が成立しないということになります。この判例の事案では、不正の請託が認められたのですが、しかし、不正の請託という要件の立証はかなり難しくて、この規定の運用では、有効な総会屋対策にはならなかったわけです。この判例が直接、後の利益供与禁止規定の立法に結びついたわけではなかったのですが、この判例をきっかけとして総会屋対策が議論され、もっと容易に総会屋を規制できないかということが要請され、時間はかかったのですが、昭和56年商法改正での株主の権利行使に関する利益供与禁止規定の立法につな

がったといえるのではないかと思います。いわば、この判例が総会屋対策としての株主の権利行使に関する利益供与禁止規定の導入を促した一つの契機になったといえそうです。

　株主総会関係に関しては、株主総会の特別利害関係人についての判例が挙げられます。昭和56年改正前商法239条6項では、株主総会決議に関して、特別利害関係人は議決権を有しないとされていましたが、最判昭和42年3月14日（民集21巻3号378頁）は、取締役解任決議における当該取締役は特別利害関係人に当たらないという判断をしており、特別利害関係人の議決権排除に関して制限的な判断を示したのですが、このことは昭和56年商法改正における特別利害関係人の議決権排除の規定の削除につながったものとも考えられ、いわば立法の先駆的判例だったともいえそうです。そのほか、株主総会の決議取消請求の裁量棄却を認める規定が、昭和25年商法改正では削除されたわけですが、学説では裁量棄却ができるのだという主張が有力に主張されていました。昭和30年代の最高裁判例（最判昭和30年10月20日民集9巻11号1657頁）では、総会決議取消請求に対する裁量棄却を認めており、昭和25年改正により裁判所の裁量棄却権を認めていた規定が削除された後においても、判例は総会決議取消請求の裁量棄却の制度が商法上存在していることを認めたわけです。そして裁量棄却の制度は昭和56年商法改正では明文規定として復活したわけです。この判例もまたその後の立法につながったものといえそうです。

　また取締役に関する判例のうち、取締役・会社間の取引（利益相反取引）における間接取引が旧商法の265条1項の自己取引（利益相反取引）に含まれるとした判例もその後の立法につながった判例といえそうです。当時間接取引は、旧商法265条1項の文言には含まれていなかったため、取締役・会社間の自己取引に間接取引が含まれるかということについては、学説上は議論があったわけです。このことについて、昭和43年の最高裁判例（最大判43年12月25日民集22巻13号3511頁）が間接取引も含まれるということを示し、これにより間接取引も旧商法265条1項の取締役・会社間の取引に含まれるということが、一般的な考え方になったわけで

す。そしてこの点を確認するという形で、昭和56年商法改正の立法につながったわけです。そのほか、昭和25年改正商法の下では取締役の欠格事由についての規定がなかったわけで、この点に関して議論されましたのは、破産宣告を受けた者が復権しないうちに取締役になれるのかという問題でした。つまり取締役の欠格事由に破産者が含まれるのかということが問題となったわけです。学説としては、欠格事由に含まれるとする考え方が多数説だったと思いますが、含まれないという考え方も主張されていました。そして最判昭和42年3月9日（民集21巻2号274頁）では、破産者は取締役の被選資格を有しないという判断が示されたわけです。これは多数説に従うとともに、昭和25年改正法では、取締役の欠格事由を定めていなかったものですから、この不備を補うという意味があったわけです。しかし、このような判例の考え方に対しては、破産制度の理解や商法における取締役についての規定の解釈の面から批判がなされました。そのような批判があったのですが、昭和56年商法改正で定められた取締役の欠格事由には破産者も含まれることになりました。さらにこの点については、平成17年会社法では、今度は欠格事由から外されています。その意味では、この判例は一時は立法による措置を促す契機にはなった判例ですが、現行法との関係では、次の歴史的な意義しか有しない判例に含められるべきかもしれません。

　ところで、この時期の判例については本書のコメントも指摘しているところですが、小規模閉鎖会社における支配権の争いをめぐる事案が多かったのですが、その事案における裁判所の認定事実の中では、多くの強行法規違反とみられるような法令の不遵守、コーポレート・ガバナンス・システムの不存在ともいうべき株主総会や取締役会の不開催、株券もほとんど発行しなかったとか、計算書類の開示がなされない等のことがしばしば認定されていました。そして当時このような強行法規の不遵守が目立つことに関して、当時の裁判官なり学者が大いに嘆いたわけですが、このことは結局小規模閉鎖的な会社に対して、当時の会社法そのものをそのまま適用することは無理なのだという議論にもつながるわけであり、一定の適用除外ということもむしろ必要なのではないかとも考

えられたわけです。こういう小規模閉鎖会社について、もちろん強行法規を遵守させるということが一方では必要ですが、他方では、商法による会社に対する一律の規制が小規模閉鎖会社には適合しないという面もあったわけです。むしろ、このことは、小規模閉鎖会社に対する特例措置とか、一定の規定の適用除外を定める必要性、大小会社の区分といったものの議論を促したわけであり、平成17年会社法におけるコーポレート・ガバナンス・システムの柔軟化、会社組織の選択を可能にするという一つの特徴はこういうところからもつながっているのではないかと思います。

　最初に述べました、この時期における判例の三つの特色のうち、最後の特色としては、当時は大いに注目された判例であっても、その後の状況によって先例的意義が消失し、単に歴史的な意義を有するにすぎなくなったり、先例としてはその妥当する範囲が当時よりもかなり狭まってしまったような判例があるという点です。この時期を眺めてみますと、当時大いに関心が持たれ、議論の対象となった判例が、そこで取り扱われた制度が変わったりして、ほとんど意味を持たなくなったものが結構あるわけです。私も若いときに判例批評の対象にしたり、議論をした判例が、今になってみると、もはや先例的意義を失ったり、あるいはかなり限定された範囲においてのみ意味を有するにすぎなくなっている判例というのが結構あるのです。

　たとえば株券に関してこの当時多くの判例が出ておりますが、現在の株式制度の下では、かなり限定的な範囲においてしか意義を持たないのではないかと思います。かつて、株券の効力発生時期について大いに議論があり、当時の最高裁判例（最判昭和40年11月16日民集19巻8号1970頁）が、株券の効力発生時期に関して、交付説を採用したのですが、この判例の考え方に対しては、当時批判がかなりなされており、議論の対象になったわけです。

　この判例は、現在でももちろん株券発行会社にとっては意味があるわけですが、ただ株式会社の中心となる上場会社は、もう株券を発行しておりませんし、上場会社以外の会社でも株券を発行していない会社も存

在することから、現行法の下では株券自体の重要性が少なくなっており、この判例なども現在ではかつてほど大議論するほどの対象ではないかもしれません。また株券の発行を不当に遅延している場合は、信義則に照らし、株券発行前における株式譲渡の効力を否定し得ないという判例（最大判昭和47年11月8日民集26巻9号1489頁）もありますが、これも現在では、株券発行会社という限定された範囲でのみ意義を有するのではないかと思います。それから、もっと徹底しているのは、当時（昭和42年改正前商法の時代）株式譲渡の方法として、記名株式については株券に裏書きする方法があったのですが、大量の株券に正規に裏書きすることが面倒で、最後は三文判をポンポン押すだけという、捺印のみの裏書きという方法が盛んに行われたわけです。これが裏書きとしては無効だ有効だという議論が活発に行われたのですが、最判昭和38年10月1日（民集17巻9号1091頁）では、捺印のみの裏書きでも裏書人の補充権が譲受人に与えられたものとして有効であると判示しています。ただ、裏書きにおける未補充のままの株券による名義書換請求に対しては、会社はこれを拒めるとされたのです。その後ご存じのように昭和42年商法改正により株式の譲渡方法は変わり、裏書きという制度はなくなりました。したがってこの判例は、先に述べた判例と異なりまったく歴史的な意味を持つにすぎないというわけになります。

　なお、そのほかに廃止された法制度に関する判例としては、共同代表取締役に関する判例があります。たとえば、共同代表取締役の1人が単独で行った代表行為にも旧商法262条の表見代表取締役の規定の類推適用を肯定する最高裁判例（最判昭和42年4月28日民集21巻3号796頁、昭和43年12月24日民集22巻13号3349頁）が出ていますが、これなども共同代表取締役の制度が廃止された現行法の下では、もはや歴史的意義を有するにすぎない判例ということになります。もっとも旧商法262条の適用に関する事例としてみれば、表見代表取締役の規定が広範囲に適用されてきた一つの例としては意味があるのかもしれません。

　以上のように1950年から70年ごろまでの判例を眺めてみますと、第1には、現在でも先例として十分に意義があり、解釈の基準を示すものが

あります。ただそのような先例的意義を有しつつも、その後の状況の変化から、現在においては、その判例理論の拘束力や射程距離がかなり変化してきているのではないかと考えられるものもあります。さらに第2には、その後の立法の端緒となったり、立法の必要性を示したり、あるいはそもそも立法に代わる判断を示したような一群の判例がみられます。そして最後に、現在では先例としてほとんどと意味を持たず、歴史的意味しか有しなくなっている判例、あるいは判例が出た当初とは異なり、かなり限定された範囲にしか意味を持たなくなった判例も存在するというわけです。以上が、1950年から70年ごろまでの時期の判例を眺めて得られた私の感想です。

第3節　1980年代〜1990年代の特色

吉原　続いて、神田先生に1980年代、1990年代を中心にお願いいたします。

神田　この座談会に参加させていただき、ありがとうございます。大変光栄です。

　1980年代から1990年代ということで、前田先生のお話を伺いながら感じたことを述べさせていただきます。まず、本日、私は『会社法判例百選〔第2版〕』を持ってきたのですが、この索引をみると次のとおりです。すなわち、この百選は会社法の判例を103件収録しているのですが、高裁判例が15件、地裁判例が12件でして、それを差し引きますと、大審院と最高裁の判例が合わせて76件となります。そのうち1980年より前に出たものが、ちょうど索引で1ページ分あります。それが36件になります。この百選の第2版は、神作先生も編集者のおひとりになっておられますが、先例的な価値のあるもの、あるいは重要なものを選択しておられると思うのですが、最上級審でいうと約半分ぐらいが、1980年より前の1970年代までの判例である、大審院を含めてそういうことになるかと思います。それで、1980年代以降は、最上級審は40件あります。そのうちの12件が1980年代と1990年代でして、40分の12ということになります。

第2章　年代ごとに商事判例を振り返って

　なお、この百選には2010（平成22）年末までの判例を採録しているようです。
　これをどのようにみるかということですが、二つの特徴があると思います。一つは、1980年より前に出た相当程度の最上級審判例に未だ先例的な価値があるということです。もう一つは、1980年代と1990年代でみますと、その後を含めて2010年末までの数字と比較すると40件分のうちの12件が最上級審があるということでして、少なめであるという印象を持ちます。
　それで、本書の**第１部**の**第２章**では、1980年代と1990年代の判例について、四つの柱で整理がされています。第１は、総会屋との闘いと総会実務の進化です。第２は会社支配権争奪事例の登場、第３は動き出した代表訴訟、第４は金融・資本市場の暗部の露呈となっています。これは非常に興味深い柱のまとめ方ですし、非常によいまとめ方ではないかと思います。時間の制約もありますので、以下、全般的な感想と、この1980年代と1990年代というのは、私がはじめて大学で授業を担当したのが1980年で、そういう時代ですので、当時授業をした時のことを懐かしく思い出しますが、授業をしてきて印象に残っている判例を１、２紹介させていただきます。
　まず、全般的な感想ですが、この四つの柱にも挙げられていますように、一つは、総じて高度成長期に形成された日本企業、特に上場企業ですが、その姿なり企業実務のあまりよくない面が明らかになったというところがあるように思います。よくない面だけが存在したわけではなくて、当然よい面もたくさんあったと思うのですが、よい面は裁判例としては登場しませんので、よくない面が判例として登場したということだと思います。もう一つは、証券取引法（現在の金融商品取引法）が出動して、使われる時代が始まったということではないかと思います。
　そこで、次に、四つの柱のうち、第１の柱の「総会屋との闘いと総会実務の進化」についてですが、前田先生がおっしゃったことと重複いたしますが、日本企業の総会運営は非常に恥ずかしいもので、とても世界に言えたものではないということが当時学界でいわれる中で、総会実務

は変化し、その中で会社法（当時の商法）の改正も含めて、また判例もいくつか出て日本は進んでいったという時期かと思います。これは前田先生もおっしゃったことですが、今となっては過去の話かなという感じがします。第2の柱の「会社支配権争奪事例の登場」については最後に申し上げます。

　第3の柱である「動き出した代表訴訟」です。これも**第2章**にきちんと書かれていることなのですが、まだ黎明期かなということで、神作先生と私の先生である竹内昭夫先生の言葉を引用していただいていると思いますが、濫用もされていないけれども活用もそもそもされていない。そういう時代が始まった時期かなと思います。その後、株主代表訴訟が出てくるにつれて、取締役が結果で責任を個人的に負うのはおかしいのではないかという意識が広がっていき、その中で、いわゆる経営判断原則とか、法令に違反した場合の過失責任ルールというものが、判例によって確立していったということかと思います。

　第4の柱の「金融・資本市場の暗部の露呈」ですが、1980年代はバブルの時代でもあったのですが、証券市場についてのルールが未整備であり、かつ市場参加者の意識も必ずしも高くはなかった。今からみれば、そういうことであったように思います。当時、そういう認識が共有されていたかも明らかではありません。この時期における証券取引法の改正は大きく二つあり、インサイダー取引規制が導入されたことと損失補塡が禁止されたことではないかと思います。インサイダー取引規制の導入は1988（昭和63）年なのですが、その前は規制は存在しなかったのです。学界では一般の不公正取引禁止規定でインサイダー取引を規制できるという意見が強かったとは思いますが、裁判とか、そういうものはまったくなかったわけでして、1988年にインサイダー取引規制を新しく設けて、しかも刑事罰で対処するというところから日本は出発したという、非常に大きな改革であったと思います。そして、損失補塡問題のほうは、事件自体は1991年なのですが、これも証券取引法が大改正され、かつ証券取引等監視委員会という新しい組織まで設置されました（1992年）。この大改正により、これも刑事罰で、損失補塡については証券会社だけでは

なく、補填を受けた顧客も罰せられるという、当時の社会的な批判を受けて厳しい罰則を設けたわけです。

その後、1990年代は、バブルがはじけて、いわゆる不良債権問題を抱えるに至り、住専問題・住専国会（後者は1996年）を経て、証券会社や銀行の破綻ということになっていくわけです。後ほど述べますが、証券取引法自体は2000年に入って以降は、エンフォースメントの複線化ということが行われ、課徴金制度が導入され、また民事責任制度が使われるようになりました。ですから、1980年代と1990年代ということでいうと、証券取引法が使われる時代が始まったと、そういう気がいたします。

最後に、第2の柱の「会社支配権争奪事例の登場」についてです。私の感じでは支配権争奪といっても、上場企業についていいますと、**第2章**にきちんと書かれていることなのですが、まだ黎明期かなという感じがします。上場企業の件と非上場企業の件をご紹介します。いずれも、私が当時授業をしていて、非常に印象深く思った事件です。一つは、三井鉱山事件です。判決が出された年月日は、最高裁判決は平成5年9月9日（民集47巻7号4814頁）ですので、私の守備範囲である1990年代に納まります。ただし、事件自体は1975年に起きた事件です。たまたま会社法判例百選で、私に割り当てていただいており、私が解説をさせていただいているのですが（百選第2版23事件）、この事件はいろいろな意味で、法理論的にも、また授業をするのにも非常に面白いというか、難しいというか、興味深いと思いました。

まず、上場会社に関する株主代表訴訟であるということです。当時、後で問題になる手数料の問題があったために、35億円ほどの損害が生じたと原告側は主張しているのですが、そのうちの1億円だけを請求するという、いわゆる一部請求でありました。それから、被告側といいますか、三井鉱山の取締役側が敗訴しています。

当時、上場企業においては、株を買い集めて、それを高値で買い取ってもらうというパターンが多くみられ、支配権争奪と呼ぶには少し違うかなということだったように思います。会社はそれを自分で買うと、当時は自己株式取得規制というものがあり、商法違反となりました。また、

この三井鉱山事件のときには、まだ子会社による親会社株式の取得規制のルールは商法に入っていませんでした。そこで、三井鉱山は100％子会社を使って、100％子会社が株式を買い取ったわけです。買い取った株式を市場で処分して、35億円の損が出た。最高裁いわく、100％子会社による親会社株式の取得は親会社自身による自己株式の取得であると。かつ、買い取って処分した差額の35億円というのは、100％子会社の損害だけれども、イコール親会社の損害であると。なかなか理論的にも議論を呼んだ興味深い判例ですが、歴史的にみても、また今日でも有用な最高裁判決のように、私は思います。

　それから、中小企業の事案を１件挙げます。私は授業で必ず取り上げるものです。商法はその後変わってしまっているのですが、明星自動車事件という事件です。これは百選といいますか判例理論の形成に大変寄与した事件でして、少なくとも最高裁判決は三つあります（最判昭和63年３月15日判時1273号124頁、最判平成５年12月16日民集47巻10号5423頁、最判平成９年９月９日判時1618号138頁）。明星自動車という京都のタクシー会社において経営支配権の争いになった事件です。詳しく話をしますと時間がかかりますので、ごく手短に申し上げたいのですが、授権株式数は10万株で、発行済株式総数は７万株でした。経営者側が3.5万株を有し、反対側、一部はMKタクシーですが、それが3.5万株を有しており、完全に50％と50％で拮抗していました。まだ未発行の授権株式枠が３万株ありましたので、経営者側は、まず第１回目に、その３万株の枠を使って味方に第三者割当てをしました。当時、譲渡制限会社であっても、株主割当てを原則にするという規律は商法上ありませんでした。これが入ったのは平成２年改正です。したがって、取締役会決議だけで味方に新株を発行しました。反対派側は新株発行差止めを求め、裁判所は差止めの仮処分を出しました。それで経営者側は発行を諦めました。

　ところが、また作戦を立て直したのでしょう。経営者側は、次に１万株だけの新株をまた味方に発行したのです。また、裁判所において発行差止めの仮処分が出たのですが、今度は発行差止めの仮処分を無視して発行してしまいました。無視して発行したために、反対派側は仮処分を

無視した発行であるということで新株発行無効の訴えを起こしました。この新株発行無効の訴えというのは、最終的には、有名な「発行差止めの仮処分に違反した新株発行は無効か」という問題として論じられ、百選第2版の100事件である平成5年12月16日の最高裁判決（上記）により、無効であるとされました。訴訟法の先生方からご批判もありますが、大変著名な判例理論が形成されました。

　ところが、新株発行というのは、無効が確定するまでは有効なのです。そして無効が確定しても遡及しません。それで、もう一つ訴訟があり、反対派側の3.5万株のうちの1.3万株は、実は別の人が持っていたものをMKタクシーが競落したものだったのです。譲渡制限株式のいわば譲渡を取締役会は承認していないわけです。それで、この株式について議決権を行使できるかという問題があり、会社はMKタクシーには議決権行使を認めなかったのですが、競落のケースであって、MKタクシーに渡った1.3万株を持っていた人にも、譲渡したのだからという理由で会社は議決権行使を認めなかったのです。これも訴訟になり、株主の地位確認の訴えだったと記憶しますが、最終的には最高裁までいき、昭和63年3月15日判決で反対派側が勝訴しました（上記）。

　これは、実は1審、2審では経営者側が勝っていたと記憶します。しかし最高裁で引っくり返った。これは有名な最高裁判決であり、「譲渡制限株式の譲渡について会社が譲渡を承認していない場合には、譲渡人をその株式の株主として取り扱わなければならない」という判例法理が、昭和63年に形成されました。そうすると、実はその間に1986（昭和61）年という時点がありました。先ほどいいましたように、一方で、3.5対3.5の状況のもとで、経営者側は1万株の新株を味方に発行して、それは発行差止めの仮処分が出たのに発行してしまった。無効の訴えは係属していましたが、未だ確定していませんので、まだ有効という状況でした。他方、反対派側の3.5万株のうちの1.3万株は、昭和63年の最高裁が出るまでは会社側は株主の権利を認めなかったわけで、しかも第1審と控訴審で会社側は勝訴していました。そうすると、1986年という時点では、3.5足す1が経営者側で、反対派側は3.5マイナス1.3となります。これを計算

しますと、3.5足す1は4.5、3.5マイナス1.3は2.2です。これはどうなるかというと、経営者側は67％です。その瞬間を使って、経営者側は1986年に残りの授権枠の2万株を株主総会決議を経て、味方に発行したのです。

　その後、経営者側は最高裁で両方の事件で負けました。したがって、本当は2万株の新株発行はできなかったはずなのですが、経営者側の支配権が確定してしまいました。最終的には損害賠償請求しか残らないので、損害賠償請求訴訟が続いたのですが、これも最高裁で平成9年に一度破棄され（上記）、差戻し後の高裁判決が平成11年に出て（大阪高判平成11年6月17日金判1088号38頁）、ようやく決着が付いたと私は理解しています。この分野では、平成2年改正により、非公開会社（株式譲渡制限会社）では新株発行は原則株主割当てであって、特定の者に対して発行するには株主総会の特別決議が必要になりました。

　この事件は二つの意味で面白いと思っています。一つは、判決が確定する間に上述したような瞬間ができて、ちょうど3分の2を取ったところでやったという、うそのような話だということです。もう一つは、こういうような事件が実は判例理論の形成というか、会社法における法形成に寄与してきたという、これはこの事件だけがということではないのですが、授業をしていて非常に印象に残るし、今でも紹介することにしている事件です。

第4節　2000年以降の特色

　吉原　続いて神作先生に、2000年以降についてお願いいたします。
　神作　私も神田先生と同様の作業をしてまいりましたが、山下友信先生と神田先生が編まれた『商法判例集』の第6版を用いて2000年以降の会社法に関する裁判例について、どのような領域で何件ほど取り上げられているかを調べました。会社総則と登記は、17件のうち5件が2000年以降のものです。株式会社の設立については2000年以降の判例はゼロで、同判例集に収録されている4件はすべて2000年以前のものです。株

式については、43件中17件と４割が2000年以降のものです。支配権争奪に関する新株発行を除けば、その主たるものは平成13（2001）年改正で導入された新株予約権制度や、株式・新株予約権等について振替制度を導入した平成16年の「社債、株式等の振替に関する法律」で導入された個別株主通知制度に関するもの、さらには平成17年会社法で新設された全部取得条項付種類株式制度等の新たに導入された制度に関するものです。株式についても、法改正により新たな解釈問題が生じた論点を除けば、基本的に、2000年以前に、判例法理の基礎的な部分は固まっていたといえましょう。

　株主総会関係の裁判例は、25件中11件が2000年以降のもので、その内容も、たとえば株主提案権、説明義務、議決権行使の機会の保障等、近時、実務で大きな話題になる諸々の論点について紛争が生じ、それが裁判例として反映しています。それから、取締役および監査役関係については、先ほど前田先生のお話にありましたように、すでに1955年以降、だいたい基礎となる判例法理が形成されておりますが、具体的な責任追及の事例になると、2000年以降急速に重要な裁判例が増えてまいります。すなわち、商法判例集に収録されている31件の裁判例のうち約７割に当たる23件が2000年以降のものです。企業再編・組織再編・企業買収に関しては、15件載録されているうちの実に13件が2000年以降の裁判例です。M&Aの領域でも、2000年以降飛躍的に重要判例が増加しているといえます。こういった裁判例の傾向の変化も2000年代の特徴を一つ形作っているのではないかと思われます。

　なお、私が百選ではなく、商法判例集を題材にさせていただいたのは、第１にこちらは2014年に第６版が公刊され百選に比べより新しい裁判例までカバーしていること、第２に会社法関係で181件と百選に比較して２倍近くの判例を収録していることから、特に2000年代以降の裁判例の分布についてその特徴を示すのにより適切であると考えたためです。

　2000年以降については齊藤先生にもコメントいただけるということですので、私からは一般論についてのみ述べさせていただきます。その取り上げ方も一面的あるいは恣意的と思われますので、齊藤先生に後ほど

補足していただければと思います。

　2000年はちょうど旧商法の改正により会社分割法制が導入された年で、1997年の合併法制の見直しや1999年の株式交換・株式移転制度の導入など、20世紀の終わりあたりから続いてきたM&A法制の一連の見直しの総仕上げがなされた年です。翌2001年商法改正により金庫株の解禁、種類株式制度の柔軟化が行われるなど、特にM&A法制とコーポレート・ファイナンス関係について、選択肢の大幅な拡大および規制緩和が行われたという流れの中で、2005年に会社法が制定されたわけです。会社法により、会社法が単行法化され、現代語化されたという形式面だけではなく、実質にわたっても非常に大きな改正が行われた点で、2005年改正は判例にも大きな影響を与えることになります。

　その中で2000年以降の判例の特徴と思われるのが、M&A関係およびコーポレート・ファイナンス関係の事件が非常に増加したことです。コーポレート・ファイナンス関係の重要な裁判例の中には、支配権をめぐる争いに関して買収防衛策として用いられた新株発行や新株予約権の発行などの適法性に関するものや、M&A取引に関連して株式買取請求権や全部取得条項付種類株式の価格決定申立権が行使され、株式や新株予約権の評価が問題になった重要判例がかなりあります。たとえばブルドックソースの最高裁の決定（最決平成19年8月7日民集61巻5号2215頁）もそうですが、「会社の企業価値が毀損され、会社の利益ひいては株主共同の利益が害されることになるような場合には」買収防衛策が株主平等原則の趣旨等に反する可能性を示唆し、企業価値ですとか株主共同の利益といった概念が、特に会社支配権をめぐる法的紛争において、中心的な役割を果たすようになりました。また、株式買取価格等の決定においては、端的に株式の評価とその算定基準が問題になるなど、企業価値や株式価値が主要な争点となった領域において、判例および実務が急速に展開・発展していくことになったという印象をもちます。

　他方で、1990年に崩壊したバブル経済の後始末が続いており、特に金融機関の経営者の責任を株主代表訴訟の形で追及する裁判において、実際に経営者が敗訴するというケースが相次ぎ、本書**第１部第３章第３節**

2で述べられているように、銀行経営者、金融機関の経営者の責任等をきっかけに、役員の責任をめぐる議論および株主代表訴訟制度についてのさまざまな論点について、議論の進展と深化があったと思います。

　この点にも関連して一般的な感想なのですが、2000年代以降の判例の大きな特徴と申しますのは、判例の形成と解釈に当たって、実務家の役割が非常に大きくなったということがいえるように思います。たとえば判例評釈にしても、論文にしても、2000年ごろから実務家が書かれる判例評釈や論文が、質量ともに飛躍的に充実し、そのことがひいては判例の形成や解釈に大きな影響を及ぼすようになったといえましょう。先ほどの神田先生のご発言の中に、「金融商品取引法が出動して、使われる時代が始まった」というご指摘がありましたが、金融商品取引法（金商法）のみならず会社法を含む企業法全般が、実務において実際に適用され、コンプライアンスの意識が非常に高まってきたということの反映であると思われます。企業法務に携わる実務家が、判例法理の形成や解釈においても、大きな影響を持つようになってきた背景には、企業社会そのものの変化があると思います。

　また、前田先生から、1955年から1970年代には、特に会社の機関すなわちガバナンス関係の裁判例においては閉鎖会社が舞台になる場合が多かったというご指摘がございました。ところが、2000年代以降は大会社においても訴訟が提起されるし、しかも一般投資家が訴訟や非訟事件を提起することが珍しくないと申しますか、当たり前の時代になりました。これは金商法や会社法が使いやすくなったということもあるかと思いますが、株式会社あるいは企業経営に対する投資家、ステークホルダーの意識というものも、随分変わってきているのではないかと思います。これらの裁判が、2000年代以降の判例の大きな展開を支えています。

　吉原　続けて齊藤先生からお願いいたします。

　齊藤　伝統的に、ここでは昭和56年商法改正前後を「伝統的に」と表現させていただきますが、当時の上場会社の企業法務に係る問題には、大きく分けて二つの側面があったと感じております。一つは、当時の会社運営において圧倒的な存在感を有していた社長をいかにコントロール

するかという点です。もう一つは、いわゆる「シャンシャン総会」と呼ばれた株主総会を、いかに意味のある場にするかという点です。

　前者については、当時は株主の持合構造で、株主総会が取締役の選解任の機関としてほとんど独自の機能を果たしていなかったことがありましたし、従業員出身の経営者層とほかの従業員との協調的な関係により、労働者の対立といった課題にも、日本の経営者は比較的煩わされずに済んでいたのではないかとお見受けいたします。先進諸外国の中で、日本の大企業の経営者は、最も守られた地位にあるというような印象を持たれていた時期ではないかと思います。伝統的な機関構成の会社の取締役の任期は2年で、比較的短期なわけですが、それにもかかわらず上場会社が長期的な視野に立った経営ができるということについても、あまり疑問が持たれていなかったのではないかと思います。

　株主総会については、もちろん経営者の地位という問題とも切り離せませんが、総会屋という特殊な職業的株主の問題がありました。

　これに対して、2000年前後は、私が会社法の研究に携わり始めたころになりますが、このような事情はもう様変わりしておりました。当時は、大型企業の倒産が相次いで、取締役の責任との関係では野村證券事件の最高裁判決（最判平成12年7月7日民集54巻6号1767頁）、大和銀行事件の第1審判決（大阪地判平成12年9月9日判時1721号3頁）が出された時代、さらに整理回収機構による銀行取締役の責任追及というものが盛んになされていたという時代でした。

　企業は生き残りを図ろうとして事業の選択・集中などを行っていた時代ですが、たとえば、会社分割をはじめとするような組織再編法制の整備がそのようなものを後押ししていきました。今まで、会社が安定的に成長することを通じて、会社のステークホルダーのそれぞれがそれなりに満足するというような時代であったわけですが、2000年代は、冒頭の吉原先生のコメントにもございましたように、ステークホルダー間の利害対立が顕在化するということが、裁判例にも表れてきた時代ではないかと思います。

　たとえば、会社の組織再編の場面で、安定的な雇用を望む従業員の利

益と企業の生き残りを図る経営者の方針の対立が顕われたものとして、IBM事件（最判平成22年7月12日民集64巻5号1333頁）が挙げられますし、MBOなどを通じ、一般の株主と経営者の利益が対立するという場面も出てまいりました。社会問題化した詐害的会社分割も、生き残りをかけようとする企業と大口債権者の利害対立が顕在化したという場面であると思います。このような問題が裁判例に表れて、その議論は一部平成26年会社法改正にもつながりました。

　会社役員にとって、2000年代当時、株主代表訴訟の脅威というのはすでに現実的なものになっておりました。先ほど述べました大和銀行事件判決の第1審判決では、最高で5億3,000万ドルの損害賠償額が認められ、当時、私は、生涯年収を考えたときに、一体何回生き返ったらこの全部を払い切れるのだろうと考えた覚えがございます。このような判決などが、取締役の職責の重さを再認識させる象徴的な出来事になっていったのではないかと思います。株主総会の問題では、総会屋との関係が取り沙汰される企業もないわけではありませんでしたが、学界における議論においてはすでに過去の問題になりつつあり、本書でも紹介されているように東京スタイル事件（東京地判平成16年5月13日金判1198号18頁）など、物を言う株主の存在感が増してきたというような時代であったように思います。

　また、株式の買集めは、かつてはグリーン・メーラーではないかという印象がまずは持たれたところですが、この時代になると会社の支配権の取得や経営参加を目的とする株式取得が現実に起こり得るという認識が広がっておりました。このような変化が、買収防衛策の適法性にかかる議論が盛んになされることにもつながりましたし、論点としては買収防衛策に比べると注目度において劣るかもしれませんが、株式価格の高騰時に行われる募集株式の発行等で、有利発行かどうかの判定基準をどう考えるかといった伝統的な論点においても、基準の厳格化という傾向が裁判例にはみられるというような形で、判例の形成に影響を及ぼしてきたのではないかと思われます。

　この度できましたSSコードなどを契機として、国内の機関投資家全体

の行動原理が変わってきますと、わが国の上場企業を取り巻く環境というのは、ますます株式所有が分散している典型的な株式会社らしいものになっていき、それに伴う法的問題も顕在化してくるのではないかと思われます。

第5節　実務家からの視点

　吉原　先生方のお話で、**第1部**で取り上げている年代別の裁判例に関して、また新たな光を当てていただけたと思いますし、**第1部**で取り上げ切れていないものに関してもご紹介いただけたと思います。本当にありがとうございます。

　最後に、長年企業法務の現場でさまざまな案件に携わっている実務家の1人として、また本書の**第1部**、また**第2部**における分析と執筆にも参加しているという立場で、田路弁護士から感想などを伺えますでしょうか。

　田路　弁護士の田路と申します。私どもが事務所で力を合わせてこの本を書いてきたわけですが、今日は錚々たる先生方に、これをネタにお話を伺えるということで、大変楽しみにしてまいりました。今日は先生方のお話をたっぷり聞く場ですので、私のほうからのコメントは簡素なものにしておきたいと思います。この本の企画をいただいたときに、判例が出た当時の社会情勢を関連づけて、しかも企業法務のトピック的なことも織り交ぜて、判例の流れがわかるような本を書いてほしいと、商事法務からご依頼をいただきまして、「それは学者の先生方がなさる仕事ですよね」ということを申し上げたのですが、結局、非常に意義深い仕事だったかなと思っております。弁護士は普段は社会情勢とか歴史とか、そんなことはほとんど考えずに、目の前にある事件を処理していくだけなのですが、この機会に各時代の社会情勢みたいなものも振り返ってみますと、やはりその時代、時代のことが裁判例に色濃く表れているんだなという感じがして、非常に興味深かったです。

　先ほど神田先生にも、**第1部第2章**の四つの柱のことについてコメン

第2章　年代ごとに商事判例を振り返って

トをいただきましたが、実は**第2章**は私どもの事務所の佐藤修二弁護士と私とで担当しておりまして、時代の流れとしてどういう柱で書こうかということを相談したときに、ああいうものが浮かび上がってきたのです。そんなことで、何とかこの**第1部**、**第2部**を書き上げて、先生方にもご覧いただいているわけです。私は大学を卒業したのが1982（昭和57）年で、大学では亡くなられた竹内昭夫先生の商法の一部、二部の講義を受けました。その後、企業に就職した後、1988（昭和63）年に司法試験に合格して、1991（平成3）年から弁護士としてやっております。昭和から平成をまたぐころに法律を勉強し企業から法律を眺め、その後、弁護士としてずっと企業法務に携わってきたわけなのです。

　私のほうからは1点、これは裁判例を書いた本ですので、訴訟の当事者についての傾向について申し上げたいと思うのです。先ほど前田先生から、かつての裁判例、小規模な企業の裁判例が非常に多かったというお話がありました。私も学生のころはほとんど勉強していませんが、当時学生として裁判例をみたり、今も弁護士としてかつての裁判例をみることはありますが、要するに同族企業の親族間の争いがそのまま法廷に持ち込まれたような、そういう事案が非常に多かったのではないかと思います。

　法律実務家として、裁判官は学者の先生方の法理論、解釈論を当然のことながらよく勉強して、それを裁判の中で実現していくわけなのですが、具体的な判決の結論は、生の事実に照らして、どちらを勝たせるかという価値判断に強く影響されると思います。結論ありきというわけではないのですが、やはり主張・立証に出てくる事実関係を踏まえて、どちらを勝たせようかと。こっちだなと。では、次に理論はどうかと。大雑把な言い方をすると、そういう裁判官の考え方はあると思っておりまして、そうすると、裁判例をみたときに、その裁判例の先例的価値が果たしてあるのだろうか、ということを疑問に思うような判決もいろいろあったのではないかと思います。

　そういった同族企業の裁判が多発した時期を経て、昭和56年改正から株主総会関係が非常に動いていくわけですが、それにも増して平成5年

改正から代表訴訟が非常に多く出てきた。こういうことをきっかけに大企業が裁判の場に引っ張り出されるようになりました。私の感覚からすると、そのときからまともな事件が裁判所に出てくるようになったのではないか。かつては親族間の争いが多かった。平成の時代になると、きちっとした企業活動の中での軋轢、いろいろなビジネス上の利害関係が訴訟の場に持ち出されるようになって、ビジネスライクな判決といいますか、本当の意味での商事判例の積重ねが昭和末期から平成初期になってから始まったのではないかと思います。

　そして、代表訴訟が非常に多く提起されたことが、その後の企業法務にも非常に大きな影響を与えていると思っております。この時代は、先ほど神作先生からもご紹介がありましたとおり、金融機関が不良債権を非常に重く引きずっていた時代と重なります。そのころ役員の人たちがどういう考え方を持っていたかというと、含み損を抱えた債権について、それを一部免除して企業を救済するというときに、一部免除するということは、形式的にはそれだけで金融機関に損害が発生するわけですから、これをやっても大丈夫なのかと。会社に損害を与えるような行為をすることが代表訴訟の標的にならないのかというような懸念が、齊藤先生がご指摘の大和銀行の事件から、さらに深刻になってくるわけです。不良債権処理を含め、さまざまな経営判断がなされるときに、代表訴訟を念頭に置いて善管注意義務違反はないのかと、弁護士に照会をして、きちっと意見をもらってから取締役会決議で意思決定するという実務が確立されていった時代だったと思います。

　大企業が訴訟の当事者になり、そして今申し上げたように曖昧な解決をしてしまうと、後から善管注意義務違反として株主から批判されると。そういう状況が表れたことによって、今度は大企業が訴訟という道具を使って権利を実現していく流れになります。つまり、原告として企業が訴訟に登場する、そういう時代にも進んできたように思います。

　その大きな一つとしては、住友信託銀行がUFJホールディングスを訴えた事件などは、非常にいろいろな意味があるとは思いますが、訴訟によって大企業が正々堂々と権利の実現を実現していくと、そういった考

え方が表れてきた、時代はここまできたのだなと感じました。

第3章 | テーマ別に商事判例を振り返って

第1節 テーマの選択

　吉原　次に本書の**第2部**のテーマ別にみた商事判例の分析についてお聞きしてまいります。本日は、そのテーマ別の中でも、本書をお読みいただく方々の注目度を考慮させていただいて、株主総会や取締役の責任といったコーポレート・ガバナンスにかかわるような商事判例と、またM&Aや組織再編に絡んだ商事判例を中心に振り返っていただき、またご意見をお聞かせいただければと思っております。

第2節　株主総会（第2部第4章）

　吉原　本書でいいますと、**第2部の第4章**となります株主総会に関する商事判例についてお伺いしていきたいと思います。株主総会では、かつては総会屋がまさに跳梁跋扈していた時代もありましたが、これをいわば法の支配の下に取り戻したのが昭和56年改正であり、またその後、最高裁判例も含めて、総会の実務に影響を与える判決がいくつか出ているところかと思います。この点について、あるいはそれ以前の時代の判例等も含めて、まずはご意見をいただければと思います。まず、前田先生は『株主総会制度の研究』という著書を執筆されていますが、昭和56年の改正を含めて、これまでの株主総会に関する法改正と判例の変遷について、どのようにみておられますか。

前田 株主総会について、先ほど述べましたような理由から、ここでも昭和25年商法改正が行われた1950年以後の状況からみていきたいと思います。昭和25年商法改正により株主総会の権限が大きく変わりまして、それまでは株主総会は万能の意思決定機関であったわけですが、株主総会の権限は法令および定款に定める事項についてのみ決定し得ることとなり、その権限は限定されて、戦前のような株主総会中心主義はとられなくなったわけです。

しかし、基本的には株主総会が会社における最高の意思決定機関であることは変わりませんし、株主による会社支配のための基本的な機関・制度であるという点では従来と同じことかと思います。したがって、総会の意思決定や経営者に対する監督が有効に機能することを確保することは会社法上重要な意味を持つわけで、そのために株主の株主総会への参加とか議決権行使の機会の保障等が重視されているわけです。いわば株主総会は現在でいうコーポレート・ガバナンスのための中心的存在ということになります。

そこで、株主総会をめぐる昭和25年商法改正後における判例を眺めますと、総会の開催、招集手続および運営等について、あるいは総会決議の瑕疵を主張して決議の効力を否定することについて、多くの判例が出ておりまして、これらにより解釈の基礎をなす判例法理が形成されてきております。まず総会開催に関しては、先ほど述べました全員出席総会を認める判例が最高裁から昭和46年6月24日に出ておりますし、その後さらに全員出席総会に関して、委任状による代理人の出席があっても、全員出席総会の成立を認める最判昭和60年12月20日（民集39巻8号1869頁）が出ています。これらの判例によって、かつて議論があり、戦前の大審院判例では否定されていた全員出席総会が最高裁によって認められたわけで、このことは現在も先例として意味を持つことになります。ただ、昭和46年の最高裁判例では、株主が1人しかいない一人会社について全員出席総会を認めたわけですが、全員出席総会については、むしろ複数の株主がいるような会社でこそ全員出席総会が認められるのかという点が重要で、その点が問題として残されていたのです。さらにその後

の議論において委任状による代理人の出席でも、全員出席総会が成立するのかという問題もありました。そして先ほど述べました最判昭和60年12月20日が出て、この点も肯定され、委任状による出席も含めて全員出席総会が成立することが確立したわけです。

　議決権行使に関しては、先ほども挙げましたように、議決権行使の代理人資格を株主に限るとした定款規定を有効と判示した最高裁判例（最判昭和43年11月1日）が昭和43年に出ています。このような定款規定の効力に関しては、従来から議論のあったところで、無効説も主張されていたのですが、多数の考え方は有効説をとってきており、最高裁判例がこの有効説を支持したことにより、定款規定により代理人資格を株主に限定するという実務慣行が一般的に是認されたわけです。ただ、議決権行使の代理人資格を株主に限るとする定款規定が有効であることを前提としつつも、例外的に定款規定の拘束力が及ばず、代理人が非株主であっても議決権行使が認められるとするケースが最高裁判例以前に存在しており、たとえば病気で出席できない株主のために同居している非株主の親族を代理人とする場合には定款規定にもかかわらず、非株主である代理による議決権行使を認めている裁判例（大阪高判昭和41年8月8日下民集17巻7・8号647頁）や、昭和43年の判例以後においても、法人企業や自治体が株主の場合には、定款の定めにもかかわらずその商業使用人等が株主でなくとも代理人として総会に出席し、議決権の代理行使ができるとする判例（最判昭和51年12月24日民集30巻11号1076頁）が出ており、その他にも定款規定を有効としつつ、例外的に定款の拘束力が及ばない場合を認めている裁判例があります。したがって、結果としてはこの最高裁判例は現在でも先例として重要な判例ですが、ただこの先例としての効果はある程度限定され、形式化してしまっている面があるように思われます。

　それから、瑕疵ある決議の効力を否定する総会決議取消しに関しては、かなり早い時期から決議取消訴訟における一連の先例が確立してきており、たとえば昭和36年には取消訴訟における被告適格は会社のみであるとした判例（最判昭和36年11月24日民集15巻10号2583頁）がすでに出て

いますし、決議取消しの訴えにおける取消事由の追加主張は許されないとする判例は、昭和51年に出ております（最判昭和51年12月24日民集30巻11号1076頁）。あるいは、他の株主に対する招集手続の瑕疵を理由として、決議取消しの訴えの提起を認める昭和42年の最高裁判決（最判昭和42年9月28日民集21巻7号1970頁）も出ております。さらには、先ほど申し上げましたように、裁量棄却についてはこれを認める判決が出ましたが、これはその後、立法によって解決されているわけです。

　ただ、他面ではこの時期において、株主総会の無機能化ということが指摘されて、多くの批判とか総会改革論が生じたわけです。株主総会が機能していないという大きな原因は、ほかの先生方からの指摘がありましたように、総会屋の跳梁がありまして、かつ株主の総会参加と議決権行使の機会が、当時の制度の下では必ずしも十分ではなく、株主の権利が十分に確保されていない状況が生じていたのです。このようなことから、当時、一般株主が総会に関心を持たなくなってしまったという状況があったわけです。

　そのような状況に対応して生じてきた面でもありますが、株主総会の運営がきわめて形式化してしまって、多くの総会が20分ぐらいで終わってしまうようになり、いわゆる「シャンシャン総会」などと呼ばれ、危惧される状況が生じていました。こういう状況の下で、何らかの活性化をしなければならないという動きが出てくるわけで、そのための活性化を行う改革が昭和56年の商法改正において行われることになったわけです。

　昭和56年商法改正において株主総会の活性化のための手当てが行われましたが、そこでは株主の新しい権利、議決権行使の機会の確保等の手当ておよびその他の改善がなされました。この昭和56年商法改正によって、株主の権利の強化や株主総会制度の改善が行われて、その運用とか規定の解釈をめぐる判例がその後、多発するわけです。特に新たに与えられた株主の権利に関して、株主による積極的行使がなされることになる。もっとも、濫用的な行使もかなりありましたので、その行使をめぐり種々問題が生じて、それらに関する判例が出てきたわけです。

そのような事案としては、大きく取り上げられたのは株主提案権の行使および質問権、あるいは説明請求権の行使が挙げられます。これらの権利については、昭和56年商法改正によって明文規定が置かれましたので、株主が積極的に行使するという状況が生じましたが、他面では濫用された例も結構ありました。
　株主提案権制度ですが、これは昭和56年の商法法改正によって、はじめてわが国の会社法に導入された制度で、この制度の導入によって、株主にも総会の決議を行うことについてのイニシアティブを取る機会が与えられることになりました。株主によって、多様な意図の下に権利行使がなされることになるわけです。株主提案権の行使に対する会社側の対応としては、適法な手続により正当な提案がなされれば、会社側は総会に付議しなければならないのですが、提案内容が株主提案としては認められないとして、総会に付議されなかった例も結構あったのではないかと思います。また、行使要件を満たした株主提案として、会社側が取り上げて、議題・議案として総会に付議した場合でも、従来は否決される例が多かったと思います。少数の持株しか有しない株主の提案は、最初から決議の成立の可能性が非常に低いことは、株主提案権制度が立法化された当時からすでに認識されております。そのために、提案権制度は、結局、株主が他の株主に対して、あるいは社会的な面においてアピールをする手段としても利用し得る制度であり、むしろそのような意味を持つことにも存在意義を有する制度であるとも考えられたわけです。
　ただ、株主提案権制度については、昭和56年改正からかなりの期間は、行使されても決議として成立するのは難しく、単なるアピール効果を狙った行使が多かったように思われますが、近年になって大株主の経営者に対する批判の手段とか、会社支配をめぐる争いに用いられるようになってきており、最近ではどうも株主提案が決議として成立し得る場合が生じてきているようです。実務で聞いた話では、何々ファンドとか、あるいは大株主が提案権を行使し、場合によっては他の株主がこれを支持することによって決議として成立する場合もあり得ることが考えられてきており、経営者側はこれに対する対策を取らざるを得なくなってき

ているという話を聞いております。そういう面では、株主提案権制度は、本来における決議の成立を図るという意味を持った制度になりつつあるのかなという気がします。

たとえば、剰余金の配当についての会社側の議案に対して修正案が株主提案として出されたような場合を考えてみますと、この株主提案が否決され会社側提案が可決されれば、会社は事前の準備に従って総会終了後直ちに株主に配当金の支払いを行うことになります。会社側は、株主提案による配当案の修正案が出ても、それが否決されることを前提として、配当の効力発生日を定め（会社法454条1項3号）、配当金の株主への交付のための事前の準備を行っているわけです。剰余金の配当についての会社の提案に対してそれと異なる株主提案が可決されてしまいますと、配当金の支払事務に関する事前準備をそのまま用いることができず、修正変更が必要となり、支払事務に要する期間が当初の予定よりも長くなるおそれがあり、株主への配当金の交付が遅れることになります。したがって、このような修正提案としての株主提案がなされた場合には、状況によっては株主提案の可決を見越して配当金の効力発生日をさらに先の日に設定するか、またはそれとは別に配当金の支払いの時期を総会決議で定めておくなどの措置が必要となるのではないかと思います。このように近年では、従来と異なり、株主提案が企業買収を意図しているファンドによる場合や大株主の支援を受けている株主による場合等を考えると、株主提案が総会決議として成立するような場合も考えられるわけで、株主提案権制度が導入された初期の時代とはかなり異なった状況になっているのかと思います。

なお、株主提案権に関する裁判例としては、提案権行使の要件の解釈や会社側による株主提案の扱いに関するいくつかの裁判例があります。提案権の行使要件に関しては、東京地判昭和60年10月29日（金判734号23頁）およびその控訴審判決である東京高判昭和61年5月15日（商事1079号43頁）は、旧商法232条ノ2第1項が定めていた提案権行使の要件である6カ月間の株式保有に関しては、請求の日から逆算して株式取得の日まで丸6カ月存在することが必要であると判示しています。また株主総会

において提案株主が提案理由を説明する機会が与えられたにもかかわらず、これを行わない場合には提案理由の説明なしに採決されても適法であるとした山形地判平成元年4月18日（判時1330号124頁）も出ています。その後、株主提案権に関しては、株主提案に付された提案理由としての本文および別表につき、提案理由の本文のみを議決権行使の参考書類に記載して株主に送付した扱いを、当時の旧商法232条ノ2および旧参考書類規則の下で、適法とした裁判例（札幌高判平成9年1月28日資料版商事155号109頁）や正当な目的に出たものと認められない株主提案権の行使が権利濫用に当たり得る場合があるが、大量の株主提案をしたことに対して、従来の経緯や会社側に株主提案の数を制限する規定がないことおよび請求がある程度余裕を持ってなされたこと等を考慮して、提案権の行使が権利濫用には当たらないとした裁判例（東京高決平成24年5月31日資料版商事340号30頁）があります。この平成24年の東京高裁の裁判例は仮処分の申立てに対する決定であり、株主提案を総会に付議しないこととした会社側に対して、株主提案を招集通知に記載し、提案理由を参考書類に記載することを求めた仮処分申請に対して、この申請が認められた場合に会社側の予定どおり総会開催ができなくなるおそれがあり、そのような会社側の不利益と株主提案を付議しないことにより総会を行った結果、成立した会社側提案の決議につき決議取消しがなされる可能性（危険性）とを比較して、後者の危険よりも前者の不利益のほうがはるかに大きいとして、被保全権利を否定したものです。

　株主提案権に関しては、以上のような裁判例が見受けられますが、従来から議論されてきた問題として、株主提案が正当な提案権行使であっても、会社側によって提案権行使が受理されず、招集通知にも記載されないことにより、総会に付議されないまま総会が開催されてしまった場合の株主の救済の問題が存在してきました。株主提案が修正提案や反対提案であるような場合には、株主提案の不当な拒否に対しては、株主提案に対応する会社側の議案が可決されれば、当該決議に対する決議取消しの訴えを提起して、株主の救済が事後的ではあるが図り得るわけですが、株主提案が独立の議題に関する提案である場合には、株主提案に対

応する会社側の議題についての決議は存在しないことになります。このような場合でも、提案株主は本来自己の提案が付議されるべきであった総会における他の決議に対する取消請求ができるかという問題が従来から存在してきました。しかし旧商法232条ノ2に基づく提案権行使に関する事案ですが、東京地判昭和60年10月29日（金判734号23頁）は、他の決議まで取り消すことはできないとしており、また多数の見解も、他の決議までも取消請求の対象とするのは行き過ぎであろうということで、これに対して否定的でした。ところが、最近の裁判例で、本書でも紹介されていますが、東京高判平成23年9月27日（資料版商事333号39頁）では、株主提案が総会に付議されないという瑕疵があっても、その瑕疵は原則として他の決議には影響せず、取消事由には当たらないとしつつも、例外的に当該提案事項が株主総会の目的事項と密接な関連性があり、株主総会の目的事項に関して可決された議案の審議上、当該提案を検討、考慮することは必要かつ有益であると認められる場合であり、そのような関連性のある事項を総会の目的として取り上げることは現経営陣にとって不都合であるため、会社が現経営陣に都合のよいように議事進行させることを企図して当該事項を取り上げなかったようなときに当たるなど、特段の事情が存在する場合に限り、当該総会における他の可決された議案についての決議取消事由が生ずると判示しております。特段の事情がある場合で、かつその特段の事情が種々の要素から構成され、それに該当する事案はかなり限定的なようにも思われますが、この裁判例により、会社側による株主提案の不当な取扱いに対して、株主提案に直接対応する決議がない場合であっても、他の決議に対する取消請求による事後的な救済の可能性が一定程度示されたものともいえそうです。

　昭和56年改正法の下で、新しく株主の権利として明らかになった株主の質問権があります。商法（会社法）では質問に対して回答する義務として規定されましたので、質問権というよりも、役員の説明義務と呼ばれるのが普通です。株主総会で株主が質問することは、もともと理論的には株主に認められていた権利だと考えられます。ただ、その行使要件

とか説明を求める内容等について明文規定がないために、保護されるべき株主の権利としては明確に把握されてこなかった面がありました。昭和56年商法改正によって、株主総会における株主の質問に対する役員の説明義務として明定されましたから、株主によって積極的に行使されることとなったわけです。当初は濫用的な行使と、それに対する会社側の対抗措置をめぐって、旧商法237条ノ3に関して、いくつかの裁判例が生じております。株主の質問の内容やその方法、手続および会社側の扱いや役員の説明義務の履行の妥当性が、裁判例で判断されて、一定のルールが形成されてきたと思われます。たとえば、株主による大量な質問事項の送付に対して、会社役員はそれを整理して一括回答することができ（東京地判昭和60年9月24日判時1187号126頁、東京高判昭和61年2月19日判時1207号120頁、最判昭和61年9月25日金法1140号23頁）、質問事項を送付した株主またはその代理人が総会で質問しない場合には、会社役員には説明義務は発生しない（東京高判昭和61年2月19日、東京地判平成元年9月29日判時1344号163頁）、あるいは株主から事前送付された質問事項に対する回答が一括回答から漏れた場合でも、送付した株主が質問をしない限り、取締役等に説明義務は生じないこと（前掲東京地判平成元年9月29日）等の扱いが判例によって認められてきており、一定のルール・手続がほぼ形成されてきているのではないかと思います。

　役員の説明義務の範囲と程度に関しては、東京地判平成16年5月13日（金判1198号18頁）が、説明義務の違背が決議取消事由とされていることから、自ずから限度があり株主が会議の目的たる事項の合理的な理解および判断をするために客観的に必要と認められる事項に限定され、さらに議決権行使の前提としての合理的な理解および判断を行い得る状況であったかどうかの判断は、原則として平均的な株主が基準とされると判示しています。また株主の質問に対してどの程度の説明を行えば、説明義務を履行したことになるのかという点に関しては、旧商法237条ノ3に関する裁判例ですが、東京地判昭和63年1月28日民集46巻7号2592頁は、退職役員に対する退職慰労金支給議案の審議に際して、当該会社所定の基準に従って支給額、支給方法、支給時期等を取締役会および監査

役の協議に一任することを求めた議案の審議に際して当該基準の内容や退職慰労金の総額等の説明を求めた事案において、金額を明らかにするか、または確立された支給基準の存在およびそれが株主に容易に知り得ることならびにその内容が支給金額を一意的に算出できるものであることを説明しなければならないとしています。

　退職慰労金の支給決議に関しては、従来からその取締役会等への一任決議の妥当性や一任決議が認められる場合の条件等について議論があり、さらに以上に述べてきたように、支給決議案の審議に際しての株主の質問に対する役員の説明義務の範囲や程度について議論されてきたわけですが、最近における実務の扱いとしては、退職慰労金の支給をやめる企業がだんだん多くなってきているという話を聞いております。この傾向が一般的になれば、退職慰労金の問題は従来ほど重要性を有することにならないようにも思われます。またこれをめぐる裁判例もこれからはそれほど生じないことになるのかとも思います。

　そのほか株主総会の問題としては、昭和56年商法改正で導入された株主の権利行使に関する利益供与禁止規定についての一連の裁判例が出ており、その後の法改正における株主の権利行使に関する利益供与禁止規定の強化につながるわけです。株主の権利行使に関する利益供与禁止については、刑事事件も生じてきましたが、民事事件に関する裁判例も現在までいくつか出ており、会社が従業員福祉の一環として株主たる従業員団体に資金等の供与を行うことや財産上の利益の提供を伴う議決権行使の勧誘などが株主の権利行使に関する利益供与禁止規定に反するかどうかが問題とされています。このような問題に関して福井地判昭和60年3月29日（判タ559号275頁）は、従業員持株会への奨励金の支払いが従業員への福利厚生の一環等として認められる場合は、株主の権利行使に関する利益供与禁止規定（旧商法294条ノ2）に違反しないとしています。他方、高知地判昭和62年9月30日（判時1263号43頁）は、株主優待制度の基準を超えて特定の株主に乗車券を交付した場合には、株主の権利行使に関する利益供与禁止規定（旧商法294条ノ2）に違反し、交付した取締役は善管注意義務違反の責任を負うとしております。もっともこのケース

については、控訴審判決である高松高判平成2年4月11日（金判859号178頁）では、会社に株主の権利行使に関して利益供与を行う意図がなかったものとして基準超過の交付は株主の権利行使に関する利益供与に当たらないと判示しています。なお、株主総会における議決権行使の勧誘のために一定の財産上の利益を供与する行為と株主の権利行使に関する利益供与禁止規定との関係については、本書でも取り上げている東京地判平成19年12月6日（判タ1258号69頁）が判断しており、同判決は、正当な目的により、個々の株主への供与額が、社会通念上許容される程度で株主全体に供与される総額も会社の財産的基礎に影響を及ぼさないものであるときは例外的に許され得るとしつつも、当該事案における500円分のQuoカードの提供を伴う議決権行使の勧誘が、当該具体的な事案においては会社側提案に賛成する議決権行使の獲得を目的としたものと推認し得る場合であると認定し、Quoカードの配布は、株主の権利行使に関する利益供与禁止規定に反するとしています。

　なお、仕手筋からの強要に応じて会社が株主から株式を譲り受けた行為（自己株式の取得）について、本書でも取り上げられている最判平成18年4月10日（民集60巻4号1273頁）は、「会社から見て好ましくないと判断される株主が議決権行使等の株主の権利を行使することを回避する目的で、当該株主から株式を譲り受けるための対価を何人かに供与する行為」は、株主の権利行使に関し、利益を供与する行為であるとしています。この最高裁判例は、自己株式の取得のような株式の譲渡に伴う対価としての利益を株主以外のものに供与した事案であっても、一定の場合には（会社にとって好ましくない株主の権利行使を防ぐ等の意図がある場合）、株主の権利行使に関する利益供与禁止規定（旧商法294条ノ2）に反することになるとしたものです。

　吉原　続きまして、田路弁護士にお伺いしたいのですが、株主総会に関して総会運営は現場の実務の蓄積によって解決されてきた問題も多いように思います。そのような中でも昭和56年改正後、さまざまな裁判例が実務に大きく影響している点もあるかと思いますが、そのあたりについてコメントをいただけますでしょうか。

第3章　テーマ別に商事判例を振り返って

田路　株主総会の運営というのが、昭和56年改正以後の総会屋対策として改正後の10年、15年ぐらいですか、非常に重要だった時期がありまして、弁護士の業務の中でも総会を無事に乗り切ることが重要でした。それは一つには総会屋への対応という目標があったわけですが、総会屋のさまざまな妨害に対して、法律の範囲内できちっと対応して、無事に予定した決議を成立させる、そこに企業も非常に大きなマンパワーをかけて慎重に対応し、弁護士も本当に緊張感を持って当たっていた時代がありました。

　総会屋以外にも、電力会社に対する社会運動的な、主として原発反対などといった社会運動が株主総会の場に持ち込まれるような、そういった難しい総会がありました。われわれ弁護士は株主総会の場で起き得る円滑な運営を妨げるさまざまな出来事を、いかにうまく適法な範囲内で処置していくかということに企業の法務担当者と一緒に工夫を凝らし、その工夫に対して、裁判所が判断を示していく。その裁判所の判断によって、さらに実務が進化していくと。こういった企業側の工夫と裁判所の判決によって、総会実務が練り上げられていった時代がありました。昭和56年改正以降の10年、15年の間で起きてきた、今の株主総会実務に最も影響を与えたさまざまな裁判例がこの時期生み出されていたということがあろうかと思います。

　総会屋がもうすでに非常に少なくなっていた現代においても、総会実務はそうそう簡単には大きく変わっておりません。それがよいことだとは私自身も思っていませんし、企業のほうもそれなりに現代にマッチした総会実務に、徐々に変わっていきつつあるわけです。そんな中でも、数々の裁判例が未だに影響を持っているということはいえようかと思います。

吉原　次に齊藤先生に、最近の株主総会の商事判例に関して特徴のご説明と、またそれらについての先生のご意見がありましたらお聞かせいただけますでしょうか。

齊藤　田路先生のお話にもございましたように、昭和56年改正当時の株主総会実務にかかる法的な問題は、退職慰労金支給の決議のあり方の

ように、決議内容につき議論のあるものもありましたが、株主総会の議題に上がる事項が、計算書類の報告や、取締役・監査役の選任といったルーティーンであるところでの、総会の運営にかかるものであったようにお見受けいたします。すなわち、質問権等を利用して、総会屋や市民運動を行う人々、あるいは経営者と意見が対立する従業員、そのような株主が、株主としての経済的な利益とは異なる個人的な関心や利害関係に基づいて質問権を行使して、自分の意見を経営者に聞かせる、あるいは圧力をかける可能性があるのに対して、いかに適当な時間内に必要な決議を成立させて株主総会を終わらせるかにつき、関係者が工夫をこらしていた時代なのではないかと思います。そのために、議事整理権の限界や、あるいは一括回答の適法性などが裁判所によって明らかにされてきました。

　これに対して、最近は、株主総会の議題や議案の内容そのものについて、株主間の意見が大きく分かれるようなもの、株主の利害関係に大きな影響を及ぼし得るものをめぐって争われることが多くなってきているように思われます。たとえば株主提案による取締役の選任議案は、会社の支配権にかかわる争いの一端ですし、少数株主の締出しを目的とした企業再編に係る議案、あるいは敵対的買収に対する防衛策の導入・発動にかかる議案の適法性が、直接に、たとえば決議取消しの訴えや無効確認の訴えという形で、あるいは、間接的に、たとえば買収防衛策の発動にかかる差止めの場面などで問われています。決議の内容の適法性に直接かかわるものではありませんでしたが、たとえばモリテックス事件（東京地判平成19年12月6日判夕1258号69頁）などでも、株主提案がなされている状況で、より公正な株主総会運用が求められるといった文脈に位置づけられると思います。

　議案の適法性は、株主総会制度の意義という観点から検討するだけでは足りません。すなわち、会社支配の公正さや、株主の法的地位、資本多数決の原理の限界といった、より抽象的な問題の各論に位置づけられます。理論がなかなか一致をみない状況で、議案を用意する企業の関係者、それをサポートする弁護士の方々にとっては、チャレンジングな時

代なのだろうと思います。

吉原 神作先生、各先生方のご意見を踏まえて、ほかに何か別の観点からのご意見等ありましたら、お聞かせいただけますでしょうか。

神作 先生方が繰り返しおっしゃっておられますように、日本の株主総会については、総会屋の存在が、株主総会の実務のみならず株主総会制度のあり方自体にも大きな影響を与えてきたという比較法的にみても特殊な状況があります。そのほか、株主総会の会日の集中という問題等もあいまってとりわけ一般株主が株主総会に参加し発言しないという意味における総会の形骸化を防止すると申しますか、是正するという観点から、昭和56年の商法改正によって、株主総会の活性化が目指されたわけです。たとえばその際に導入された書面投票の制度などは、今からみても非常に先進的な取組みであって、そういった日本の特殊な状況下における株主総会の実務が、当時はまだ世界的にも珍しく、今ではむしろ少なくとも公開会社については導入されるべきだと多くの国で考えられるように変化してきている先進的な制度を生み出してきたという面があるように思います。利益供与の禁止にも、そのような面があるかもしれません。また、平成13年改正による議決権の電磁的方法による行使の許容にしても、日本の株主総会の実務におけるマイナス面を是正するための法改正というのが、今からみると、相当に先進的な内容を含んでいたという面を指摘できるように思われます。

総会屋対策が株主総会の実務で大きな影響力を持っていたという意味での株主総会の問題点については大幅に正常化してきたと思いますが、今日の株主総会は改めてグローバルな観点から注目を集めています。それは株主総会の実効化というべきものですが、コーポレート・ガバナンスにおいて企業価値を向上させるという観点から、株主総会の役割に注目が集まっているように思います。つまり、これまでのコーポレート・ガバナンス論がほとんど経営者に対する取締役会および監査役会による監督を中心にしてきたのに対して、株主総会に再び焦点が当たるようになってきたといえます。株主主権論の復活のような形になりますが、従来の伝統的な意味の「株主主権論」の復活という単純な話ではないと思

います。しかし、株主に残余権があって、株主には会社の重要な意思決定を決める正統性（legitimacy）と正当なインセンティブがあるわけですので、そのような観点から企業価値を向上させるような意思決定を期待できるという観点から株主総会に注目が集まるようになりつつあります。このような企業価値を向上させるために株主総会が実効的に機能するか、機能するとしたらどのようにすべきかということが、株主総会制度の正常化の次の目標で、まさにSSコードやCGコードの考え方は、そのような考え方に基礎を置いています。

そのような時代の下では、一方で株主構成の変化があって、特に外国人は大部分は機関投資家だといわれていますが、こういった外国機関投資家を含む機関投資家の持株比率の上昇ですとか、あるいはCGコードで政策保有株式を解消していくという方針を打ち出している会社もあり、株主総会の実務はこれからまた相当変わっていくものと思っています。

株主総会に関するこれまでの判例法理について、先ほど田路先生から、「企業側の工夫と裁判所の判決によって、総会実務が練り上げられていった」とのご指摘がありましたが、コーポレート・ガバナンスの観点からの株主総会に対する期待の高まりの中で、会社法および両コードを踏まえた新たな総会実務の工夫の中から合理的な規範が形成されていくことが期待されるとともに、場合によっては、たとえば株主総会の権限の範囲や、株主提案権のあり方ですとか、そもそも決議の方法ですとか、もしかしたら先ほどの「新たな株主主権論の復活」の下での株主総会制度にとっては、合理的な実務と判例では限界があるということが明らかになるのであれば、立法論的な提言がなされてくる可能性もあり得ると思います。

第3節　取締役の責任（第2部第5章）

吉原　次に、取締役の責任や代表訴訟、本書でいうと**第2部**の**第5章**になりますが、その分野に関してご意見を伺います。先ほどもお話が出

ていましたが、平成5年の商法改正で、代表訴訟の提訴の手数料が一律8,200円とされたということで、株主にとって代表訴訟を提起しやすくなって、訴えの数が激増しました。現在では株主が取締役の責任を追及する手段として、すっかり代表訴訟が定着したところがあると思います。代表訴訟は、古くは八幡製鉄政治献金事件のように、会社の政治献金に関する取締役の責任が問題とされたという事例もありましたが、最近ではMBOなどの組織再編の際の取締役の意思決定が問われるといったような、いわば現代的なケースも増えてきているところかと思います。企業の通常の経済活動の場面だけでなく、不祥事など、イレギュラーな場面についても取締役の責任はさまざまに追及されているところですが、これらについて先生方のご意見をお聞かせいただきたいと思います。

　まず、齊藤先生、取締役の責任に関する判例の変遷については、どのような特徴があるのかなどについてご説明いただけますでしょうか。

齊藤　取締役の責任に関する裁判例は、たとえば瑕疵ある取引の効力という論点において、有効説と無効説があって、判例は無効説から有効説になりましたという形で、裁判所の立場の変遷が明らかになる領域ではなく、個々の文脈の異なる事案における個々の裁判所の判断の蓄積があるにすぎないので、一定の傾向や変化がみてとれるかは、難しいところです。ただ、次のような特徴が指摘できるのではないかと思います。

　まず、代表訴訟の手数料の引下げ前後で様変わりしているという点です。前田先生からすでにご指摘があったように、その前は対第三者責任に関する裁判例がほとんどでした。現在リーディングケースとされている監視義務に関する裁判例も、当時、中小企業の対第三者責任の下で形成されてきたものです。

　最高裁の昭和44年の大法廷判決（最大判昭和44年11月26日民集23巻11号2150頁）により、対第三者責任は不法行為責任ではなく、任務懈怠責任であると位置づけられ、しかも、対会社責任とは異なり、こちらは主観的要件も悪意または重過失と、よりハードルは高くなっています。それにもかかわらず、対第三者責任の分野では、対会社責任とは異なって、

裁判所が責任を肯定した事案が多数あります。もちろん判例集に報告されているものは、取締役の決定や行動が著しく不合理な事案に偏っていた可能性もありますが、当時の中小企業の経営者は、会社の取引において一種の保証人的な地位とみなされていたこと、または通常は株式をほとんど全部保有して会社が得る収益を手にしているような地位にもありますので、対第三者責任が法人格否認の法理と同等の利害調整機能を果たしていたこともあったのだろうと思います。さらに、ほとんどの事案は、取引相手が債権回収のために行っているものですので、請求されている金額もそれほど大きくなく、訴訟時には、会社も倒産していることが多かったので、萎縮効果という発想にも至りにくかったのではないかと想像いたします。加えて、対第三者責任のケースは、商事部以外の部に係属いたしますが、このような争いは取引不法行為の延長に当たりますので、不法行為の裁判例になじみのある裁判官たちにとっては、同じ発想で責任を認めることに対するハードルが低かったのではないかということも推測されます。

　これに対して、取締役の対会社責任については、現在においても、裁判所は非常に謙抑的な態度を貫いているように見受けられます。とりわけ具体的な法令違反行為に取締役が直接関与するといった事情がなく、MBOのように取締役が内容に利害関係を有するという事情もない場合、すなわち、純粋に経営判断の是非が問われる事項については、金融機関の取締役を除いて、めったに責任を肯定されることはなかったように思います。事業会社でこのようなケースに責任が問われるとすると、少なくとも近時は、会社の内規等の手続に違反している場合や、事前の情報収集等があまりにも不十分であるような場合に限定されているように思われます。内部統制システムの構築義務違反に関するケースは、純粋な経営判断を扱うものといい難い部分がありますが、取締役に一種の裁量が認められている事項でありまして、これについても、日本システム技術の最高裁判決（最判平成21年7月9日集民231号241頁）にみられるように、同事案は不法行為責任でしたが、取締役の選択を尊重するという姿勢がみられるように思います。すなわち、複数の正解があり得るような

場面については、取締役が自覚的に情報収集や手続遵守をしている限り、出された解について裁判所が異議を唱える可能性は非常に低いと思われます。

　中小企業の場合に比べて、責任が肯定される例が実際に少ないというのは、対会社責任が代表訴訟で争われるのは上場会社のようなケースが大半ですので、企業の法務部の活動や顧問弁護士の方々のサポートの成果でもあるのだろうと思われます。

　これに対して、具体的な法令違反に取締役が直接関与していた場合については、法令違反の認識可能性がないというような、ごく例外的な事情がない限り、任務懈怠が肯定されるというのが現在の流れであろうと思います。

　このように、対会社責任の任務懈怠の判断基準は、それなりに議論も裁判例も蓄積されていますが、任務懈怠の有無以外の論点、たとえば因果関係論や損害論については、民法理論に依存していると考えていられるためか、あまり議論が進んでいないように思います。たとえば、現在の裁判例では、会社が法令違反に際して支払った課徴金や罰金は損害に入ると考えられていると思いますが、損害賠償の対象になるとすると、株主の立場からみると、会社から流出した財産を取締役から取り返せるので、何も懐は痛まないというような結果がもたらされることになります。これは果たして罰金を科すという趣旨に合致するのかという問題点もあります。また、いったん不祥事が生じた後、たとえば被害者との和解交渉のための資金、それに関連して法律事務所等に支払った費用など、会社の損失拡大防止の観点から支出したもののどこまでが、当該不祥事によって生じた会社の損害として取締役に請求し得るべきかという問題もあります。会社の背後にいる株主等の関係者は、単なる被害者ではなく、企業への投資等につきリスクを引き受けている立場でもありますし、このような論点については、一般私法の議論に丸投げせず、企業をめぐる利害調整の問題の一端、すなわち会社法の独自の問題として、もう少し議論を深められ得るように思います。特に、今後、外国の当局等によって、日本の企業が摘発される事態が増えてくるとしますと、こ

れらの問題はより深刻になってくるのではないかと思われます。
　最後に、いわゆる忠実義務が問題となるような分野についてですが、企業結合が絡むような関連会社に対する金融支援や、あるいはMBOのような場面については、裁判例が少しずつ出てきている状態です。これに対して、教科書事例にあるような取締役と会社間の直接取引にかかる取締役の責任に関する裁判例はほとんど報告されておらず、学界では議論されているわりには先例となるべきものが見当たらないという領域もあります。実際にそれが問題になるのは多くの場合中小企業でしょうから、裁判として争われにくいのかもしれませんし、裁判になるとしても、代表訴訟で責任が問われるより、履行請求がなされるのかもしれません。このように、取締役の責任といっても、裁判所の判断の蓄積状況には、責任の類型や論点によって斑があります。

　吉原　次に、神田先生にお伺いいたします。先生は、平成5年の商法改正の際に、法制審議会の部会に幹事として参加されておられますけれども、当時の審議の状況等を含めて、何かご意見やご説明などをいただけますでしょうか。

　神田　平成5年改正というと、今から20年以上前の法制審議会でして、当時は法制審議会の商法部会といっていましたけれども、いろいろ懐かしい思い出があります。そういうことをお話ししている時間はありませんので、平成5年改正でいうと、ポイントとしては三つ柱があったと思います。第1は株主代表訴訟制度の改正、第2は監査役制度の強化、第3は社債制度の見直しということでした。

　株主代表訴訟制度については、ご存じのように、手数料については平成5年改正でルールを変えたということではなく、その直前に日興證券の高裁判決で金額は一律8,200円という立場が出されました（東京高判平成5年3月30日判時1460号138頁。最判平成6年3月10日資料版商事121号149頁で上告棄却）。したがって、平成5年改正はそれを確認したにすぎません（ただし、明文の規定を置いたということはあります）。代表訴訟制度にとって平成5年改正が重要だったとすれば、それは代表訴訟制度の基本的な仕組みを変えなかったということだと、むしろ今からみると思いま

す。どういうことかといいますと、代表訴訟制度というのはアメリカの制度を昭和25年改正で輸入したものなのですが、その後の発展がアメリカと日本ではあまりに違う方向へ行って、日本ではまったくといってよいほど使われなかった。ゼロではありませんでしたけれども。アメリカでは、ご存じのように、会社に提訴請求がありますと、会社は独立委員会を作ってそこで提訴の可否を判断します。そこで提訴すべきでないという判断が出された場合には、株主の起こした代表訴訟は却下される。いくつか要件がありますけれども、そういう判例理論が発展しました。日本はそういう判例理論はありませんので、普通の言い方でいえば株主代表訴訟は単独株主権であって、仮に他の多数の株主が提訴は適切でないと思っていても1人で起こせるという制度であり、平成5年改正はそれを維持したということが大きいように思います。その後、株主代表訴訟はそれなりに起こされるようになったということだと思います。

　そういうことになってきますと、次にというか、その後の理論の焦点は結局、代表訴訟の手続法的側面ではなく、どういう場合に取締役等は会社に責任を負うのかということに移っていきました。取締役等はもちろん責任がなければ勝訴しますし、あれば敗訴するわけですから、結局、責任がある場合とない場合、それを詰めるという話になっていったということではないかと思います。先ほど齊藤先生が細かくご紹介されましたし、貴重なご指摘がたくさん含まれていたと思いますが、非常に大雑把にいうと、善管注意義務違反とはどういう場合ですかということで、後に日本版経営判断原則といわれるルールの形成につながるような実務が育っていき、最終的には、アパマンショップＨＤ事件において、民集登載判例ではありませんけれども、最高裁も、判断のプロセスと内容に著しい不合理性がなければ善管注意義務違反ではないとし（最判平成22年7月15日集民234号225頁）、ルールはそのあたりに、結局、今は到達しているというのが一つです。

　もう一つは、法令違反があった場合です。これも、いわゆる会社ぐるみの場合と一部の人がした場合とで分けて考えなければいけませんけれども、しかし、大雑把にいえば、法令違反があった場合にどうかという

と、当時、学界の一部では「法令」（平成17年改正前商法266条1項5号参照）というのを狭く解そうという議論をしていたのです。しかし、最高裁は、違反があった場合に取締役の責任を生じるのはすべての法令だとし、他方、違反があっても過失責任であって、過失がなかったら責任なしという著名な判決を出しました（野村證券事件。最判平成12年7月7日民集54巻6号1767頁）。この事件は、証券会社による損失補塡が問題になった事案ですが、そうすると、損失補塡行為というのは、当時、どの法令に違反していたのかということで大変議論になりましたけれども、最高裁は、結論としては、過失がなかったからという理由で取締役の責任を否定しました。

　アメリカがどういうふうになっていたかというと、アメリカは代表訴訟の手続面は先ほど述べたとおりなのですが、実体面についていいますと、アメリカは取締役が個人責任を負うということを極端に嫌う社会です。そういう中で役員賠償責任保険というものが使われるようになっていきました。他方で、多くの州法はいわゆる軽過失免責を取っていると理解しますけれども、そういう形で取締役の会社に対する責任の制度というものが、徐々に進化というか変化していったわけです。

　日本についてもう1点だけ付け加えるとしますと、日本でも役員賠償責任保険というものが導入されたのですが、基本的にはいわゆる重過失の場合は対象としません。また、平成13年改正で責任の一部免除制度が導入され、これもいろいろな経緯を経ていますけれども、今、どういうところに落ち着いているかというと、落ち着いているかどうかはよくわかりません。たとえば有名なセイクレスト事件で、責任限定契約がある範囲で責任を認めましょうという判決が出ているというのが日本の現在の状況です（大阪高判平成27年5月21日金判1469号16頁）。平成5年改正が一つのきっかけになって、株主代表訴訟という法制度が実は取締役等の会社に対する責任という領域、上場会社を含めてですけれども、それを大きく進化させるきっかけになったということはいえると思います。そういう状況を前提として、平成26年改正により多重代表訴訟制度が導入されたということだと思います。

あと、ほかの二つについて一言ずつ申し上げます。監査役制度の強化という平成5年改正は、不祥事の再発防止という概念が、当時は常に監査役制度の強化ということであったということを象徴しています。これは昭和49年改正、56年改正、63年改正、平成5年改正とみな同じでして、取締役会を改革しましょうという発想はあまりなかったというのが特徴です。その後、平成13年改正の後に方向が大きく変わって今日に至っています。

社債制度の見直しというのは、会社法としても重要な課題でして、平成5年改正は重要な改正でした。うまくいえませんけれども、銀行界と証券界の分野調整のような話が大きくて、実はその前年の平成4年に証券取引法が改正され、当時は相互参入と呼んでいましたが、業態別子会社方式と当時いいまして、銀行は子会社で証券業務、証券会社は子会社で銀行業務がそれぞれできますという制度改革がされました（その後、平成10年の改革で持株会社方式が導入されました）。このような流れの中で、平成5年の社債法の見直しということが行われたという側面があります。

吉原 ありがとうございました。次に田路弁護士に伺いますけれども、代表訴訟が増えていった時代の中で、実務上は法律事務所に対する依頼者からの善管注意義務違反に関する意見書の依頼といったものも増えていったのでしょうか。そのあたりをお聞かせください。

田路 これは先ほどすでにコメントしましたので、詳しくは繰り返しませんけれども、金融機関が不良債権を抱えていて、それの損失を出す場面で、あるいは危殆に瀕した企業に対して融資をするという場面で、必ず弁護士の意見書を取って意思決定をすると。そういう実務は完全に銀行界に定着したのかなと思います。プラス、事業会社においても代表訴訟が頻発した時期はかなりセンシティブになっていて、大きな企業であればあるほど弁護士の意見を聞くというようなことがあると思います。

その後ですが、代表訴訟も落ち着いてきたといいますか、先ほど齊藤先生からもご指摘がありましたけれども、裁判所の判断は企業の側から

みてもきわめて、先ほど齊藤先生は謙抑的という言葉を使われましたが、まさにそうだと思います。まともな経営判断をしていれば何も恐れることはないのだという認識というか、要するに裁判所の判断がきわめて安定していましたので、違法行為に携わらない限りは大丈夫と。きちっと情報を集めて合理的な判断をしている状況が確保できれば何の心配もないのだという認識が、ほぼ定着していますので、以前のように過敏になっているということはないと思います。

　ただ、1点付け加えますと、カルテルの事件で課徴金減免制度、リニエンシーですね、この制度に駆け込まなかったために課徴金を課され、それが損害だということで代表訴訟が提起され、最終的に役員がおよそ5億円の解決金を支払って和解したという事例があります。これは副次的にリニエンシー制度の利用促進をもたらしたということがあろうかと思います。リニエンシーについて一般の方は、カルテルという違法行為をやっているのだから、それは当然、取締役としては進んでリニエンシーを利用せよという指示をするのではないかとおっしゃるかもしれませんが、実際、企業法務の現場では、果たしてそれがカルテルなのかどうなのかきわめて微妙な事案も多くあり、違法だと断定できないレベルのときに果たしてリニエンシーに踏み込めるのかというと、そこは非常に難しい判断になります。しかしながら、あのような事例もありますので、あとは現在の企業社会において怪しいことはしてはいけないといった認識が定着していますから、そのあたりは疑わしいものはリニエンシーを申請すると、そういった副次的な効果をもたらしました。最近のこととしてはそういうことがあるのかなと思いました。

　吉原　最近の傾向についてもありがとうございました。次に前田先生にお伺いしたいのですが、かつてのたとえば1970年代くらいまでの判例と、最近（2000年以降）の判例を比べて、違いや特徴などをどのようにとらえているのか教えていただけますか。

　前田　すでに齊藤先生が非常に詳細に説明されているところでして、私の感想もかなりそれに重なってしまいますけれども、初期の段階といいますか、昭和25年商法改正がなされた1950年代から70年代ぐらいまで

は、取締役の会社に対する責任が問われた事案というのはそれほど多くはなかったのです。そういう点では、どういう特徴かといってもなかなかまとめにくいのですが、目立ったケースとしては政治献金についての東京地判昭和38年４月５日（下民集14巻４号657頁）があります。同判決はご存じのように政治献金を会社の目的外の行為として取締役の善管注意義務違反を肯定したケースです。これはいうまでもなく高裁（東京高判昭和41年１月31日高民集19巻１号７頁）、最高裁（最大判昭和45年６月24日民集24巻６号625頁）で覆されています。そういったケースとか、あるいは少し時代を広げますと、自己株式取得規制違反に関する取締役の責任を扱ったケースや株主優待制度の基準を超えて財産を交付した取締役の責任を扱ったケースなどがみられます。当時の自己株式取得規制に違反した取締役に対して損害賠償責任が肯定されたケースとしては、東京地判昭和61年５月29日（判時1194号33頁）のケースが挙げられますが、これは先ほど神田先生がおっしゃった三井鉱山のケースです。また株主優待制度の基準を超えて会社財産を交付して取締役の責任が問題となった事案は、先ほど述べました不当に乗車券を交付した電鉄会社に関して、株主の権利行使に関する利益供与禁止規定違反が問題となった事案です。１審の高知地判昭和62年９月30日は利益供与規定違反を肯定し、取締役の責任を認めました。そして、控訴審の高松高判平成２年４月11日は利益供与禁止規定違反は否定しましたが、特定の株主に対する優待乗車券の超過交付については、取締役の善管注意義務違反を認めています。

　そのくらいが目に付く程度で、取締役の善管注意義務違反のケースは少なかったと思います。

　そのようにケースが少なかった理由としては、先ほどご指摘があったのですが、一つには、当時は代表訴訟制度が機能しなかったわけですから、株主による取締役に対する責任追及が非常に困難であったということが、考えられると思います。結果として、当時においては、会社に対する責任が追及されることはまれであり、強いて責任が追及される場合として考えられたのは、会社が破綻し、その破綻責任の追及の一環として、たとえば会社更生手続の場合に管財人等から責任が追及される場合

が考えられます。そのようなケースとしては、神戸地姫路支決昭和41年4月11日（下民集17巻3・4号222頁）の会社更生法（旧会社更生法72条1項1号）上の損害賠償請求権査定という事案があります。これは山陽特殊製鋼の倒産後、同会社前役員に対する損害賠償請求権が査定されたケースです。同様のケースとしては、東京地決昭和41年12月23日（商事401号13頁）があり、同ケースはサンウェーブ工業の倒産後、前役員に対する損害賠償請求権が査定された事案です。昭和39年から40年においては、上場会社の倒産事件が生じ、倒産会社の経営者の責任が問題とされたわけで、その責任追及がなされたのですが、商法・会社法による責任追及ではなく会社更生法により行われたわけです。結局当時においては、会社が通常の経営状態にある場合には、取締役の善管注意義務違反が生じても、その責任が問われることはあまりなく、会社が破綻してはじめて責任追及され得るわけであり、そのような事案の中で取締役の善管注意義務・忠実義務違反が問題とされてきたようです。

　さらに、齊藤先生が先ほど指摘していましたが、この時代では取締役の第三者に対する責任が問題とされたケースはかなり多いわけです。この1955年以降1980年代あたりまでの期間において、取締役の第三者に対する責任を扱った判例により、同責任に関する種々の問題についての判例理論がすでに形成されてきているように思われます。取締役の第三者に対する責任規定が広く用いられたのは、破綻した企業の会社債権者が会社から弁済が得られなくなる替わりに取締役の第三者に対する責任を追及するという方法により、自己の債権回収を図るということが行われたわけです。特にこの時代の初期には法人格否認の法理が認められていなかったことから、会社の債務を別人格である取締役に損害賠償債務という形で負担させ、回収を図るという、いわば法人格否認の法理の代替手段としても使われていたようです。このように取締役の第三者に対する責任規定は、盛んに使われており、判例もまたかなり広く責任を認めてきています。その内容についてはすでに齊藤先生が詳しく説明されています。判例によって発展させられてきた取締役の責任の内容に関して、その特徴の一つとして挙げれば、取締役の監視義務という点が強調

され、その範囲が広く認められてきたということがいえると思います。

　以上のような1970年代ないし80年代あたりまでの状況に対して、近年においては代表訴訟制度がかなり利用されるようになってくるわけです。特に先ほどの神田先生のお話にありましたように、代表訴訟制度の改革については、平成5年商法改正およびそれに先立つ日興證券の事件があったわけですが、これらの改革によって代表訴訟制度が積極的に利用されるようになり、取締役の会社に対する責任を追及する代表訴訟がかなり提起されるようになってきました。その結果、取締役の会社に対する責任を直接論じる裁判例が相次いで生じたわけです。ここは齊藤先生が詳しく説明されているところで、近年になってそのあたりの訴訟の中で善管注意義務の内容とか程度、取締役の経営上の判断における裁量の範囲、内部統制システムの構築義務、法令違反の場合の法令の意義、あるいは経営判断原則といったものが詳細に検討されるようになってきて、それらについて具体的な判断が示されてきています。そういう意味では、1970年代ごろまでは、取締役の責任が問題にされ、善管注意義務・忠実義務の内容や範囲などを直接議論する判例などはあまりなかったのです。先ほど述べましたように、取締役の責任は会社が破綻したような場合においてはじめて問題とされ、そこで取締役の善管注意義務や忠実義務違反が取り上げられたわけです。そういう状況からみますと、近年における取締役の責任を盛んに取り上げて議論するような裁判所の動向というか、判例の動きというのは、当時と比べて随分様変わりしているのかなという気がします。

第4節　M&A・組織再編（第2部第9章～第11章）

1　表明保証・M&A契約

　吉原　それでは次に、M&A・組織再編の関係に移らせていただきたいと思います。本書の**第2部**の**第9章～第11章**で、M&Aや組織再編を取り上げているところですが、2000年に入ったころから商法改正が度重なる

とともに、M&Aに関連する商事判例が増えてきたということです。その分野に関してさまざまありますけれども、まずは、表明保証、独占交渉条項など、M&Aの契約に関する商事判例、たとえば本書にも住友信託銀行対UFJホールディングス事件とかアルコ事件を取り上げていますが、そういったM&Aの契約に関する商事判例についてお伺いしたいと思います。神作先生、契約に関する裁判例の特徴について、先生のご評価をお聞かせいただけますか。

神作 M&Aに関連して、ご説明いただきましたような表明保証条項ですとか、ディール・プロテクション条項と総括される協議禁止条項等の条項が広く利用されています。これらの条項の有効性や、当該条項に違反した場合の法的効果等が争われ、裁判所の判断が示されるケースがしばしば見受けられるようになってきました。おそらく問題の発端は、特にアメリカにおけるM&A実務で使われている条項を――企業買収防衛策にもそのような面があると思いますが――日本法上の概念や司法制度との接合を必ずしも十分に検討しないまま日本に持って来たために、日本法上の法的効果がどのようになるのかが、必ずしも明らかでないという状況があると思います。

はじめに申し上げたいことは、これらのM&Aに関する表明保証条項やディール・プロテクション条項については、方向性が正しいかどうかは別として、裁判所は通常の契約とは少し違ったアプローチで解釈しているのではないかということです。そのような意味では、本書は**第2部第9章第4節**において「表明保証・協議禁止条項等」を設け、商事判例として分析を加えていることは、これらの契約の特殊性を商事的観点とりわけM&A取引という観点から明らかにしようとする試みであって適切な位置づけであり意義深いと考えます。

まず、表明保証条項に関するアルコ事件についてですが、通常の契約解釈と異なるのは、表明保証条項の違反について買主が善意であることが重大な過失に基づくと認められる場合には、救済を受けられない、逆にいうと、表明保証条項に違反しても売主はそのような場合には補償責任を免れる余地があると判示した点です。この点については、本書で批

判的な見解も多いと記述されているように、考慮すべきさまざまな論点がありますけれども、表明保証条項は通常の保証契約とは少し性格や機能が異なるのではないかという問題意識を、裁判所は持ったのではないかと思います。おそらくその背後には、本来、表明保証条項は、企業売買の当事者間における圧倒的な情報格差を是正するための一つの有力な道具と申しますか手段であって、表明保証条項それ自体に契約の核心的な目的があるわけではない。このような視点は、おそらく次のディール・プロテクション条項にも共通する面があると思いますが、M&A契約に伴う表明保証条項等を、より公正かつ適正にM&A取引を行うための条項として合理的に解釈すべきであると同判決は位置づけた上で、通常の契約と異なり、債権者側に悪意や重過失があると保証条項に基づく補償請求権を行使できないと判示したと解し得るように思われます。

　もっとも、そのことの妥当性については、本書に指摘されているように、学界からも実務界からも批判が強いと理解しています。すなわち、表明保証条項の中には表明保証条項の違反が甚だしいために、そもそもそのような場合には当該M&A取引を行わないという取引自体の有効性自身に結び付く場合と、そうではなくアルコ事件で問題になったように補償条項と結び付く形で、いわばM&Aの対価を事後的に調整する機能、すなわちリスク分配の機能を担う部分の双方が含まれており、表明保証条項違反に基づく補償によるリスク分配ないし企業買取価格の事後的調整機能が当該事案において問題になっているのだとすると、たとえば買主に悪意があったとか重過失があったということは、リスク分配そのものとは結び付く必要はなく、むしろ切り離して考えるべきではないかという批判が生じてきます。そのような意味で表明保証条項に関するアルコ事件判決の判旨については検討の余地があり、批判にも合理性があるように思います。しかしながら、他方で、表明保証条項を置き、それが文言どおり適用されるとすると、しかも保証条項に違反した場合に支払うべき金額が相当多額に定められているようなケースを考えると、今度は逆に、そのこと自体が公正かつ効率的なM&A取引を実現するという観点からは疑問となる場合も生じ得るように思います。したがって、表

明保証条項というのは何らかの形で裁判所によりコントロールされなければならず、その際にはM&A取引の公正性、適正性および効率性を確保するという観点から、解釈がなされ、表明保証条項に違反があった場合の法的効果が詰められていくべきであると考えられます。その際、M&A契約の当事者のインセンティブを適切に方向づけるという観点が重要になると考えます。

　次に、ディール・プロテクション条項について述べます。ディール・プロテクション条項について裁判所はやや通常の契約と同様に考えている節もあります。しかし、最高裁は結局、差止めは認めませんでしたので、結論は正しかったと私は考えています。ディール・プロテクション条項というのも、M&A取引においてどのような機能を営むのか考えていく必要があります。ディール・プロテクション条項が置かれるようになった理由は、コストをかけて買収先を探してきて条件を提示したら、他の者がそれにフリーライドする形でM&A市場に参入し当該取引を奪ってしまうことを避ける、あるいは、本当は売却する気もないのにM&A取引の交渉に巻き込み結局のところ取引は行わないというような、買収者側が買収のために大きなコストをかけてそれが結局のところ不当に無駄になるのを避けるといったことがあると思われます。そうだとすると、ディール・プロテクション条項というのは、そのような目的の範囲内で適切に機能するのであれば、M&A取引の活性化と適正化、ひいてはM&A市場の効率化に資するものであり、その限りにおいて同条項は非常に意味があるものだと思います。

　他方で、ディール・プロテクション条項には、契約を締結しない自由を制約することになるとか、自由競争を制限するおそれがあるとか、会社支配権の市場の効率性を害するなど、さまざまな批判があります。また、会社法の観点からは、売却側の企業がディール・プロテクション条項により拘束され、企業を安く売る結果となってしまい、売却側の企業の株主との関係で当該企業の経営陣に信認義務違反等の法的責任が生じ得るとの指摘があります。もっとも、最近のアメリカの研究などでは、むしろディール・プロテクション条項を置いてM&A取引の実現を図る

わけですが、結局のところ買収側の企業が高く買い過ぎてしまっているのではないか、逆にディール・プロテクション条項が、買収側の会社の株主にとって高い買い物をさせられているという意味においてマイナスの効果をもたらしているのではないかという批判等もあるようです。このように、ディール・プロテクション条項というのは、おそらく国によっても時代によっても営み得る機能が異なり得る非常にデリケートな条項であると考えられます。

　このようなディール・プロテクション条項の目的や機能に鑑みるならば、通常の契約解釈と同じであると位置づけるのではなく、先ほど述べた会社法上の規範、それから競争法上の規範など会社法以外の規範に照らしても非常に重要かつ微妙な問題を含んでいることを認識し、それらの条項がM&A取引において、ひいてはM&A市場において実際にどのような機能を有しているのかを認識し、適正に用いられるようにコントロールする必要があると考えられます。先ほどディール・プロテクション条項には、買い手の登場を促すことによりM&A取引を促進する機能があるという観点を申し上げましたけれども、売却側企業とりわけその株主の観点から問題が生じるのみならず、利用の仕方によっては買収側企業にとって高すぎる買い物になり当該会社の株主の利益を害するということもあり得るわけです。そのことが売り手側あるいは買収側の株主に対する信認義務にどのような影響を及ぼすかといった、会社法上の観点、さらには公正かつ効率的な支配権の市場という観点から、ディール・プロテクション条項の目的に即した適切な運用と解釈をする必要があると考えます。アルコ事件にしても住友信託銀行対UFJホールディングス事件にしても、表明保証条項や協議禁止条項について裁判所で争われた萌芽的なケースであって、これらの条項の内容と法的効果等については、おそらくまだ発展途上の段階にあるのではないかと思っています。

　吉原　ありがとうございました。田路弁護士に伺いますが、M&Aの案件で、具体的な条項の文言が問題になることはよくあるところかと思いますけれども、この分野で取り上げています商事判例に関して、実務家

の観点から何かご意見がありましたらお聞かせいただけますでしょうか。

　田路　神作先生のご提示された論点と重なるのですが、一つは住友信託銀行対UFJホールディングス事件です。独占的交渉権というのは、この種のディールを行うに当たって、弁護士は当然のようにして入れていた条項だったと思います。われわれは当然、それは有効だろうという前提に立って仕事をしていました。これが最終的に裁判所から効力を否定されたということになってわれわれは愕然としたというか、でも裁判所の理論構成をみると、そういう考え方もあるのかなというような感じがして、今でも半信半疑な感じはしているのですが。そういった意味で、われわれ実務家や企業で企業法務に携わっている方々に、非常に緊張感をもたらした裁判例ではなかったかと思います。

　もう一つ、表明保証条項ですが、これはM&Aが活発になってきて、こういった条項はアメリカの契約実務から輸入したものですけれども、日本の弁護士は、こうした契約のテクニックについてほとんど知らなかったわけです。表明保証とデューディリジェンスの組合せによって、契約の中でリスクヘッジをしていくのだという考え方が非常に新鮮ではあったわけですが、こうした実務をきっかけにわれわれ弁護士、それから裁判官も実はそうなっていくのですが、企業活動の細部に奥深く入って行くきっかけになったのが、表明保証、M&Aの関係だったのかなと思います。

　もう1点、申し上げたいのですが、特にMBOとかスクイーズ・アウトの裁判例でみられるように、おそらくかつて裁判所にとってはビジネスの世界というのはそれほど詳しくはなかった。しかしながら、こうした紛争を通じて否応なしにMBOとかスクイーズ・アウトなど、複雑な企業活動について裁判所が判断せざるを得なくなった。こういった状況が表れたと思います。おそらくここにおられる先生方も、たくさんの意見書を裁判所に出されたのではないかと思いますけれども、ああいった事件になりますと、いかに学者の先生方の意見書を自分のほうから出せるかというのが、弁護士の一つの力量として評価される状況もありまし

た。

　それは余談ですが、裁判所がそういった判断をせざるを得なくなって、たとえば東京地裁の商事部の裁判官などは大変勉強されたと思います。数々の裁判例を通じて企業のほうも、裁判官がきちっとみてくれていると、勉強してくれているということで、ある程度の安心感というか信頼感というのは醸成されてきたのかなと思います。これは、こうした商事判例を扱っている裁判官の一つの功績なのかなと思います。

2　支配権争奪に関する商事判例

　吉原　引き続き、このM&Aで二つ目として挙げています支配権争奪に関する判例について、お聞かせいただければと思います。ここでは神田先生にお聞きしますが、先生は企業価値研究会、企業統治研究会で座長を務められ、その報告書を取りまとめられましたけれども、その検討当時の状況や支配権争奪に関する商事判例について、ご意見をお聞かせいただけないでしょうか。

　神田　ありがとうございます。実際の裁判例をみますと、本当の意味での支配権争奪が問題になっているのだろうか、疑問なケースもあるのですが、主要目的ルールについて若干、それから企業価値研究会について少し申し上げたいと思います。

　主要目的ルールと呼ばれるようになったルールは、下級審裁判所、とりわけ東京地裁民事第8部で形成された判例理論です。一般的に出発点となったのは忠実屋・いなげや事件（東京地決平成元年7月25日判時1317号28頁）ですけれども、この分野は不思議なことが二つあります。一つは最高裁までいって最高裁の判例がある分野ではないということです。仮処分の事件が最高裁までいったのは、先ほど言及がありました住友信託銀行のケースとか、あるいはブルドックソース事件があるのですが、これらは、ここでいう主要目的ルールの対象となるような事案ではありません。ブルドックソース事件でいえば株主総会決議があった事案です。もう一つ、不思議ということではないのかもしれませんが、株式の発行差止請求というのは実際には仮処分で決着がつきます。しかもそれ

は満足的仮処分ないし断行的仮処分といって、仮処分によって事実上勝ち負けが決まるということです。しかも、実際には、数日ないし1週間で勝負はついてしまうのです。そういう中で形成された判例理論といってよいのかどうかよくわかりませんが、裁判例群とでもいうべきものから成るのが主要目的ルールということになります。面白い分野だと思います。

　実際のところ、主要目的ルールというのは、忠実屋・いなげや事件の後、変容しています。大きく変化したといれているのは、セーフなのかアウトなのか、ぎりぎりだねといわれたケースであるベルシステム24事件です。100％を超える第三者割当てがされたのですが、結論としてはセーフ、発行差止めの仮処分は認められなかったケースです（東京高決平成16年8月4日金法1733号92頁）。その後、ニッポン放送事件で買収対抗策として行われた新株予約権の第三者割当ての差止めの仮処分を認めた東京地裁および東京高裁の決定（東京地決平成17年3月11日金判1213号2頁、東京高決平成17年3月23日判時1899号56頁）を経て、主要目的ルールというのは、一般的にいえば次のように変容したと理解されています。一つは、忠実屋・いなげや事件で述べられた東京地裁の一般的判示の後半部分というのがあるのですが、それがベルシステム24事件で否定されたということ。もう一つは、このルールは、現に経営支配権の争いがある場合において、そういう中で取締役会決議だけで行われる新株発行ないし第三者割当ては、いわゆる権限分配法理という考え方に基づいて、原則として現経営陣の支配権維持を主要目的とするものと推認されるというルールに変容したということだと思います。

　さらにもう一つ、これに関連して重要なことは、そういう希釈化率の高い第三者割当てというのは日本では結構実例が多くて、中にはちょっと怪しい、というと表現がよくないかもしれませんけれども、上場会社のする第三者割当てであっても、多くの場合は引受証券会社が間に入りませんで、クエスチョンマークが付くようなものが目立ったという時期があります。そこで、東京証券取引所は上場会社向けに2009（平成21）年8月に、会社法に上乗せするルールを作りました。その後、ご存じのよ

うに、会社法においては、平成26年改正により、支配権の異動をもたらすようなものについては、総株主の議決権の10分の1以上の株主が請求すれば株主総会の普通決議が必要になるという規律が導入されました。この結果、ベルシステム24その他、100％を超えたような事案は、現在の会社法の下では、10分の1の株主が請求したら株主総会の普通決議が必要になるという状況になっているわけです。ちなみに昔の著名なソニー・アイワのケースは100％ちょうどの倍額増資でしたので（東京高判昭和48年7月27日判時715号100頁）、平成26年改正後のこの規律のもとでもぎりぎりセーフとなります。

　さらに上場会社についていいますと、第三者割当てだけではなく実は公募増資も問題だ、ライツ・イシュー（ライツ・オファリング）も問題だ、全部問題だというので、エクイティ・ファイナンス全部が問題だということになって、日本証券業協会や日本取引所自主規制法人ではプリンシプル・ベースのルールを作って今日に至っているという状況があります。

　他方、企業価値研究会ですが、これは私も懐かしい思い出になりますけれども、意外の積重ねの歴史でした。2004（平成16）年だったと思いますが、夏休み明けに粛々と勉強しましょうということで研究会を立ち上げました。その前にソトー、ユシロ化学工業という事件があったのですが、研究会の当初の問題意識としては、一般的にいって日本でも今後、上場会社を中心に買収防衛策というものが議論されるようになるのではないかと。そこで、アメリカとヨーロッパをみたら正反対というか全然違うわけです。アメリカをみるとポイズン・ピルと称しているやり方でやっている。ヨーロッパをみますと、当時、EU指令が2004年だったと思いますが、これをみますとmandatory bid ruleとbreak-through ruleというのが二大柱になっていた。アメリカにはどちらも存在しません。何で先進国なのにこんなにアメリカとヨーロッパは違うのか。これは非常に不思議ですね。ですから、よく勉強しましょうということで研究会を始めたのです。

　ところが、勉強を進めているうちに年が明けて、2005（平成17）年1月末からニッポン放送事件というのが勃発し、2月に大変なことになり、

その後、3月には会社法の法案が国会に提出される中で、法務大臣と経済産業大臣が5月末までに指針を作って公表すると宣言しました。4月に中間報告を公表し、結局、5月末、今でもよく覚えていますけれども、5月27日が金曜日で30日、31日が月曜日、火曜日、この3日のどこで最終報告書と指針を出すかというので最後まで調整を重ね、結局、27日の金曜日に企業価値研究会の報告書を公表すると同時に、経済産業省・法務省共同で指針を出しました。法務省が指針を出すというのは珍しいのですが、そういうことになったわけです。

　この指針もそうですけれども、企業価値研究会では、いわゆる平時導入型、すなわち買収者が具体的に登場しない状況において導入される防衛策を念頭に置いており、また、そのような防衛策として何を基準に善し悪しが判断されるべきかを整理しようと努めたものであります。ニッポン放送事件やブルドックソース事件で問題となった会社はこのような防衛策を平時に導入していませんでした。有事になって、会社が対抗策を打った事件です。したがって、これらの事件のような事例は、直接、企業価値研究会が検討の対象としていたわけではありません。しかし、ニッポン放送事件が注目を浴びるという、そういう時代だったということもあって、企業価値研究会も当時は非常にホットな話題になったといってよいと思います。

　その後の展開としては、ブルドックソース事件が発生し、最高裁までいきました（最決平成19年8月7日民集61巻5号2215頁）。そして、このブルドックソース事件の後、2008（平成20）年6月に企業価値研究会は第3次報告書を出しました。ブルドックソース事件では二つポイントがありました、一つは、敵対的買収者だけを差別する新株予約権の発行を株主総会で決議した事例であるということ。もう一つは、その結果敵対的買収者の議決権が薄まる分だけ補償として金銭を払いますと決めて、会社は、それでどうかと交渉に出たわけです。裁判所では、結局のところ、そういう対抗策は適法であるとされたわけですけれども、その後、お金を払うというのは一般論としては問題ではないかということになり、企業価値研究会では第3次報告書を出しました。

もう一つだけ申し上げておきたいと思います。その後、この分野はどうなったかということです。その後、どうなったかといいますと、ご存じのように、事前警告型と呼ばれる平時導入型の買収防衛策は日本人の知恵といわれているのですけれども、会社法の下では、そのような買収防衛策は事業報告で開示しなければなりません。上場会社3,600社のうちの約500社くらいが、現在、そのような防衛策を採用しているという状況ではないかと思います。これを多いとみるか少ないとみるかはいろいろ議論の余地はあると思いますが、裁判例ということでいいますと、事前警告型の買収防衛策が導入され、それが発動されて争われたケースは未だゼロです。そういう意味では、この分野の将来はまだ今後の判例に委ねられているというところがあるのではないかと思います。

吉原 貴重なお話をありがとうございました。実務的なところで田路弁護士にお聞きしたいのですが、ニッポン放送事件前後から、買収防衛策をめぐる相談などは法律事務所においてかなり増えたのではないでしょうか。そのあたりのところを教えていただけますか。

田路 とにかくどの会社も買収防衛を本当に導入したいということで、わんさか相談にお見えになりまして、あのときはゴールデンパラシュートとか焦土作戦とか、勇ましい名前の付いたテクニカルな買収防衛策がたくさんあったのですが、どうも、どれにしても怪しいなという感じは拭えなくて、企業の方も同じような考え方、感触は持っていたと思います。それで最終的に、今は事前警告型が主流になってきて、傾向としても、買収防衛はもうやめましょうということで、やめていく企業も多くみられているところだと思います。

第5節　会計・金商法関係（第2部第8章・第12章）

吉原 次に、第2部の第8章、12章となります、会計関連や、証取法・金商法に関する商事判例についてお伺いします。

最近の傾向として、いわゆる会計不祥事が司法の場に持ち込まれることが増えているように思われます。これらに関する裁判例についてご意

見をお聞かせください。

　神田先生、最近の会計関連や、金商法に関する改正と裁判例の特徴について、簡単なご説明と意見をいただけますでしょうか。

　神田　いろいろありすぎるくらいかとも思いますが、2点申し上げます。第1に、会計分野といいますと、やはり何といっても、経営トップの刑事事件で最高裁で逆転無罪とされた長銀と日債銀の事件が目立つと思います（最判平成20年7月18日刑集62巻7号2101頁、最判平成21年12月7日刑集63巻11号2165頁）。しかし、これは不良債権問題に係る当時の特殊な金融行政ということが背景にあったように思われ、その意味では今となっては過去の話といいますか、特殊なケースであったということだと感じます。会社法との関係では、ある時点における「公正な会計慣行」は一つではないという法解釈を示した点が重要だといわれています。

　第2に、上場会社における各種の会計不正については、昔は証券取引法は出動しないで商法が出動しましたが（昭和49年商法改正はそのよい例です）、1990年代以降、特に今世紀に入ってからは、証券取引法（2007（平成19）年9月末からは金融商品取引法）が厳しく出動するようになったということが目立ちます。不実開示についても、証券取引法はエンフォースメントを複線化し、従来の刑事罰（これも徐々に罰則が引き上げられ強化されました）のほかに、課徴金制度を導入し（平成16年証券取引法改正、平成17年4月1日から施行）、また、民事責任制度も実際に使われるようになりました。最後の民事責任制度については、流通市場で株式を購入した者が受けた損害を賠償する責任を無過失責任として発行会社に課す（しかも一定の場合には損害額を法定）というルールが平成16年証券取引法改正で導入され、平成25年改正により、過失責任にするなどの改正がされ、今日に至っています。訴訟も多く、西武鉄道事件（会計事項以外の事項の不実開示）（最判平成23年9月13日民集65巻6号2511頁）やライブドア事件（会計不正）（最判平成24年3月13日民集66巻5号1957頁）その他、著名な最高裁判決がいくつもあります。

　吉原　田路弁護士、最近の実務では、不正会計の問題が重要性を増していますが、実務家としてのこの種の分野におけるかかわりなども含

め、ご意見をいただけますでしょうか。

田路 2点ほど申し上げます。1点目は、まさに東芝のケースでも指摘されていますが、近年不正会計の問題が頻発する中で常に話が出るところの、会計監査人の責任の問題です。つまり、監査法人が監査をしていたはずなのに、どうして不正を見抜けなかったのか、というわけです。この関係の裁判例としては、民事再生手続を申し立てた企業の管財人が、会計監査人に対して責任を追及した、ナナボシ粉飾決算事件が重要と思われます（大阪地判平成20年4月18日判時2007号104頁）。この判決では、従前からの理解のとおり、会計監査の目的は、会社の財務諸表が適法かつ適正に作成されているか否かを監査するという点にあり、不正を摘発することは会計監査の目的ではないというロジックは一応維持されています。しかしながら、従来よりも一歩を踏み込んで、不正の発見もまた、副次的には監査人の重要な職務であると述べていることが注目されます。

もう1点、不正の「発見」という観点から重要な規定として、平成20年の金商法改正により新設された、不正事実届出制度（金商法193条の3）というものがあります。有名な春日電機事件では、この規定に基づく会計監査人から監査役に対する措置要求が引き金となって、たった1人の監査役が、監査役の有する取締役の違法行為差止請求権（会社法385条）に基づく仮処分申請を行い、春日電機を買収した後に、背任行為を行おうとした新社長の不正行為に待ったをかけました（東京地判平成20年11月26日資料版商事299号330頁）。この事件は、日本全国の監査役の賞賛を浴びた事件でもあったと思います。

吉原 神作先生は、会計や金商法に関する商事判例の特徴について、どのようにとらえていますでしょうか。

神作 会計関係や金商法に関する法的紛争が裁判所に係属し、重要な判決が数多く出されるようになっています。この分野では、民事事件、刑事事件、さらには行政当局の判断と、法的論点および所管が多岐にわたり、かつ、それらがときに関連づけられ（業法上の適合性原則から著しく逸脱した証券取引の勧誘行為は不法行為法上も違法になると判断した最判

第3部　座談会・時代を彩った商事判例を振り返る

平成17年7月14日民集59巻6号1323頁（**第2部第12章**22事件）参照）、あるいは同一の案件について当局の判断と民事事件において反対の結論が示される場合がある（三洋電機事件、ビックカメラ事件）など、非常に複雑な様相を呈しています。さらに、会計ルールの変更や金商法関連法令の改正が頻繁で、会計や監査論など法以外の諸領域との関連が深いという特殊性がある上に、たとえば、強制公開買付制度の導入により公開買付制度の位置づけ自体に変容が生じたり、先ほど神田先生からご指摘がありましたように流通市場における発行会社の虚偽表示の責任が無過失責任から過失責任に改められ立法政策自体が変更されたりする部分もあり、複雑さに拍車をかけていると思われます。しかし、そのような状況の中で、会計関係および金商法分野については、実務の発展に呼応する形で、商事判例もその範囲と量において格段と豊かになっており、従来会社法判例に比較すると質量ともに薄かった分野であった時代からすると、隔世の感があると申し上げても過言でないと思います。

　本書では、開示規制、金融商品取引業者等の業者規制、金融商品取引所の規制および資本市場における不公正取引の四つの分野に分類し、判例の整理と分析がなされています。2点だけ申し上げます。第1は、特に有価証券報告書等の虚偽記載に基づく投資家からの損害賠償請求事件については、西武鉄道事件やライブドア事件など重要な最高裁の判例が複数出されるに至り、理論的にも非常に活発な議論を呼び、急速に議論が深化したことです。虚偽記載に基づく損害賠償請求について、市場株価が存在する場合についてイベントスタディなど統計学的手法の利用のように革新的な方法論が提唱されるなど、目覚ましい発展を遂げているように思います。第2に、これらの四つの分野はいずれも、公正な会計慣行や自主規制機関の自主規制など、国家制定法ではない事実上の規範いわゆるソフト・ローが重要な役割を果たしており、それらを理解することなく、これらの分野で適切な判断を行うことは難しくなっていると思われる点です。たとえば、先ほど、ご紹介した最判平成17年7月14日民集59巻6号1323頁は、業法上の適合性原則とともに、自主規制機関の自主規制に基づいて適合性原則から著しく逸脱した証券取引の勧誘行為

もまた不法行為法上違法になると明言しています。

吉原 そのほか、先生方、ご意見はございますか。

前田 金商法関係の判例の動向で注目される一つの点としては、本書の**第２部第12章**でも触れているように、金融商品取引業者の行為規制と民事責任の問題が挙げられます。この点に関しては、神作先生も述べられていますが、適合性の原則と説明義務に関する裁判例が従来からかなり存在してきており、いわば判例法理を形成してきているともいえます。

適合性原則については、金商法40条１号が定めていますが、旧証券取引法においても適合性原則を定める規定はあったわけです。同規定は直接には業法上の行為規制であり、民事責任を定めているわけではないのですが、従来の証取法時代から適合性原則違反から民事責任が生ずることが認められてきています。適合性原則違反の民事責任に関する判例としては、先ほど紹介されています最判平成17年７月14日があり、同判例は証券取引の勧誘に際して適合性原則の適用を認め、その違反の民事責任として不法行為責任を構成すると判示しています。ただ同判例によれば、適合性違反が直ちに不法行為を構成するのではなく、その原則を著しく逸脱した場合にはじめて不法行為を構成することになるとしており、さらに適合性違反の判断基準については、具体的な商品特性を踏まえて、これとの相関関係において、顧客の投資経験、証券取引の知識、投資意向、財産状態等の諸要素を総合的に考慮して判断しなければならないとしています。同判例は旧証取法時代の判例ですが、現行の金商法のもとでもリーディング・ケースとしての意義を有すると考えられます。同判例以後、同判例を先例として金融商品取引の勧誘者の適合性原則違反による損害賠償責任を認める下級審裁判例が相次いで出ています。

また金融商品取引業者は、投資勧誘に際して、被勧誘者に対して説明義務を負っていると解され、金商法は金商法上の行為規制としての説明義務違反に対して行政処分や刑罰を科すことを定めていますが、それとは別に民事責任が問題となるわけです。金融商品取引の勧誘に際しての

説明義務違反に対しては、信義則違反として不法行為を構成し、損害賠償責任を負うとする多数の下級審裁判例が存在し、集積してきています。これらのケースにおいては、仕組債などのように複雑でリスクの高い金融商品の勧誘が扱われている場合も多く、しかも勧誘の対象となった顧客が知識や経験のない個人投資家である場合がかなりあり、これらの事案に関して、裁判所は投資家たる顧客の属性を重視し、説明義務違反をかなり積極的に認め、投資家の救済を図っている面が見受けられます。もっともこのような事案においても、投資家側の過失もかなり大きな割合として認定される場合が多く、過失相殺が積極的に認められており、投資家の自己責任原則もある程度考慮されているように思われます。

このように金融商品取引の勧誘に際して、不当な勧誘により損害をこうむった投資家に対する救済としては、適合性原則違反または説明義務違反からなる一種の判例法理が形成されてきており、これらの判例は金商法の業者規制と私法による規制とが結合したものとして注目されるところです。

第6節　海商・保険関係（第2部第14章）

　吉原　第2部では、会社法に限らず、**第14章**で、海商や保険に関する商事判例も取り上げています。

　商法典の中の海商法に関しては、明治32年の商法制定以来ほとんど見直しが行われてきませんでしたが、本年3月の法制審議会商法（運送・海商関係）部会において、改正の中間試案が決定され、法改正に向けた作業が進められておりますので、そのような法改正の動向も合わせて意識しておくべきところかと思います。本書で取り上げたものでも、たとえば、船主の堪航能力の担保義務が無過失責任であることを示した昭和49年の最高裁判例（最判昭和49年3月15日民集28巻2号222頁）に対しては、その後に施行された国際海上物品運送法は過失責任を定められていることとのバランスなどから、現在の中間試案では過失責任に改めることが

検討されておりますし、船舶の衝突に関する定期傭船者の責任を認めた平成4年の最高裁判例（最判平成4年4月28日判時1421号122頁）では定期傭船契約の法的性質が問題となりましたが、この点について中間試案では、船舶賃貸借や運送とは別の契約類型であるとして一定の規律を新設することが予定されています。また、船舶に関する修繕費の請求権を被担保債権として発生する民法上の動産保存の先取特権が、商法704条2項本文のいう船舶の利用につき生じた先取特権に含まれるとした平成14年の最高裁判例（最決平成14年2月5日判時1787号157頁）があるものの、この論点に関して、中間試案では、この判例と同様の結論を取る甲案だけでなく、反対の結論を取る乙案も併記されているなど、改正の動向を注視する必要があります。ほかにも、中間試案では、船長の損害賠償責任を定めた商法705条の削除が示され、また、船舶の高速化により、船舶が目的地に到着していながら船荷証券が届いていないといった状況が起きるようになったため、船荷証券に代えて、受戻証券性を有さない海上運送状の利用も増えていることから、その交付義務や記載事項に関する議論なども中間試案では行われています。

　次に、保険の分野では、商法典中の保険に関する規定を基礎に、平成20年に保険法が新たに制定されましたが、同法は、それまでの、保険契約に関する立証責任や保険約款の解釈について先例となっていた司法判断に沿った内容である一方、同法により従来の司法判断の考え方が取り入れられなかったものもあります。本書でも、たとえば、不正な保険金請求に対して保険契約自体を解除することで、いわゆるモラルリスク事案への保険会社側の対抗策が講じられてきており、昭和60年の大阪地裁判決（大阪地判昭和60年8月30日判時1183号153頁）や平成7年の東京地裁判決（東京地判平成7年9月18日判タ907号264頁）はこれを肯定していますが、このような実務的な要請を踏まえ、保険法でも、保険契約者が保険金給付を受ける目的で損害を発生させた場合などに、保険会社が保険契約を解除できる旨の規定が新設されました。他方で、一部保険における保険会社の請求権代位が認められる範囲に関して、昭和62年の最高裁は、当時の多数説とされる相対説を採用し、被保険者の請求権の金額に、

保険金額の保険価額に対する割合を乗じて、代位額を決定するという判断を示しましたが（最判昭和62年5月29日民集41巻4号723頁）、実務上は、被保険者に保険金受領後にも未回収の請求権がある場合はその行使を認め、保険会社は残額がある場合に請求権を代位取得できるという差額説による約款も多かったこともあり、保険法も、この差額説に基づく規定が定められ、昭和62年の最高裁の考えは採用されなかった例もあります。そのほか、火災保険契約時の地震保険に関する情報提供・説明義務に関して判断した平成15年の最高裁判決（最判平成15年12月9日民集57巻11号1887頁）や、保険事故の主張立証責任をめぐっては、傷害保険に関して、事故の偶然性が問題となった平成13年の最高裁判決（最判平成13年4月20日民集55巻3号682頁）、外来性が問題となった平成19年の最高裁判決（最判平成19年7月6日民集61巻5号1955頁）、また、火災保険における事故の偶然性が問題となった平成16年の最高裁判決（最判平成16年12月13日民集58巻9号2419頁）、車両保険における事故の偶然性が問題となった平成18年の最高裁判決（最判平成18年6月1日民集60巻5号1887頁、最判平成18年6月6日判時1943号11頁）なども取り上げております。

　このような、海商・保険の分野に関して、先生方からご意見がございましたらお聞かせください。

　齊藤　海商・保険につきましては、取引法として、一般私法の延長に位置づけられながらも、それぞれの文脈で、定型的な特殊な利害関係があり、それらを熟知している一部の専門家と関連する業界の関係者で、議論が深まっている分野といえます。このうち、海商法は、わが国では専門家が学界・実務界ともに特に少ない分野とお見受けいたします。先ほど吉原先生が挙げられました平成14年の商法704条2項にかかる最高裁決定（最決平成14年2月5日判時1787号157頁）は、そのような海商法の位置づけを象徴しているように感じられます。同決定の結論につきましては、賛否両論あると存じますが、異論も多いことが、現在の改正論議にもつながっています。

　平成14年決定で扱われた論点については、一般論として、商法847条が適用されない民法上の先取特権に商法704条2項が適用されることが船

舶所有者の負担として適切か、翻って、民法の先取特権の被担保債権の債権者に必要な保護の程度はどういうものか、とりわけ取引債権者の側に他の債権管理手段による自衛を求めるべきかという政策的な問題が含まれています。しかし、このほかに、本件の船舶共有方式によるファイナンスの実質は、事業者が船舶全体の実質的な所有者であり、賃貸人とされた公団は船舶を担保にとった融資者であったととらえますと、船舶全体に動産保存の先取特権が及ぶという結論はよいが、商法849条の「船舶ノ先取特権」を船舶先取特権に限定する立場および民法上の先取特権が船舶についても成立するという立場を前提とすると、実質的な融資者の経済的な地位が抵当権を設定していた場合と異なってくる、という側面があり、最高裁の示した解釈がファイナンス方法のあり方に影響を与えるのではないか、と思われます。公団のような資金の出し手の共同事業者性の有無の問題、とも言い換えることができます。日本の最高裁判所には、専門性の高い論点について一般私法の議論との整合性を図るという機能もございます。もし、同決定の法律構成に対して実務の方々の違和感が大きいとすると、船舶ファイナンスや船舶をめぐるその他の取引の実情が、海事の専門家のコミュニティーの外には十分に知られていなかったということもあるのではないか、と推察いたします。

　海商法をはじめとする商取引法は、実務慣行がルール形成を主導するボトムアップの色彩の強い領域ですが、これらの分野、とりわけ海商法の分野では、国内の裁判例は多いとはいえず、裁判所の専門部による知識やノウハウの集積も期待できないとすると、裁判で争う当事者が、問題の全体像を裁判官に理解してもらうためのご苦労も多いのだろうと想像いたします。同じ商取引に関連する分野でも、手形法とはずいぶんその点において様相を異にいたします。このような観点から、現在進行中の改正作業を通じて、改正にかかわる断片的な部分に限定されますが、現時点での取引の実情や関係者間の議論状況が整理されて、広く公開されているのは、ありがたい副産物だと感じています。

　吉原　田路弁護士、実務家の観点から、各分野に関するご感想などありましたらお願いいたします。

田路 手前味噌な話になってしまい恐縮ですが、私どもの所属する岩田合同法律事務所は、その創設者である岩田宙造弁護士が、銀行業務のほか、海上保険を中心とする海運関係の専門家になろうと考えたことからスタートした事務所です。岩田弁護士は、郷里山口の隣村の出身で、東京帝国大学在学中から面識のあった伊藤博文に、日本銀行と郵船会社——現在の日本郵船です——への橋渡しを願い出ました。伊藤博文といえば、私たちにとっては歴史で学ぶ大人物ですが、この大胆な申出が功を奏し、岩田弁護士は両社の顧問として迎えられます。そういう意味で、保険法、海商法というのは当事務所のいわば原点であり、現在でも海運関係のご依頼もありますし、特に保険法関係では、保険事故に関する相談案件、訴訟案件など、多くの案件を担当しております。保険や海商は、実務家としてもなかなか手の届きにくい領域ではありますが、実務的には重要で、かつ興味深い領域でもあると感じているところです。

第7節　その他注目される裁判例等

吉原 第2部では、これまで取り上げた分野以外にも、さまざまなテーマを挙げております。第2部をご覧になって興味深いと感じられた商事判例がございましたら、挙げていただければと存じます。
　神作先生、いかがでしょうか。
神作 第13章の「手形・小切手」と第15章の「民事訴訟法関連・その他」について、これまで言及がなかったように思いますので、それぞれについて一言ずつコメントさせていただきます。「手形・小切手」については、現在は、利用自体が大幅に減少しており、最近は注目すべき判例はあまり出されていませんが、手形法・小切手法の領域では、多くの法律問題について、主要な判例法理がほぼ確立しており、この分野では、判例法理が圧倒的な重要性を果たしてきたといえます。元来、商慣習法に起源をもつとともに、債権法に対するチャレンジをしてきた有価証券法理は、強固な理論に支えられる必要があり、判例法理は、そのような役割を果たしてきたものと評価しています。この分野では、学説上の手

形理論・小切手理論も特に昭和年代は百花繚乱の感がございましたが、判例法理は、学説上の理論や議論をも参考にしながら、しかし、いずれの学説上の理論からも一線を画す独自の発展を遂げてきたと思います。手形・小切手の利用自体はこれからも減少していくでしょう。しかし、証券化の進展にみられるように、有価証券の利用が手形・小切手以外の領域で拡大していくことが予想され、また、ペーパーレス化されても有価証券法理の機能は維持されるべきことから、有価証券に関する判例は、強固な基礎を築いてきた手形法・小切手法に関する判例法理を基礎に、さらに発展していくことが期待されます。

第15章では、①民事訴訟法、②担保・執行法、および③倒産法の３分野に分けて、注目すべき商事判例が幅広く取り上げられ、整理されています。①では、会社訴訟との関連で訴訟参加や担保提供命令が挙げられています。また会社訴訟の領域では原告適格や訴えの利益、判決の効果などの根本的な問題の検討に加え、会社非訟の領域では株式買取価格の申立てがなされた場合の実務のあり方など、判例法理および裁判実務がさらに発展していくことが予想されます。②と③では、ともに商事留置権に関する裁判例が取り上げられています。部分的に最高裁によって判例の統一がなされた論点もありますが、下級審の裁判例が大きく分かれる場合も少なくありません。商事留置権のような中世イタリアに起源をもつある意味ではきわめて典型的な商事的制度が、現在においてどのような意義をもつべきであるのか、伝統的な占有概念を基礎とした商事留置権制度が現代的な担保法制やペーパーレス化の進展する中でどのように解釈されていくのか、そのような判例法理や解釈論が新たな立法をもたらし得るのか、立法がなされるとしたらどのような形でなされるべきか、といった問題に関心があります。

第4章 おわりに

吉原 では、最後となりますが、改正会社法の施行とCGコードの適用開始が重なり、わが国のコーポレート・ガバナンスにおける新時代の元年ともいうべき2015年から、過去の商事判例も踏まえつつ、今後の会社法・商法の流れの展望などを先生方からご示唆いただければと存じます。

齊藤 このように商事判例の歴史を振り返る機会を与えられて、まず思いましたのは、学説・理論の発展は、重要な裁判例の存在に依存しているということです。まだ顕在化していない潜在的な問題を見いだし、議論を深めていくことは、学界の役目の一つであります。しかし、具体的な裁判例が登場しないうちは、議論はどうしても抽象的になりがちでございますし、また、その問題に関心を寄せる人の数も限られます。しかし、裁判例として登場しますと、注目も集まりますし、また、認容・棄却の判断を出すにあたり考慮しなければならないさまざまな付随的な論点の存在も明らかになり、議論は一気に具体化いたします。個々の具体的な事実が、どのような要件の問題として扱われるのか、ということも、意識されるようになります。本来であれば、裁判で紛争になる時点ですでに理論が成熟し、当事者や代理人、裁判官に具体的な結論への指針を示せる程度になっているのが望ましいのでしょうが、先端的な論点の多くについては、なかなかそうはいかず、弁護士や裁判官によって具体化された論点について、学界の議論が深まっていく、という関係にあるように思われました。

コーポレート・ガバナンスにかかる論点で申しますと、すでに取締役の責任の箇所で述べた課題に加えて、業務執行を担わない取締役の義務や責任のあり方、株主総会の決議取消事由の判断基準や、株主に対するインフォーマルな情報提供のあり方などが、今後も問題となってきそうですが、日頃から、弁護士と研究者が、できれば裁判官も交えて、議論をする場があることが、判例法理の建設的な発展につながっていくように思います。

神作 過去60年の商事判例を三つの時代に区分し、また、テーマごとに商事法を区分して整理することにより商事判例の全貌を立体的に明らかにする試みをしていただき、大変勉強になりました。全体を通じた印象ですが、商事法の分野では、新法の制定や改正に伴い、新たな解釈問題が数多く生じ、その中には判例法理により少なくとも実務的な運用が確立する論点が少なくないと感じました。すでに予定されている運送法関係の見直しを含め、今後も、商事法制は頻繁に改正されていくものと推測されます。商事法制の変化や企業実務の発展に応じて新たな法律問題、あるいはこれまで裁判所では争われてこなかった論点について判例が出されていくことでしょう。研究者の立場からすると、判例の研究により、現実に行われている実務およびそこで妥当している「生ける法」を理解するとともに、ある問題についてケース・スタディとして掘り下げる重要な契機となるばかりではなく、理論的な深化をももたらすきっかけともなり得ます。実務的・理論的に注目される事案や判例を今後とも迅速にご紹介し解説していただくことは、大変ありがたいことと存じます。

神田 3点述べさせていただきます。第1に、近年、特に会社法が施行された前後の時期あたりから、会社に関する紛争で裁判で争われる事件には、二つの特徴がみられるように思われます。一つは、上場会社に関する訴訟事件・非訟事件が激増しつつあると見受けられることです。平成17年改正前商法時代から出始めていた取締役の対会社責任に関する事例をはじめとして、株主総会関係の事件、買収対抗策に関するもの、株式や新株予約権の発行差止めに関するものなど多彩でして、最近で

は、組織再編やMBOにおける株式価格決定事件が目立ちます。二つ目は、最高裁において原審判決ないし決定が破棄される重要判例が目立つということです。最近でも、平成27年の２月と３月に最高裁のウェブサイトに掲載された三つの会社法に関する最高裁判例のうち二つが原審判決ないし決定を破棄しています。また、ついでですが、会社法の立案担当者の見解と異なる見解を取る最高裁判決もあり（最判平成20年２月22日民集62巻２号576頁や最判平成27年２月19日民集69巻１号25頁）、興味深いです。以上のような二つの特徴ないし傾向がみられるのは一体なぜでしょうか。第１の傾向については、上場会社についてもようやく会社法が使われる時代になってきたということではないかと思います。そして第２の傾向については、会社法の規定はその解釈・運用が意外に難しいということではないかと思います。会社法の分野は、裁判所による適正な法形成が大いに期待される分野だといえると思います。

　第２に、上場会社のガバナンスの分野をみますと、ルールは会社法だけでは完結せず、会社法に加えて金融商品取引法、そして東京証券取引所の上場規則（他の取引所も同じです）、これら三つを足し合わせてはじめて、ルールが完結することになります。会社法の平成26年改正（平成27年５月１日施行）は、上場会社を含む有価証券報告書提出会社について、社外取締役１人以上の設置を強く奨励しています。証券取引所のCGコード（平成27年６月１日施行）は、独立社外取締役２人以上の設置その他の規範（合計で73もの規範）をいわゆるコンプライ・オア・エクスプレイン規範として求めていますが、すべての規範がコンプライ・オア・エクスプレイン規範となるのは本則市場（一部市場と二部市場）の上場会社だけです。証券取引所の上場規則に平成21年12月に導入された独立役員制度（その後一部改正されています）は、すべての上場会社に対して独立役員１人以上の設置を求めています（そして取締役が望ましいとしています）。このように、平成27年６月１日以降、上場会社には、三層のルールが共存して適用されます。なぜこれほどまでに制度は複雑になっているのでしょうか。それは歴史的な経緯としかいいようがありません。しかし、制度は複雑であるけれども、その狙いは複雑ではありません。CG

第4章　おわりに

コードは、上場会社が株主との対話を通じて成長し業績を上げることを支援するものであって、そこでの規範はいわゆるプリンシプル・ベースとされています。そして、コーポレート・ガバナンスはそれ自体が目的なのではなく、企業が成長し業績を上げて株式市場に評価されるための手段です。事の本質を見失わないよう留意する必要があると思います。

　第3に、私も大学に身を置く研究者ですので、今後、会社法の研究はどうなるか、どうあるべきかについて、一言だけ述べさせていただきます。アメリカのトップクラスのロースクールでは、会社法の研究は過去はもちろん今日でも盛んに行われていますが、その研究の手法の主流は日本の状況とは異なっているように見受けられます。日本の学界も、今後、こうした諸外国の先進的な研究に学びつつ、進化を続けることが期待されるように思います。

　田路　CGコードに関しては、実務的には、コーポレート・ガバナンス報告書における記載をどうするか、という相談が、すでに多く寄せられています。企業としては、コードに従う、従わない、を自ら決めた上で、説明することが求められるわけですが、どうしても、他社がどうしているか、という横並びの観点も気になるようです。"Comply or Explain"のルールが、日本的な風土の中でどのように発展していくのか、興味深いところですし、弁護士としても、見識を伴ったアドバイスをしていきたいと思います。

　前田　本座談会では、1955年以降、現代までの時期を3期に分けて、その間の商事判例、特に会社法関係判例を振り返ってきました。いわば戦後の会社法に関する判例全体を概観したわけですが、私は、この判例の概観をしたことから、会社法判例のある分野については、従来と比べて、特に初期の時代と比べて近年における判例がかなり様変わりしてきたような印象を受けています。そのような様変わりをした一つの分野としては、取締役の責任に関する判例が挙げられます。かつてというか、先に述べた最初の時期と比べて、近年においては取締役の責任が問われる事例がかなり多くなってきており、取締役の責任を扱った判例が増加してきているということです。特に近年においては、かつて少なかった

上場会社のような大会社の取締役の責任が積極的に問われるようになってきているように思われます。そして、それらの判例をとおして取締役の責任についての理論が精緻化し、深化してきているという印象を受けています。このような取締役の責任論が進展する中で、これからの課題の一つとしては、齊藤先生が指摘されていますように、業務執行を直接担当しない取締役の責任のあり方、すなわち社外取締役などの業務執行に対する監督のあり方や程度、そしてそれに伴う責任の問題が考えられます。すでにこのような社外取締役の監督責任についての検討が学界や実務においても議論されていると思いますが、判例においてもこのような問題についての判断がさらに詳細に論じられるようになるのではないかと思います。会社法の研究においても、このような領域の考察がこれからの一つの課題ではないかと思っています。

　そのほか、初期の時代と比べて、近年においては、上場会社のような大規模な会社の支配権をめぐる事案を扱った判例も目につくようになってきています。かつて会社の支配をめぐる紛争に関する裁判例は、多くの場合、小規模閉鎖会社に関する事案だったわけで、そのようなかつての状況と比べると近年の判例の状況は、大会社に関する敵対的企業買収、会社経営者による企業買収に対する対抗措置や防衛策の適法性、妥当性をめぐる判例などが目につくようになってきています。また最近では、マネジメント・バイアウト（MBO）とそれをめぐる株主保護の問題などを扱う判例なども現れてきています。このような分野に関しても、近年においては盛んに研究がなされてきているようですが、なお一層合理的な規制のあり方やM&Aおよびそれに伴う組織再編における株主の保護の問題などをさらに掘り下げて検討し、望ましい保護策を探る研究などが要請されているようにも思われます。

　ところで、この座談会でも、再三CGコードに言及がなされていますが、私もこれからの会社法のあり方といいますか、会社に対する法的規整のあり方を考えた場合には、ソフト・ローとしてのCGコードが重要な意味を持つのではないかと思っております。もちろん、わが国ではCGコードがようやく設定されたばかりの段階ですから、このコードがわが

第4章　おわりに

国の会社法体系の中にどのように位置づけられ、定着かするのかは、未だわかりませんが、諸外国（主としてヨーロッパ諸国）の状況をみる限り、コーポレート・ガバナンス・コードが株式会社に対する効果的な規律方法としての役割を果たしていることが明らかです。ヨーロッパ諸国の会社法、特にEU加盟国ではすでに会社に対する一般化した規律体制になっているようです。近年EU委員会はコーポレート・ガバナンスの改革を検討し、進めてきていますが、その改革を加盟国の会社法に及ぼし、実施する方式に関しては、制定法の改正や統一的な規制を直接適用するのではなく、"Comply or Explain"を原則とするコーポレートガバナンス・コードをとおして改革を進めるということであり、基本的には加盟国のコーポレートガバナンス・コードの形成と改善により改革を進めるということです。特にEU委員会のコーポレート・ガバナンスについての望ましいあり方や具体的な規律についての提言、提案を加盟国のコーポレートガバナンス・コードに反映させる努力がなされていますが、ただその場合に各国の異なっているコーポレートガバナンス・コードを形式的に統一するということは考えられていないようです。EU委員会におけるコーポレート・ガバナンスの改革においては、すでに従来の各国会社法における問題点が取り上げられ、検討され、その解決の方向が示されており、その結果としてコーポレート・ガバナンスの望ましいあり方やそのための規律が提起されています。このようなEU委員会によるコーポレートガバナンス・コードをとおしてのコーポレート・ガバナンスの改革論は、コーポレートガバナンス・コードを採用し、それによるコーポレート・ガバナンスの改善を図ろうとしているわが国にとっても大いに参考になるものと思われます。その意味では、会社法のこれからの研究の一つの方向として、ヨーロッパにおけるコーポレートガバナンス・コードの発展およびEU委員会のコーポレート・ガバナンスの改革論の検討・考察が重要になるのではないかという気がします。

　吉原　本日は長時間にわたりまして、本当にありがとうございました。本日の座談会が、本書の読者諸氏が商事判例を理解する際に少しでも役立てば幸いですし、また、今後の実務の方向性、展望を示す一助と

なることを願って、締めくくりとさせていただきます。先生方、ありがとうございました。

終章　変遷する時代を映す鏡たる商事判例の回顧・展望

第1節　紛争の大別

　本書で取り上げた商事判例は、その当時、社会的に注目され時代を彩り、また企業法務の実務にも影響を及ぼしたものばかりであり、今もなお先例的価値を有するものも多い。そこで示された判断の影響も受けた頻繁な法改正も進み、平成26年の会社法や金融商品取引法の改正にもその影響がみてとれるだけでなく、企業法務実務の現場にも、現在まさに影響を与えているところであることは疑いない。

　本書を全体として振り返り、改めて商事判例の流れを大別して回顧するならば、以下のような視座を持つことが許されるように思われる。
　すなわち、
　(1)　手続の瑕疵等を問う流れ：株主総会や取締役会等をめぐる紛争
　(2)　役員の責任を問う流れ：損失等をめぐる経営者とステークホルダーの紛争
　(3)　会社支配に関する流れ：会社支配権争奪をめぐる経営者と買収者等の紛争
　(4)　資金調達や金融・資本市場をめぐる紛争
　(5)　組織再編等にかかわるもの：企業価値をめぐる経営者と反対株主等のステークホルダーの紛争
という紛争にかかわる五つの視点である。

これらの分類につき、**第1部**で紹介した商事判例（①から㊿の通し番号が付されている）を当てはめるならば、次のような整理が可能であろう。
　上記(1)の手続の瑕疵等を問う流れ（株主総会や取締役会等をめぐる紛争）については、前者につき⑫⑬⑭⑱⑲⑳㉛㉝。後者につき③④⑤⑥⑦⑧⑮を指摘できよう。
　上記(2)の役員の責任を問う流れ（損失等をめぐる経営者とステークホルダーの紛争）については、⑨⑩⑯㉕㉖㉗㉜㉞㉟㊱㊲㊳㊴㊵を指摘できよう。さらに、ここにおけるステークホルダーの変遷については、取引の相手方からの責任追及型から、株主による責任追及型へという流れもみてとれるところである。
　上記(3)の会社支配に関する流れ（会社支配権争奪をめぐる経営者と買収者等の紛争）については、㉒㉓㉔㊸㊹㊺を指摘できよう。
　さらに、上記(4)の資金調達や金融・資本市場をめぐる紛争については、⑰㉘㉙㉚㊾㊿を挙げることができよう（手形小切手判例も、資金調達をめぐる紛争とも位置づけられよう）。
　最後に、近年とみにみられる、上記(5)の組織再編等にかかわるもの（企業価値をめぐる経営者と反対株主等のステークホルダーの紛争）としては、㊻㊼㊽を取り上げることができるが、詳細については、**第2部の主に9章**、**10章**、**11章**において、数多くの商事判例を整理紹介しているところである。

第2節　時代の変遷とともに

　上記(2)の役員の責任を問う商事判例の流れでは、取締役の第三者に対する責任の追及から始まり、取締役の会社に対する責任の追及への移行、変遷が看取できる。その理由としては、わが国においては株式会社の大半が中小規模の企業であったため、会社の取引の相手方は、会社への責任追及よりも取締役個人の責任を追及する強い動機があったことが挙げられよう。これに対して、取締役の会社に対する責任が、本格的に訴訟で問われるようになったのは、平成に入ってからのことであり、そ

の背景には、コーポレート・ガバナンス論の進展と、数多の総会屋事件や当時の四大証券会社による損失補塡問題等を契機として、経営判断の内容に加えて過程等に対する厳しい視線が増していったことがあろう。さらに、**第1部**でも紹介したとおり、平成5年の商法改正という制度変更も大きなインパクトを与えたことは疑いない。その後のこの分野における商事判例が果たした法創造機能は著しく、役員の監視義務に関する判断のほか、リスク管理体制（内部統制システム）の大綱レベルは取締役会で決定すべき義務があるなどとした37事件を契機に、リスク管理体制構築義務にかかわる判例が生まれ（38事件）、経営判断の原則についても最高裁の判断がついに示されるに至った（35 36事件）。

　また、上記(3)会社支配権の争奪に関する判例については、近時の10年程度の動きに顕著なものがみられる。

　かつての判例では、株式を買い占められた経営者がそれに対抗して行った新株発行の当否が問われているのに対して、とりわけ、2005年以降に登場した判例では、敵対的企業買収に対する防衛策として利用された新株予約権発行の当否が問われている。この点は、グローバリゼーションを背景に、外資系ファンドによる日本投資と持合株式の解消という時代背景も無視できないが、これに対する経営者側の対抗策として示された新株予約権の無償割当てという防衛策の立案・行使・争訟は、会社法の制定を受けた実務家諸氏の知恵の結実といえよう。

　さらに、上記(4)インサイダー事案等の資金調達や金融および資本市場をめぐる紛争や、上記(5)組織再編にかかわる判例の急増も、会社法による――たとえば企業再編の自由化・多様化、合併等対価の柔軟化等による――変革が、司法判断の動向にも強く影響を与えたといえる。特に、反対株主の株式買取請求に係る「公正な価格」やMBOにおける取得価格の決定、さらには組織再編をめぐる労働問題等については、意思決定のプロセスの当否等の問題はあるものの、企業価値をめぐっての、経営者と株主をはじめとする各ステークホルダーとの間での剥き出しの紛争といえ、従来の上記(1)(2)および(3)ではみられない様相を見出すことができる。

第3節　さいごに

　以上のような変遷を経つつ、なおもさまざまな司法判断が生まれていく今日にあって、未来の司法判断を予測することはきわめて困難であるものの、あえていえば、今後は、会社法をはじめとする制定法の解釈適用の争いに加え、CGコードに代表される取引所規則をはじめとする多くのソフト・ローが、いかなる形で商事判例に影響を及ぼしていくのか、あるいは、第三者委員会等を活用した経営者の意思決定の是非や役員等によるモニタリングの是非等が何らかの形で問われるケースが出てくるのかという事項にも関心が集まるところであろう。とりわけ、車の両輪とイメージされる、CGコードとSSコードのあり方に強い影響を与え、ソフト・ローたる各コードに変更を促す契機となるような司法判断も将来は出現するかもしれない。

　本書は、**第1部第2部**を通じて、あくまでも各執筆者の独断による一つの切り口、視点に基づき、時代を彩った商事判例の中から、限られた紙幅の中、一定のものを取り上げて整理したものにすぎない。しかしそのようなものであっても、筆者らなりに、各時代における社会的・経済的背景も交えつつ振り返りながら、さまざまな要因により発生した法的紛争の中で示された司法判断から現在の法律実務家であるわれわれが何を学びとるべきかを、真摯に検討したつもりである。本書が、その創立以来、企業法務、商事法務の発展に多大な貢献を不断に続けている、公益社団法人商事法務研究会の創立60周年の記念となれば、執筆者一同、望外の幸せである。

判例索引

【大審院】

大判大正11年6月15日民集1巻325頁……………………………………………… 313
大判大正15年2月23日民集5巻104頁……………………………………………… 93
大判大正15年12月16日民集5巻841頁……………………………………………… 313
大判昭和2年4月15日民集6巻249頁………………………………………………… 89
大判昭和11年2月12日民集15巻357頁……………………………………………… 95

【最高裁判所】

最判昭和27年2月15日民集6巻2号77頁………………………………………… 359
最判昭和28年12月3日民集7巻12号1299頁……………………………… 15, 100, 359
最判昭和29年2月19日民集8巻2号523頁………………………………………… 316
最判昭和30年5月31日民集9巻6号811頁………………………………………… 309
最判昭和30年10月20日民集9巻11号1657頁………………………………… 125, 362
最判昭和31年7月20日民集10巻8号1022頁………………………………… 308, 313
最判昭和31年10月5日集民23号409頁………………………………… 20, 200, 203
最判昭和31年11月15日民集10巻11号1423頁……………………………………… 26
最判昭和32年6月7日集民26号839頁……………………………………………… 101
最判昭和33年2月21日民集12巻2号282頁………………………………………… 85
最判昭和33年10月24日民集12巻14号3194頁……………………………………… 124
最判昭和33年10月24日民集12巻14号3228頁……………………………………… 15
最判昭和34年2月20日民集13巻2号209頁………………………………………… 317
最判昭和34年6月11日民集13巻6号692頁………………………………………… 85
最判昭和34年7月24日民集13巻8号1156頁……………………………………… 21
最決昭和35年6月21日刑集14巻8号981頁………………………………………… 15
最判昭和35年10月14日民集14巻12号2499頁………………………………… 16; 360
最判昭和35年10月21日民集14巻12号2661頁……………………………………… 85
最判昭和35年12月2日民集14巻13号2893頁……………………………………… 89
最判昭和36年9月15日民集15巻8号2154頁……………………………………… 99

判例索引

最判昭和36年11月24日民集15巻10号2519頁 ································· 312
最判昭和36年11月24日民集15巻10号2583頁 ································· 384
最判昭和36年12月14日民集15巻11号2813頁 ································· 110
最判昭和37年 3 月 2 日民集16巻 3 号423頁 ··································· 101
最判昭和37年 7 月 6 日民集16巻 7 号1469頁 ··································· 83
最判昭和37年 8 月30日集民62号329頁 ·· 26
最判昭和37年10月 2 日集民62号657頁 ····································· 110, 111
最大判昭和38年 1 月30日民集17巻 1 号99頁 ···································· 30
最判昭和38年 3 月 1 日民集17巻 2 号280頁 ···································· 87
最判昭和38年 9 月 5 日民集17巻 8 号909頁 ···································· 16
最判昭和38年10月 1 日民集17巻 9 号1091頁 ··································· 365
最判昭和38年10月 4 日民集17巻 9 号1170頁 ······························· 21, 163
最判昭和38年11月 5 日民集17巻11号1510頁 ··································· 92
最判昭和38年12月 6 日民集17巻12号1633頁 ·························· 15, 100, 359
最判昭和38年12月24日民集17巻12号1744頁 ···································· 99
最判昭和39年 1 月24日判時365号26頁 ·· 318
最判昭和39年 3 月24日集民72号619頁 ···································· 19, 189
最判昭和39年 8 月28日民集18巻 7 号1366頁 ································ 16, 195
最判昭和39年12月11日民集18巻10号2143頁（名古屋鉄道事件）············· 19, 202
最判昭和40年 4 月 9 日民集19巻 3 号647頁 ··································· 310
最決昭和40年 5 月25日集刑155号831頁（那須硫黄礦業事件）················· 299
最決昭和40年 6 月24日刑集19巻 4 号469頁 ···································· 15
最大判昭和40年 9 月22日民集19巻 6 号1600頁 ································· 27
最判昭和40年 9 月22日民集19巻 6 号1656頁 ·································· 360
最判昭和40年11月16日民集19巻 8 号1970頁 ·································· 364
最大判昭和41年 2 月23日民集20巻 2 号302頁 ·································· 27
最判昭和41年 3 月 4 日民集20巻 3 号406頁 ··································· 312
最判昭和41年 4 月15日民集20巻 4 号660頁（日本自動車事件）············ 21, 163
最判昭和41年 6 月21日民集20巻 5 号1084頁 ·································· 312
最判昭和41年 7 月28日民集20巻 6 号1251頁 ·································· 126
最大判昭和41年11月 2 日民集20巻 9 号1674頁 ································· 30
最判昭和41年11月10日民集20巻 9 号1771頁 ······························ 17, 360

最判昭和41年12月 1 日民集20巻10号2036頁·················· 100
最判昭和41年12月23日民集20巻10号2227頁·················· 100
最判昭和42年 2 月 3 日民集21巻 1 号103頁··················· 308
最判昭和42年 2 月 9 日判時483号60頁······················· 85
最判昭和42年 3 月 9 日民集21巻 2 号274頁··················· 363
最判昭和42年 3 月10日民集21巻 2 号295頁··················· 83
最判昭和42年 3 月14日民集21巻 3 号378頁··················· 362
最判昭和42年 4 月28日民集21巻 3 号796頁··················· 365
最判昭和42年 9 月26日民集21巻 7 号1870頁·················· 99
最判昭和42年 9 月28日民集21巻 7 号1970頁（国際交通事件）
·· 26, 126, 135, 360, 385
最大判昭和42年11月 8 日民集21巻 9 号2300頁··············· 30, 314
最判昭和42年12月15日民集25巻 7 号962頁··················· 109
最判昭和43年 4 月12日民集22巻 4 号911頁··················· 316
最判昭和43年 6 月13日民集22巻 6 号1171頁·················· 85
最判昭和43年 6 月27日集民91号461頁······················· 317
最判昭和43年 9 月 3 日集民92号163頁······················· 201
最判昭和43年11月 1 日民集22巻12号2402頁······· 23, 140, 359, 384
最大判昭和43年11月13日民集22巻12号2510頁················ 317
最判昭和43年12月12日判時545号78頁······················· 317
最判昭和43年12月24日民集22巻13号3349頁·················· 365
最大判昭和43年12月25日民集22巻13号3511頁（日本ビクター事件）18, 188, 362
最大判昭和43年12月25日民集22巻13号3548頁············· 30, 311
最判昭和44年 2 月20日民集23巻 2 号427頁··················· 314
最判昭和44年 2 月27日民集23巻 2 号511頁··········· 13, 14, 106, 358
最判昭和44年 3 月28日民集23巻 3 号645頁················ 17, 195
最判昭和44年 4 月15日民集23巻 4 号755頁··················· 95
最決昭和44年10月16日刑集23巻10号1359頁（東洋電機カラーテレビ事件）
·· 24, 161, 361
最判昭和44年10月17日集民97号35頁······················· 92, 93
最判昭和44年10月28日集民97号95頁（第三相互銀行事件）······ 20, 202
最大判昭和44年11月26日民集23巻11号2150頁（泉尾鋼材事件）20, 164, 360, 397

判例索引

最判昭和44年11月27日民集23巻11号2251頁·· 317
最判昭和44年12月2日民集23巻12号2396頁·· 16, 195
最判昭和44年12月18日集民97号799頁·· 26
最判昭和45年2月17日判時592号90頁·· 316
最判昭和45年3月12日集民98号365頁·· 19, 189
最判昭和45年3月26日集民98号487頁·· 21
最判昭和45年3月27日金法582号22頁·· 311
最判昭和45年3月31日民集24巻3号182頁·· 311
最判昭和45年4月2日民集24巻4号223頁（甘木中央青果事件）·············· 26, 157
最判昭和45年4月23日民集24巻4号364頁·· 19, 189
最大判昭和45年6月24日民集24巻6号625頁（八幡製鉄政治献金事件）
·· 27, 103, 104, 178, 359, 405
最大判昭和45年6月24日民集24巻6号712頁·· 30, 312
最大判昭和45年7月15日民集24巻7号804頁·· 22, 113
最判昭和45年7月16日民集24巻7号1061頁·· 164
最判昭和45年7月16日民集24巻7号1077頁·· 311
最大判昭和45年11月11日民集24巻12号1876頁·· 30, 314
最判昭和45年11月24日民集24巻12号1963頁·· 117, 359
最判昭和45年12月15日民集24巻13号2072頁·· 17
最判昭和45年12月24日民集24巻13号2187頁·· 326
最判昭和46年3月18日民集25巻2号183頁（日本サーモ・エレメント事件）
·· 25, 135
最判昭和46年4月9日民集25巻3号264頁·· 311
最判昭和46年4月9日集民102号439頁·· 27
最判昭和46年6月10日民集25巻4号492頁·· 308
最判昭和46年6月24日民集25巻4号596頁（猪名川砿油事件）·············· 136, 359
最大判昭和46年10月13日民集25巻7号900頁·· 30, 190, 360
最判昭和46年11月16日民集25巻8号1173頁·· 307
最判昭和47年1月25日集民105号19頁·· 90
最判昭和47年2月10日民集26巻1号17頁·· 307
最判昭和47年3月2日民集26巻2号183頁·· 87
最判昭和47年3月9日集民105号269頁·· 14

最判昭和47年 4 月 6 日民集26巻 3 号455頁	316
最判昭和47年 6 月15日民集26巻 5 号984頁（日本スタデオ事件）	167
最大判昭和47年11月 8 日民集26巻 9 号1489頁	124, 125
最判昭和47年11月 8 日民集26巻 9 号1489頁	364
最判昭和48年 3 月22日判時702号101頁	309
最判昭和48年 5 月22日民集27巻 5 号655頁（マンゼン事件）	18, 165
最判昭和48年 6 月15日民集27巻 6 号700頁	126
最判昭和48年10月 5 日集民110号165頁	83, 84
最判昭和48年10月26日民集27巻 9 号1240頁	14, 107, 252
最判昭和48年11月16日民集27巻10号1391頁	311
最判昭和48年11月26日判時722号94頁（関西電力事件）	20, 202
最判昭和48年12月11日民集27巻11号1529頁	19, 189
最判昭和49年 3 月15日民集28巻 2 号222頁	321, 422
最判昭和49年 9 月26日民集28巻 6 号1306頁	14, 191
最判昭和49年12月17日民集28巻10号2059頁	21, 169
最判昭和50年 4 月 8 日民集29巻 4 号350頁	29, 130
最判昭和50年 6 月24日金法763号34頁	309
最判昭和51年 4 月 8 日民集30巻 3 号183頁	317
最判昭和51年12月24日民集30巻11号1076頁	23, 26, 140, 384, 385
最判昭和52年 9 月22日判時869号97頁	311
最判昭和52年10月14日民集31巻 6 号825頁	17
最判昭和52年12月23日民集31巻 7 号1570頁	85
最判昭和53年 1 月23日民集32巻 1 号 1 頁	317
最判昭和53年 4 月20日民集32巻 3 号670頁	90
最判昭和53年 9 月14日集民125号57頁	14, 107
最判昭和54年11月16日民集33巻 7 号709頁（マルチ産業事件）	159
最判昭和55年 3 月18日集民129号331頁（大同酸素事件）	165
最判昭和55年 3 月18日判時971号101頁	18
最判昭和55年 6 月16日集民130号15頁	26
最判昭和56年 5 月11日集民133号 1 頁	202
最判昭和57年 3 月30日民集36巻 3 号484頁	350
最判昭和57年 7 月20日判時1053号168頁	311

判例索引

最判昭和57年 9 月30日判時1057号138頁···311
最判昭和57年11月25日判時1065号182頁···315
最判昭和58年 2 月22日集民138号201頁···20, 203
最判昭和58年 3 月22日判時1134号75頁··349
最判昭和58年 6 月 7 日民集37巻 5 号517頁··36, 146
最判昭和59年 2 月24日刑集38巻 4 号1287頁···110
最判昭和59年10月 4 日集民143号 9 頁（健和産業事件）·························21, 168
最判昭和60年 3 月26日集民144号247頁（シチズン時計事件）·················20, 201
最判昭和60年12月20日民集39巻 8 号1869頁（東洋交通事件）·········137, 383, 384
最判昭和61年 2 月18日民集40巻 1 号32頁（神戸サンセンタープラザ事件①）
··220
最判昭和61年 3 月13日民集40巻 2 号229頁···109
最判昭和61年 9 月11日判タ624号127頁···27
最判昭和61年 9 月25日金法1140号23頁（東京建物事件）···············37, 148, 390
最判昭和62年 4 月16日集民150号685頁···167
最判昭和62年 4 月21日商事1110号79頁（長谷川工務店事件上告審）········218
最判昭和62年 5 月29日民集41巻 4 号723頁···································334, 424
最判昭和62年10月16日民集41巻 7 号1497頁···317
最判昭和63年 3 月15日判時1273号124頁··126, 370
最判昭和63年10月18日民集42巻 8 号575頁··83, 84
最判平成元年 9 月19日判時1354号149頁···221
最判平成元年 9 月21日集民157号635頁（拓冨商事事件）·······················21, 168
最判平成 2 年 4 月17日判時1380号136頁···120
最判平成 2 年 4 月17日民集44巻 3 号526頁（向陽マンション事件）··········157
最判平成 2 年12月 4 日民集44巻 9 号1165頁··115
最判平成 3 年 2 月19日判時1389号140頁···115
最判平成 4 年 4 月28日判時1421号122頁··322, 423
最判平成 4 年10月20日民集46巻 7 号1129頁···90
最判平成 4 年10月29日民集46巻 7 号2580頁···150
最判平成 4 年12月18日判時1446号147頁··331, 332
最判平成 4 年12月18日民集46巻 9 号3006頁···199
最判平成 5 年 3 月30日民集47巻 4 号3262頁····································331, 332

最判平成5年3月30日民集47巻4号3439頁 ··· 127
最判平成5年7月19日判時1489号111頁 ··· 309
最判平成5年7月20日民集47巻7号4652頁 ··· 314
最判平成5年9月9日民集47巻7号4814頁（三井鉱山事件） ············ 42, 341, 369
最判平成5年9月9日集民169号577頁 ··· 25, 135
最判平成5年10月5日資料版商事116号196頁（三井物産・物産不動産事件）
 ··· 241
最判平成5年12月16日民集47巻10号5423頁 ·· 370, 371
最判平成6年3月10日資料版商事121号149頁（日興證券事件上告審）···· 45, 400
最決平成6年7月20日刑集48巻5号201頁（協和飼料事件） ···························· 302
最判平成7年3月9日集民174号769頁（明星自動車バス事業譲渡事件）
 ··· 25, 137
最判平成7年4月25日集民175号91頁 ··· 128
最判平成7年7月14日判時1550号120頁 ··· 310
最判平成7年11月30日民集49巻9号2972頁 ··· 84
最判平成8年11月12日判時1598号152頁（四国電力事件） ························ 39, 144
最判平成9年1月28日判時1599号139頁 ·· 115
最判平成9年4月24日判時1618号48頁 ··· 296
最判平成9年9月4日民集51巻8号3619頁 ··· 296
最判平成9年9月9日判時1618号138頁（明星自動車事件） ························ 135, 370
最判平成10年3月27日民集52巻2号527頁 ··· 323
最判平成10年4月30日集民188号385頁 ··· 93, 94
最判平成10年7月14日民集52巻5号1261頁 ··· 352
最判平成10年11月26日金判1066号18頁 ··· 138
最判平成11年1月29日民集53巻1号151頁 ··· 343
最判平成11年2月16日刑集53巻2号1頁（日本商事事件） ························ 48, 300
最判平成11年3月25日民集53巻3号580頁 ··· 157
最判平成11年6月10日刑集53巻5号415頁（日本織物加工事件） ············ 48, 300
最判平成11年12月14日判時1699号156頁 ··· 116
最判平成12年7月7日民集54巻6号1767頁（野村證券事件（上告審））
 ·· 46, 57, 181, 296, 376, 402
最判平成13年1月25日民集55巻1号1頁 ··· 315

445

判例索引

最決平成13年1月30日民集55巻1号30頁･･････････････････････････････････ 66, 339
最判平成13年4月20日民集55巻3号682頁･･････････････････････････ 329, 330, 424
最判平成13年7月10日金法1638号42頁･････････････････････････････････････ 158
最判平成13年12月18日判時1773号13頁････････････････････････････････････ 234
最判平成14年1月22日判時1777号151頁････････････････････････････････････ 340
最決平成14年2月5日判時1787号157頁･･････････････････････････ 323, 423, 424
最判平成14年2月13日民集56巻2号331頁（技研興業事件）･･････････････････ 302
最決平成14年5月31日判例集未登載（ソフトバンク・テレビ朝日事件）･･････ 44
最判平成15年2月21日金法1678号61頁･････････････････････････････････････ 233
最判平成15年2月21日金法1681号31頁･････････････････････････････････････ 197
最決平成15年2月27日判例集未登載･････････････････････････････････ 28, 180
最判平成15年2月28日集民209号143頁･････････････････････････････････････ 94
最判平成15年4月8日民集57巻4号337頁･･･････････････････････････････････ 309
最判平成15年4月18日民集57巻4号366頁･･･････････････････････････････････ 296
最判平成15年12月9日民集57巻11号1887頁･･････････････････････････ 327, 328, 424
最判平成16年2月20日民集58巻2号367頁･･････････････････････････････ 86, 251
最判平成16年7月1日民集58巻5号1214頁･･････････････････････････････････ 232
最判平成16年7月16日民集58巻5号1744頁･･････････････････････････････････ 343
最判平成16年8月30日民集58巻6号1763頁（住友信託銀行対ＵＦＪホール
　ディングス事件）･･･ 247
最判平成16年12月13日民集58巻9号2419頁･････････････････････････････ 330, 424
最判平成17年2月15日集民216号303頁･････････････････････････････････････ 198
最判平成17年7月14日民集59巻6号1323頁･･･････････････････････ 295, 419, 420, 421
最判平成17年7月15日民集59巻6号1742頁･･････････････････････････････････ 14
最判平成18年4月10日民集60巻4号1273頁（蛇の目ミシン事件）
　･･･ 54, 160, 181, 392
最判平成18年6月1日民集60巻5号1887頁････････････････････････ 330, 331, 424
最判平成18年6月6日判時1943号11頁････････････････････････････ 330, 331, 424
最判平成18年6月23日判時1943号146頁･････････････････････････････････････ 84
最判平成18年9月14日判タ1222号160頁･････････････････････････････････････ 331
最判平成18年9月28日民集60巻7号2634頁･････････････････････････････ 121, 123
最決平成18年11月14日資料版商事274号192頁（熊谷組政治献金事件）････ 28, 179

最判平成19年4月17日民集61巻3号1026頁 331
最判平成19年4月23日判時1970号106頁 331
最判平成19年7月6日民集61巻5号1955頁 329, 424
最決平成19年7月12日刑集61巻5号456頁（有価証券オプション取引事件）
　　.. 303
最決平成19年8月7日民集61巻5号2215頁（ブルドックソース事件）... 70, 268,
　　374, 416
最判平成19年11月16日集民226号317頁 205
最判平成20年1月28日集民227号43頁（栄木不動産事件）.................... 171
最判平成20年1月28日集民227号105号（カブトデコム事件）................ 171
最判平成20年1月28日民集62巻1号128頁（拓銀ミヤシタ事件）...... 171, 184
最判平成20年2月22日民集62巻2号576頁 104, 105, 430
最判平成20年6月10日集民228号195頁 86, 88, 251
最判平成20年7月18日刑集62巻7号2101頁（長銀事件）..... 68, 176, 225, 290, 418
最判平成20年12月16日民集62巻10号2561頁 351
最判平成21年1月15日民集63巻1号1頁 232
最判平成21年2月17日判時2038号144頁（日経新聞株式譲渡ルール事件）.... 127
最判平成21年3月10日民集63巻3号361頁（大阪観光事件）............ 66, 185
最決平成21年5月29日金判1326号35頁（レックス・ホールディングス株式取
　得価格決定申立事件）... 72, 276
最判平成21年7月9日集民231号241頁（日本システム技術事件）
　　.. 18, 62, 174, 398
最決平成21年11月9日刑集63巻9号1117頁（拓銀元役員特別背任事件）
　　.. 58, 171
最決平成21年11月27日集民232号353頁（四国銀行代表訴訟事件）........... 59, 172
最判平成21年11月27日判時2067号136頁（大原町農協事件）............ 211
最判平成21年12月7日刑集63巻11号2165頁（日債銀事件）........ 227, 418
最判平成21年12月18日判時2068号151頁 206
最判平成22年3月16日集民233号217頁 204
最判平成22年5月31日集刑300号191頁（キャッツ事件（公認会計士））......... 292
最判平成22年7月12日民集64巻5号1333頁（日本ＩＢＭ事件）......... 75, 249, 377
最判平成22年7月15日集民234号225頁（アパマンショップＨＤ事件）

447

.... 47, 60, 172, 401
最決平成22年10月22日民集64巻7号1843頁（夢真ＨＤ・日本技術開発事件抗
　告審）.. 294
最決平成22年12月7日民集64巻8号2003頁（メディアエクスチェンジ株式取
　得価格決定申立事件）... 73, 274
最決平成23年4月19日民集65巻3号1311頁（楽天／ＴＢＳ株式買取価格決定
　申立事件）.. 74, 281
最決平成23年4月26日判時2120号126頁（インテリジェンス株式買取価格決
　定申立事件）... 281
最決平成23年6月6日刑集65巻4号385頁（村上ファンド事件）........ 75, 301
最判平成23年9月13日判時2134号45頁... 291, 292
最判平成23年9月13日民集65巻6号2511頁（西武鉄道集団個人投資家事件）
　... 291, 418
最決平成23年9月20日民集65巻6号2710頁............................. 346, 347, 348
最判平成23年12月15日民集65巻9号3511頁................................... 318, 351
最判平成24年2月20日民集66巻2号742頁... 335
最決平成24年2月29日民集66巻3号1784頁（コーエーテクモ株式買取価格決
　定申立事件）... 75, 281
最判平成24年3月13日民集66巻5号1957頁（ライブドア機関投資家事件）
　.. 77, 292, 418
最決平成24年3月28日民集66巻5号2344頁（ＡＣデコール株式買取価格決定
　申立事件）... 275
最決平成24年7月24日判時2170号30頁... 347
最判平成24年10月12日民集66巻10号3311頁................................... 78, 253
最判平成24年11月27日集民242号1頁..78
最判平成24年12月21日集民242号91頁（アーバンコーポレイション再生債権
　査定異議申立事件①）... 292
最判平成24年12月21日判時2177号62頁（アーバンコーポレイション再生債権
　査定異議申立事件②）... 292
最決平成25年1月17日判時2176号29頁... 348
最判平成25年6月6日民集67巻5号1208頁... 317
最判平成26年1月30日集民246号69頁（福岡魚市場事件）............. 63, 185

最判平成26年10月16日判例集未登載（セラーテムテクノロジー事件上告審）
　　……………………………………………………………………………… 305
最判平成27年２月19日民集69巻１号25頁……………………………… 116, 430
最判平成27年２月19日民集69巻１号51頁……………………………… 129
最決平成27年３月26日判時2256号88頁………………………………… 130, 286

【高等裁判所】

東京高決昭和35年６月27日判タ106号38頁……………………………… 110
東京高判昭和36年11月29日下民集12巻11号2848頁…………………… 102
福岡高判昭和36年12月14日下民集12巻12号2942頁…………………… 219
大阪高判昭和39年７月16日民集23巻11号2214頁……………………… 168
東京高判昭和41年１月31日高民集19巻１号７頁……………………… 28, 405
大阪高判昭和41年８月８日下刑集17巻７・８号647頁……………… 23, 384
東京高判昭和42年10月17日高刑集20巻５号643頁…………………… 24
仙台高秋田支判昭和43年10月21日民集25巻２号201頁……………… 25
大阪高判昭和45年７月29日判時621号80頁…………………………… 83, 84
東京高判昭和48年７月27日判時715号100頁…………………………… 415
東京高判昭和49年７月29日判時755号103頁…………………………… 14
東京高判昭和53年３月３日判時890号112頁…………………………… 14
大阪高判昭和54年９月27日民集37巻５号597頁（チッソ事件控訴審）………… 37
大阪高判昭和54年10月30日判タ401号153頁…………………………… 67
東京高判昭和57年10月14日判タ487号159頁…………………………… 157
東京高判昭和61年２月19日判時1207号120頁（東京建物事件控訴審）…… 37, 390
東京高判昭和61年５月15日商事1079号43頁…………………………… 387
東京高判昭和61年６月26日判時1200号154頁（長谷川工務店事件控訴審）…… 218
大阪高判昭和61年10月24日金法1158号33頁（神戸サンセンタープラザ事件②）
　　……………………………………………………………………………… 220
東京高判昭和63年２月24日判時1270号140頁………………………… 332
東京高決平成元年５月23日判時1318号125頁………………………… 286
東京高判平成元年11月29日東高時報40巻９〜12号124頁……………… 87
大阪高判平成２年１月17日判時1361号128頁………………………… 333
高松高判平成２年４月11日金判859号178頁…………………………… 392, 405

判例索引

大阪高判平成2年7月18日判時1378号113頁 ·· 193
東京高判平成2年12月26日判例集未登載 ·· 332
東京高判平成4年5月27日判時1428号141頁（養命酒事件） ································· 302
東京高判平成5年3月30日判時1460号138頁（日興證券事件） ···················· 45, 400
東京高判平成6年8月29日金判954号14頁（片倉工業事件） ······························· 42
東京高決平成7年2月20日判タ895号252頁（蛇の目ミシン株主代表訴訟担保
　提供命令申立事件抗告審） ·· 47, 341, 342
名古屋高決平成7年3月8日判時1531号134頁（東海銀行株主代表訴訟担保提
　供命令申立事件抗告審） ·· 342
東京高判平成7年9月26日判時1549号11頁（野村證券事件控訴審） ········· 58, 170
東京高判平成7年9月28日判時1552号128頁 ··· 215, 217
東京高判平成8年2月8日資料版商事151号143頁 ··· 196
名古屋高決平成8年7月11日判時1588号145頁 ··· 66, 339
札幌高判平成9年1月28日資料版商事155号109頁（つうけん平成7年総会事
　件控訴審） ·· 143, 388
札幌高判平成9年6月26日資料版商事163号264頁（つうけん平成8年総会事
　件） ··· 149
大阪高決平成9年8月26日判時1631号140頁（ミドリ十字株主代表訴訟担保提
　供申立事件抗告審） ·· 341
東京高決平成9年9月2日判時1633号140頁 ·· 66, 339
大阪高決平成9年11月18日判時1628号133頁（大和銀行第2次株主代表訴訟担
　保提供命令申立事件抗告審） ··· 341
大阪高判平成10年11月10日資料版商事177号255頁（住友商事事件） ············· 144
東京高決平成10年11月27日判時1666号143頁 ·· 345
東京高決平成10年12月11日判時1666号141頁 ·· 345
大阪高判平成11年6月17日金判1088号38頁 ·· 372
名古屋高決平成12年4月4日判タ1054号271頁 ······································· 66, 339
大阪高判平成12年9月28日資料版商事199号330頁（ソフトバンク・テレビ朝
　日事件控訴審） ·· 44
東京高判平成13年10月1日判時1772号139頁 ··· 88
東京高判平成13年10月25日判例集未登載 ·· 290
東京高判平成14年1月30日判時1797号27頁 ··· 14

大阪高判平成14年6月13日判タ1143号283頁 ··· 88
名古屋高判平成14年8月28日自動車保険ジャーナル1463号7頁 ···················· 330
東京高判平成15年1月30日判タ1124号103頁 ··· 78
東京高判平成15年3月27日判タ1133号271頁（蛇の目ミシン事件控訴審）······ 55
東京高判平成15年7月24日判時1858号154頁 ··· 122
東京高決平成16年8月4日金法1733号92頁（ベルシステム24事件）
·· 41, 262, 414
福岡高判平成16年12月21日判タ1194号271頁 ·· 200
東京高判平成17年1月18日金判1209号10頁（雪印食品事件）····················· 167
東京高決平成17年3月23日判時1899号56頁（ライブドア・ニッポン放送事件）
··· 68, 267, 294, 414
札幌高決平成17年4月26日判タ1216号272頁 ··· 286
東京高決平成17年6月15日判タ1186号254頁（ニレコ事件）················ 69, 268
名古屋高金沢支判平成18年1月11日判時1937号143頁（熊谷組政治献金事件
　控訴審）·· 179
大阪高判平成18年6月9日判時1979号115頁（ダスキン事件）············· 62, 210
東京高判平成18年7月13日金法1785号45頁 ··· 309
東京高判平成18年11月29日判タ1275号245頁 ······································ 227, 291
大阪高判平成19年2月8日金判1315号50頁（大阪観光事件控訴審）············ 66
大阪高判平成19年3月30日判タ1266号295頁 ··· 204
東京高決平成20年4月4日判タ1284号273頁 ··· 286
名古屋高判平成20年4月17日金判1325号47頁 ··· 194
東京高決平成20年6月12日金法1836号45頁 ··· 119
東京高判平成20年6月19日金判1321号42頁（日本システム技術事件控訴審）
··· 62
東京高判平成20年7月25日判時2030号127頁 ·· 292
東京高決平成20年9月12日金判1301号28頁（レックス・ホールディングス株
　式取得価格決定申立事件抗告審）·· 72, 276
大阪高判平成20年11月20日判時2041号50頁 ·· 235
東京高判平成21年4月16日判時2078号25頁（マイカル社債集団訴訟事件）·· 234
名古屋高判平成21年5月28日判時2073号42頁 ··· 235
東京高決平成21年7月17日金判1341号31頁（ノジマ株式買取価格決定申立事

451

件）·· 274
大阪高決平成21年9月1日判タ1316号219頁（サンスター株式取得価格決定
　申立事件）·· 278
東京高判平成21年9月9日金法1879号28頁··· 352
東京高決平成21年12月1日金判1338号40頁（日本ハウズイング事件）········· 262
東京高決平成22年2月18日金判1360号23頁（メディアエクスチェンジ株式取
　得価格決定申立事件抗告審）·· 73
東京高決平成22年5月24日金判1345号12頁（旧カネボウ第1次株式買取価格
　決定申立事件抗告審）·· 281, 286
東京高決平成22年7月26日金法1906号75頁··· 345
東京高決平成22年8月6日金法1907号84頁（アドバックス事件）··············· 298
東京高決平成22年10月27日資料版商事322号174頁（サイバードホールディン
　グス株式取得価格決定申立事件）·· 279
東京高判平成22年10月27日金判1355号42頁·· 254
東京高判平成22年11月24日資料版商事322号180頁（大盛工業事件）····· 23, 140
名古屋高金沢支判平成22年12月15日判タ1354号242頁···························· 352
東京高判平成23年1月26日金判1363号30頁··· 250
大阪高決平成23年6月7日金法1931号93頁·· 345
東京高判平成23年9月27日資料版商事333号39頁（ＨＯＹＡ平成22年総会事
　件（控訴審））·· 54, 154, 389
福岡高判平成23年10月27日金判1384号49頁··· 14
東京高判平成23年11月30日金判1389号36頁（ライブドア事件）················ 217
東京高判平成23年12月21日判タ1372号198頁（シャルレMBO事件）····· 177, 240
大阪高決平成24年1月31日金判1390号32頁（松尾橋梁株式買取価格決定申立
　事件）·· 279
福岡高判平成24年4月13日金判1399号24頁（福岡魚市場事件控訴審）···· 63, 174
東京高決平成24年5月31日資料版商事340号30頁·································· 388
東京高判平成24年6月4日判タ1386号212頁··· 14
東京高判平成24年6月20日判タ1388号366頁·· 252
東京高決平成24年7月12日金判1400号52頁（ダイヤ通商事件）················ 266
東京高判平成25年1月30日民集69巻1号127頁（アートネイチャー株主代表訴
　訟事件控訴審）··· 129

東京高判平成25年4月17日判時2190号96頁（レックス・ホールディングス損害賠償請求事件）·· 64, 176, 239
東京高判平成25年7月19日訟月60巻5号1089頁··· 229
東京高判平成26年4月24日金判1451号8頁（ビックカメラ事件）·········· 183, 228
東京高判平成26年8月6日LEX/DB25505084（オリンパス平成23年総会24年臨時総会事件控訴審）··· 152
東京高判平成27年3月12日判例集未登載（アムスク事件控訴審）················ 158
東京高判平成27年3月15日判例集未登載（ＡＩＪ事件）································· 297
東京高判平成27年5月19日金判1472号26頁（ＨＯＹＡ株主提案侵害事件控訴審）··· 156
大阪高判平成27年5月21日金判1469号16頁··· 402

【地方裁判所】

東京地判昭和27年3月10日下民集3巻3号335頁··· 86
東京地判昭和27年9月10日判タ23号33頁（ユタカ商会事件）······················ 258
東京地判昭和27年10月1日下民集3巻10号1355頁·· 103
東京地判昭和31年10月19日判時95号21頁·· 67
東京地判昭和32年5月13日下民集8巻5号923頁·· 165
横浜地判昭和33年4月26日判タ80号89頁·· 102
東京地判昭和33年11月28日下民集9巻11号2342頁······································· 165
東京地判昭和34年8月5日下民集10巻8号1634頁·· 88
東京地判昭和34年9月16日下民集10巻9号1944頁·· 88
大阪地判昭和35年1月22日下民集11巻1号85頁··· 108
釧路地判昭和38年2月26日商事273号10頁·· 361
東京地判昭和38年4月5日下民集14巻4号657頁······································· 28, 405
大阪地判昭和38年8月20日判タ159号135頁·· 67
東京地判昭和39年7月30日判時394号78頁·· 165
東京地判昭和39年10月12日判タ172号226頁··· 184
東京地判昭和40年8月27日下刑集7巻8号1712頁·· 24
神戸地姫路支決昭和41年4月11日下民集17巻3・4号222頁（山陽特殊製鋼事件）··· 21, 178, 406
東京地決昭和41年12月23日商事401号13頁··· 22, 406

判例索引

新潟地判昭和42年2月23日判時493号53頁 ………………………………… 41
秋田地判昭和42年10月9日民集25巻2号190頁 …………………………… 25
東京地判昭和45年6月22日判時602号3頁 ………………………………… 327
東京地決昭和46年11月15日判時650号92頁（安藤鉄工所上場廃止処分停止仮
　処分事件） ………………………………………………………………… 298
大阪地決昭和48年1月31日金判355号10頁 ………………………………… 259
大阪地堺支判昭和48年11月29日判時731号85頁（恵美寿織物事件）……… 41, 258
大阪地判昭和49年3月2日民集37巻5号575頁（チッソ事件第1審） ……… 36
東京地判昭和49年6月29日金判507号42頁 ………………………………… 22
東京地判昭和51年12月24日金判524号32頁（東京時計製造事件） ……… 290
大阪地判昭和52年6月28日商事780号30頁（日本熱学工業事件） ……… 290
東京地決昭和52年8月30日金判533号22頁（弥栄工業事件） …………… 259
神戸地判昭和53年12月26日商事829号25頁 ……………………………… 21, 290
東京地判昭和56年3月26日判時1015号27頁（山崎製パン事件） ……… 166, 192
東京地判昭和57年1月26日判時1052号123頁 …………………………… 23
東京地判昭和57年2月25日判時1046号149頁（不二サッシ事件）……… 290
大阪地判昭和57年5月12日判タ470号195頁 …………………………… 108
大阪地判昭和57年5月25日判タ487号173頁 …………………………… 184
福井地判昭和60年3月29日判タ559号275頁 …………………………… 131, 391
大阪地判昭和60年8月30日判時1183号153頁 …………………………… 336, 423
東京地判昭和60年9月24日判時1187号126頁（東京建物事件第1審）…… 37, 390
東京地判昭和60年10月25日判時1168号14頁 …………………………… 332
東京地判昭和60年10月29日金判734号23頁 …………………………… 387, 389
東京地判昭和61年3月31日判時1186号135頁 …………………………… 23
神戸地姫路支決昭和61年4月11日判タ191号128頁 …………………… 209
東京地判昭和61年5月29日判時1194号33頁 …………………………… 405
東京地判昭和62年1月13日判時1234号143頁（日立製作所事件）……… 149
東京地判昭和62年4月30日判タ655号224頁 …………………………… 85
高知地判昭和62年9月30日判時1263号43頁 …………………………… 391, 405
大阪地決昭和62年11月18日判時1290号144頁（タクマ事件）………… 259
東京地判昭和63年1月28日民集46巻7号2592頁 ……………………… 150, 390
東京地判昭和63年5月19日金判823号33頁 …………………………… 109

判例索引

東京地決昭和63年6月28日判時1277号106頁(国際航業事件)……………… 160
大阪地堺支判昭和63年9月28日判時1259号137頁………………………… 152
東京地決昭和63年12月2日判時1302号146頁(第1次宮入バルブ事件)‥ 41, 259
山形地判平成元年4月18日判時1330号124頁(山形交通事件)………… 148, 388
京都地判平成元年4月20日判時1327号140頁…………………………………… 157
東京地決平成元年6月22日判時1315号3頁(ピケンズ・小糸事件)……… 42, 232
東京地判平成元年7月18日判時1349号148頁…………………………………… 108
東京地決平成元年7月25日判時1317号28頁(忠実屋・いなげや事件)
………………………………………………………………… 40, 256, 259, 261, 413
東京地決平成元年9月5日判時1323号48頁(第2次宮入バルブ事件)……… 261
東京地判平成元年9月29日判時1344号163頁………………………………… 390
東京地判平成2年3月28日判時1353号119頁………………………………… 93
東京地判平成2年4月20日判時1350号138頁(三越社長解任事件)……… 198
静岡地判平成2年6月25日交通事故民事裁判例集23巻3号747頁………… 332
大阪地決平成2年7月12日判時1364号104頁(ゼネラル事件)…………… 261
東京地判平成2年9月3日判時1376号110頁………………………………… 166
東京地判平成2年9月28日判時1386号141頁………………………………… 47
東京地判平成3年3月19日判時1381号116頁(日本コッパース事件第1審)
……………………………………………………………………………………… 215
福岡地判平成3年5月14日判時1392号126頁(九州電力事件)………… 38, 143
東京地判平成3年7月19日金法1308号37頁……………………………… 204
東京地判平成4年8月11日判時1460号141頁(日興證券事件第1審)…… 45
東京地判平成4年9月25日判時1438号151頁(マクロス事件)…………… 300
東京地判平成4年10月1日判時1444号139頁(オーミケンシ事件)……… 302
東京地判平成4年11月27日判時1466号146頁……………………………… 209
東京地判平成4年12月24日判時1452号127頁(東京電力事件)……… 39, 143
札幌地判平成5年2月22日資料版商事109号56頁(北海道電力事件)…… 145
仙台地判平成5年3月24日資料版商事109号64頁(東北電力事件)……… 139
東京地判平成5年3月29日判夕870号252頁……………………………… 166
東京地判平成5年9月16日判時1469号25頁(野村證券事件第1審)‥ 46, 58, 170
東京地判平成5年9月21日判時1480号154頁(日本サンライズ事件)…… 47
名古屋地判平成5年9月30日資料版商事116号188頁(中部電力事件)‥ 39, 142

判例索引

東京地判平成 6 年10月 3 日判タ875号285頁（日本ユニシス事件）················ 303
東京地判平成 6 年12月22日判時1518号 3 頁（ハザマ株主代表訴訟事件）······ 180
東京地判平成 7 年 4 月28日判時1559号135頁······································· 85
東京地判平成 7 年 9 月18日判タ907号264頁································ 336, 423
東京地決平成 7 年11月30日判時1556号137頁······································ 339
東京地判平成 8 年 3 月22日判時1566号143頁（テーエスデー事件）········ 49, 304
札幌地判平成 8 年 3 月26日資料版商事146号44頁································· 143
東京地判平成 8 年 6 月20日判時1572号27頁（日本航空電子工業事件）···· 47, 182
東京地判平成 8 年10月17日判タ939号227頁（佐藤工業事件）·················· 147
福岡地判平成 9 年 6 月11日判時1632号127頁······································ 344
名古屋地判平成 9 年 6 月12日資料版商事161号183頁（トヨタ自動車事件）·· 145
東京地判平成10年 4 月28日資料版商事173号186頁（三菱商事事件）········· 145
東京地決平成10年 6 月11日資料版商事173号192頁······························· 261
東京地判平成10年10月19日判時1663号150頁······································· 34
東京地判平成10年12月 7 日判時1701号161頁······································· 67
静岡地判平成11年 3 月31日資料版商事187号216頁······························· 290
大阪地判平成11年 5 月26日資料版商事185号235頁（ソフトバンク・テレビ朝
　日事件第 1 審）·· 43
大阪地判平成11年 9 月22日判時1719号142頁································ 67, 183
名古屋地決平成12年 2 月18日金判1100号39頁····································· 339
神戸地尼崎支判平成12年 3 月28日判タ1028号288頁························ 23, 140
奈良地判平成12年 3 月29日資料版商事193号200頁（南都銀行事件）··········· 150
函館地判平成12年 3 月30日判タ1083号164頁······································ 328
大阪地判平成12年 5 月31日判時1742号141頁（レンゴー株主代表訴訟事件）
　··· 183, 237
大阪地判平成12年 6 月21日判時1742号146頁······································ 184
京都地決平成12年 6 月28日金判1106号57頁（東京三菱銀行事件）············ 140
大阪地判平成12年 9 月 9 日判時1721号 3 頁······································· 376
大阪地判平成12年 9 月20日判時1721号 3 頁（大和銀行事件）·········· 18, 61, 173
東京地判平成12年 9 月29日金判1131号57頁·· 87
東京地判平成13年 1 月25日判時1760号144頁（野村證券孫会社事件）············ 64
大阪地判平成13年 2 月28日金判1114号21頁（住友銀行事件）·················· 138

東京地判平成13年3月29日判時1748号171頁（日本興業銀行株主代表訴訟事件）……………………………………………………………………………… 238
大阪地判平成13年7月18日金判1145号36頁………………………………… 28
大阪地判平成13年7月18日判タ1120号119頁……………………………… 28
大阪地判平成14年1月30日判タ1108号248頁……………………………… 190
前橋地判平成14年3月15日裁判所ウェブサイト掲載……………………… 85
東京地判平成14年4月25日判時1793号140頁（長銀初島事件）…………… 45
宮崎地判平成14年4月25日金判1159号43頁（宮崎交通事件）………… 23, 140
東京地判平成14年11月8日判時1828号142頁（東天紅事件）…………… 295
東京地判平成15年1月17日判時1823号82頁………………………………… 246
福井地判平成15年2月12日判時1814号151頁（熊谷組政治献金事件第1審）
………………………………………………………………………………… 28, 179
横浜地判平成15年7月7日判タ1140号274頁………………………………… 319
東京地判平成15年10月17日判時1840号142頁……………………………… 319
東京地判平成15年11月17日判時1839号83頁………………………………… 319
東京地判平成16年1月15日金法1729号76頁………………………………… 88
東京地判平成16年4月14日判時1867号133頁………………………………… 88
東京地判平成16年5月13日金判1198号18頁（東京スタイル事件）
……………………………………………………………………… 53, 145, 377, 390
大阪地決平成16年9月27日金判1204号6頁（ダイソー事件）…………… 264
東京地判平成16年12月16日判時1888号3頁（ヤクルト本社事件）…… 45, 62
東京地判平成17年2月10日判時1887号135頁（雪印食品事件）………… 62
大阪地判平成17年2月24日判時1931号152頁…………………………… 217, 291
東京地決平成17年3月11日金判1213号2頁………………………………… 414
東京地決平成17年6月21日資料版商事261号260頁（コクド株主総会事件）… 160
東京地判平成17年7月7日判時1915号150頁（日本エム・ディ・エム事件）
…………………………………………………………………………………… 156
東京地判平成17年7月20日判時1922号140頁……………………………… 246
東京地決平成17年7月29日判時1909号87頁（夢真ＨＤ・日本技術開発事件）
…………………………………………………………………………………… 294
東京地判平成17年10月27日判例集未登載（西武鉄道事件）……………… 292
東京地判平成18年1月17日判時1920号136頁（アルコ事件）…………… 244

457

東京地判平成18年2月13日判時1928号3頁··248
大阪地判平成18年3月20日判時1951号129頁···217
東京地判平成18年3月27日判例集未登載（カネボウ事件（元役員））··········292
東京地決平成18年7月7日判タ1232号341頁（ペイントハウスに係る上場廃
　止の意思表示の効力停止等仮処分申立事件）··298
大阪地決平成18年12月13日判時1967号139頁（名村造船所事件）··········262, 265
大阪地判平成19年4月13日判時1994号94頁···291
東京地判平成19年5月23日判時1985号79頁···217
横浜地決平成19年6月4日金判1270号67頁···262
さいたま地決平成19年6月22日判タ1253号107頁（日本精密事件）···········262
東京地判平成19年7月26日判タ1268号192頁···245
東京地判平成19年9月27日判時1992号134頁··123, 239
名古屋地判平成19年11月21日金判1294号60頁（サンジェム事件）··········242
東京地判平成19年11月26日判時1998号141頁（日本システム技術事件第1審）
　··62
東京地判平成19年12月6日判タ1258号69頁（モリテックス事件）
　···56, 132, 156, 392, 394
東京地決平成19年12月19日判タ1268号272頁···276
東京地判平成20年1月17日判タ1269号260頁··67
東京地決平成20年3月14日判時2001号11頁（旧カネボウ第1次株式買取価格
　決定申立事件第1審）···281
東京地判平成20年3月27日判時2005号80頁··123
大阪地判平成20年4月18日判時2007号104頁（ナナボシ粉飾決算事件）
　···216, 419
岡山地決平成20年6月10日金判1296号60頁···140
東京地決平成20年6月23日金判1296号10頁（クオンツ事件）··········41, 262, 265
東京地決平成20年6月25日判時2024号45頁（沖電気事件）·······················139
千葉地松戸支決平成20年6月26日金判1298号64頁（昭和ゴム事件）··········262
大阪地判平成20年7月11日判時2017号154頁·······································245, 246
東京地判平成20年9月17日判タ1286号331頁（ジャパンメディアネットワー
　ク事件）···304
東京地判平成20年10月27日判タ1305号223頁··324

大阪地判平成20年10月31日判時2039号51頁·································· 349
札幌地決平成20年11月11日金判1307号44頁（オープンループ事件）·········· 262
名古屋地決平成20年11月19日金判1309号20頁（丸八証券事件）·············· 265
東京地判平成20年11月26日資料版商事299号330頁（春日電機事件①）··214, 419
東京地決平成20年12月3日資料版商事299号337頁（春日電機事件②）········ 214
大阪地判平成21年1月15日労判979号16頁····································· 213
東京地判平成21年1月20日判時2040号76頁·································· 352
東京地決平成21年3月27日金判1338号57頁·································· 262
東京地決平成21年3月31日判時2040号135頁（日興コーディアルグループ株
　式買取価格決定申立事件）··· 281
東京地決平成21年4月17日金判1320号31頁（協和発酵キリン株式買取価格決
　定申立事件①）··· 281
東京地決平成21年5月13日金判1320号41頁（協和発酵キリン株式買取価格決
　定申立事件②）··· 281
東京地決平成21年9月18日金判1329号45頁·································· 279
東京地決平成21年10月19日金判1329号30頁（旧カネボウ第2次株式買取価格
　決定申立事件）··· 273
東京地判平成21年10月22日判時2064号139頁（日経新聞株主代表訴訟事件）
　·· 301
横浜地判平成21年11月24日判例集未登載（ドン・キホーテ事件）············· 305
福岡地判平成22年1月14日金判1364号42頁···························· 14, 252
東京地判平成22年2月18日判タ1330号275頁（ペイントハウス事件）········· 304
名古屋地判平成22年5月14日判時2112号66頁······························· 166
東京地判平成22年7月9日判時2086号144頁·································· 88
東京地決平成22年7月20日金判1348号14頁···························· 120, 123
東京地判平成22年7月29日資料版商事317号191頁（大盛工業事件第1審）·· 146
大阪地判平成22年8月18日裁判所ウェブサイト掲載（ユニオンホールディン
　グス事件）·· 304
東京地判平成22年9月6日判タ1334号117頁（インターネットナンバー事件）
　·· 150, 243
大阪地判平成22年10月4日金法1920号118頁································ 251
東京地判平成22年11月12日判タ1346号241頁································ 344

判例索引

東京地判平成22年11月24日判例集未登載（トランスデジタル事件）............ 304
東京地決平成22年11月26日判時2104号130頁（大経事件）.................. 297
東京地判平成22年11月29日判タ1350号212頁................................. 88
福岡地判平成23年2月17日判タ1349号177頁................................ 251
東京地判平成23年2月18日金判1363号48頁（レックス・ホールディングス損
　害賠償請求事件第1審）... 240
東京地決平成23年3月30日金判1370号19頁（ダブルクリック株式買取価格決
　定申立事件）... 281
東京地判平成23年4月14日資料版商事328号64頁（ＨＯＹＡ平成22年総会事
　件（第1審））... 148
東京地判平成23年4月19日判時2129号82頁................................. 245
札幌地決平成23年5月13日判タ1362号203頁（ジャパンリアライズ事件）.... 297
東京地判平成23年7月7日金判1373号56頁.................................. 65
東京地判平成23年8月8日金法1930号117頁................................ 352
大阪地判平成23年10月11日判例集未登載.................................... 305
東京地判平成24年2月14日判例集未登載.................................... 304
東京地判平成24年3月7日判例集未登載..................................... 304
東京地判平成24年3月12日判例集未登載.................................... 304
大阪地決平成24年4月13日金判1391号52頁（カルチュア・コンビニエンス・
　クラブ株式買取価格決定申立事件）... 280
大阪地判平成24年6月29日判タ1390号309頁................................ 243
東京地判平成24年9月11日金判1404号52頁（イー・キャッシュ事件）........ 221
東京地判平成24年9月24日判タ1385号236頁（インターネット総合研究所事
　件）... 298
大阪地判平成24年9月28日判時2169号104頁（三洋電機事件）................ 227
東京地判平成25年1月17日判タ1407号388頁（レックス・ホールディングス
　会計処理責任追及事件）... 175
東京地判平成25年1月28日判時2193号38頁................................. 245
東京地判平成25年2月21日LEX/DB25510791（三井住友トラスト・ホール
　ディングス事件）... 148
東京地判平成25年4月12日判例集未登載（セラーテムテクノロジー事件第
　1審）... 305

東京地判平成25年5月10日判例集未登載·· 305
東京地決平成25年9月17日金判1427号54頁·· 273
大阪地判平成25年9月26日判例集未登載（セイクレスト事件）··················· 305
東京地判平成25年10月15日LEX/DB25515853·· 213
東京地決平成25年11月6日金判1431号52頁（エース交易株式買取価格決定申
　立事件）·· 273, 280
東京地判平成25年12月19日LEX/DB25516601（オリンパス平成25年総会事件）
　··· 151
大阪地判平成25年12月26日金判1435号42頁（セイクレスト事件）················ 212
東京地判平成25年12月26日金判1451号17頁·· 183
東京地判平成26年1月23日LEX/DB25517215（オリンパス平成23年総会24年
　臨時総会事件）··· 151
仙台地決平成26年3月26日金判1441号57頁（京王ズホールディングス事件）
　··· 262
東京地判平成26年4月17日金判1444号44頁（アムスク事件第1審）············ 136
東京地判平成26年8月6日金判1449号46頁··· 295
東京地裁平成26年9月25日資料版商事369号72頁····································· 180
東京地決平成26年9月26日金判1463号44頁（東京都観光汽船株式売買価格決
　定申立事件）··· 286
東京地判平成26年9月30日金判1455号8頁（ＨＯＹＡ株主提案侵害事件）·· 155
神戸地判平成26年10月16日判時2245号98頁（シャルレＭＢＯ事件）······ 177, 241
東京地判平成26年11月20日資料版商事370号148頁··································· 159
東京地判平成26年10月21日判例集未登載·· 304
東京地判平成26年11月27日判例集未登載·· 225
山口地宇部支決平成26年12月4日金判1458号34頁（アルファクス・フード・
　システム事件）··· 262
東京地決平成27年3月4日金判1465号42頁··· 273

【簡易裁判所】

東京簡裁略式命令平成2年9月26日資料版商事81号35頁（日新汽船株事件）
　··· 299

監修者・執筆者紹介

【監修者】
神田秀樹（かんだ　ひでき）
　東京大学大学院法学政治学研究科教授
　〔主要な著書、論文〕
　『会社法入門（新版）』（岩波書店、2015）
　『会社法（第17版）』（弘文堂、2015）
　『商法判例集（第6版）』〔共編著、有斐閣、2014〕

【編著者】
岩田合同法律事務所（いわたごうどうほうりつじむしょ）
　1902年、故岩田宙造弁護士（貴族院議員、司法大臣、日本弁護士連合会会長等を歴任）により創設されたわが国において最も歴史ある法律事務所の一つ。伊達室・田中室・山根室のプラクティスグループから構成されている。金融機関・エネルギー・各種製造業・不動産・建設・食品・商社・IT・メディア等、各業界の代表的企業からIPOを予定する新規成長企業まで多様な規模のクライアントの法律顧問として、会社法・裁判案件等幅広い企業法務の分野において総合的なリーガルサービスを提供している。日本法弁護士50数名に加え、米国弁護士経験を有する米国人コンサルタント、中国法律師、フランス法弁護士を擁する。

【執筆者】
若林茂雄（わかばやし　しげお）
　弁護士、一橋大学法学部卒業
　担当：第1部第1章、第2部第1章

田路至弘（とうじ　よしひろ）
　弁護士、東京大学法学部卒業
　担当：第1部第2章、第2部第2章、第3部

田子真也（たご　しんや）
　弁護士、一橋大学法学部卒業
　担当：第2部第3章

本村　健（もとむら　たけし）
　弁護士、慶應義塾大学大学院法学研究科民事法学専攻　前期博士課程修了
　担当：序章、第1部監修、第2部第4章、第3部、終章

監修者・執筆者紹介

吉原朋成（よしはら　ともみち）
　弁護士、東京大学法学部卒業
　担当：序章、第1部第3章、第2部第5章、第3部、終章

浦中裕孝（うらなか　ひろたか）
　弁護士、京都大学法学部卒業
　担当：第2部第6章

上田淳史（うえだ　あつし）
　弁護士、慶應義塾大学法学部卒業
　担当：第1部第1章、第2部第13章

坂本倫子（さかもと　ともこ）
　弁護士、京都大学法学部卒業
　担当：第1部第3章、第2部第7章

佐藤修二（さとう　しゅうじ）
　弁護士、東京大学法学部卒業
　担当：序章、第1部第2章、第2部第8章、第3部、終章

鈴木正人（すずき　まさと）
　弁護士、東京大学法学部卒業
　担当：第2部第12章

村上雅哉（むらかみ　まさや）
　弁護士、東京大学法学部卒業
　担当：第2部第15章

泉　篤志（いずみ　あつし）
　弁護士、東京大学法学部卒業
　担当：第2部第9章

田中貴士（たなか　たかし）
　弁護士、京都大学法学部卒業
　担当：第2部第1章

臼井幸治（うすい　こうじ）
　弁護士、慶應義塾大学法学部卒業

担当:第2部第14章第2節1及び2(2)以降

大櫛健一(おおくし けんいち)
弁護士、上智大学法学部卒業
担当:第2部第2章

土門高志(どもん たかし)
弁護士、東北大学法学部卒業
担当:第2部第14章第1節、同第2節2((2)については共著)

柏木健佑(かしわぎ けんすけ)
弁護士、東京大学法学部卒業
担当:第2部第11章

永口 学(えいぐち まなぶ)
弁護士、東京大学法学部卒業
担当:第2部第3章

伊藤広樹(いとう ひろき)
弁護士、早稲田大学法科大学院修了
担当:第2部第10章

前田重行(まえだ しげゆき)
弁護士、元学習院大学法科大学院教授
担当:第3部
〔主要な著書、論文〕
「ドイツにおけるコーポレート・ガバナンスの発展」石川正先生古稀記念論文集
『経済社会と法の役割』(商事法務、2013)
『持株会社法の研究』(商事法務、2012)
『株主総会制度の研究』(有斐閣、1997)

神田秀樹(かんだ ひでき)
監修者参照

神作裕之(かんさく ひろゆき)
東京大学大学院法学政治学研究科教授
担当:第3部
〔主要な著書、論文〕

監修者・執筆者紹介

「日本版スチュワードシップ・コードと資本市場」『企業法制の将来展望――資本市場制度への改革への提言――2015年度版』（責任編集、資本市場研究会、2015）
「会社訴訟における株式共有者の原告適格」『会社裁判にかかる理論の到達点』（共編著、商事法務、2014）
「金融コングロマリットにおけるグループ内取引に係る監督法上の規制」岩原紳作＝山下友信＝神田秀樹編『会社・金融・法（下）』（商事法務、2013）

齊藤真紀（さいとう　まき）
京都大学大学院法学研究科教授
担当：第3部
〔主要な著書、論文〕
「企業集団内部統制」神田秀樹編『論点詳解　平成26年改正会社法』（商事法務、2015）
「不公正な合併に対する救済としての差止めの仮処分」神作裕之ほか編『会社裁判にかかる理論の到達点』（商事法務、2014）
「監査役設置会社における取締役会――会社法三六二条四項を素材として――」森本滋先生還暦記念『企業法の課題と展望』（商事法務、2009）

時代を彩る商事判例

2015年11月10日　初版第1刷発行

監 修 者　　神 田 秀 樹
編 著 者　　岩田合同法律事務所

発 行 者　　塚 原 秀 夫

発 行 所　　株式会社 商 事 法 務
　　　　　　〒103-0025 東京都中央区日本橋茅場町 3-9-10
　　　　　　TEL 03-5614-5643・FAX 03-3664-8844〔営業部〕
　　　　　　TEL 03-5614-5649〔書籍出版部〕
　　　　　　http://www.shojihomu.co.jp/

落丁・乱丁本はお取り替えいたします。　　印刷／(有)シンカイシャ
© 2015 Hideki Kanda, IWATA GODO　　　Printed in Japan
Shojihomu Co., Ltd.
ISBN978-4-7857-2351-4
＊定価はカバーに表示してあります。